«L'AVENTURE CONTINUE»

Pour Andrée Charest

ce proverbe tibétain :

« on ne joint bien les mains que lorsqu'elles sont vides... »

Bonne marche !

Noussin

et bon courage dans les montées

DES MÊMES AUTEURS

dans la même collection

ON A ROULÉ SUR LA TERRE, 1996
Prix spécial jeunes des bornes IGN de l'aventure

ALEXANDRE POUSSIN
SYLVAIN TESSON

LA MARCHE DANS LE CIEL

5 000 kilomètres à pied à travers l'Himalaya

ROBERT LAFFONT

Photo de couverture : *Au-dessus du glacier du Khumbu dans l'ascension du Kalapatar (Népal). Au loin, l'Ama Dablan.*

ISBN 2-221-08583-3

À Monsieur et Madame Philippe Poussin,
À Monsieur et Madame Antoine de Naurois,
mes quatre grands-parents vénérés,
À Sonia, à Dimitri

À mes grands-parents
et au dauphin.
À S. et D.,
fraternellement

Je ne connais qu'une manière de voyager plus agréable que d'aller à cheval : c'est d'aller à pied.

Jean-Jacques Rousseau,
Émile ou De l'éducation.

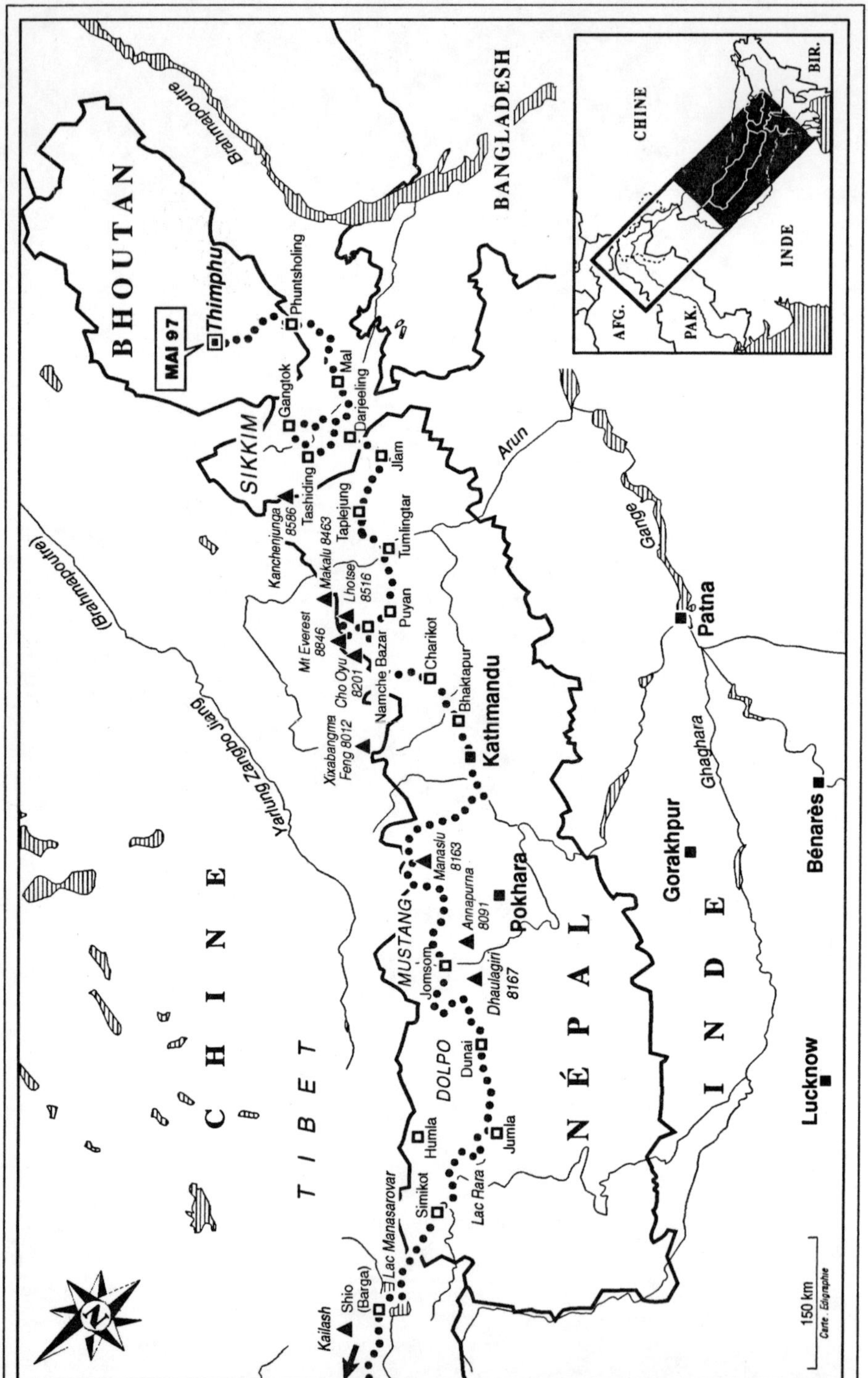

LA TRANSHIMALAYENNE (Bhoutan, Sikkim, Népal, Chine)

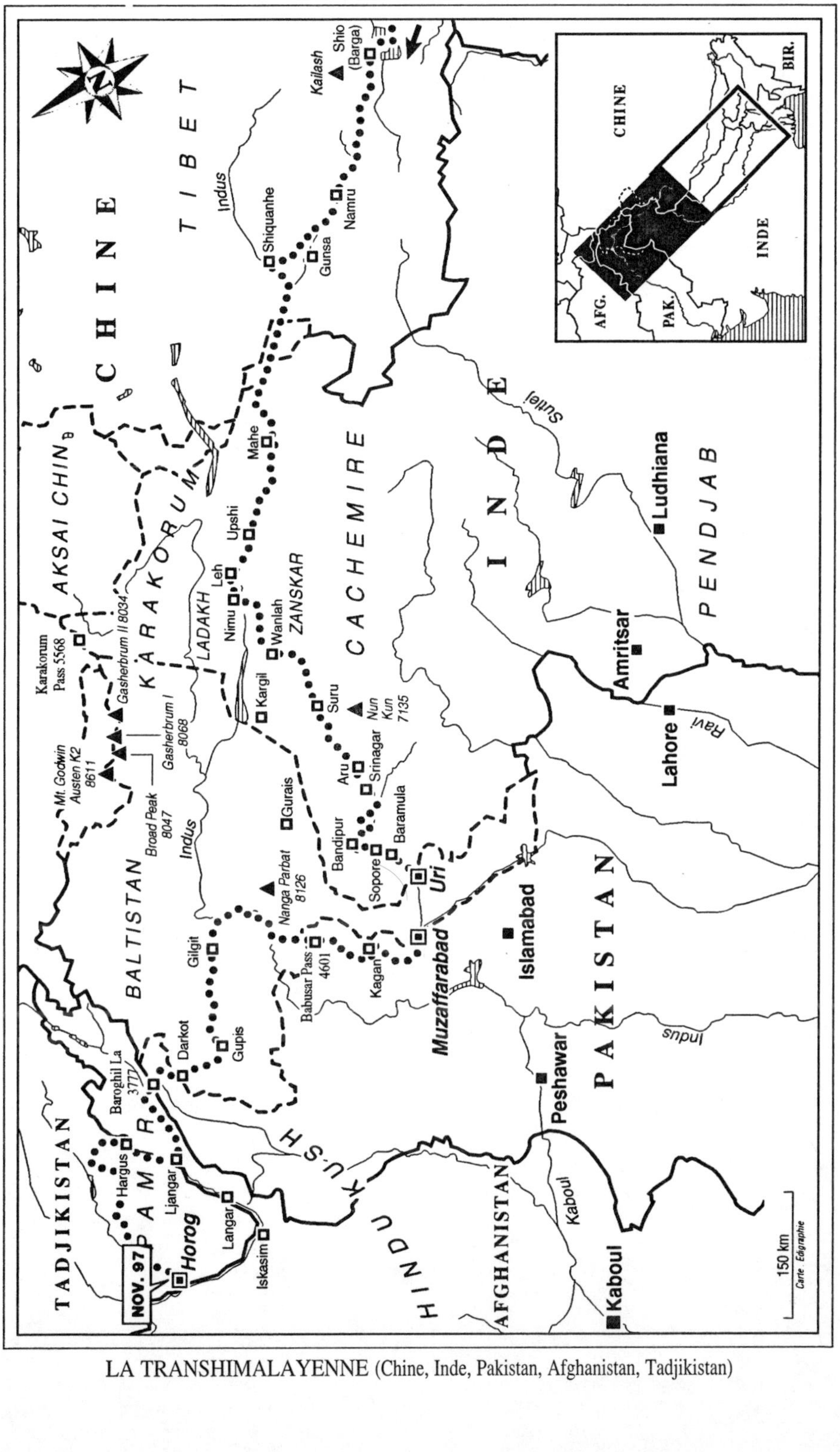

LA TRANSHIMALAYENNE (Chine, Inde, Pakistan, Afghanistan, Tadjikistan)

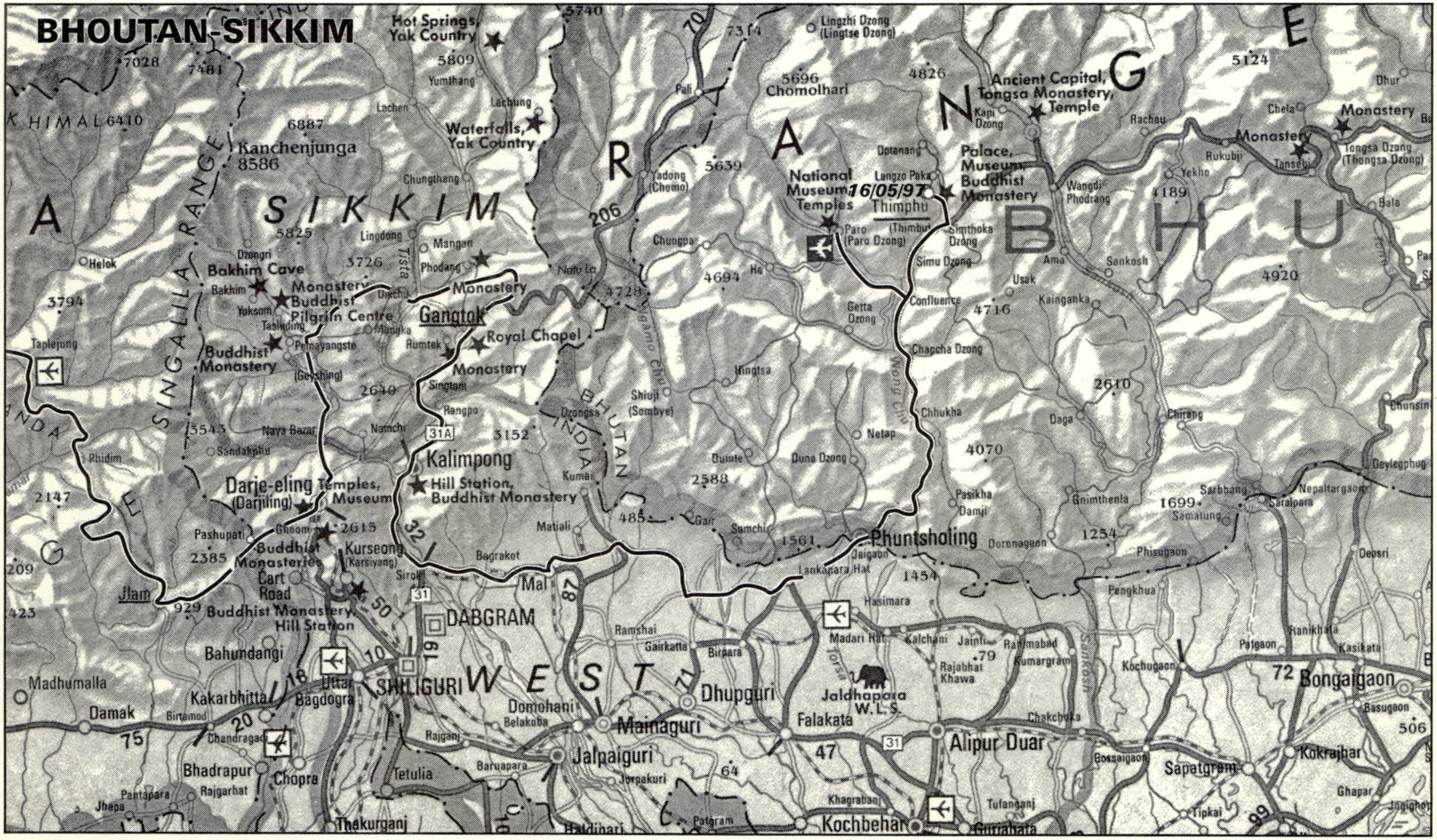
BHOUTAN-SIKKIM
SIKKIM
BHUTAN
INDIA
Kanchenjunga 8586
Chomolhari
Gangtok
Thimphu
16/05/97
Phuntsholing
Kalimpong
Darje-eling (Darjiling)
Bakhim Cave
Royal Chapel
National Museum, Temples
Ancient Capital, Tongsa Monastery, Temple
Palace, Museum, Buddhist Monastery
Hot Springs, Yak Country
Waterfalls, Yak Country
Hill Station, Buddhist Monastery
SHILIGURI
DABGRAM
Jalpaiguri
Dhupguri
Alipur Duar
Kochbehar
Bongaigaon
Jaldhapara W.L.S.

1

BHOUTAN-SIKKIM :
DE PARO À GANGTOK

Alexandre

J'ai toujours eu horreur de la marche. Le mot seul trébuche en bouche. Marcher, traîner sa carcasse, s'éreinter l'échine, se harasser les pieds, et cet inconfortable sentiment de perdre son temps. Pourtant nous partons marcher, six mois. Au programme : entre 4000 et 6000 kilomètres à pied, une traversée intégrale de l'Himalaya en longeant au plus près sa crête axiale, en enchaînant toutes ses vallées, en avalant tous ses cols. Pas le choix ! Apprendre à marcher. Apprendre à prendre le temps.

Mon regard flâne dans la ouate de la couche nuageuse que nous survolons depuis Delhi. Destination Thimphu, capitale du Bhoutan, via Kathmandu. Nous volons vers le « Pays du Dragon », dernier royaume fermé de l'Himalaya. Profondément assis dans mon fauteuil, bercé par les turbines de ce bimoteur Druk-Air, je songe au mois mouvementé qui vient de s'écouler. Sylvain s'est endormi. Un flot d'images lourdes et confuses me revient à l'esprit. Depuis le 13 avril, il y a un mois et deux jours, nous cherchons avec furie la porte d'entrée de l'Himalaya. Pressés d'en découdre, nous avions oublié que l'Asie ne se violente pas, qu'elle s'apprivoise.

Ce fut tout d'abord une douche froide en Birmanie. Nous prétendions rallier, à l'extrême nord du pays, une mystérieuse montagne, le Hkakabo-Razi, pour commencer notre marche vers l'ouest. C'était sans compter sur la psychorigidité des autorités. Arrêtés à Myiktina, capitale de l'État kachin à l'extrême nord du pays, il nous restait 200 kilomètres de jungles impénétrables et interdites pour rallier les contreforts des montagnes. Toute tentative clandestine aurait été vouée à l'échec. Cela commençait bien ! Pour rincer notre déconvenue, la fête de l'eau faisait rage du nord au sud du pays. D'échecs en refus, nous essuyions les salves de seaux d'eau d'une foule hilare, inaccessible à nos soucis. Les occasions de s'amuser sont rares en Birmanie et il est très malpoli d'esquiver les rafales de bassines. Chats échaudés par une première expulsion en 1994, alors que nous tentions de traverser le pays au cours de notre tour du monde à bicyclette, nous sentions que la Birmanie nous échappait.

La route du nord étant fermée, nous avons reflué vers l'est à Bhamo, une ville de second ordre sur les bords du fleuve Irrawady, à quelques encablures de la Chine. Filés dès la sortie de l'avion par un agent des renseignements, nous avons dû jouer très serré pour prendre contact avec la KIA (Kachin Independent Army), avec laquelle nous espérions passer clandestinement en Chine. Entre les rendez-vous nocturnes, nous nous enlisions dans l'inaction de chaudes journées tendues et inquiètes. Tous les jours, nous faisions des plans nouveaux en allant nous baigner au coucher du soleil dans les eaux sirupeuses de l'Irrawady. En vain ; l'étau se resserrait : nos intrigues furent ébruitées. Notre chien suiveur vint nous intimer l'ordre de quitter la ville par le prochain avion. Retour à la case départ. Matés ! De Rangoon, nous n'avions pas d'autre solution que de gagner l'Inde et tenter de commencer la marche depuis un État du nord de l'Assam : l'Arunachal Pradesh.

Pleine d'attentions, l'hôtesse de l'air recouvre Sylvain du plaid qui a glissé à ses pieds. Nous sommes aux petits oignons ! Il me revient alors une phrase de mon camarade, géographe de formation : « L'Himalaya des géographes est compris entre la boucle de l'Indus à l'ouest et la boucle du Brahmapoutre à l'est. En fait, en Birmanie, nous étions hors sujet. » À demi consolé, je panse mes souvenirs cotonneux dans la ouate qui nous entoure. Nous nous étions donc envolés vers Calcutta, où l'on nous avait dit pouvoir rencontrer un représentant de l'Arunachal Pradesh. Douche chaude dans les moiteurs de la pré-mousson. Calcutta, mélange de vieilles briques moussues et d'enseignes arrogantes, de tôles rouillées et de gens tordus. Bercée par une musique collante, syncopée, déboulant des cinémas dans les rues surchauffées. Sensualité outrée de moustachus gominés gravitant autour de plantureux décolletés. La danse des sept voiles et la grande fornication des microbes. Fantasmes et spasmes convulsifs dans une soupe de misère et de gaz d'échappements, d'os infirmes, de croûtons indicibles et de grumeaux d'indifférence. Je revois ces passants ventrus, à l'angle d'Esplanade Road, nourrissant des rats. Et Sylvain de dire :

— Qu'est-ce que tu veux ! Ça rapporte plus de nourrir un dieu qu'un intouchable !

On tenta de les charmer à la flûte. Les rats, pas les autres. Bide total. Tous disparurent. Nous aussi, allâmes nous terrer dans notre *guest-house* avant le rendez-vous du lendemain. Écrasés par la moiteur irrespirable de notre piaule salpêtrée, nous fîmes le point. Pas reluisant. Allongé sur ma paillasse grasse, hypnotisé par le ballet d'un cafard géant derrière le ventilateur, je lâchai :

— Ya tellement de ventilateurs dans cette ville ! Pourquoi elle ne décolle pas ?

Le rire de Sylvain fut brassé parmi les miasmes. Nous non plus n'arrivions pas à décoller. Fourvoyés loin de nos chemins de montagne.

Notre idée était pourtant simple : trouver un chemin à l'est de l'Himalaya et le suivre toujours plus à l'ouest, jusqu'à l'hiver prochain, sans interruption, ni guide ni porteurs, sans logistique ni matériel, sans préparation ni autre argent qu'un pécule de survie. Nous n'avions pour tout bagage qu'un sac de couchage, un cahier, une flûte, un appareil photo, une paire de chaussettes et un slip de rechange. Pas de tente, pas de réchaud, de gamelle ni d'autonomie alimentaire. À la pesée : 6 kilos sur le dos. Au projet : enfiler toutes les perles du collier himalayen ; ses royaumes mystérieux, ses traditions séculaires, ses massifs légendaires, ses quatorze 8 000 mythiques. Unir d'une même foulée la diversité bigarrée de ses peuples. Désenclaver ses vallées perdues, tracer une ligne continue malgré les frontières et les zones interdites. Nos frontières se voulaient intérieures. Une démarche de pèlerin de l'Himalaya. De *saddhus* [1] sans paradis artificiels !

Pour l'instant cette entreprise allégée à l'extrême s'embourbait dans la fange noire du Bengale. Nous n'arrivions pas à trouver la porte de l'Himalaya. Car il fallait bien les rejoindre quelque part ces chemins ! Nous ne pouvions pas nous résoudre à commencer la marche au Népal : c'était faire l'impasse sur le

---

1. Du sanscrit : renonçant. Ermites itinérants de l'hindouisme, adorateurs de Shiva, en quête d'expériences mystiques et pratiquant des exercices d'ascèse.

quart oriental de la chaîne. Le lendemain, le couperet tomba : « Seul le représentant du gouvernement d'Arunachal à Delhi est habilité à vous délivrer un NOC [*non objection certificate*] pour un RAP [*restricted area permit*]. » Ce n'était pas fini ! Nous embarquions dans notre huitième avion depuis Paris. Notre haute foulée transhimalayenne ressemblait de plus en plus à un tour des capitales d'Asie !

Et je songe que nous sommes encore dans un avion, le neuvième, mais cette fois-ci, selon toute vraisemblance, le dernier. Nous sommes crevés. Dans cette cabine pressurisée, nous décompressons. Nous l'aurons méritée, notre marche ! Il faudra se souvenir de tous nos faux départs quand les faux pas nous faucheront et que le moral flanchera !

À Delhi, malgré le plus grand soutien de l'ambassade de France, quelques jours et quelques camouflets nous suffirent pour réaliser que nous n'obtiendrions rien de l'administration tentaculaire. *Canyoning* dans les cascades de responsabilités, noyade dans la dilution du pouvoir. Le Home Ministery (ministère de l'Intérieur) nous ayant refusé toute marche en Arunachal Pradesh, nous ne pouvions pas courir le risque de nous y enferrer comme en Birmanie. À trop démarcher, nous en oublions la marche.

Delhi ou l'enlisement. Déjà, à bicyclette nous y étions restés trop longtemps, paralysés par la chaleur, l'obtention de visas, et la langueur d'une ville d'où tout part mais dont on ne s'échappe pas facilement. L'Occidental y est happé par la force gravitationnelle de Connaught Place, le cœur de la ville. Et la motivation se fond dans l'indécision. Le plus dur était de changer cinq fois par jour de plans, de brûler les cartes et les combinaisons qu'elles avaient fait naître. Il fallait apprendre à se débarrasser des idées comme des objets. Apprendre le détachement. Dure école de l'Asie ! Que de voyages imaginaires avions-nous élaborés depuis un mois… Par la Birmanie ? Par l'Arunachal ? Par l'Assam ? Par le Tibet ? le Bhoutan ? Le Sikkim ? Et nous repartions à chaque fois dans un voyage immobile. Dès que notre horizon s'entrouvrait et qu'une solution se dégageait, un tampon *No permission*, *Restricted area*, *Inner line permit* ou *Package tour* écrasait notre château en Espagne, notre forteresse tibétaine. En désespoir de cause on opta pour le Sikkim malgré la nécessité d'un permis spécial, et l'interdiction de le traverser librement d'est en ouest. Le billet fut pris, l'important était de fouler ces montagnes auxquelles nous commencions à ne plus croire. Une fois sur place, nous improviserions. En faisant les bagages la veille du départ, Sylvain se rendit compte dans un cri d'horreur que nous avions oublié le chargeur de batterie de notre petite caméra numérique à Calcutta. Deux vrais blaireaux, ces fiers aventuriers qui prétendaient s'attaquer aux plus hauts cols du monde ! Plutôt ne pas partir que mal partir. Le Sikkim fut annulé.

Les hôtesses nous trouvent décidément sympathiques. Il est vrai que nous ne faisons pas très *business class* avec nos shorts et nos chèches en guise de cravate. En repensant à cette semaine de nouveaux plans et d'attente d'un nouveau chargeur en provenance de Paris, j'ai peine à croire que nous volons vers le Bhoutan.

Désœuvrés à Delhi, nous relûmes *Moby Dick.* Fatal ! L'Himalaya devint notre baleine blanche, les névés étincelants le front chenu de Moby Dick. Pathétiques Achab, boitant dans notre quête obsessionnelle d'altitude et de pureté, nous étions désespérément encalminés pour recalfatage, et notre inharponnable rêve sombrait avec la chimère. Seule la sollicitude de Claire Bonnat, brillante énarque de l'ambassade, et l'hospitalité d'Alexandra et de Matthieu Sébastien, jeune couple de coopérants, nous maintenaient la tête hors du marasme dans lequel nous nous enlisions. Pour passer le temps, nous faisions et refaisions sans cesse notre sac, hésitions sur la paire de chaussettes de rechange à emporter : laine ou synthétique ? Repoussions ce choix à plus tard, pesions et soupesions chaque article, jouissions du délestage de la queue d'une brosse à dents, d'une boîte de pellicules photo, ou du corps de nos stylos-bille dont nous ne conservions que la mine. Rien n'échappait à la grande inquisition ! Couic ! une sangle de moins ici, clac ! un zipper en moins par là ! Élagué sous toutes ses coutures de ses poignées ou doubles fonds inutiles, notre sac s'en trouva allégé de 500 grammes ! L'équivalent du slip et de la chaussette de rechange ! Chaque gramme perdu nous consolait de notre attente. Entre deux rendez-vous inutiles nous marchions dans le quartier de Jan Path quand j'aperçus un petit panneau caché dans un fatras de fils électriques : *Druk Expeditions*, surmonté d'un dragon. Je me tournai alors vers Sylvain :

— Ça serait pas le Bhoutan, ça ?

Le reste s'enchaîna comme par miracle, le vent avait tourné, nous l'avions en poupe. Harcelé de fax par l'entreprenant

Basant, de l'agence Druk Expeditions, le gouvernement bhoutanais céda. Nous serions autorisés à réaliser une première : traverser l'ouest du royaume à bicyclette pour rejoindre la frontière indienne. Pourquoi à bicyclette ? Parce que, à 230 dollars la journée par personne, nous ne pouvions pas nous offrir le luxe de marcher les huit jours nécessaires pour sortir du pays. À bicyclette, compte tenu de notre expérience en la matière, 3 jours suffiraient. Nos premiers pas seront des coups de pédale !

Sans doute fallait-il en passer par un mois de purgatoire pour mériter que s'ouvre à nous la porte étroite du Bhoutan ? Par un mois d'errements et d'échecs, parachevé par cette perte de chargeur. Mis en quarantaine pour que notre orgueil dégonfle, que notre fougue se mette au diapason de l'Asie. Pour acquérir ce savant dosage de patience, de renoncement et de sérénité qui nous ferait déplacer les montagnes dans l'humilité et la contemplation plutôt que par la forfanterie et la conquête. « À toute chose malheur est bon » est le plus oriental de nos dictons.

Soudain, dans l'encadrement de mon hublot, surgissent, crevant un front de mousson, le Dhaulagiri (8 167 mètres) et l'Annapurna (8 091 mètres). L'apparition me fiche la chair de poule. Je réveille Sylvain. Les deux titanesques chiens de faïence nous ouvrent les portes de l'Himalaya. Estomaqués, nous commençons notre revue aérienne de ces sentinelles du monde. Bientôt apparaît au loin le Manaslu (8 156 mètres). Derrière la chaîne, vers le nord, le Xixabangma (8 013 mètres) semble la brebis égarée aux marches du plateau tibétain. Nous volons vers Kathmandu, vers l'est, dans le sens inverse de notre marche future. Je scrute les crêtes que nous frôlons, essaie avidement d'y trouver les treks que nous emprunterons. Nous sommes fébriles. En phase d'approche de la piste je reconnais, filant vers l'est, la route de Bhaktapur par laquelle, il y a trois ans et dix jours, nous arrivions du Tibet à bicyclette. Émotion. Nous atterrissons pour un bref transit. C'est étrange ! Nous sommes posés là, à la première étape de nos épreuves à venir. Il est en plus prévu que nos fiancées viennent nous y retrouver, théoriquement dans un mois : Kathmandu ou l'Amour.

Dixième et dernier décollage depuis Paris. Destination Thimphu, capitale du Bhoutan. Nous nous élevons rapidement au dessus des rizières asséchées de cette période de pré-mousson. La terre a soif. C'est pour bientôt. Nous volons depuis un quart d'heure quand la voix du pilote nous tire de nos songes : nous sommes en vue de l'Everest (8 848 mètres). Tout le massif du Khumbu est là sous nos yeux. Regroupée aux pieds du patriarche des montagnes déchirant l'écharpe de nuages de son front majestueux, la foule des sommets écoute en silence. Le Cho Oyu (8 153 mètres), le Lhotse (8 511 mètres) et le Makalu (8 481 mètres), tiennent la piétaille des 7 000 en respect et encadrent la forteresse du monde. Comment allons-nous passer au pied de ces géants sans nous faire écraser ? Mon regard affolé ne trouve aucun itinéraire. Tout n'est qu'arêtes de glaces et pans vertigineux ! Nous survolons enfin les jungles humides de l'Est népalais, séparées du Sikkim indien par le massif du Kanchenjunga (8 598 mètres), le plus oriental des quatorze sommets de plus de 8 000 mètres. D'un coup d'aile nous l'esquivons et entamons notre descente sur le Royaume du Dragon.

Paro, Bhoutan occidental, jeudi 15 mai : 1er jour, 25 kilomètres, dénivelé : 600 mètres

Un vent léger, plein d'altitude et de pierres sèches nous dilate les naseaux dès la sortie de l'avion. Nous posons le pied au sol, nous sommes foutus, nous ne le quitterons plus. La pure lumière de cette vallée champêtre et la douceur de nos premiers Bhoutanais nous remplissent d'allégresse. Tout est silence. D'un œil amusé, nous assistons au débarquement de nos *most excellent bicycles of the world*, selon la publicité indienne : des *hero rangers* achetées précipitamment à Delhi. Les manutentionnaires, tirés à quatre épingles dans leur costume traditionnel, sont fascinés par le sélecteur de vitesse. Il n'y a pas de « petites reines » au royaume du Bhoutan. Une jeune fille ravissante nous sourit derrière l'attroupement du comptoir d'immigration. Gansée dans une seyante robe gris tourterelle, croisée sur le devant et affinée à la taille par une ceinture brodée, elle lève une large manche blanche pour nous saluer. Je file un coup de coude à Sylvain :

— C'est sûrement Nawang, notre guide !

Son choix était mince : nous étions les seuls Occidentaux à bord de ce vol. Nous passons les formalités. « Boum ! » Enfin un tampon qui nous est favorable !

— Bienvenue au Bhoutan ! Je suis très honorée de vous avoir comme « invités ». Voici Nima, notre chauffeur, et Kinley, notre cuisinier.

Nous ne sommes pas habitués à un tel luxe ! Dans ce petit royaume, il n'y a pas de « touristes », il n'y a que des « invités ».

— Vous n'avez pas renoncé à votre projet de pédaler ?

— Non ! Vous y voyez une objection ?

Elle éclate de rire, des perles plein la bouche :

— C'est que nous allons devoir vous suivre en voiture !

— ???

C'est ainsi que nous quittons l'aérodrome de Paro, à 25 kilomètres de la capitale, en direction du « Nid du tigre », un ermitage bouddhiste du VIIIe siècle incrusté dans une paroi non loin de là. Nous savons que notre temps est compté. Trois jours, c'est court, mais c'est un « parti prix » ! Suivis à 20 km/h par Nawang, nous avons la route pour nous dans de larges fonds de vallées verdoyants. Des enfants rient à notre passage. Nul n'a jamais vu un pareil attelage. De loin, il doit leur sembler que nous tractons la voiture. Ils rentrent de l'école et s'égaillent sous nos roues comme des couvées de poussins. En chaussettes blanches sous les mêmes petits manteaux croisés ceinturés à la taille, et leur tombant au-dessus des genoux, on les croirait en kilt. Leurs manchettes blanches, retroussées sur des tissus sombres déclinant toute la gamme des tartans, leur donnent un chic parfait. J'interroge Nawang, qui remonte à notre hauteur, en lui disant que je n'ai jamais vu d'enfants aussi soignés :

— Ils portent tous un uniforme aux couleurs de leur classe, les garçons un goh, les fillettes une *kira*. L'école est gratuite et obligatoire de 5 à 15 ans. L'hygiène et la propreté sont des vertus cardinales au Bhoutan. Propre dedans et propre dehors, c'est la même chose !

En effet tout est propre, les champs tirés au cordeau, les maisons coquettes aux fenêtres de bois et aux murs chaulés entre les colombages. Un style tibétain mâtiné de chalet suisse et de *bow-window* britannique ! Rien ne vient polluer ce tableau idyllique, pas de panneaux publicitaires, pas de fils électriques, pas de moteurs, mais un goudron impeccable.

— Les routes sont entretenues pour le passage du roi. Pour ainsi dire, tous les véhicules du royaume lui appartiennent. Tout le monde connaît le roi, et il connaît tout le monde, nous sommes un petit royaume mais une grande famille.

Nous laissons libre cours à notre joie en gonflant nos poumons de toute cette pureté. Le sang ronfle à mes tempes, nous commençons notre voyage par une journée *Exultate jubilate* !

Nous égrenons de jolis villages d'alpage. Des laboureurs en manchettes tracent leur sillon derrière des paires de bœufs. Tout le monde porte le costume traditionnel. Et je songe aussitôt : « Pourquoi traditionnel ? Puisqu'il n'y en a pas d'autre ! Costume de tous les jours, tout simplement. » Et je sens se dégager une constante dans les traits du Bhoutan : ce n'est pas une société traditionnelle, par opposition à une société moderne, parce que ici la synthèse entre elles semble parfaite. C'est une utopie et une uchronie à la fois ! Nawang nous indique alors un petit chemin menant au bord d'une rivière. Sur sa rive, nous laissons traîner le regard sur l'autre versant. De larges et hautes falaises le dominent dans le lointain. Sylvain, le doigt pointé vers l'une d'elles, s'exclame :

— Là-haut !

Et nous comprenons d'un seul regard comment un tigre peut avoir un « nid » !

Littéralement agrippé à une entaille zébrant la paroi, un petit monastère domine la vallée. Enchâssé dans le roc noir, il étincelle de ses murs blancs rehaussés d'ocre rouge. C'est une apparition. Nawang nous rejoint.

— La tradition bouddhiste veut que Padmasambhava, alias Guru Rimpoche, grand sage indien ayant converti le Tibet et tout l'Himalaya aux enseignements de Bouddha, soit arrivé sur cette corniche en volant sur le dos d'un tigre. Par sa méditation il a concentré tous les esprits du mal qui hantaient le royaume en un moine monstrueux, Dorje Drolö, qui est en quelque sorte notre Diable ! Grimper à l'ermitage est une façon de le conjurer. Vous en avez à peu près pour trois heures aller et retour, Nima vous accompagne.

Nous passons la rivière sur un pont suspendu et attaquons bon train la montée dans une odorante forêt de pins. Entre leurs fûts majestueux, un ruisseau cristallin rebondit sur des rochers ronds. L'humus épais et la mousse veloutant tous les reliefs conservent à ce sous-bois une douce fraîcheur parfumée. Nous piaffons comme deux jeunes poulains à leur première sortie de box. Pas après pas, notre ivresse augmente, la mécanique grince et claque, les muscles se tendent, les cartilages grondent, participent à la liesse générale. Nous passons une prairie perchée, puis une seconde, ne prenons même pas le temps d'identifier leurs fleurs multicolores, emportés par la fougue d'un élan de libération. C'est toute l'angoisse de ce dernier mois que nous purgeons par cette course folle vers le Nid du tigre. Le souffle haletant, nous sommes sous l'emprise d'un coup de foudre irrationnel. Nous voudrions fouler l'univers entier, il nous est poussé des ailes. Des buis, des petits chênes et des massifs aux senteurs épicées sous le soleil succèdent aux pins. Nos chaussures ont une accroche terrifiante. Nous filons en plein maquis.

— On a semé le chauffeur ! m'avertit Sylvain.

Nous faisons une brève pause pour souffler un peu. Ça palpite fort en nos cœurs, la volupté de nos retrouvailles avec le corps nous envahit peu à peu. Par toutes nos alvéoles, par tous nos pores nous captons les parfums, la lumière, la vie ! Nous repartons dans des massifs de rhododendrons. Partout leurs fleurs vermillon enchantent le regard. Au sommet d'une première crête nous débouchons sur notre premier moulin à prières, tournant son mantra dans la brise légère. Une forêt de mâts à prières hérisse l'aire. D'étroits drapeaux colorés, tendus de haut en bas, claquent comme des voilures. À chaque tour du moulin tinte une cloche. Tout semble animé, tout est louange.

Une forêt d'arbres torturés et noueux nous happe sur le plateau. De nonchalantes draperies de lichens caressent les rhododendrons à leurs pieds. Le Nid du tigre nous apparaît fugitivement, à la faveur d'un souffle d'air levant un rideau d'épiphytes ou courbant la cime d'un pin. Seul le chant cristallin d'un oiseau invisible résonne dans les frondaisons et orchestre le sortilège. Au débouché de la deuxième crête, le monastère nous saute à la figure. Un précipice nous en sépare, il reste suspendu entre deux airs, greffe architecturale sur la face de granit. La lévitation faite pierre, griffe du génie bouddhiste, sobriété graphique de l'équilibre entre les forces spirituelles et telluriques. Le Nid du tigre. Nous sommes estomaqués.

Comme des fleurs de rhododendron emportées par le vent, un couple d'oiseaux vermillon jaillit au-dessus de nos têtes et va porter au tigre notre révérence. J'attends un signe, un écho, il revient en une bouffée d'espérance : notre haute foulée est bel et bien lancée.

— Regarde ! Il y a un câble tendu jusqu'au monastère !

Je n'ai pas eu le temps de me retourner que Sylvain s'est déjà suspendu dans le vide. À l'autre bout pend le Nid du tigre. On ne sait plus qui retient l'autre. Je vais le rejoindre. Sous nos pieds, cent mètres. Exercice spirituel digne de Guru Rimpoche ! Nima arrive sur ces entrefaites et pousse un cri d'horreur. Nous le rassurons d'un sourire. Rien que pour le plaisir du vide, de l'équilibre ! C'est notre petit côté bouddhiste ! Nous tenons à pleines mains le fil ténu de notre transhimalayenne que nous allons tenter de dérouler, sans le rompre, de l'un à l'autre bout des pays de la chaîne. En redescendant je me sens fortifié, le tigre a quitté le nid, il est venu dans nos mollets !

Au campement du soir, monté sur le bord de la rivière Wang Chu, en aval de Thimphu, Nawang, plus craquante que jamais, nous avoue qu'elle n'a jamais campé, qu'elle ne sait ni nager ni faire de la bicyclette. Charmante ! Nous sommes ses premiers « invités » français. Elle nous parle de son pays. En me couchant sous la tente, je goûte l'ineffable plaisir d'avoir laissé les moustiques très loin en contrebas, dans les chaleurs de l'Inde.

Thimphu, capitale du Bhoutan, vendredi 16 mai : 2e jour, kilométrage du jour (kj) : 75 ; kilométrage total (kt) : 100 ; dénivelé du jour (dj) : 1 115 mètres ; dénivelé total (dt) : 1 175 mètres

Lever 6 heures, avec le soleil. Des roucoulements d'onde nous ont bercés toute la nuit. Le petit déjeuner est prêt. Toasts, *baked beans*, beurre de cacahuètes, omelettes, cornflakes, le tourisme de luxe a décidément du bon. Nawang n'aime pas. Elle mange du riz pimenté à la main, d'un geste aussi gracieux qu'efficace. Je m'avance :

— Comment tu trouves ça sans piment ?

— Incomplet !

Belle réponse. Nous partons vers Thimphu. Sur la route, nous retrouvons nos écoliers. Ils marchent des kilomètres, il n'y a pas de ramassage scolaire. Il paraît que c'est bon pour la santé, la marche ! Dans les villages, nous voyons quelques programmes d'aide technique occidentale apportée au royaume. Ne se damnerait-on pas pour aider ce petit peuple de la sérénité ?

Nous passons le pont de Thimphu. Petite ville. Des baraquements, plutôt modernes, s'étagent dans une pente, anodins. Est-ce cela la capitale de ce royaume de légende ? La réponse vient au débouché sur la colline. Le Tachi Cho Dzong : la plus grande forteresse d'Asie, le Pentagone version médiévale, une ville à lui tout seul ! Sa masse démesurée encombre toute la vallée. Ce qui trompe tout d'abord sur ses dimensions, c'est sa sobriété : un gigantesque carré, dominé aux quatre coins par quatre tours carrées. Trois rangées de fenêtres noires, commençant à dix mètres du sol, semblent des sabords au flanc d'un galion. Les quatre corps du bâtiment sont si épais qu'ils réduisent la taille de la cour intérieure. Titanesque et totalement inattendu. Des centaines de personnes y vivent, moines, fonctionnaires, nobles et serviteurs, le ban et l'arrière-ban, les ministères et la cour, les soldats et les juges. Une fourmilière médiévale avec à sa tête le dernier monarque absolu : Jigme Singye Wangchuk, quatrième du nom.

Impressionnés par cette fusion des pouvoirs, et tous ces hommes vibrant à l'unisson d'un seul, nous allons rendre visite au Memorial Chorten[1] de la ville. Une veine ! Il s'y donne une *puja* : toute fête religieuse est une puja, et tout est prétexte à puja. Un flot hétéroclite de fidèles, de pèlerins et de moines, tourne tout autour en vrombissant *Om Mani Padme Hum*, le mantra fondamental du bouddhisme. Nous nous mêlons à la ronde. Le concert des savates traînant sur le sol, les coups de cloche et le chant des moines se fondent en un flot plaintif de rumeurs et de cris. Tête baissée, l'échine courbée sous la traction d'un câble imaginaire, Sylvain me glisse :

— On se croirait dans un péplum ! Il ne manque que Charlton Heston et les coups de fouet !

— Ah, tiens ! Moi, j'aurais dit Wall Street en clôture !

Sur les marches du chorten, trois moines, des billets plein les mains, se disputent le cours de l'indulgence avec force gesticulations et appels d'offres. Dans ce royaume où l'économie n'existe pas, les rituels et l'étiquette ont valeur de monnaie d'échange. Pour nous faire pardonner nos enfantillages, nous allumons deux bougies au beurre de yack dans le temple aux dix mille flammes. Nous fêtons notre deuxième jour.

Des enfants aux vieillards, tous sont magnifiques. Nous avons sous les yeux toute la palette des Bhoutanais qui va des Tibétains aux Indiens. Le mélange donne une peau plus claire, un nez mince et des yeux légèrement bridés. Les femmes portent les cheveux à la garçonne. Elles sont belles, leur taille ceinturée et leurs larges manchettes bleues, jaunes ou roses leur dessinent des silhouettes de princesses. Nawang nous tire de notre contemplation en nous rappelant la route à venir.

---

1. Les *chortens* sont des monuments symbolisant dans leurs formes toutes les aspirations du bouddhisme. Ils peuvent aussi être des reliquaires.

Nous voulons filmer le véritable coup d'envoi de notre Transhimalayenne. Sylvain, allongé sur le goudron, cherche un cadrage pour un plan de départ, quand survient le cortège du roi. Le monde et les dieux s'arrêtent, la procession se fige, tous s'inclinent. La voiture du souverain ralentit à la hauteur de Sylvain, qui, affairé dans son œilleton, ne remarque rien. Le roi, quelque peu surpris par cette prosternation totale de la part d'un Occidental, hasarde à son passage une bénédiction, version papamobile. Quand Sylvain se relève Nawang accourt, radieuse :

— C'est un grand bonheur qui vous arrive ! Cette bénédiction vous apportera la protection des esprits de l'Himalaya et assurera le succès de votre voyage.

Merveilleux royaume où les extravagances sont des révérences. Sous ces bons auspices, nous donnons le coup d'envoi de notre périple, un coup de pédale ! Après 25 kilomètres de descente et d'ivresse, nous arrivons à la confluence des rivières Wang Chu et Paro Chu, où débute sous le soleil une éprouvante montée. Après une heure de lacets, mon *hero ranger* rend l'âme : la roue libre, une pièce maîtresse qui permet aux pignons d'entraîner la roue, vient de lâcher. Les mains dans le cambouis de ma *most excellent bicycle of the world*, je maudis la forfanterie indienne.

— Tu avais eu le même problème lors du tour du monde, non ?

— Ouais ! Mais les symptômes n'étaient apparus qu'au 8 000e kilomètre, pas au 50e !

La réparation de fortune qui nous permet de repartir me condamne à lâcher les pédales dans les descentes. Mais, pour l'instant, cette descente vers les plaines de l'Inde ne se traduit que par des montées ! Normal ! On connaît ça ! Plus nous montons, plus la végétation est dense et variée. Ce sont les crêtes qui arrachent le plus d'humidité aux nuages de mousson. Toute la journée, nous nous évaporons dans d'interminables lacets. Cette jungle est un autocuiseur. Nos trois compères suivent patiemment derrière. Amusés par cette dépense d'énergie gratuite (!), Kinley et Nima tentent de nous rapatrier dans la voiture balai. C'est mal nous connaître ! Il est vrai que par purisme nous avions tenu à porter nos sacs sur les porte-bagages, mais qu'après de pathétiques effondrements, nous les leur avons rendus. Ils s'attendent à ce que le reste suive ! Des trombes de mousson s'abattent sur nous. Faute d'essuie-glaces, nos suiveurs doivent s'arrêter, nous continuons. Gnark ! Gnark ! Cela tombe bien, nous étions complètement déshydratés.

Sortis de l'ondée, nous tombons sur une horde de langurs squattant un lacet. Grands singes blancs aux longs membres et à la queue préhensile, leur face d'ange leur donne plutôt l'air engageant. Que nenni ! Ils ne veulent rien entendre ! Et surtout ne pas laisser passer ces étranges monstres de chair et de fer articulé. Ils nous chargent, hurlent, s'abattent par grappes entières des frondaisons pour une bataille rangée. Nous nous replions. Je couvre Sylvain avec force projectiles tandis que, brandissant son chèche en guise de fouet, il tente de maintenir les fauves en respect ! Les renforts, hilares, arrivent bientôt. Ce n'est qu'avec des rafales de coups de Klaxon que Nima parvient à leur faire lever l'embuscade.

Au campement du soir, je suis rompu. Mal au dos, mal au derrière, aux genoux, aux poignets : est-ce bien vrai que nous avons pédalé 25 000 kilomètres il y a trois ans ? Vivement la marche !

La journée du lendemain nous plonge dans une jungle encore plus dense. Les vallées se creusent, disparaissent dans des gorges sans fond. La route devient folle, s'attaque à des parois vertigineuses, replonge dans les ténèbres, revient sur ses pas, cherche son chemin, s'épuise en sauts de crêtes et en sauts de rapides. En dehors de la route, le Bhoutan du Sud est une des dernières terres vierges du monde. Nous ne rencontrons pour ainsi dire plus de Bhoutanais ! Et l'on comprend que ce petit royaume, retranché derrière de telles frontières naturelles, n'ait jamais été conquis. Chaque pan de montagne recèle en ses plis une faune mystérieuse. Nous croisons ce matin un chevrotain porte-musc, sorte de petit chevreuil en voie d'extinction, tristement célèbre pour la sécrétion parfumée de sa glande ventrale. Vision fugitive d'un univers inexploré. Le chant exotique du touraco répond dans le silence à celui du coucou. Ils se cherchent. Nous flirtons quelques mètres avec de splendides porte-queues. Ils nous caressent le visage de leurs ailes arc-en-ciel, avant de poursuivre leur vol vers des fleurs plus sucrées. Des cris glaçants, répétés par l'écho, retentissent dans la frondaison pour se mêler au gargouillis des ruisseaux. Des magnolias géants crevant des massifs de fougères arborescentes diffusent dans les bambous leur doucereux parfum.

Ce soir, nous dressons les tentes sur une large terrasse dominant l'Inde. Très loin en contrebas, ses platitudes suffoquent dans les brumes de chaleur. Nous faisons un brin de toilette avec les enfants du village. Complicité. Tandis que Kinley nous prépare le dîner, Nima m'invite à chiquer du bétel. J'hésite une seconde : combien de gras fonctionnaires indiens, le regard vide et la main moite, m'ont-ils fait endurer le supplice de leur rumination sonore ponctuée de grand crachats rouges ? Je me lance, inquiet comme pour un exorcisme. Nawang, amusée, me regarde enfourner en bouche le petit paquet de noix de bétel enroulé dans une feuille. Tout semble normal hormis le désagréable sentiment d'être relégué au rang de la vache : un vague remugle végétal se dégage de la première mastication. L'intérêt n'est sûrement pas là ! Je joue le jeu, la bouche encombrée de grumeaux. À mon insu, la salive se met à affluer. J'accélère donc le broyage des noix en déglutissant, sans y penser, le jus de ce mélange. Une bouffée de chaleur m'envahit instantanément la tête, le froid gagne mes extrémités, ma cage thoracique se bloque, une colonne de fourmis rouges me remonte le long du pharynx, mes jambes flageolent, je perds la tête, l'équilibre : boum ! je suis par terre. K.-O. sans sommations. Les autres aussi se roulent par terre… de rire. Entre le piment et le bétel, ces gens entretiennent un bien curieux rapport avec la nourriture ! Mais non, ce n'est pas une drogue ! Et je frémis à l'idée de devoir réaffronter les routes indiennes, dont les chauffards, euh ! chauffeurs de Tata, ces rugissants camions orange, s'échauffent au bétel.

La pleine lune se lève après le dîner en tirant sur les montagnes une couverture de nuages. Un orchestre de grenouilles entonne une claire sonate de cliquetis doucement feutrés par la quiète nuit. Heureux, comblés, nous allons nous coucher.

Une tornade en pleine nuit nous arrache du sommeil. Violence de la mousson. Des cataractes martèlent d'un seul coup le double toit. Le fracas du tonnerre roule son enclume au-dessus de nos têtes. Les rafales d'éclairs animent notre impuissant tumulte de mouvements stroboscopiques. Sous les coups de boutoir beuglant, la tente vacille soudain, nous nous jetons sur les mâts. En cinq minutes, notre esquif flotte sur la terrasse herbeuse, tangue dans la tourmente. Aucune infiltration. Notre tente est en toile de Zodiac. Un grain nous pousse à tribord vers le précipice, seules quelques sardines nous retiennent encore contre la force du courant. Sylvain se précipite dans la tourmente pour tenter de nous retenir. La tente de Kinley s'envole dans un tintamarre de bicyclettes. C'est la Berezina ! nous sommes à deux doigts du grand plongeon vers l'Inde quand le front passe, tout s'efface, tout fuit. Ouf !

Contreforts du Bhoutan, dimanche 18 mai : 4e jour, kj : 85 ; kt : 241 ; dj : 0; dt : 2 915 m

De bon matin, nous entamons notre descente de 25 kilomètres vers l'Inde. D'impressionnants glissements de terrain ont emporté la route, écorché la montagne. Des cantonniers sont déjà au travail. La mousson commence son grand œuvre de démolition-reconstruction. Nous sommes dans la région du monde où il pleut le plus, jusqu'à 3 200 millimètres d'eau par an, soit 3,2 tonnes par mètre carré (en France, 600 mm) ! La voiture passe tout juste les coulées de boue. La jungle obscure cède la place à une manière de jardin botanique planté d'interminables bambous, de bananiers, de manguiers sauvages. Le Grand-Jardinier lui ménage l'effet de serre des moiteurs du Bengale.

— Fais gaffe ! dis-je en freinant brutalement.

— Quoi, qu'est-ce qu'il y a ? me répond Sylvain.

Un pont en béton armé, dans le plus pur style « grands travaux », défigure la jungle. *Most excellent high bridge : indian cooperation*, dit l'écriteau. Je me méfie. Il va sûrement s'effondrer pour nous !

— Pas complexés, ces Indiens ! Tu te rends compte qu'il y a cent ans, Eiffel construisait le viaduc de Garabit ! Qui, en plus, doit être moins lourd ! ricane Sylvain.

Les lacets de la descente vers Phuntsholing s'enchaînent et précipitent le dénouement de notre séjour au Bhoutan. Nos freins crament, tout va trop vite, le poste frontière est déjà là !

De l'autre côté d'une monumentale porte ouvragée, pleine de dragons, de flammes et de roues solaires, douze cordonniers au coude à coude guettent le chaland devant une rangée de triporteurs sur les starting-blocks. Des hordes de bus bariolés, toutes sirènes hurlantes, empanachent le carrefour, leurs aboyeurs égosillent les destinations en tapant sur la caisse, la cohue se presse, l'Inde. Nous sommes abasourdis ! Nawang sursaute à chaque rush.

— *No harm to take care !* dit-elle en nous quittant, émue, déjà impatiente de remonter dans les sérénités de son royaume hors du temps. Promis, Nawang, nous ferons attention.

Nous n'avons encore rien fait que nous sommes déjà en nage. Nous avons deux choses importantes à régler ici : changer ma roue arrière, et fuir. Deux heures plus tard nous jouons au billard sur une route défoncée, avec d'affreux Tata à nos trousses. Entre la bande et les trous, nos cœurs balancent. Pas drôle de jouer les boules ! Heureusement il y a les arbres centenaires, les haltes Coca, les séances de *White watching* [1], une routine pour nous. La chaîne de l'Himalaya sur notre droite, nous pédalons au Bengale occidental en direction du Sikkim.

À Gairkatta, un embouteillage monstre mate les Tata. Accident ? Carnage ? Presque. Au cœur d'une foule compacte, des hommes se battent à coups de grandes cannes. Deux équipes s'affrontent, cabriolent. Les lattes fouettent, les faces grimacent, la sueur gicle. Électrisée, la foule est à deux doigts de demander du sang quand le combat cesse et que l'arène, la rue, est envahie par des flagellants. En rythme, torse nu, les pénitents se fouettent jusqu'à la transe. Les martinets rougis palpitent comme des goupillons et la foule reçoit son baptême du sang en gémissant des cris de bénédiction. C'est la fête de la Hachourah, le grand pardon des musulmans. Les tournois symbolisent les guerres entre sunnites et chiites. Dieu qu'il est déjà loin, notre petit Bhoutan !

Impressionnés, nous quittons la route, et déboulons dans les jardins de thé. Un baume de silence et de beauté. Taillés comme des buis s'alignent au cordeau des millions de bosquets de thé. À perte de vue, si serrés qu'ils semblent une sombre prairie, si uniformes que l'on voudrait courir dessus. Perdus dans ce glacis de feuilles vernissées, de grands arbres tamisent les ardeurs du soleil. Ni trop, ni trop peu ; l'ombrage est savamment dispensé. Des flamboyants en fleur bordent notre chaussée, et leurs pétales dans le vent vont se poser sur la verte surface, pour parfumer le thé, comme sur nos étangs, les mortes feuilles d'automne.

Quand la nuit vient rôder dans ces jardins de senteurs, une

---

1. Lors de notre tour du monde à bicyclette, le moindre arrêt provoquait un impressionnant attroupement de curieux, qui ne faisaient rien d'autre que de nous dévisager statiquement. De là sont nées les séances de *White watching*.

brume laiteuse exhale de la terre et commence en secret l'infusion des précieux arbrisseaux. La bouche ouverte, nous en buvons de profondes gorgées, des gorgées de réminiscences. Ne manquent que les madeleines.

Après l'heure du thé, vient celle du sommeil ; nous tombons par hasard sur l'église Saint-Paul. Par hasard ? En long saroual blanc, le père Lewin nous accueille. Prêtre bengali, il a en charge les cohortes d'intouchables affectés à la cueillette du thé. Les colons britanniques les avaient tirés de la misère des villes pour leur donner une condition. Les colons indiens les exploitent sans conditions. Le Bengale de l'Ouest est un État communiste. Au dîner, il nous flanque une belle frousse.

— Vous avez vu les léopards ?

Nous rigolons.

— Non, c'est très sérieux, il y en a deux couples dans la plantation. Quand vous êtes arrivés, j'ai d'abord cru que vous vous étiez fait attaquer. Il est interdit de sortir la nuit, vous savez ! C'est le couvre-feu des fauves.

Je lui réponds :

— Nous étions à deux doigts de nous installer pour une nuit confortable entre deux rangées de thé quand nous avons aperçu la croix entre deux arbres !

— À coup sûr, vous auriez fait de belles côtelettes !

Il surenchérit :

— Les plus dangereux ce sont encore les éléphants sauvages. Ils descendent du Bhoutan la nuit et causent d'énormes ravages. La semaine dernière, ils s'en sont pris au jardin des sœurs. Ils ont dévasté tout leur potager et englouti leurs bananiers. Le lendemain, on a retrouvé un homme empalé sur des bambous à cinq mètres du sol, juste ici derrière ! Nous l'avons enterré hier !

Nous hallucinons ! Quand même. un prêtre, ça ne raconte pas de bobards, en principe ! Il enchaîne, intarissable :

— Tout le village est parti pour tirer vengeance des éléphants, mais ils ne les ont pas trouvés.

— Et les tigres ? demande Sylvain.

— Il y en a très peu ! Mais le mois dernier, il y en a un qui a pris une Mobylette pour un chevreuil : il s'est cassé les dents et brûlé la langue sur le moteur. Nous l'avons retrouvé mort de faim en cherchant les éléphants !

Jardins de thé de Binnaguri, Bengale Occidental : lundi 19 mai, 5ᵉ jour, kj : 96 ; kt : 337

Dix éléphants à trompe suceuse m'ont piétiné toute la nuit. Ils écrabouillaient mes courbatures comme on presse un fruit mûr et, dans le hourvari de leurs barrissements, vrombissaient de plaisir en me suçant le sang. Maigres, ils étaient passés à travers ma moustiquaire. Dodus comme des groseilles, leur gourmandise les avait emprisonnés. De fureur, j'en fais de la confiture.

Au réveil, un coup d'œil vers le nord, c'est bon ! Les montagnes sont encore en vue ! Après une messe d'envoi et un petit déjeuner copieux, nous pédalons dans les plantations. En ligne sur la mer de feuilles, les fichus roses ou jaunes des cueilleuses, flottant sous de noirs parapluies, semblent les bouées d'un filet. Depuis cent ans, la pêche est miraculeuse et alimente la terre entière de cette simple poudre noire née aux pieds de l'Himalaya. De temps en temps, une île crève cet océan de thé, avec en son centre un cottage britannique et son green. Luxe, calme et volup'thé.

Nous pédalons bientôt dans une nappe de caramel. Les effluves proviennent d'une usine de séchage. En grandes lettres anglaises sur un hangar en bois, elle se présente : *GreenMore*. Sur trois étages à claire-voie, les pousses de thé sont séchées à l'air chaud en trois étapes. Puis elles subissent l'équarrissage, le pilage et la torréfaction. Avec de grands râteaux, des ouvriers surveillent l'oxydation de la poudre de thé. Du vert, elle vire au brun sombre, est cuite et empaquetée. Dégustation. Un vieillard édenté nous vante avec un soupçon de regret la ponctualité et la parole des Anglais. Les machines en fonte portent au flanc Sheffield ou Nottingham, les vérandas ou l'uniforme des contremaîtres : tout parle encore du charme désuet de l'époque coloniale. L'après-midi, nous traversons de vastes champs d'épandage morainique. Tous ces galets étalés sont de l'Himalaya éparpillé. Dans quelques semaines, les cataractes de mousson viendront les faire rouler. Nous pédalons au pied du mur. Il n'y a pas de piémont ici, la rupture de pente est instantanée, la paroi tombe dans la plaine. Nous cherchons la première faille, au talon du colosse. Nous la trouvons à Selok et nous y engageons comme un suppositoire dans les fesses du monde. Nous quittons l'horizon et les mornes plaines pour de longs mois, sans un regard en arrière, sans un regret.

Nous remontons la rivière Tista vers le Sikkim. Les routes stratégiques sont en Inde aux mains d'organismes paramilitaires qui les construisent et en ont la charge. Celle-ci est un axe majeur vers le Tibet. Elle se nomme : «Projet Swastik». À chaque pont, chaque tournant, d'énormes croix gammées nous mettent mal à l'aise; elles vantent la mission civilisatrice de l'Inde en ces régions longtemps enclavées. Heureusement, tous les kilomètres, d'hilarants panneaux portent des maximes moralisatrices pour tempérer l'ardeur des Tata. «Les ponts sont faits pour relier les peuples», «*Fast won't last*» ou «*Reach home in peace, not in pieces*»[1], autant de messages personnels pour nos mois à venir. Non loin de là, pour les faire mentir, un homme gît sur la route, fauché par un monstre orange qui ne savait pas lire. On lui a planté un bâton d'encens derrière l'oreille afin que son esprit quitte plus aisément sa triste dépouille. Un splendide rollier, aussi bleu que l'azur, survole l'accident et emporte dans la ramure la nouvelle âme du réincarné.

Dans des vallées profondes au pied de la montagne de Kalimpong, célèbre pour son thé, la jungle se pique de tecks et d'hévéas. De nombreuses minorités ethniques peuplent les sous-bois et vivent dans des huttes. Nous croisons des processions de jeunes filles bâtées de hottes remplies d'herbes tropicales. Elles gloussent à notre passage, les yeux rivés sur nos mollets. Sylvain se retourne et me hèle :

— Comment font-elles pour vivre sans BHL ?

Un Tata emporte mon rire.

Le lendemain, à Rangpo, nous passons la frontière intérieure du Sikkim. Notre *inner line permit* est gratifié d'un beau tampon rouge. L'officier accuse le geste en dodelinant de la tête, comme pour signifier qu'il s'agit d'une grâce exceptionnelle. Nous avons droit à un séjour de dix jours. La montée vers Gangtok se corse. 31 kilomètres sous le soleil. Je ne supporte plus ma selle. Des cloques de lymphe nous boursouflent les bras, des irritations, l'entrejambe. Heureusement, c'est notre dernier jour de bicyclette. Plus nous montons, plus la population est dense, les lacets encombrés, les pentes défrichées. Les crêtes sont gangre-

---

1. «Les rapides ne feront pas de vieux os» et «Rentrez en paix, non en pièces».

nées de constructions de fortune : pelletées de ciment jetées sur du fer à béton. Tout est bâclé, tout est inachevé, l'Inde et ses nausées ont pris de l'altitude. Des centaines de milliers d'Indiens fuient la plaine avant la mousson, comme si l'arche de Vishnou devait les sauver du grand déluge. Le plastique et les outrageants étalages chantent partout l'orgueil de la consommation. La ville apparaît bientôt comme une verrue grise à l'abri d'une crête incurvée. Camp de réfugiés pour bourgeois de Calcutta ou Bénarès, elle étage ses strates de béton et de tôles dans une toile de fils électriques. Gangtok fait toc !

Gangtok, capitale du Sikkim, mercredi 21 mai, 7ᵉ jour, kj : 14 ; kt : 431 ; dj : 370 m ; dt : 5285 m

Avant de quitter la ville, nous cherchons deux choses : une autorisation spéciale et un repreneur pour nos vélos. Pas simple. Pour la première, c'est peine perdue ! Nous nous épuisons deux heures à essayer de trouver la personne ayant le pouvoir de nous autoriser à traverser la jungle centrale du Sikkim et rallier la vallée de l'ouest. Seuls trois itinéraires balisés, avec agence de trekking, sont autorisés dans cette *restricted area* qui se paye en plus le luxe d'être une *border zone*. Le vocabulaire administratif anglo-indien se gargarise de grands mots, et les militaires d'interdits paranoïaques. Toutes les montagnes de la chaîne sont touchées par ce phénomène agaçant. Les États n'aiment pas laisser l'accès à des territoires qu'ils ne contrôlent pas. Quand nous avons identifié le *foreign officer* de la *special branch*, on nous apprend qu'il est descendu à Calcutta. Nous ferons sans. Quant aux vélos, personne n'en veut. Beaucoup trop de montées dans le coin, beaucoup trop de saindoux aussi. On nous indique finalement les « sœurs missionnaires de la Charité ». Nous les retrouvons dans le bas de Gangtok, là où, comme dans les égouts, ruisselle la misère.

Dans un bâtiment en U d'un étage, construit sur le même modèle que deux cents autres en Inde, six sœurs-sourires, drapées dans le célèbre sari blanc au deux lignes azur, accueillent les orphelins et les enfants non désirés. Le portrait de mère Teresa dispense sur cette cour des miracles sa douceur et sa sagesse. Devant un parterre de petits rachitiques, sourds, mutilés, et autres blessés du sort, nous entamons nos airs de flûte et jongleries. C'est bientôt par grappes entières que les bambins nous grimpent dessus. Les rires éclaboussent le sol et ricochent sur les murs de la cour. Le paroxysme est bientôt atteint quand, trois enfants sur le porte-bagages, deux sur la barre centrale et un sur le guidon, nous entraînons nos vélos dans une ronde folle, sous le regard attendri des sœurs missionnaires. Nous avons trouvé nos destinataires. Nous remontons la ville à pied, et c'est le cœur léger que nous faisons le premier pas, vers l'ouest.

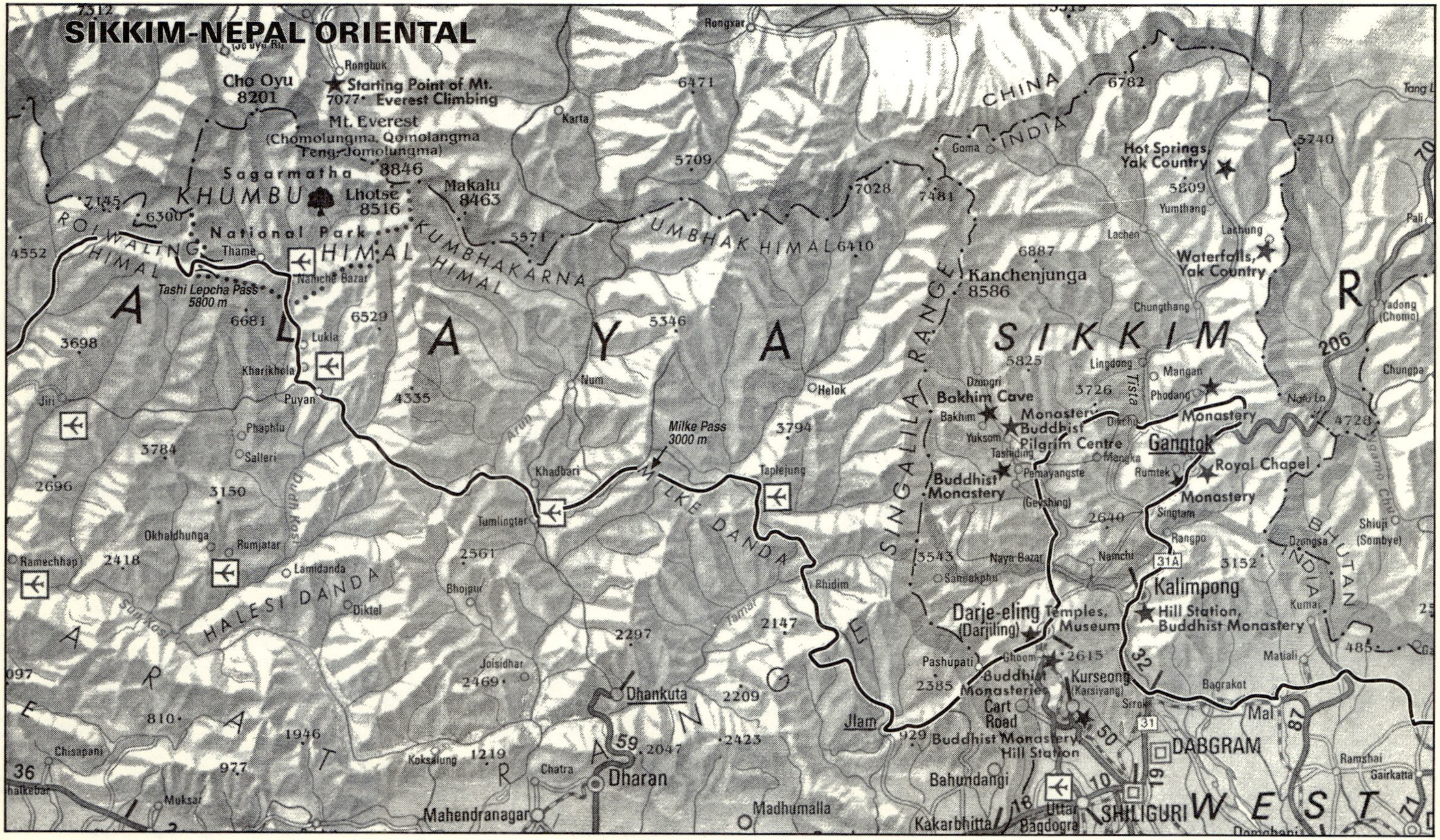
SIKKIM-NEPAL ORIENTAL
Cho Oyu
8201
Starting Point of Mt. Everest Climbing
Rongbuk
Mt. Everest
(Chomolungma, Qomolangma
Teng-Jomolungma)
8846
Sagarmatha
KHUMBU
National Park
Lhotse
8516
Makalu
8463
KUMBHAKARNA HIMAL
UMBHAK HIMAL
ROLWALING HIMAL
Thame
Namche Bazar
Tashi Lepcha Pass
5800 m
Lukla
Kharikhola
Puyan
Jiri
Phaphlu
Salleri
Okhaldhunga
Rumjatar
Ramechhap
Lamidanda
Diktel
HALESI DANDA
Bhojpur
Tumlingtar
Khadbari
Num
Arun
Milke Pass
3000 m
MILKE DANDA
Taplejung
Helok
Karta
Rongxar
Goma
CHINA
INDIA
Kanchenjunga
8586
SINGALILA RANGE
SIKKIM
Bakhim Cave
Bakhim
Dzongri
Yuksom
Monastery
Buddhist Pilgrim Centre
Tashiding
Pemayangtse
(Geyshing)
Buddhist Monastery
Lingdong
Mangan
Phodang
Tista
Dikchu
Gangtok
Rumtek
Royal Chapel
Monastery
Singtam
Rangpo
Namchi
Naya Bazar
Sanakphu
Darje-eling
(Darjiling)
Temples, Museum
Ghoom
Kurseong
(Karsiyang)
Buddhist Monasteries
Cart Road
Buddhist Monastery, Hill Station
Pashupati
Kalimpong
Hill Station, Buddhist Monastery
Hot Springs, Yak Country
Waterfalls, Yak Country
Yumthang
Lachen
Lachung
Chungthang
Yadong
(Chomo)
Chungpa
Natu La
Shiuji
(Sombye)
BHUTAN
Dzongsa
Kumai
Matiali
Bagrakot
Mal
Sirrok
DABGRAM
SHILIGURI
Uttar Bagdogra
Kakarbhitta
Bahundangi
Ramshai
Gairkatta
WEST
Jlam
Bhidim
Tamur
Dhankuta
Dharan
Chatra
Mahendranagar
Madhumalla
Koksalung
Chisapani
Muksar
Sun Kosi
Dudh Kosi
Joisidhar
6471
5709
6782
5740
5809
7028
7481
6410
6887
5571
6300
7145
4552
3698
6681
6529
4335
5346
3794
5825
3726
3784
3150
2696
2418
2561
2297
2469
2147
2209
2423
2047
1219
1946
810
977
3543
2640
2615
2385
929
3152
485
4728
206
31A
31
32
50
59
10
16
19
87
36

2

SIKKIM-NÉPAL ORIENTAL : DE GANGTOK À PUYAN

Sylvain

Il est 4 heures de l'après-midi à Gangtok. La ville disparaît sous des nuées de brume. Par temps clair, on a déjà l'impression qu'elle s'agrippe, instable, sur son versant pourri, prête à basculer. D'ailleurs parfois un immeuble sapé par les infiltrations s'écrase sur les toits des autres bâtiments construits à ses pieds dans la pente. Le temps que le nuage soulevé par la chute se dissipe et on commence déjà à le rebâtir. Sous le brouillard, Gangtok paraît flotter. On n'ose pas marcher trop brusquement de peur que tout vacille. Nos deux ombres tristes déchirent de temps à autre un rideau de brouillard. Temps maudit pour un début. Les nuages ne cachent pas seulement la cime du Kanchenjunga que nous devrions apercevoir mais aussi nos visages préoccupés. Car nous venons de réaliser au bout d'un misérable kilomètre que nous ne parviendrons jamais à notre but. Trop dur. Trop lent, trop fastidieux. Trop stupide aussi et tellement présomptueux de s'imaginer traverser les Himalayas à pied. La plus grande chaîne de montagne du monde à l'allure du marcheur ! Himalaya : « le royaume des neiges éternelles » arpenté par deux vers de terre. Une touche optimiste à ces tristes perspectives : le temps de les ruminer en foulant la route qui sort de Gangtok et voilà que nous débouchons en haut d'un col d'où nous voyons la ville, à travers une déchirure humide, beaucoup plus éloignée que je ne le pensais. Peut-être finit-on par arriver à ses buts à force d'avancer doucement ? À force de patience, à force de lenteur… Nous rentrons pour les mois qui viennent dans une autre dimension du temps et pour le moment dans une jungle épaisse.

La nuit tombe. L'altimètre intégré à ma montre indique 11 950 mètres d'altitude. Alexandre me suggère de le régler. La forêt dense, mixte et humide que nous traversons plonge sur un versant. Nous courons légèrement sur un vieux chemin pierreux. Les dernières lueurs du pauvre jour mouillé s'étouffent sous les feuillages. Les pavés luisent un peu. C'est terriblement sinistre. Nous descendons toujours, tâchant de prendre la nuit de vitesse. Mousson. Le tableau se complète progressivement : les deux marcheurs à leur dixième kilomètre sous les trombes d'eau, dans la jungle et la nuit.

Et puis, soudain, un village. Au bon moment. Quelques maisons de bois disposées au sommet d'un talus. Nous frappons à une porte. Nos hôtes de ce soir sont des Népalais de race lepcha. Leurs aïeux se réfugièrent au Népal au XIXe siècle. Ils constituent aujourd'hui 80 % de la population du Sikkim. Les femmes arborent un monumental médaillon doré et ouvragé fiché dans la narine. À part ces attributs nasaux, la famille qui nous accueille ne possède pas grand-chose : un peu de vivres, quelques objets, beaucoup de douceur et une télévision déglinguée (la ville n'est pas loin). Tous ensemble, nous regardons un programme de gymnastique ukrainien. Bonheur des retransmissions internationales ! De ravissantes Tatiana rendent grâces au tapis de sol sur les arpèges du *Lac des cygnes*. La mousson tombe à présent si fort que l'on n'entend pas le commentaire du présentateur, ce dont tout le monde se moque puisqu'il parle en russe. De toute façon, le courant saute. Sans savoir qui, d'Oxanna ou de Tatiana, l'emportera au cheval-d'arçon, nous nous couchons sur les paillasses humides après avoir baisé la main de la vieille mère qui nous a choyés depuis notre arrivée.

À l'aube, on entend les arbres pleurer les dernières gouttes de leur chagrin de pluie. Nous partons pour notre première vraie journée de marche, toujours au long de l'ancien sentier pavé. Hier ne nous a donné qu'un avant-goût. Nous progressons dans la jungle vers la rivière Tista. La forêt qui se sèche est en rut. Partout, sous chaque feuille grasse de magnolia, se trament des copulations bruissantes, des meurtres carnassiers, des amours invertébrées. Les frondaisons se trémoussent, les bosquets frétillent, les parterres remuent. Un serpent fuse sous mon pied. De surprise je glisse et tombe dans la terre épaisse et grouillante de vies. C'est la première chute de la journée, qui en comptera beaucoup. Nos chaussures neuves à la semelle encore rigide n'adhèrent pas très bien au pavement lavé de pluie et poli par des générations de marcheurs. Mais nous avons confiance en elles. Elles portent le nom de la déesse de la victoire grecque, l'Athéna Nike (prononcez *niké*). Elles nous donneront des ailes. La semelle — atout précieux — recèle un coussin d'air. Accessoire indispensable à considérer qu'une distance de trente kilomètres représente 40 000 pas et donc autant de chocs du cerveau contre la boîte crânienne. Le coussin d'air encaisse les coups, préserve les tendons et les facultés intellectuelles.

Très haut dans le ciel, des nuées se déchirent et livrent des perspectives profondes sur des sommets de neige. Peut-être les contreforts du Kanchenjunga ? L'écho orageux de la rivière Tista se rapproche. Il emplit la vallée. Il nous abasourdit. On dit que l'Himalaya s'élève sous les poussées chthoniennes. Que les cimes s'étirent, que les chapeaux sommitaux gagnent chaque siècle quelques centimètres. Et pourtant, tous les ans, les cataractes de la mousson s'abattent sur le massif, arrachent des pentes, enlèvent des terrasses, jettent au bas des vallées des talus entiers, jusqu'à des fleuves rougis et salis d'alluvions qui porteront à la mer les débris d'Himalaya. Irrémédiablement, le cycle des pluies nettoie, allège, étête ! La mousson raccourcit les montagnes pendant que les forces tectoniques s'acharnent à les soulever.

Nous atteignons un pont de bambou suspendu au-dessus de la Tista. Le programme est simple. Il suffit de lever les yeux pour comprendre. Au-dessus de la rive, s'élève un pan de montagne mangé de jungle luxuriante, extrêmement raide, terminé à 3 000 mètres par une crête bien marquée. C'est là qu'il faut passer pour rejoindre, de l'autre côté, la rivière Relli, parallèle à la Tista et dont le cours nous amènera jusqu'à Darjeeling.

L'altimètre revenu à la raison indique 400 mètres d'altitude. Nous sommes descendus à des étages subtropicaux. 400 mètres ! À peine plus haut que les monts d'Arrée ! Et voilà qu'il faut nous élever à nouveau jusqu'à 3 000 mètres ! Pour redescendre ensuite et remonter encore. Et ainsi pendant les mois et les mois que durera l'équipée. Le massif himalayen oriental présente cette particularité qu'on peut, sans le quitter, connaître la touffeur humide d'une profonde et basse vallée ou bien l'atmosphère glacée d'un col à 6 000 mètres. Et, comme les systèmes hydrographiques courent du nord vers le sud et que nous allons d'est en ouest, nous sommes condamnés à de perpétuelles montagnes russes. Notre longue marche prendra bientôt l'allure d'une considérable accumulation de dénivellations. Sisyphe, sans relâche, portait au sommet son rocher qui retombait aussitôt au pied de la colline. C'est lui qui nous a inspiré la Transhimalayenne.

Pour l'heure, il faut grimper. Le sentier se faufile dans la forêt débordante. Parfois il disparaît, totalement recouvert de hautes herbes folles qui ploient jusqu'au sol, tirant leur révérence au sillage de la piste. Très vite, nous nous perdons et errons pendant des heures dans la chaleur humide, retrouvant des bouts de chemins boueux, les perdant aussitôt, gagnant les mètres les uns après les autres dans des bourbiers végétaux. Enfin nous rencontrons une zone de cultures. Les rivières en terrasses s'échelonnent sur plusieurs centaines de mètres de dénivelé, comme un immense escalier aux marches détrempées et croulantes. Nous grimpons maladroitement de restanque en restanque, tout droit, à la boussole, vers un léger enfoncement dessiné par la crête, qui semble hors d'atteinte et que nous croyons être la passe. Depuis un moment déjà, des centaines de petits trous ménagés dans les murets de soutien des terrasses nous intriguent. Entre deux glissades sur ces rebords, nous nous perdons en conjectures. Jusqu'au moment où je manque d'écraser un crabe. Un crabe de l'Himalaya ! Un autre, puis encore un, et soudain des dizaines ! Les trous sont les entrées de leurs galeries. Nous faisons grand cas, Alexandre et moi, des différents mythes animaliers qui circulent au long des Himalayas. Les témoignages sur le yéti des Sherpas, le tedmo des Ladhakis ou l'almasty caucasien nous passionnent. Pour ma part, j'ai toujours été sensible à l'extrême poésie des thèses de cryptozoologie et n'ai jamais souri de leurs rapporteurs. Pourtant, le spectacle des crabes sikkimais nous méduse… Michel Peissel a démystifié les fourmis géantes chercheuses d'or du Baltistan que décrit Hérodote [1]. Il ne s'agit en fait que de marmottes creusant leurs terriers dans des sables aurifères et que des voyageurs auraient prises pour des insectes monstrueux. Qu'auraient-ils donc imaginé en voyant des crabes ?

La nuit tombe comme un coup sur la nuque. Dans le crépuscule, nous avons le temps de distinguer les pentes de jungle qui nous attendent demain. C'est encore un Lepcha qui nous

1. Hérodote : *Histoires. L'enquête.* Livre III (102).

accueille pour la nuit dans le minuscule hameau construit au sommet de l'empilement de terrasses. Il est instituteur et s'est fait pincer par un crabe le mois dernier.

Le lendemain, nous passons la crête après des heures de montée dans d'épaisses jungles à lichen. De temps à autre, nous croisons des cabanes de bois et de paille. Des Lepchas y épuisent leur vie à labourer un carré de terre rétive et à veiller sur deux ou trois vaches. Dans l'une de ces huttes une vieillarde nous offre un thé. Elle le sale, l'épice à la cardamome selon la tradition locale, écoute nos chansons et quelques airs de flûte, nous apprend à tuer les sangsues avec de la cendre, puis nous met dehors car elle veut fumer seule sa longue pipe en bois.

Le col est encore marqué par les dégâts d'un incendie récent. Seuls des écheveaux de mousses espagnoles y ont repoussé, coiffant de cheveux maléfiques les branches d'arbres calcinées. En face, vers l'ouest, ondulent à perpétuité les vagues des moyennes montagnes de l'ouest sikkimais et peut-être déjà du Népal. C'est le lot de nos jours prochains. Des dénivellations incessantes entre des vallées tortueuses… À l'épreuve de Sisyphe s'ajoute celle du Labyrinthe.

Sur l'autre versant, commence une descente de 1 500 mètres dans des forêts profondes. Un orage éclate. Des cataractes s'abattent et gonflent les tapis de mousses, de feuilles et de troncs pourris dans lesquels nos pieds s'enfoncent. Ils viennent amortir nos chutes fréquentes. Trompés par l'apparence engageante d'un thalweg, nous prenons une mauvaise direction, nous nous perdons dans des taillis inextricables et pour finir débouchons en haut d'une falaise délitée. Nous sommes coincés. La pluie, chaude, grasse et douce ne cesse pas. Nous faisons demi-tour et, pour éviter de revenir sur nos pas, tentons de couper à travers la forêt vers une arête qui nous paraît praticable. Quelques cours d'eau furieux nous barrent la route. Il faut les passer à gué, eau à la taille. L'air ambiant est tellement gorgé d'humidité qu'on se sent à peine rentrer dans le torrent. Sur les rives, la jungle est parfois si fournie qu'on ne peut la pénétrer. Sauf le long des ouvertures pratiquées par les glissements de terrain. Nous remontons les coulées suintantes, pieds dans la glaise jusqu'aux chevilles. À chaque halte, nous arrachons les sangsues par poignées. Dans un replat de la pente, nous croisons un hameau de huttes en ruine et comprenons sans mal que les habitants aient décidé d'abandonner les lieux. Cependant, quelques bosquets de fraises des bois nous réconcilient avec l'endroit et améliorent notre pauvre ordinaire, composé pour la journée d'un œuf et de cinq biscuits. Trempés et couverts de boue, nous pataugeons à l'aveuglette dans la forêt-sauna jusqu'à 6 heures du soir, avant d'atteindre enfin le bord de la rivière Relli et la grand-piste qui la longe. Il pleut toujours sur les versants drapés de brumes. Pour délasser nos jambes, nous marchons une heure sur le bon chemin jusqu'au hameau de Brang où nous atterrissons crottés et exténués chez le postier du village.

La soirée est tout entière employée au séchage de l'équipement. Sacs, duvets, vêtements, pendus au plafond, fument et dégouttent comme un sous-bois après l'orage. L'eau est rentrée dans les pochettes étanches. Les cahiers, les papiers, les billets sont imbibés. Pendant des heures, nous les séchons un à un à la bougie en les passant plusieurs fois contre la flamme. Ensuite, nous traquons les sangsues. L'exercice est difficile car la bête est habile. Quelques-unes se nichent dans les plus intimes parties du corps.

La sangsue — ver sanguinaire — se cache sous les feuilles à la saison humide. Sensible aux vibrations, elle repère de très loin le pas des marcheurs, se laisse tomber au sol et rampe jusqu'à eux, corrigeant sans cesse sa trajectoire. Ceux qui ferment les colonnes de marche sont évidemment des cibles de choix puisque la sangsue a tout le temps de les rejoindre. Elle se hisse sur la chaussure, y grimpe, se faufile dans les œillets des lacets ou à l'intérieur de la chaussette. Il faut se faire au spectacle repoussant des fonds de souliers marécageux, macérant dans un mélange d'eau de mousson, de sang fumant et de bouillie de sangsue écrasée. Parfois, délaissant l'exploration de la chaussure, elle monte le long des jambes, et s'installe dans les replis de peau les plus charnus et les mieux irrigués. La bouche ronde, couronnée de microscopiques dents, se plante dans la chair en sécrétant un anesthésiant et un anticoagulant. La sangsue, alors en perfusion, se gorge sans qu'on ressente quoi que ce soit. Elle se gave, gonfle et grossit. Et se décroche une fois repue, laissant la plaie saigner longtemps. Parfois, lors d'une inspection, on sent une excroissance gluante sous son doigt. C'est la sangsue, en pleine orgie. Ne pas l'arracher car la peau vient avec. Pour s'en débarrasser le meilleur moyen consiste à la brûler. Sous la douleur, elle lâche prise. On peut aussi décider de la garder sur soi.

Il n'y a pas si longtemps les médecins d'Europe préconisaient des saignées revigorantes à la sangsue.

Enfin, avant de dormir, je jette un coup d'œil à la carte. Et constate que la journée si longue et épuisante correspond à un misérable centimètre tracé par-dessus un relief à peine ombré sur le dessin. La Transhimalayenne, c'est aussi la terrible injustice des cartes.

Les jours passent et déjà se ressemblent. Le lendemain et les semaines qui suivent, d'autres crêtes nous attendent. D'autres montées dans des atmosphères de serre. D'autres descentes raides vers des rivières furieuses. Nous nous perdons un jour en voulant rejoindre un pont dans des systèmes gigantesques de culture en terrasses. Les maïs atteignent deux mètres de haut et nous cachent l'horizon. Nous progressons de parcelle en parcelle, écartant les tiges, sautant les murets. Croyant à chaque instant déboucher sur le pont et découvrant à la place la cour d'une ferme, un champ labouré et toujours d'autres plants de maïs. Et puis les cultures cessent. Les dernières terrasses reposent sur le haut d'une falaise donnant directement dans la rivière. Nous pensons avoir tiré trop à droite et tentons de contourner un éperon rocheux derrière lequel nous espérons trouver le pont. Le passage est court mais encombré de végétation. À chaque pas, c'est une pluie de sangsues et d'insectes. Et puis, le sol se dérobe soudain. Nous marchons en fait sur des entrelacs de végétaux qui font un semblant de sol mais ne sont que des amas de broussailles accrochés à la falaise. À travers les ouvertures du feuillage, nous distinguons, sous nos pieds, l'écume de la rivière quinze mètres plus bas. Une fois de plus, nous rebroussons chemin. Retour dans les maïs où nous rencontrons le propriétaire des lieux.

— *Pool ?* [le pont], demandons-nous.

Il nous fait signe de le suivre. Nous retrouvons le chemin que nous avions perdu. Minuscule sente qui disparaît dans les herbages, à côté de laquelle nous sommes passés sans même en soupçonner l'existence. Car ni nos yeux ni nos autres sens ne sont encore aiguisés à l'orientation dans ces milieux déconcertants. Plus tard, sur les versants de l'Est népalais, du Dolpo ou du Cachemire, nous ne nous perdrons pas. Habitués enfin à « sentir » le bon chemin, usant de notre glande pinéale comme de l'astrolabe infaillible.

Quand nous rejoignons enfin la rivière Rangit, nous savons que nous ne sommes plus très loin de Darjeeling. Sur la route qui nous y mène, nous croisons beaucoup de Lepchas, ils vont à Lepchig, une grosse bourgade où se tient un marché. Certains d'entre eux passent, ployés sous des charges considérables qu'ils portent sur leurs dos avec une simple sangle placée sur le front.

— Combien tu portes ?

— 90 kilos.

— Impossible !

— Tu veux essayer ?

— Certainement.

Les quelques porteurs qui assistent à la scène m'aident à ajuster la sangle sur le haut de la tête. On me donne un bâton qui sert d'appui. Je me lève. Je vacille. Je titube. Je crois mourir, attendant l'inévitable moment où mon cou s'encastrera dans les chevilles avec un bruit d'os écrasés. J'implore de l'aide. On me décharge. La compagnie se tient les côtes.

— 50 centimètres ! m'annonce-t-on.

C'est la distance que j'ai parcourue.

Les porteurs, à petits pas, repartent en colonne, acheminer leurs fardeaux sur leurs jambes menues. Sans relâche, Lepchas, Sherpas, Tamangs... arpentent l'Himalaya oriental, suivant leur minuscule destin de porteur dans l'immensité des massifs, approvisionnant les vallées et les plateaux les plus isolés. Car, mises à part quelques productions locales d'altitude (orge, pomme de terre, yack), il n'y a pas une denrée à 3 000 ou 4 000 mètres qui n'ait été apportée à la sueur d'un front. Ils sont aussi l'avant-garde des armées de touristes, assurant l'intendance pour les groupes de trekkeurs. Portant le Coca-Cola vers les cols avant qu'on installe le sodaduc. Et quand l'un d'eux meurt, en silence, sur une pente, un autre le remplace, soulève la charge et la porte à sa destination. Ces petits hommes, aux jambes arquées et aux chapeaux ronds, ressemblent à des lutins. Trolls de l'Himalaya à la force magique.

Darjeeling est en vue. Un contrôle de policiers indiens suspicieux et quelques ampoules aux pieds nous ralentissent un peu. La crête surgit enfin où se juche la ville à 2 000 mètres d'altitude au sommet de gigantesques versants. Darjeeling ! Le nom sonne comme une marque de *five o'clock tea*. Nous devons gagner plus de 1 000 mètres dans les cultures de thé qui montent à l'assaut des reliefs. Malgré les déclivités très fortes, les plants de thé sont cultivés droit dans la pente, sans terrasses. Sans doute les racines suffisent-elles à retenir les sols. Au Bengale, on ne dit pas champ de thé mais «jardins de thé», ce qui exprime mieux le soin superbe apporté à la taille des arbustes et à l'alignement au cordeau des rangées. C'est Lenôtre aux Indes. La couleur des feuilles du thé, sensible aux jeux de lumière, est d'un vert étrange : doux et sombre, virant au noir, patiné et antique, c'est la couleur du bronze. Et jusqu'à l'horizon, la mer de feuillages, lisse, immense, épaisse recouvre les coteaux comme le reflet à terre d'un ciel d'orage. Mais parfois un pipal en fleur, un bougainvillier ou un fromager rouge, poussés au milieu des plants (car le thé a besoin d'ombre), jettent dans la monotonie un éclair flamboyant.

C'est le temps des récoltes. Des femmes en sari rouge, alignées en rang, serpette en main, déshabillent les arbustes, un à un, sur des milliers d'hectares. Des hommes en uniforme surveillent le travail, matraque au poing.

— C'est pour taper sur les femmes ? leur demandons-nous.

— Non, *mister*, c'est pour les léopards.

— Il y en a beaucoup ?

— Oui. Normalement, avant que les femmes n'arrivent au travail, nous ratissons le champ et effrayons les léopards. Mais nous ne pouvons pas tout surveiller et il arrive qu'elles se fassent attaquer surtout quand elles surprennent une portée cachée dans les plants. Deux filles sont mortes la semaine dernière. Douze et vingt-sept ans.

La seule chasse à laquelle nous assistons prend pour cible un énorme lapin égaré dans les champs de thé. Des dizaines d'Indiens lui courent après, d'autres lui barrent la route, d'autres encore le rabattent, bâton en main. Il y aura du civet ce soir !

Des villages fleuris — les campangs — surnagent au-dessus des jardins de thé. Y vivent en famille les ouvriers agricoles des différentes coopératives, qui se partagent les parcelles. Ils sont reliés par téléphérique à d'autres villages et aux ateliers de séchage et de conditionnement du thé. Nous poursuivons notre montée à travers champs, villages et ateliers, marchant sous le réseau de transport aérien des ballots plein à craquer. De temps à autre, nous croisons des panneaux à l'entrée des hameaux. On y lit : *Félicitations aux familles du campang numéro trois : seulement 2 naissances en 1996 contre 13 en 1995.* Dans le paradis des jardins de thé, la place est comptée…

Darjeeling, capitale du Bengale de l'Ouest, 2 000 mètres

Hélas, la ville n'a plus de mythique que son nom. Le reste, c'est-à-dire le vieux parfum des temps anglais, s'est évaporé. Les anciennes maisons coloniales achèvent de s'écrouler. La cité du thé, première étape de la longue chaîne commerciale qui acheminait les feuilles depuis les versants du Bengale jusqu'aux tasses victoriennes des comtesses de Buckingham, est devenue une hideuse ville-versant déversée sur la pente comme une coulée d'ordures.

Mais elle recèle encore un joyau. Le HMI : « Himalayan Mountaineering Institute ». Fondation-musée qui retrace l'histoire de l'ascension de l'Everest, du Kanchenjunga et des autres 8 000. Extraordinaire bric-à-brac de la conquête himalayenne où sont exposées, à l'indienne, les bricoles les plus insignifiantes aux côtés d'archives de première valeur. On y trouve les reliques de quelques grands conquérants de l'Himalaya : un morceau des chaussettes de Mallory côtoyant la photographie d'une trace de yéti prise par Shipton en 1951 ou le manche de la petite cuillère qui servit à remuer le café de Tilman voisine avec des lettres d'Odell, d'Hillary ou de sir John Hunt. Régnant sur cet équivalent du Comité himalayen français, le colonel Chauhan nous reçoit.

— Mon colonel, nous venons de commencer une longue marche à pied à travers l'Himalaya, nous arrivons du Bhoutan.

— C'est bien. Je vous souhaite de la chance. Je sais que vous en aurez besoin, j'ai traversé le massif en 1980 pendant un an et demi par les hauts cols avec trois autres militaires. C'était une expédition soutenue par l'armée indienne. Nous avons marché du Namche Barwa au Karakorum indien et, évidemment, avons dû suspendre l'expédition à la frontière pakistanaise. À cause de la guerre.

Le souvenir de ce périple me revient vaguement à l'esprit. J'avais entendu parler de soldats indiens ayant pénétré dans certaines vallées extrêmement isolées de l'Arunachal Pradesh et découvert des populations qui n'utilisaient pas le feu. Ces tribus posaient un problème à l'Union indienne qui ne savait trop comment les considérer politiquement ni comment les intégrer.

— Nous avons l'intention de poursuivre le plus loin possible, peut-être jusqu'au Pamir que nous essaierons d'atteindre avant l'hiver.

— Vous plaisantez ! Rien que pour arriver au Cachemire, il vous faut cinq mois.

Nous expliquons au colonel que nous comptons sur l'avantage de notre extrême légèreté qui nous confère une rapidité terrible.

— Vous savez, aujourd'hui nous avons fait 35 kilomètres sur 1 000 mètres de dénivelé.

— Et moi, je reviens d'une course dans le massif du Kanch et j'ai parcouru 60 kilomètres en douze heures de marche à plus de 4 000 mètres d'altitude et je vous répète que vos prévisions me semblent fantaisistes.

Le colonel a l'art de calmer les ardeurs. Avant de le quitter, nous parlons un peu des frères Crane. Il s'agit de deux Anglais, dont le colonel a lu les aventures et que j'avais rencontrés un jour dans un ferry-boat entre Dieppe et Brighton. En 1983, ils traversèrent l'Himalaya, de Darjeeling jusqu'à Rawalpindi, en courant pendant 100 jours[1]. Après 2 000 miles, 280 000 pieds de dénivelé positif et 65 cols, ils parviennent en vue de leur point d'arrivée, se serrent la main et livrent leurs impressions :

— *Done it !* dit l'un.

— Recommençons dans l'autre sens ! répond l'autre.

So british !

Nous quittons le colonel assez moroses. On ne visite pas impunément le HMI. On s'y sent écrasés par la masse d'exploits qui y sont répertoriés. Les récits du colonel, l'évocation des grandes conquêtes, le souvenir des frères Crane nous abattent. Nous nous sentons ridicules et minuscules.

Aussi tentons-nous de noyer nos atermoiements dans l'action et décidons de procéder à un allègement drastique de notre équipement avant de quitter Darjeeling. Tout y passe. C'est la curée. Nous organisons un tribunal du matériel. Avant le départ, l'équipement avait été soigneusement sélectionné sur des critères de poids. Nous voulions partir avec 5 kilos chacun. Mais la limite entre l'indispensable et le superflu fluctue selon qu'on est à Paris ou déjà en chemin. Nous n'avions pas réussi à réduire la charge

1. Richard et Adrian Crane, *Running in the Himalayas*, New English Library, 1984, Londres.

à moins de 6,5 kilos. Arrivés à Delhi nous avons opéré un premier délestage, mais les sacs ramenés à un poids de 6 kilos (nous les avons pesés sur des balances à thé) nous paraissent encore trop lourds dans les pentes des jardins de thé du Bengale. Nous voulons vraiment ne plus rien sentir peser sur nos épaules. Tout juste un ballot de plume. Et nous savons qu'il faut pour cela réduire à 5 kilos la charge portée. Il nous semble également qu'il y a quelque excitant défi à traverser l'Himalaya à pied avec un chargement de survie. Et puis, l'extrême légèreté est la condition de la rapidité. Légers, nous avancerons vite, rencontrerons du monde, ce qui nous évitera de nous alourdir en transportant trop de vivres. Cercle vertueux. Je repense aux expéditions himalayennes des années cinquante, employant des armées de coolies et de sherpas à l'acheminement du matériel. Les colonnes de porteurs s'étiraient alors sur des kilomètres dans les jungles. La queue des processions avait parfois une journée de retard sur la tête. John Hunt rapporte que son expédition de 1953 à l'Everest loua les services de centaines de porteurs dont douze étaient affectés au seul transport des pièces de monnaie.

Sans compter notre matériel photo et vidéo porté à la ceinture[1], nous n'avons plus que 5 kilos sur le dos quand nous quittons Darjeeling. Juste de quoi survivre en pouvant gambader. Vidons nos sacs. On y trouve dans le désordre pour chacun : un duvet et un sursac de bivouac, une couverture de survie ; une moitié de tapis de sol ; du linge de corps dans une quantité qui repousse très loin les limites de l'hygiène ; une veste de montagne, une veste polaire, un collant ; un cahier, quelques photos de famille et un stylo ; une carte de l'Himalaya au 1 500 000e ; une demi-brosse à dents ; de quoi coudre et se recoudre ; une flûte à bec ; un couteau suisse miniature ; enfin, une petite poupée de chiffon offerte par nos fiancées respectives et censée nous rappeler à leur souvenir constant. Des multitudes de sacs en plastique et de sachets gigognes, empaquetés les uns dans les autres, assurent l'étanchéité du matériel. C'est tout. C'est notre intendance pour les six mois à venir.

Quitter Darjeeling vers l'ouest, c'est immanquablement croiser les rails du Toy-Train — ce chemin de fer de poupée, construit par les Anglais pour desservir la ville depuis les plaines

---

1. Nous sommes munis d'un boîtier Nikon FE2 et d'un objectif 24-120 mm Nikon et d'une caméra vidéo numérique JVC de 400 grammes !

torrides du Bengale. On venait prendre le frais à Darjeeling grâce au petit train à vapeur qui serpentait vertigineusement à travers les collines à thé. Il fonctionne toujours et perpétue ses aller et retour du sommet de la crête jusqu'au pied des montagnes, le long de son écartement minuscule. Nous croisons quelques aiguillages, quittons les lignes de crête et descendons dans la brume vers le Népal.

Tout au long de la route, peints dans le roc ou sur des panneaux, des slogans lancent des hymnes à la prudence pour édifier les conducteurs. «*Divorce speed*», «*Better to be late than dead*», «*Slow and happy*». Déroulant notre trentaine de kilomètres quotidien à 5 à l'heure, nous souscrivons pleinement.

Et puis soudain, sans que rien ne l'annonce, au milieu des grands pins, le poste frontière surgit et la route s'arrête. De l'autre côté, c'est le Népal. Les relations entre l'Inde et le Népal sont bonnes. Suffisamment en tout cas pour qu'on passe de l'un à l'autre pays sans difficultés.

Nos projets sont simples. Nous sommes rentrés au Népal par sa frontière orientale. Nous voulons en sortir par la bordure occidentale après avoir traversé tout le pays, étiré rectangulairement d'est en ouest, comme un immense haricot qui épouserait la cambrure de l'arc himalayen. Le premier chapitre de notre marche au Népal consiste à rejoindre Kathmandu, via le camp de base de l'Everest.

Il faut donc s'élever depuis les collines subtropicales de basse altitude jusqu'aux neiges éternelles. De la jungle au sommet. Quitter les moiteurs humides qui nous liquéfient depuis une semaine pour trouver enfin l'aridité tonique des hautes altitudes. Nous utiliserons pour cela le formidable escalier naturel du Népal. Des basses terres infestées de moustiques jusqu'aux plus hauts sommets himalayens, il n'y a en effet que cent cinquante kilomètres à vol d'oiseau. Sur cette étroite bande de terrain les reliefs se disposent comme des marches étagées les unes au-dessus des autres ! À chaque palier correspondent une structure géologique, une végétation, un peuplement, une culture distincts… Du sud au nord, on franchit successivement les chaînes de Siwaliks, de Mahabharata, le plateau du Pahar, puis le Lekh qui constitue les piémonts des hautes montagnes et on arrive enfin aux hautes chaînes centrales de l'Himalaya proprement dit.

Les journées, toutes identiques, se passent à gravir des pentes pour rejoindre des cols qui livrent des panoramas superbes avant de replonger vers le fond des vallées. Il faut parfois une journée entière pour rejoindre deux crêtes distantes seulement de 5 kilomètres mais séparées par des vallées profondément entaillées. Devant les yeux, le matin, nous distinguons la halte du soir à portée de main. Il faudra pourtant descendre pendant des heures pour franchir le cours d'eau sur des ponts improbables avant de remonter longuement vers une nouvelle passe. C'est ainsi que nous enlevons parfois 2500 mètres de dénivelé en une seule journée.

Les quelques avaries physiques des premiers temps s'estompent. Bhoutan, Sikkim et Bengale ont servi d'échauffement. Les crampes s'atténuent, les alertes tendineuses ont disparu, les ampoules se résorbent et très vite, avec l'altitude, les irritations épidermiques contractées à cause de l'humidité se guérissent. La moyenne kilométrique journalière augmente. Jamais moins de 35 kilomètres. Souvent 40, parfois 50. Et chaque soir, sur le cahier, nous rapportons scrupuleusement les chiffres indiqués par nos instruments, alti et podomètres. C'est notre moisson de chiffres, la récolte du soir qui marque les journées : *Mardi 3 juin 97. De Buji à Guériguo (2865 m) 17e jour, 1000 m de dénivelé positif, 50 km, par la passe de Milke (3000 m).* Ou bien : *jeudi 5 juin. De Tabou à Sanam (2900 m) 19e jour, 2800 m de dénivelé positif, 38 km par le col de Salap (3414 m).*

Nous marchons sept à dix heures par jour, sur les chemins qui relient les villages, parfois à travers champs dans les prairies au-dessus de 3000 mètres, ou encore sur les pistes qui serpentent entre les rizières, souvent dans des sentiers de jungle ou sur les extraordinaires chemins pavés élancés dans les pentes à l'assaut des crêtes. Nous empruntons de temps à autre de titanesques systèmes d'escaliers de pierre zigzaguant dans la forêt. Chaque jour nous passons des dizaines de ponts. Soit une simple branche de bambou jetée en travers d'un ruisseau, soit d'énormes ponts Cantilever balancés à 40 mètres au-dessus de rivières en crue.

La mousson évidemment gâche un peu la partie. Les monstrueuses formations nuageuses recouvrent les sommets. Très tôt le matin il arrive qu'on puisse entrevoir à la faveur d'une éclaircie le sommet du Kanchenjunga ou du Jannu. On distingue alors un chapeau étincelant, plus haut que tout ce que l'on peut imaginer, surnageant au-dessus des nuées. En Himalaya, dit le proverbe, les avions ne volent pas à travers les nuages car il y a des cailloux dedans. Le spectacle des 8000 émergeant des plus hautes couches nous le confirme. Mais la vision est de courte durée, cachée aussitôt par le flot roulant des nuées moussonneuses. L'après-midi, des pluies diluviennes s'abattent immanquablement. Nos vestes techniques n'ayant jamais lu la notice d'utilisation du GoreTex laissent s'infiltrer l'eau et gardent la chaleur de l'effort, ajoutant une sensation d'étuve à la fournaise ambiante. Nous ne les portons donc pas et nous résolvons à être trempés. Ou bien nous trouvons refuge sous l'auvent de chaume d'une ferme.

C'est le soleil qui décide de nos étapes : nous nous arrêtons au moment où il se couche. L'Est népalais est assez densément peuplé et nous croisons souvent de petits hameaux. Juste avant que l'obscurité ne tombe totalement, nous avisons une ferme et demandons l'hospitalité. On ne nous la refuse jamais. La seule inconnue réside dans le nom de l'ethnie népalaise qui nous reçoit car c'est une véritable mosaïque de peuples qui habite les montagnes de l'Est népalais. Au fur et à mesure de nos rencontres nous découvrons leurs noms. Il y a les Tamangs, d'origine tibétaine, les Newarks, redoutables commerçants, les Boons, mangeurs de viande, les Raïs et les Limbus et leurs gracieuses maisons peintes, quelques Rabjanshis montés des basses plaines, les Sherpas descendus des plateaux, les Lepchas qui se nomment eux-mêmes le peuple des ravins, les Gurungs dont beaucoup ont alimenté les régiments gurkhas, les Magars aux rites chamaniques...

Les portes auxquelles nous frappons, épuisés, s'ouvrent toujours et la plupart du temps, sans aucune question, on nous installe dans la cuisine, au milieu de la famille, pour nous servir le *dalbhat*; le traditionnel plat de riz (*bhat*) aux lentilles (*dal*) qu'on a cuit interminablement dans d'énormes Cocotte-minute importées d'Inde. À certaines heures, le Népal entier retentit des éructations des cocottes à dalbhat. Dès l'aube les femmes s'activent à préparer le plat qu'on mangera à 10 heures puis le soir vers 8 heures. Les maisons se remplissent de mugissements de locomotive. Pschhhhhhiiiiiiiiiiiiiiiiiiiiiiiiiiiiiiiiiiiiiiii ! ! ! Tiens ? Le dalbhat se prépare. Dalbhat du matin, dalbhat du soir, dalbhat d'après-midi les jours fastes, combien de dalbhats avons nous engloutis, pleurant les larmes de nos corps pour tenter d'éteindre le feu du piment ? Mais le riz n'est pas très calorifique. Aussi faut-il en avaler des quantités astronomiques pour soutenir huit à dix heures d'efforts quotidiens. Nous croisons souvent des porteurs sherpas, assis devant des montagnes de riz. Le tas les dépasse presque. En quelques minutes, ils engloutissent leur ration, se resservent parfois et repartent aussitôt la dernière bouchée expédiée, grimper de nouvelles pentes.

Nos nuits dans les maisons au-dessous de 2000 mètres sont des véritables cours d'entomologie. On nous fait dormir la plupart du temps sous l'auvent des maisons, là où sèchent les épis de maïs, repaires à vermine. Des armées d'insectes transitent par nos sacs de couchage. Il nous arrive de nous réveiller le visage constellé de piqûres après des nuits de vaine lutte contre l'envahissement.

Je m'habille un matin vers 4 heures, encore tout engourdi de sommeil. Nous avons passé la nuit au village de Guériguo, à 900 mètres d'altitude seulement car nous approchons des rives de la vallée d'Arun. L'aube est humide et chaude. J'enlève mes affaires de nuit, enfile celles de jour et mon short par-dessus. Je sens soudain un grouillement énergique dans le caleçon et un contact visqueux. Il me suffit d'une demi-seconde pour inspecter l'endroit, identifier une énorme tarentule, pousser un hurlement et me déshabiller, ou plutôt m'éjecter de mes habits. L'araignée n'a pas eu le temps de mordre. À pas lents, elle tente de s'extirper de l'amas de vêtements. Ce sont ses dernières secondes de vie. Elle explose, littéralement écrasée sous le pied d'Alex pendant que mes jambes se dérobent. Notre hôte — un Newar — inspecte ce qui reste du cadavre de la *makhura* et nous certifie qu'elle est venimeuse.

Des marcheurs rencontrés en chemin nous accompagnent parfois sur quelques kilomètres. Ils sont une aide précieuse dans ces jungles montagneuses, sillonnées de chemins, dans lesquelles nous tentons de voir clair avec une simple carte d'atlas et une boussole. Ils nous racontent l'histoire de leur vie dans un sabir d'anglais approximatif, de népalais basique et de gestes significatifs. La jungle a ses surprises : on y fait d'improbables rencontres. Un Gurkha un jour au pied d'une cascade nous raconte ses campagnes à Hongkong et à Brunei et ses voyages à Singapour, à Londres et à Paris. Nous en sommes à évoquer les quais de Seine quand l'orage éclate. Chacun repart de son côté.

Une autre fois, ce sont deux Newars très attentionnés qui veulent nous accompagner jusqu'au charmant village de Chaïnpur connu pour sa grand-rue dallée et ses vérandas de bois sculpté. Nos deux nouveaux compagnons, ivres morts, tiennent à peine debout. Ils nous expliquent avec difficulté les vertus du *rakshi*, l'alcool d'orge, de riz ou de maïs suivant les disponibilités locales. Ils attribuent à la boisson (prétexte suprême) des vertus sacrées. Puis dans un dernier hoquet, avant de nous quitter, ils nous apprennent qu'ils sont des employés du ministère de l'Équipement, chargés de l'adduction de l'eau potable dans le district.

Le soir du 2 juin, alors que nous bivouaquons tristement sous la pluie, à 3 000 mètres d'altitude, dans une hutte abandonnée, juste sous le col de la chaîne des Milke Danda, nous entendons un faible appel, provenant de l'extérieur. Nous sortons voir. C'est un jeune Népalais, perdu dans la nuit. Cette fois, c'est nous qui offrons l'hospitalité. Nous nous serrons tous les trois autour du maigre foyer de bois trempé. Notre hôte, Lakhsmann, est employé gouvernemental et nous raconte en anglais qu'il se rend à Tulmingtar et a été surpris par la pluie et la nuit. Il a aperçu la lueur de notre feu et a appelé. Il extrait de sa poche un transistor et l'allume. Après de multiples essais, nous réussissons à capter la BBC. Et c'est ainsi que, sous l'orage qui détrempe la grande forêt de rhododendrons, nous apprenons la dissolution de l'Assemblée nationale française et l'entrée des communistes au gouvernement. Nous expliquons l'événement à Lakhsmann. Il est fou de joie et nous explique qu'il appartient depuis quelques mois au Parti marxiste-léniniste du Népal qui détient 34 % des sièges au Parlement. Il nous félicite et assure que ces élections constituent un rapprochement entre notre pays et son parti. Nous lui certifions que nous n'y sommes pour rien.

Les communistes qui avaient piloté les émeutes de 1990 à Kathmandu se sont bien implantés depuis, dans le pays. Surtout à l'est. *Vote for Sun*, disent les slogans peints sur les rochers. Le parti communiste a choisi le soleil (noir ?) comme emblème. À présent, sur le toit de chaume de jolies fermes du pays limbu, flotte le drapeau rouge frappé du marteau et de la faucille. Il n'est pas non plus rare de voir sur les murs en bambou d'un *bathi* — ces maisons de thé où s'arrêtent les porteurs pour se reposer — de grandes affiches portant les têtes de Marx, Engels, Lénine et Staline : les petits pères des peuples chassés de Russie se réfugient en pays hindou, dans les fougères géantes, à 3 000 mètres d'altitude jusqu'à ce que le *Livre noir* soit traduit en sanscrit.

Les chemins du Népal subtropical sont jalonnés d'étranges et belles plates-formes de pierres sèches empilées sur un ou deux étages : les *chottaras*. De forme carrée, elles peuvent atteindre 3 mètres de côté et 1 mètre de hauteur. Un grand arbre, planté en leur milieu, enfonce ses racines entre les pierres. Les marcheurs s'arrêtent et se reposent sous son ombre, dorment, conversent, préparent le riz... Ainsi la chottara fait-elle à la fois office de banc public, de halte à repos et de café du commerce. C'est le dernier salon où l'on cause avant les grandes montées. On y rencontre des porteurs, des marcheurs et des voyageurs de toutes castes et ethnies. On y apprend les dernières nouvelles du pays. On s'y renseigne sur l'état des chemins à venir. Nous profitons souvent des haltes pour perfectionner nos rudiments de népalais. Parfois, entourés de Sherpas, de Tamangs ou de Raïs, nous sortons nos cahiers de notes sur lesquels sont collées des photos de famille (une des seules concessions faites à la chasse au poids).

— Là ce sont mes sœurs, et là mon père et ici, ma mère.

— *Sherpani ! Sherpani !* disent les Népalais en la pointant du doigt.

Systématiquement, ils prennent ma mère pour une femme sherpa. Il est vrai qu'elle a les yeux en amande, et les pommettes larges ; vieux résidus d'influence mongole transmis dans la famille au long des générations bretonnes.

Nous rencontrons un jour, sur l'une de ces chottaras, un attelage étrange. C'est un brahmane qui se fait transporter vers le village de Taplejung... à dos d'homme. Un porteur, au bord de l'agonie, négocie des kilomètres d'escalier plié, sous sa charge humaine de soixante-dix kilos. Le brahmane, très à l'aise, protégé du soleil par une ombrelle, encourage de temps à autre sa monture.

— Dès que l'un d'entre nous se blesse, on essaie la technique, suggère Alex.

Nous descendons jusqu'à 700 mètres d'altitude pour gagner la vallée de l'Arun et la ville de Tulmingtar — l'une des plus chaudes régions du Népal, peuplée d'hindous à la peau très noire. Jamais nous ne redescendrons si bas pendant les six prochains mois de Transhimalayenne. Une fois quittée la fournaise de l'Arun, nous poursuivons, toujours plus au nord, notre marche vers le Solo Khumbu. Un matin, le sommet du Makalu se dévoile. Nous sommes arrivés à sa hauteur, l'Everest n'est donc plus très loin. D'ailleurs, certains signes indiquent que nous approchons du pays sherpa. La végétation, par exemple, commence à changer. Nous quittons les forêts profondes de rhododendrons et les formations semi-tropicales pour trouver des épicéas et des cèdres immenses alignés sur les crêtes. Sur les troncs moussus, des colonies d'orchidées sauvages grimpent en guirlandes blanches ou violettes. Nous croisons également de plus en plus de villages dont les maisons hérissées de drapeaux à prières signalent qu'ils sont peuplés de bouddhistes. Les cols, eux, sont tous marqués par des murs *manis*, empilements longitudinaux de pierres sur lesquelles des prières gravées invitent le pèlerin à considérer le col comme un passage sacré. Pour l'instant, nous les considérons surtout comme une plaisanterie qui se répète un peu trop. Nous en sommes à franchir une ou deux passes par jour. Cachées, chaque fois, par des haillons de brume humide. Car le climat, lui, est imperturbablement le même : désastreux.

C'est justement après avoir franchi une énième passe que nous progressons, un jour, dans une forêt de conifères géants, décorés de longs filaments de mousse espagnole. Il pleut. Le sol est trempé. On ne voit pas à dix mètres. Tout est donc dans l'ordre. Nous avançons tous les deux, à cinquante mètres de distance l'un de l'autre, Alex en tête — comme toujours l'après-midi. Je marche, plongé dans de profondes considérations sur la volupté des bons bains chauds, lorsqu'un hurlement me glace les sangs. Un hurlement de terreur. Puis un deuxième, un troisième et une salve de cris qui déchirent le brouillard, aussitôt suivie d'une bordée d'injures. Puis le silence. J'ai reconnu la voix d'Alex. Je me précipite en l'appelant. Pas de réponse. Je suis arrêté net par une dalle rocheuse très lisse qui barre la sente. Elle semble glissante, elle est en biseau, franchement déversée à gauche, vers le précipice que longe le chemin, à peine masqué par une bordure de fougères. Je comprends aussitôt qu'Alex a glissé. Une lamentable plainte montant du trou me le confirme. C'est lui qui gémit en contrebas. Ce qui veut dire qu'il n'est pas mort. C'est très positif. Quelques images défilent en moi pendant que j'essaie d'escalader le talus terreux et pourri pour contourner la plaque : je m'imagine fabriquant une chaise à porteur pour le transporter sur mon dos, à la népalaise, je me vois l'amener à la route la plus proche (six jours de marche) pour le confier à un camion en partance pour Kathmandu, je m'exerce même mentalement à confectionner une attelle car je ne sais quel pressentiment me porte à croire qu'il s'est cassé la jambe. De l'autre côté de la plaque rocheuse, je rejoins le chemin. Un peu plus loin, un éboulement de terrain permet de rejoindre le fond. Sur des blocs instables, j'opère une traversée pour rejoindre Alex. Je l'aperçois, couché sur des cailloux, à plat ventre, trempé et couvert de boue. C'est sinistre. Il est étendu sur une petite terrasse qui surplombe un décrochement de quelques mètres. J'arrive à lui. Il tremble de tout son corps.

— Tu t'es cassé quelque chose ?

— Je ne sais pas. J'ai très mal au dos. Merde !

Je lève la tête. On voit très bien, six mètres au-dessus, le bord luisant de la dalle et le mur rocheux et vertical le long duquel il est tombé. Par miracle, quelques bambous accrochés à la paroi ont amorti la chute. Il m'explique qu'il a rebondi deux ou trois fois dans les bosquets avant d'atterrir violemment sur le dos contre une énorme pierre en saillie. C'est cette pierre qui forme la petite terrasse en avancée.

— J'ai eu une chance inouïe ! dit-il.

— On peut voir ça comme ça... Essayons de sortir de là !

Je le porte à moitié car il ne peut pas tenir debout. La traversée est délicate et nous mettons cinq bonnes minutes pour revenir sur le chemin. Il s'y écroule et se remet à trembler violemment. Le contrecoup !

— Je crève de froid, me souffle-t-il, le visage blême.

Je l'enveloppe dans une couverture de survie et lui donne deux Voltarène (antalgique puissant), seul médicament que nous ayons gardé.

— J'ai très mal dans le bas du dos, se plaint-il.

Je crains qu'il n'ait le coccyx fêlé et l'allonge sur une roche pour qu'il se repose. Il sera temps d'aviser ensuite.

Nous restons là deux heures, sous la petite pluie froide. Alexandre, pathétiquement allongé sur la piste, secoué de spasmes réguliers ; moi, taillant à tout hasard une canne dans une branche de pin, avec mon canif miniature tout juste bon à limer les ongles. Puis, je prends quelques photos de l'endroit. Le jour commence à décliner. Nous ne pouvons pas passer la nuit là.

— On va essayer de marcher un peu, dis-je.

Il se lève péniblement et parvient à faire quelques pas boiteux, appuyé sur le bâton. S'il marche, c'est que rien n'est cassé. Je transvase la moitié du contenu de son sac dans le mien pour l'alléger et nous partons à deux à l'heure.

— Comment ça marche ?

— J'ai l'impression d'avoir un pieu fiché dans le cul.

— Ben… assieds-toi.

— Très drôle.

Comble de malchance, la pluie redouble tandis que pointe au bout de quelques lacets une montée vers une nouvelle passe. Dans le brouillard des sous-bois de rhododendrons, Alex boite lentement mais avec détermination. Nous faisons toutefois des arrêts fréquents. La montée n'est heureusement pas très longue. Mais la descente se révèle une torture.

— Requiem pour un sacrum, commente-t-il.

Nous finissons par arriver au village de Puyan. À quelques heures de marche seulement du Solo Khumbu — la région de l'Everest. Nous passons la nuit dans une auberge tenue par des Sherpas. Alex s'affale sur sa couche. À plat ventre bien sûr.

Dans la soirée, je tombe malade. C'est sans doute la ventrée de fraises des bois de midi, juste avant la chute d'Alex. Je dois avoir un petit parasite caché dans une villosité. Une minuscule bête, qui me vide toute la nuit durant et me laisse au matin sans une once d'énergie.

À 6 heures, Tsering, le tenancier sherpa, nous regarde préparer notre départ. Alex boite et grimace à chaque pas. Je vomis de la bile toutes les demi-heures. Tsering semble sceptique.

— Vous savez, lui expliquons-nous, hier nous étions en pleine forme. Vraiment ! Beaux à voir, avec une moyenne de 5,8 dans les montées ! C'est étonnant comme on décline vite, pas croyable !

— Vous allez où ? demande Tsering.

— Nous voudrions être au camp de base de l'Everest dans quatre jours.

— Ah !

Nous saluons le Sherpa et, dans un dernier hoquet nauséeux, j'emboîte le pas boitillant d'Alex qui, exceptionnellement, prend la tête ce matin. Derrière, il me semble entendre Tsering glousser.

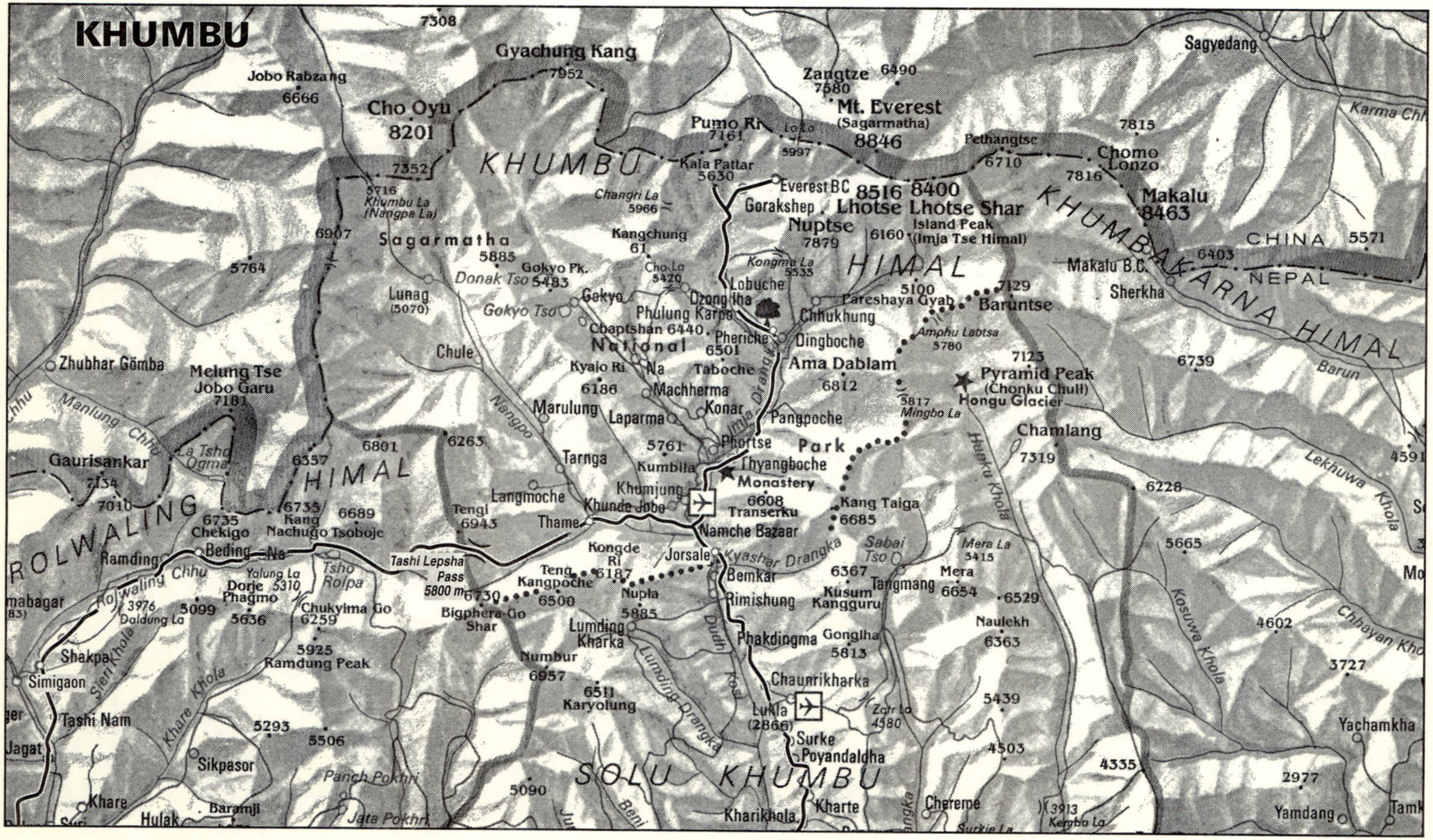
KHUMBU
Cho Oyu
8201
Gyachung Kang
Mt. Everest
(Sagarmatha)
8846
Lhotse
Lhotse Shar
Nuptse
Makalu
8463
Pumo Ri
Kala Pattar
Everest BC
Gorakshep
Lobuche
Dingboche
Pheriche
Ama Dablam
Thyangboche
Monastery
Namche Bazaar
Khumjung
Khunde
Thame
Gokyo
Lukla
(2866)
Island Peak
(Imja Tse Himal)
Baruntse
Pyramid Peak
Chamlang
Sagarmatha
National
Park
KHUMBU
HIMAL
KHUMBAKARNA HIMAL
ROLWALING
SOLU KHUMBU
CHINA
NEPAL
Gaurisankar
Melung Tse
Jobo Garu
Tashi Lepsha
Pass
5800 m
Dudh Kosi
Hunku Khola

3

LE KHUMBU

Alexandre

Puyan, marches du Solo Khumbu, dimanche 8 juin, 25ᵉ jour : kj : 34; kt : 1010; dj : 1760 m; dt : 32265; cols : 12

Grimaçant comme un poupon qui vient de remplir sa couche-culotte, je marche les jambes écartées et les coudes relevés. Sylvain est hors service, nous partons à l'assaut du toit du monde. C'est quand même vexant de se faire attraper par le fond de culotte ! Mais je ne lui en veux pas à cette montagne qui a voulu me perdre, car au dernier moment elle m'a sauvé la vie ! C'était sans doute pour jouer. Clopin-clopant, je marche heureux. Je n'ai pas d'autre traumatisme qu'un nouveau regard sur les choses, lumineux, ressourcé. Rien de tel qu'un bon coup de pied au cul !

Depuis quelques jours nous marchons en pays sherpa. Nous avons quitté l'hindouisme et l'animisme, la culture du riz en terrasses et la consommation de porc. Les Sherpas, le « peuple de l'Est », sont des bouddhistes venus du Tibet oriental il y a trois cents ans. Mongoloïdes, ils portent volontiers des vestes de ville pour aller aux champs. Seules les femmes ont des robes tibétaines plus typées, mais toujours agrémentées d'éléments népalais.

Nous avons rejoint la vallée de la « rivière de lait » (la Dudh Kosi), tirée du sein de la « déesse mère des neiges » : Chomolongma (l'Everest en tibétain). Nous marchons plein nord, aimantés par le royaume des titans. Des trains de Sherpas montent chercher du bois de construction dans les monumentales forêts de pins que nous avons traversées hier, avant ma chute.

Ils ont des pieds fabuleux, c'est leur outil de travail, trapu, charnu, palmé. Quand il marche, le pied sherpa vit, il ne se pose pas bêtement comme le nôtre dans un «ploc» poussiéreux, il s'épanouit, adhère, épouse. Légèrement rentré en dedans, il pousse de tous ses orteils que l'on voit griffer le terrain. En fin de pas, il se recroqueville comme les pattes d'une mygale prête à bondir ; en l'air, il pointe vers le ciel pour ne pas se meurtrir sur les pierres affleurantes et se repose après le gracieux déroulé de la plante sur le sol. Tibias et cuisses, sollicités depuis leur plus tendre enfance par l'effort des muscles, sont arqués, les tendons bandés. Les ongles n'en sont plus : variété inconnue de mille-feuille noirâtre, tranché à la hache, déchiré au schiste, arraché par les racines. De profondes entailles sont la mémoire des kilomètres, de telle charge ou de telle étape. On lit facilement la vie d'un Sherpa dans les lignes de son pied : semelle palimpseste, corne stratifiée, desquamée par l'érosion du sol.

Au débouché d'un épaulement, nous apercevons Lukla, porte-avions perché sur un plateau volé à la verticalité. C'est là qu'arrivent, depuis Kathmandu, la plupart des visiteurs du Khumbu. Un avion décolle sous nos yeux. Étincelant, il se ramasse et rugit. Toute la vallée tremble. Trois tours de roue dans la courte pente et le voilà qui plonge dans le vide pour prendre de la vitesse. Il remet les gaz ! Il est tiré d'affaire. J'en ai le cœur qui palpite. Cette blancheur, cette technicité, ce concentré d'intelligence nous heurtent. Depuis Phidim, nous n'avons pas entendu le bruit d'un moteur, et je songe que si je m'étais cassé le coccyx hier, je serais dans cet avion qui passe à la hauteur de nos yeux.

Nous descendons au fond de la vallée en évitant la ville. Nous tombons des nues ! Partout enseignes accrocheuses, *lodges*[1] ripolinés aux couleurs criardes racolent le trekkeur. C'est la foire d'empoigne : ici l'on vante une douche chaude, là une télévision satellite, là encore des toilettes occidentales ou le confort des lits, un peu plus loin, la vue. Nous allons nous consoler avec la cause même de tout ce déploiement : un Coca. Nous l'avons mérité. Notre tenancier, Sherpa joufflu profitant à plein de la manne touristique, nous annonce les chiffres :

— C'est simple ! D'ici à Namche il y a cent lodges ; en sai-

1. Le lodge est un mélange d'auberge, de refuge et de gîte d'étape sans être aucun des trois.

son, cent trekkeurs tombent du ciel chaque jour, et c'est cent tonnes de nourriture qui circulent sur le chemin. Le pire ce sont les embouteillages de porteurs et de mulets. Les trekkeurs ne supportent pas ça ! Toutes nos chambres sont réservées, les groupes sont obligés d'envoyer, dès l'aube, des éclaireurs au pas de course pour aller réserver les places de l'étape du soir.

Nous bénissons le ciel d'être couvert. Les nuages de la mousson ont chassé tous les visiteurs ! Nous avons le Khumbu pour nous tout seuls. Tous les sommets sont cachés, pas moyen de les voir en sirotant un Coca ! Ça, c'est un point de vue qui se défend ! Le mystère perdure. Les sommets ménagent leurs effets. Ils sont là, au-dessus de nos têtes, mais se font attendre, font des cimes à gré. Le gré de l'éclaircie. J'aime l'Himalaya de la mousson, elle est plus pudique, drapée dans ses vaporeux atours.

La plupart des lodges appartiennent à d'anciens sirdars (chefs des porteurs d'une expédition) ayant pu mettre quelques sous de côté. l'ascension sociale... Partout trônent les trophées de glorieuses ascensions, drapeaux dédicacés, piolets, crampons, masques à oxygène. Mallory, Hillary, Messner, Kammerlander, Shipton, Bonnington, Batard, Boivin, Mauduit, héros des montagnes, dansent une ronde de légende et d'exploits dans nos têtes. Ils sourient sur ces murs, au milieu d'amas de porteurs ou de bouquets de coéquipiers en combinaisons éclatantes. Tout cela a donc vraiment eu lieu ? En ces lieux ? Instants éphémères de conquêtes inutiles, panache du beau geste et de la volonté, empreinte de la force humaine emportée par les vents d'altitude. Nous sommes intimidés, microbes piétons à l'entrée du domaine des conquérants de la troisième dimension. Rageant et encourageant à la fois !

Dans la montée vers Jorsale, le point d'entrée du parc national de Sagarmatha, nous croisons Chuck, un Australo-Californien colossal. Ses mollets comme nos cuisses, il porte un sac de 50 kilos ! En solo, il vient de s'enfiler deux 6 000, le Kangchung (6 103 mètres) et l'arête de Changri (6 300 mètres), sans autre forme de procès (ni payer le droit d'escalade de deux fois 600 dollars). Le rêve incarné. Il porte tout lui-même : ses cordes, ses piolets, sa tente, son réchaud, ses rations. Nous l'accablons de questions.

— Comment faites-vous pour passer inaperçu ?

— Je laisse le matériel de montagne dans le sac, on me prend juste pour un trekkeur un peu angoissé par la pénurie ! Tous les Sherpas se moquent de moi, mais je vais en balade, je quitte le trek au premier glacier venu et me présente au pied d'un couloir. Le reste n'est qu'une question de coups de piolet et de crampons !

Nous sommes soufflés !

— À l'aube, du haut de mon bivouac sur la crête, j'ai vu le soleil se lever et enflammer tour à tour l'Everest, le Lhotse, le Nuptse et le Pumori. J'étais aux premières loges, qu'est-ce qu'on peut vouloir de plus ? L'exploit ? La nouveauté ? La course aux sponsors ? Je laisse ça aux autres. J'aime la contemplation, pas la conquête. Et vous ? Vous venez de loin avec vos sacs de pique-nique ?

— Nous fêtons aujourd'hui notre millième kilomètre ! Nous venons du Bhoutan à pied. À peine un cinquième du voyage, on va jusqu'au Tadjikistan !

Son rêve. Il en pose son sac. Nous échangeons nos rêves. Il y a toujours moyen de faire du nouveau. Ce n'est pas une question de forme, c'est une question de fond. Grâce à Chuck, les sommets ne nous écraseront pas de leurs regards hautains de monstres froids inaccessibles, doublés de montagnes administratives insurmontables. Ils nous chanteront la liberté de l'autonomie, et l'espoir de la communion dans l'authenticité.

Nous sommes inquiets. Nous avons traversé tout l'est du Népal sans permis de trekking (puisqu'on ne peut les obtenir qu'à Kathmandu), et risquons de nous faire épingler à l'entrée du parc. Dans la balance ? D'un côté, une expulsion du Népal, et la fin du voyage, de l'autre, un flirt avec la « déesse mère » ! Une palissade arrive bientôt, au verrou de Jorsale. À gauche, un précipice, à droite une falaise. Pas moyen de resquiller. Nous jouons notre va-tout, allons droit à l'officier. Il nous demande nos permis.

— On nous a dit à Kathmandu que nous pourrions les acheter ici !

Il rechigne un peu. Détaille notre matériel, se dit qu'avec si peu de chose nous ne pouvons venir que de l'avion de Lukla. Il aperçoit notre minuscule caméra numérique JVC :

— *What is this ?*

Notre sang se glace. Nous savons qu'il faut acquitter un droit de 100 dollars pour rentrer une caméra dans le parc. Sylvain se reprend, met la caméra sur la fonction « photo » :

— Ce n'est pas une caméra, regardez, c'est un appareil photo digital !

On n'arrête pas le progrès ! Dans un soupir, il sort un carnet et tamponne deux billets d'entrée. Nous les acquittons en lui rendant son soupir. De soulagement.

De l'autre côté, tout change. La nature est préservée, les lodges ont disparu. Aérien, un long pont suspendu, aux câbles duquel claquent dans le vent des *lupkas* (drapeaux à prières), entérine notre entrée sur le toit du monde, par la gouttière : la confluence des rivières Dudh Kosi et Bhote Kosi, à 2 800 mètres d'altitude. Et dire que cette eau qui coule est tombée sous forme de neige, 6 000 mètres plus haut, il y a des dizaines de milliers d'années ! S'abreuver de cette eau fossile, c'est s'imprégner d'histoire et remonter le temps !, remonter le temps !

En compagnie de deux professeurs d'anglais népalais, nous entamons notre montée vers Namche Bazar, la capitale sherpa. Au fil des lacets dans une jolie forêt de pins noueux et odorants, ils nous parlent de la préparation du prochain festival bouddhiste. Six cents mètres plus haut, alors que la nuit tombe, nous débouchons sur la ville à l'angle d'un gros chorten. Une forme confuse se dresse alors sur un rocher au-dessus de nos têtes. Nous sommes médusés. Chimérique dans sa robe de métal bleuté, hiératique avec sa houppelande verte, un lophophore impérial nous dévisage, baisse la tête pour une révérence et s'envole dans un grand froufrou de jupons roux. Ouaw ! Emblème national, plus gros qu'un tétras et de la même famille que les paons, le rarissime lophophore est un oiseau sacré. Un des profs se retourne, tout tremblant.

— Je ne sais pas qui vous êtes, mais les dieux vous sourient ! C'est pour vous le plus heureux des présages. De ma vie je n'avais vu le « Danphé » qu'une seule fois !

Namche Bazar. Fer à cheval lumineux dans un cirque perché. L'arène d'avant les grands combats. Nous y sommes. C'est vrai que nous en avons de la chance ! Après avoir tourné trois fois autour du chorten central de la ville, nos amis nous mènent au Bouddha Lodge, chez Passang Norbu Sherpa. L'œil rond et la face joviale, un petit trapu nous accueille. De la pièce d'à côté retentissent des cris et des mugissements.

— Ne vous inquiétez pas, c'est mon frère, Ang Tengpa. Il est venu chasser les maux de dos de ma femme. En plus d'être sirdar, il est aussi un peu chamane. Au fait ? vous n'auriez pas des médicaments ?

Je lui file discrètement un Diantalvic et un Voltarène, mais, à ma grande surprise, il va ostensiblement les donner à sa femme. Ang Tengpa ne bronche pas, et continue imperturbable, des demi-lunes tordues au bout du nez, ses psalmodies bouddhiques. Une soupe chaude arrive bientôt. Tout en nous racontant le pilier ouest du Makalu avec Yannick Seigneur en 71 ou sa passion pour Robert Paragot, Ang Tengpa pétrit des figurines de *tsampa* (farine d'orge). Entre un arrière-train de yack et un godet de rakshi, il s'emporte dans une avalanche ou pitonne des broches à glace. Puis le voilà reparti dans ses patenôtres imprévisibles entrecoupés de grands cris et de gestes mystérieux. Au bout d'une heure de pâte à modeler, il a bientôt devant lui tout un bestiaire de figurines : une chèvre, la reine, un âne, le roi, des petits monstres symbolisant les mauvais esprits et les quatre points cardinaux. Insatisfait, il se met à badigeonner les pauvres bêtes d'onguents et de poudre de vermillon tirés de sa sacoche de cuir. C'est plus joli en couleurs. Après avoir posé la maquette au centre de la pièce, il ouvre cérémonieusement le *Gyushi*, grand livre sacré de la médecine tibétaine. Vrombissant des incantations, il entreprend alors de repeindre tous les murs à grand renfort d'aspersions de thé au lait, de rakshi et de thé tibétain. Pour satisfaire les mauvais esprits. Les giclées s'abattent, la poussière vole, il transpire, il éructe, nous sommes abasourdis. Soudain, dans un cri déchirant, il fond sur la maquette qu'il emporte dans la ruelle. Passang lui emboîte le pas avec une pelletée de braise, tandis que son fils ferme la marche en balayant les moindres poussières et en chassant les souffles d'air témoins de l'exorcisme. Au bord du ruisseau qui traverse la ville, nous les voyons qui s'affairent dans le noir. Une motte de beurre grésille sur les braises en soulevant un capiteux parfum. Un nuage d'encens nous enveloppe bientôt. Nous regardons la scène religieusement, quand un bruit nous intrigue. Nos trois compères, braguettes ouvertes, inondent la maquette. Soulagés, ils nous demandent d'en faire autant. Nous nous exécutons et quittons les lieux en invectivant les mauvais esprits et en crachant sur le tas de boue fumant ! Prodigieusement récréatif.

Namche Bazar, le 9 juin, 26e jour, kj : 24; kt : 1034; dj : 1425 m; dt : 33690 m; cols : 12

Ce matin, notre hôtesse se porte comme un charme. Ang Tengpa caracole. Je m'avance, amusé :

— Vous ne croyez pas que nos médicaments y sont pour quelque chose ?

— Sans aucun doute, mais sans mes incantations vous ne seriez pas venus apporter les médicaments !

Un petit sentier anonyme s'échappe de la ville par le haut. Toutes les expéditions sont passées par là. Mythique. En quittant le cirque, les deux canines du Thamserku nous inoculent l'himalayite aiguë avant de disparaître sous une lèvre nuageuse C'est le premier sommet que nous apercevons depuis le Makalu. J'avais oublié que la neige fût si blanche. Très loin en contrebas coule la Dudh Kosi. Le trek semble un cheveu blanc posé sur l'épaule d'un titan. Il file droit au cœur du Khumbu. En route, nous croisons de plus en plus de « murs manis » encadrés de chortens. Les belles plaques de pierres sont couvertes du mantra *Om Mani Padme Hum* gravé en relief. Surfaces au grain régulier, bronzées par le soleil et finement ciselées, ces parures du chemin ont la beauté des parchemins. Ici, pour ne pas contrarier l'ordre cosmique et pour adjoindre son énergie au grand karma, il faut tout contourner dans le sens des aiguilles d'une montre. Habitués à la conduite à gauche en Inde, nous ne commettons pas d'impair. Dès que l'un de nous hésite l'autre le reprend : « À gauche Capitaine, à gauche ! [1] » Ça ne vaut pas le coup de se mettre Bouddha à dos. Je caresse au passage le granit rugueux de ces éclats de montagne, et fais de ce braille minéral ma louange du matin. À Phunki, nous traversons la Dudh Kosi. Une batterie de moulins à prières ronronne au pied de la montée de Tengboche, en une danse propitiatoire. Nous délaçons le trek dans une forêt de pins. Nous foulons du sable profond, et passons sur le coteau dans une pente de rhododendrons en fin de floraison. Une caravane de yacks s'emballe soudain dans la descente. Les bêtes effarées, emportées par leur poids, s'égaillent dans les bosquets, en piétinent d'autres, et soulèvent

1. Voir *Tintin au Tibet*.

dans leur tumulte des volutes de pétales roses et jaunes qui virevoltent longtemps dans le ciel. Un Khampa sur un yack fend le nuage de confettis et tente parmi les clameurs de rattraper sa horde : le roi Arthur chevauchant un auroch dans les pommiers d'Excalibur ! En chantant *Sanctus Malus, Doctus Ibus*... des *Carmina Burana* de Carl Orff, nous débouchons sur la verte prairie de Tengboche, où le monastère reconstruit en 1990 nous regarde passer, bête et froid. Le peuple sherpa a adopté le mahayana, le bouddhisme du « grand véhicule », de type tibétain, mais sans « lamaïsme » prononcé, de sorte que chacun le pratique aussi pour soi dans les principes karmiques du « petit véhicule », en y mêlant de l'animisme bön, l'ancienne religion tibétaine d'avant le bouddhisme. Il n'y a pas ici de grands monastères forteresses. Les moines ne sont pas très nombreux, mais ont un rôle social important. Les rituels des Sherpas sont très fortement imprégnés d'ésotérisme et de chamanisme tibétain, comme nous en avons fait l'expérience. De cette terrasse nous devrions voir l'Ama Dablam, et le sommet de l'Everest, mais nous sommes sous la couverture. Sylvain marmonne :

— Ne dit-on pas que « le désir s'accroît quand l'effet se recule » ?

Nous replongeons dans une surprenante forêt de bouleaux nains dont les racines nous tendent des pièges. Surtout ne pas se tordre l'outil de travail maintenant !

— Remarque ! Je suis sûr que personne n'est allé au camp de base sur les mains !

Cela fait quatorze jours qu'elles sont inoccupées, mes mains, et qu'elles commencent à me le faire savoir. Chômage technique. Retraite anticipée. La marche, c'est le glas des mains. Elles sont condamnées à pendre mollement toute la journée, à tirer de temps à autre sur une braguette ou, au mieux, prendre une photo. Pour se ressaisir, elles ont développé une extrême sensualité, aussi le contact d'un tronc moussu, d'une pierre sèche ou d'un fleur les met en transe. Elles n'hésitent pas alors à se jeter au cou du premier petit veau qui passe pour une chaude et fugitive caresse.

Après de jolies clairières, le trek sinue dans les champs de pommes de terre de Pangboche. Nous en avons déjà fait la cuisante expérience dans l'est du Népal, les champs, c'est l'agonie du chemin : il hésite, disparaît, concubine avec des inconnus, les quitte aussitôt, mène à des enclos, revient sur ses pas, les contourne… Pas d'autre choix que de se chatouiller le sixième sens pour surmonter cette éternelle guerre que se livrent le nomade et le paysan. Notre sixième sens, et un sérieux petit creux nous mènent chez une charmante Sherpani. *Didi !* (grande sœur). Voilà comment il faut s'adresser à elle ! Un peu direct, non ? Elle nous détend en nous donnant du *Daï !* (grand frère : même si elle est plus âgée). Elle nous fait entrer dans une pièce unique, en longueur, au plancher de poutres brutes à peine éclairée par une ouverture colmatée de papier huilé. Quand on veut regarder par la fenêtre, on ouvre la porte. Un mur entier est occupé par le vaisselier, rutilant de mille feux. Comme nos batteries de casseroles en cuivre, nous ne les avons jamais vus s'en servir. Tout autour de la pièce, des lits couverts de tapis chinois servent de banquettes pendant la journée. À côté du feu, invariablement au sol et sans conduit, un chaudron de cuivre gravé d'inscriptions tibétaines contient l'eau douce. De nombreuses Thermos chinoises, les rouges, en fer, au célèbre bouchon de bois, jonchent le sol avec des bols en buis tourné, cerclés d'argent : des bols à tsampa, pas trop profonds pour pouvoir en lamper le fond d'un coup de langue habile. Elle nous sert du *syakpa*, une soupe grasse pleine de surprises, de grumeaux de farine, d'abats et d'herbes filandreuses. Slurp ! Parmentier soit loué, elle apporte aussi des pommes de terre ! En croquant le tubercule fumant, dégageant un parfum de marron chaud, j'ai l'impression d'avaler un bout de Khumbu, de la montagne transformée. Car elle est ténue, la différence qui sépare la pomme de la terre : la peau la plus fine qui soit, ce cuir diaphane qui sépare le minéral du comestible. Béat, je lance à mon camarade :

— Imagine une robe Dior en peau de pomme de terre ! Torride !

— Elles existent bien en robe de chambre !

Puis il me regarde, à demi inquiet :

— C'est vrai qu'on est déjà à 3 900 mètres, je crois qu'il va falloir ralentir la marche !

Nous quittons Pangboche sans aller voir les reliques de yéti conservées dans le monastère : « Heureux ceux qui ont cru sans avoir vu ! », à ceux-là il sera donné de voir.

La Dudh Kosi n'érode plus des gorges lisses, la voilà déjà qui rebondit sur les gros blocs morainiques. Nous dépassons des stères à pattes : cinq Sherpas titubent sous des tas de poutres. Neuf chacun. Quatre-vingt-dix kilos, rien qu'avec le front ! Pas étonnant qu'ils soient si petits ! La sangle, imprégnée de sueur, leur déforme le crâne. Ils vont à petits pas, on voudrait les aider, mais on ne peut rien faire contre les chemins de croix volontaires. Ils semblent porter toute la misère du monde. C'est en pays sherpa que Jésus a dû apprendre à porter la sienne. Les chortens et les murs manis, faisant office de stations, augmentent en nombre avec l'altitude et la pauvreté. Ainsi en va-t-il de la foi.

Au fil de notre remontée, les nuages s'engouffrent à nos trousses dans la vallée, en un tapis roulant menant aux neiges éternelles. Le plafond ne baisse pas, c'est nous qui montons, mais où vont-ils, tous ces moutons ? Paître aux Champs élyséens ? Tout le monde semble plutôt les fuir. Deux autres caravanes de yacks redescendent. La vallée s'évase, le silence et l'espace s'épanouissent dans les nuées, les arbres ont disparu d'un coup. Nous arrivons avec la nuit dans les brumes de Pheriche à 4 250 mètres, et trouvons refuge dans un lodge. Ogawa Higashi, banquier de Tokyo, est allongé sous des couvertures, sujet au mal des montagnes. À notre entrée, il se lève péniblement et vient à nous, visiblement très inquiet de son état :

— Dites-moi, j'ai un problème très grave à vous soumettre, c'est une question de vie ou de mort !

Cela commence bien.

— Voilà ! pardonnez-moi ma franchise, mais ça fait trois jours que je ne me suis pas lavé, et j'ai très peur des conséquences. Vous croyez que c'est grave ?

Nous hurlons de rire dans le refuge. La réputation des Français ne s'est pas améliorée ce soir-là !

Pheriche (alt : 4940 mètres), mardi 10 mai, 27e jour, kj : 9,6 ; kt : 1044 ; dj : 820 m ; dt : 34510 m ; cols : 12

Après une grasse matinée forcée pour acclimatation, nous nous engageons dans une belle vallée bosselée de mottes de tourbes, où serpentent de petits rus : l'empire des yacks. En amont, au loin, comme tombé du lourd plafond nuageux, un gros éboulis gris bouche toute la vallée. Il est poussé par le plus fabuleux des bulldozers, le glacier du Khumbu. Montagne à lui tout seul, ce cône de déjection morainique, fait de pierres rondes empilées, nous barre la route : la première marche de l'empire des titans. Conscients de quitter la terre des hommes, nous grimpons vers le creuset du monde. Depuis la nuit des temps, sont poussées en avant du glacier les pellicules des géants chauves, copeaux de montagnes aiguisées par la gélifraction. Ils sont ensuite roulés et concassés par le glacier. Nous pénétrons le grand chantier, le perpétuel inachevé.

Dans la montée entre les blocs, nous rattrapons bientôt Higashi et son guide, partis à l'aube. Sont-ils trop lents ? Allons-nous trop vite ? Hélés par le chant des sirènes d'altitude, nous allons sûrement trop vite. Il nous manque encore la sagesse. Ici, il faudrait aller au rythme des glaciers ; rien n'est jamais assez lent dans ces paysages génésiques. Notre cœur nous perdra, il endure tous les coups ! Nous avons du souffle à revendre, pas moyen de s'arrêter et d'attendre, de laisser passer les anges.

C'est que nous avons appris à marcher, durant ces mille derniers kilomètres ! Nous ne nous traînons plus, ne trébuchons plus, posons le pied intelligemment. Dans cette montée morainique, il y a mille façons de marcher. Sylvain et moi allons au même rythme, mais très différemment. Il est en pointes et sautille sur ses mollets en petits pas d'une légèreté déconcertante tandis que je pose le pied à plat, me fends plus pour allonger la foulée de mes jambes plus courtes. Il rebondit quand je pousse ! Se fendre ou ne pas se fendre ? Là est la question. Et le bassin ? Doit-il se déhancher, accompagner la jambe ou la jeter en avant ? Cambrure des reins ou bascule en avant ? Les épaules roulent-elles, le dos reste-t-il droit ? Les genoux poussent ou amortissent ? Et les chevilles ? Doivent-elles rentrer le pied ou le déjeter ? Le talon doit-il se poser ? Et les orteils, hein ? Qu'en fait-on, de ses orteils ? Faut-il les écarter ou les recroqueviller ? La marche est une mécanique d'une complexité extraordinaire ! Tous les jours, nous découvrons une combinaison de mouvements nouveaux pour économiser quelques calories de plus, pour ménager un tendon qui chauffe, optimiser l'effort. À chaque terrain correspond une marche différente, une accroche nouvelle.

J'en suis là de mes réflexions quand déboule, bariolé, un grand escogriffe, le cheveu en pétard, les lunettes de Terminator et le Walkman hurlant du trash-métal dans les oreilles. Il fonce à grandes enjambées et moulinets de bras. Il nous « shunte », emporté dans son « trip » : « kiffé total » ! Il ne nous a même pas vus. C'est le troisième type que nous voyons redescendre de la planète Everest, avec un comportement de martien, une étincelle bizarre dans les yeux, ou bien une logorrhée intarissable. Syndrome de l'altitude ? Extatique, son compère arrive bientôt. Rouge comme un homard, le nez en pelure d'oignon et le visage mangé de barbe, il se jette presque dans nos bras. Il semble avoir vu Dieu ! Irlandais, il nous parle français avec un rare débit : Paris, le mariage de son frère, son métier de couvreur de cathédrales, la pénurie de PQ, et repart dans la pente sans un salut : un fou ! Il y a l'avant, et l'après-Everest. Sylvain se retourne :

— Apparemment il fait beau là-haut, tu as vu comme ils étaient cramés ?

— Il me tarde de les voir, ces sommets qui rôdent au-dessus de nos têtes !

C'est pour bientôt, car nous venons de passer dans la couche nuageuse et sortons sur la gauche de l'amphithéâtre morainique par une première crête. Une série de chortens surgissent fantomatiques de la brume : un hommage aux six sherpas morts sur le pilier ouest de l'Everest en 74. Battant la chamade, comme pour un premier rendez-vous amoureux, nos cœurs pressent nos pas, car il faut en finir ! Sur la moraine latérale[1], le voile se déchire soudain. Vertige ! Ineffable étendue ! Une armée cristalline de flèches et d'arêtes de glace entrecroisées cisaillent à grands coups de tranchant le bleu cru du ciel. Démesure ! Tout hache, tout pique, tout coupe : les crêtes acérées, les cimes aiguës, les séracs aiguisés. Aveuglés, nous voyons ; suffoqués, nous hurlons notre joie. Tout s'agence peu à peu, le panorama se stabilise et la vallée se fige : nous avons le toit du monde sous les yeux. Silence !

Déjà éméchés, nous avalons, le cœur chantant, le vallon morainique de Lobuche, à 4 950 mètres. Il y a précisément 48 heures, nous étions 2 500 mètres plus bas. Passang Norbu nous avait interdit d'aller si vite. Nous avons tout fait pour ralentir mais, légères limailles aimantées, le magnétisme du Khumbu a eu raison de nous.

Allongé en plein soleil sur la terrasse d'un refuge, le chapeau sur les yeux, j'écoute mon cœur pulser. Les muscles de mes cuisses sont massés par l'ardeur des rayons. Je goûte le plaisir

---

1. Moraines : blocs arrondis par l'érosion glaciaire et charriés ensuite par les torrents.

extatique d'une sieste digestive après un plat de macaronis au fromage. Il n'y a vraiment plus de voyages !

— On va faire un peu d'exercice sur la moraine latérale, entends-je sous mon chapeau, l'occasion de faire quelques photos ?

Après cent mètres d'ascension à quatres pattes nous sommes sur le dos crénelé du dragon. Sous nos yeux à perte de vue, s'étend un vaste chaos de cratères et de cônes, d'éboulis et de pièges. La glace sale n'est visible que par endroits, masquée sous les résidus détritiques. Inconscients, nous descendons et abordons la moraine cendreuse. Très instable. Nous progressons lentement sur des crêtes entre les cônes d'effondrement pour rejoindre le cœur de la langue glaciaire. Chaque creux recèle un gouffre, un lac pétaradant, une diaclase [1] qui craque. Nous écoutons le monstre vivre, gémir, claquer. Nous sommes en sursis. Des projectiles ne cessent d'éclabousser les eaux glauques des flaques. Tout est poreux. La moindre pression éboule les blocs, aussitôt engloutis dans les entrailles de ce fleuve immobile, de ce liquide à viscosité extrême : la glace. La peur nous tiraille. Au moindre faux pas nous serions absorbés par le réseau de torrents souterrains :

— Ça te dit un peu de spéléo sous-glaciaire ?

— Brrr ! sans façon !

Un ruisseau de surface s'abîme dans les ténèbres. Tout est si lumineux dehors ! L'horizon sud est dentelé par le Thamserku (6 623 mètres), le Taweche, le Kangtega (6 809 mètres) et l'Ama Dablam (6 856 mètres). Devant nous, plein est, la monstrueuse face ouest du Nuptse (7 879 mètres), toute de roche englacée, exhibe fièrement ses parois invaincues. Au nord, en remontant le dos du glacier, apparaissent la pyramide du Pumori (7 145 mètres) et le trapèze du Lingtren : la frontière tibétaine. La fière avant-garde des 8 000. L'Everest et le Lhotse restent invisibles, ils se réservent pour demain. Nous rejoignons prudemment la moraine latérale. Le jour décline et plonge la langue ulcérée dans la pénombre. Les sommets irréels se drapent vers le nord de blanches écharpes tendues, tandis qu'au sud coule éternellement le tas de scories du grand œuvre. Au royaume de l'impermanence, nous contemplons dans un frisson la victoire

1. Une diaclase est une fissure.

du temps sur le granit. Enfants de cette alchimie titanesque, les pierres philosophales des sommets offrent au couchant leurs ors triomphants.

Lobuche, mercredi 11 juin, 28e jour, kj : 30; kt : 1 073; dj : 1 050 m; dt : 35 560 m; cols : 13

Flammes froides dans la nuit étoilée, les cimes avoisinantes ne réchauffent pas notre départ avant l'aube. Nous avons enfilé nos collants sous nos shorts, et gambadons bon train dans nos panaches de buée. Concentrés, nous filons en silence entre le versant de la vallée et la moraine latérale. Le Changri, glacier adjacent, pousse sa moraine frontale dans celui du Khumbu. Nous escaladons cette glaciale étreinte quand une étincelle enflamme la mèche du Pumori. Elle a jailli du col sud de l'Everest, qui vient de pointer son diamant noir derrière la crête du Nuptse. Chaque mètre gagné nous déshabille le seigneur, pas à pas il grandit dans toute sa splendeur, et surveille, en chef tutélaire, l'allumage un à un de ses réverbères de neige. Autour de lui le feu a pris, et, d'un geste vers l'est, l'Everest impérial somme le jour de se lever.

Nous avions rendez-vous aujourd'hui, il vient de rentrer dans nos vies, mais comme les choses ultimes, il y était déjà. Sous son regard, les cimes alentour s'effacent, nous ne sommes plus dispersés, nous ne sommes plus pressés, nous sommes venus pour lui.

Depuis le verrou sablonneux de Gorak Shep nous voyons le Kalapattar, la « montagne noire », pied de l'arête sud du Pumori. De son sommet à 5 545 mètres on peut flirter avec les géants blancs. Va pour un flirt ! L'ascension du nain noir, c'est l'ivresse de la haute montagne accessible à tous, le piédestal d'où l'on peut dignement faire sa révérence au Prince du Khumbu. Protocole oblige, le pas ralentit, l'échine se courbe, le Kalapattar se mérite quand même : on ne se paonne pas impunément dans la cour des grands. Ici les pas ne sont jamais perdus, chacun se pose en une offrande sur l'autel de la contemplation. Pourquoi grimper ? Pour une vue, pour une image ? Non, pour l'extase d'un instant, ici et maintenant. Un instant plus haut que les autres. Un sommet de béatitude, une pierre blanche dans le livre des heures. Nous y sommes. Ivres d'altitude. Assis avec de gros blocs de granit. Eux aussi, ils contemplent et me susurrent les vers dorés de Gérard de Nerval. « Et comme un œil naissant couvert par ses paupières, un pur esprit s'accroît sous l'écorce des pierres », et d'un seul coup je les comprends, ces pierres à l'infini : d'hostiles, elles me deviennent familières.

Pour que la fête soit parfaite, nous sortons nos petites poupées, Sonia et Priscilla, princesses de l'Himalaya, et dans un geste d'allégeance sous les éclatantes bannières de drapeaux à prières, nous les présentons à l'Everest.

C'est d'ici qu'en 1951 Hillary repéra au sommet de l'Everest le piège du dernier ressaut qu'il déjouera deux ans plus tard. Et l'on se prend à rêver.

Bactéries sur une dent cariée, nous brossons du regard toutes ces canines géantes. Toutes ont été le théâtre de prodigieux combats, contre le froid, contre l'adversité. Le vent nous siffle tous ces drames. Combien de cordées à l'assaut ont-elles été croquées par la mâchoire du Khumbu ? Avalées d'un coup de langue glaciaire ? Jerzy Kukuczka, est mort juste là, au bout de mon doigt, au Lhotse. Combien de sherpas dorment pour toujours dans les séracs à nos pieds ? En tout, deux cents grimpeurs se sont éteints là, vaincus dans leur quête, tandis que Batard ou Messner partaient du bas jusqu'en haut, sans étapes, sans assistance et sans oxygène…

À la dernière photo, je laisse tomber mon appareil. Filtre cassé, cellule hors d'usage. Je maudis ma maladresse. Trois mille mètres plus haut, laisser tomber ses gants, c'est perdre tous ses doigts, quand ce n'est pas la vie. Je ne suis pas encore prêt pour l'Everest. Dans la descente du Kalapattar nous coupons droit dans les pierriers pour rejoindre dans la même journée l'itinéraire du camp de base. Nous savons qu'il n'y a rien à voir. Mais bien plus important, tellement à ressentir !

Le glacier est un peu plus franc, nous n'avons qu'à suivre des cairns. Puis les cairns disparaissent et il faut écrire son propre itinéraire, compter les embûches, sinuer entre les pièges, les retenir un moment juste avant de les oublier, et l'on sème consciencieusement des obstacles derrière soi. Tous les repères s'évanouissent, la seule issue est en avant. Nous marchons, la tête peu à peu enserrée dans un étau. Avec la faim, avec la soif, avec l'extrême luminosité, une étrange langueur nous engourdit. Les prémices des maux d'altitude. Nous errons comme des âmes en peine dans un champs de bataille où tout se dérobe sous nos pas.

Demi-tour ? Bien sûr que non, nous ne sommes plus libres, lobotomisés par notre migraine ! De malheureux « pénitents », sculptures de glaces ainsi nommées à cause de leur silhouette penchée, cherchent aussi la sortie. La voilà ! Une pile d'immeubles de glace en équilibre instable dans le vide au-dessus de nos têtes, épée de Damoclès aux mille éclats : « la cascade de glace » où tant de sherpas ont péri. Vomie par la combe ouest entre l'Everest et le Nuptse, elle alimente le glacier du Khumbu d'un million de mètres cubes de glace fraîche par an. C'est le point de départ de l'ascension, nous sommes au camp de base, à 5 348 mètres. Autour de nous, le chaos transpire la désolation. Le silence est troublé par des craquements sinistres, tout est mort, tout est hostile. Où peuvent-ils bien planter leur tente ? Pas deux mètres carrés plats ! Peu de détritus, peu de reliques, rien de sacré. Est-ce ici, dans cet endroit morbide, qu'ont germé les rêves du sommet, les conquêtes sublimes ? Comment garder la foi dans un tel cadre, avec un tel mur à franchir ? Le simple fait de lever la tête nous la fait tourner. Nous sommes K.-O. à l'idée de rentrer. Et il faudrait être 3 500 mètres au-dessus ? Là, juste là ? Nous en avons bien gravi 35 000 pour arriver jusqu'ici ! Une autre planète ! Inaccessible ! Ou chaque mètre est un pas en enfer, chaque pas, une tonne ! Après avoir touché de la paume le dernier sérac, ainsi qu'au Vatican le gros orteil de Pierre, nous levons le camp.

Je m'adresse à Sylvain.

— Comment te sens-tu ?

— Du plomb fondu dans le cervelet !

— Moi, c'est chaque pas qui me donne un coup de marteau sur la tête !

— Mince ! Je n'arrive plus à fermer les mains ! J'ai les doigts tout gonflés.

— C'est l'œdème qui nous guette !

Ça va pas fort ! Nous payons notre folie d'être montés au camp de base en trois jours au lieu de neuf selon les guides. Nous filons sans un mot, c'est la retraite du front. Je m'oxygène à fond, bois sans soif de l'eau de flaques, n'ai qu'une obsession bizarre en tête : me fluidifier le sang, dissoudre les caillots. J'ai l'impression que mon crâne se dilate, qu'il n'y a plus assez de pression pour comprimer mes artères ! Intuitions du corps. J'imagine qu'un faux pas peut me faire péter une durite. Je marche sur des œufs, ventre à terre, en mettant du coton mental sur le marteau qui me poursuit. Sylvain suit. À chaque palier, l'étreinte se relâche un peu. Quand nous arrivons à Lobuche après trois longues heures de lutte, les spectres écraseurs qui nous serraient le crâne abandonnent leurs proies et s'en retournent hanter les pénitents du camp de base. Attention ! Ils y attendent d'autres imprudents !

Le lendemain, nous avalons en une demi-journée la distance qui nous sépare de Namche. C'est bon d'avoir le Khumbu dans le dos, car il reste un peu dans le cœur. Pour la première fois, nous revenons sur nos pas. Terriblement ennuyeux ! Marcher pour marcher. Marcher en connaissant l'étape. Il manque du sel à cette marche forcée, le sel de l'inconnu, le souffle de la découverte, l'appel de l'ouest !

Namche Bazar, vendredi 13 juin, 30e jour, kj : 11, kt : 1 114 ; dj : 590 m ; cols : 13

Après deux heures de lutte avec des impulsions téléphoniques, la ligne est enfin établie, Paris parle à Namche. Nous apprenons la venue de Sonia à Kathmandu le 21. Priscilla, retenue par des impératifs, nous retrouvera plus tard. Le défi est de taille : une semaine pour rallier la capitale. Voilà mon nouvel os à ronger ! Et quel bel os ! Cependant, nous rechignons à prendre l'itinéraire obligatoire par le sud, celui de Jiri. Le parc national de Sagarmatha doit être quitté par Jorsale, le point d'entrée. Il existe cependant une solution interdite, quitter le Khumbu par l'ouest, elle s'appelle Tashi Lapcha, un col terrifiant à près de 6 000 mètres donnant dans une vallée fermée longeant la frontière tibétaine, la vallée de Rolwalling. Voilà ce qu'il nous faut.

Discrètement, nous nous mettons en quête d'un guide dans la capitale sherpa. À la veille de la mousson, alors que se prépare un festival bouddhique, cela s'avère difficile. Un grimpeur nous apprend qu'il faut acquitter un permis d'escalade de 600 dollars chacun, car le col est assimilé à un 6 000 ! Un guide nous dit qu'une seule expédition a tenté de franchir la passe cette année, des Japonais, mais qu'ils ont rebroussé chemin devant une tempête de neige. À force de persévérance on nous désigne un vieux Sirdar qui y a mené plusieurs expéditions de recherche du yéti, un certain Da Thinden.

Dans un intérieur aussi noir que le tableau qu'il nous dresse, le petit homme nous parle des deux chutes de séracs à franchir, des rappels, des crevasses vertigineuses du glacier de Rolwalling, des cordées disparues, de l'absence de chemin, de cairns, de nourriture, et des hurlements d'épouvante qu'on y entend la nuit. Hurlements attribués au yéti. Il nous met l'eau à la bouche. Il consulte alors les esprits en jetant des osselets sur une peau de yack couverte d'inscriptions tibétaines. Pantois, la lèvre tremblante, il reste un instant figé puis replie d'un geste brusque la peau comme pour chasser une vision, et sans un mot nous met à sa porte. Vlam ! Nous sommes dans la ruelle.

D'un commun accord nous décidons de nous rendre à Thame, dernière bourgade à l'ouest du Khumbu, d'où part une vallée pour la Nangpa La, pratiquée par de nombreux réfugiés tibétains, et une autre pour la Tashi Lapcha. Substituer l'action au doute, aller sans cesse de l'avant ! C'est bien plus trépidant dans l'incertitude. À Thame, le col est nécessairement plus connu qu'ici, nous y trouverons certainement un guide. Se fier aux réalités du terrain plutôt qu'aux fantasmes des oiseaux de mauvais augure.

Nous quittons Namche Bazar sur une vague indication : Ang Phurba Sherpa, trois fois vainqueur à l'Everest, habite Thame. Apparemment un type sérieux. Nous avons quelques Mars dans nos sacs, et un kilo de fromage de yack. De quoi tenir.

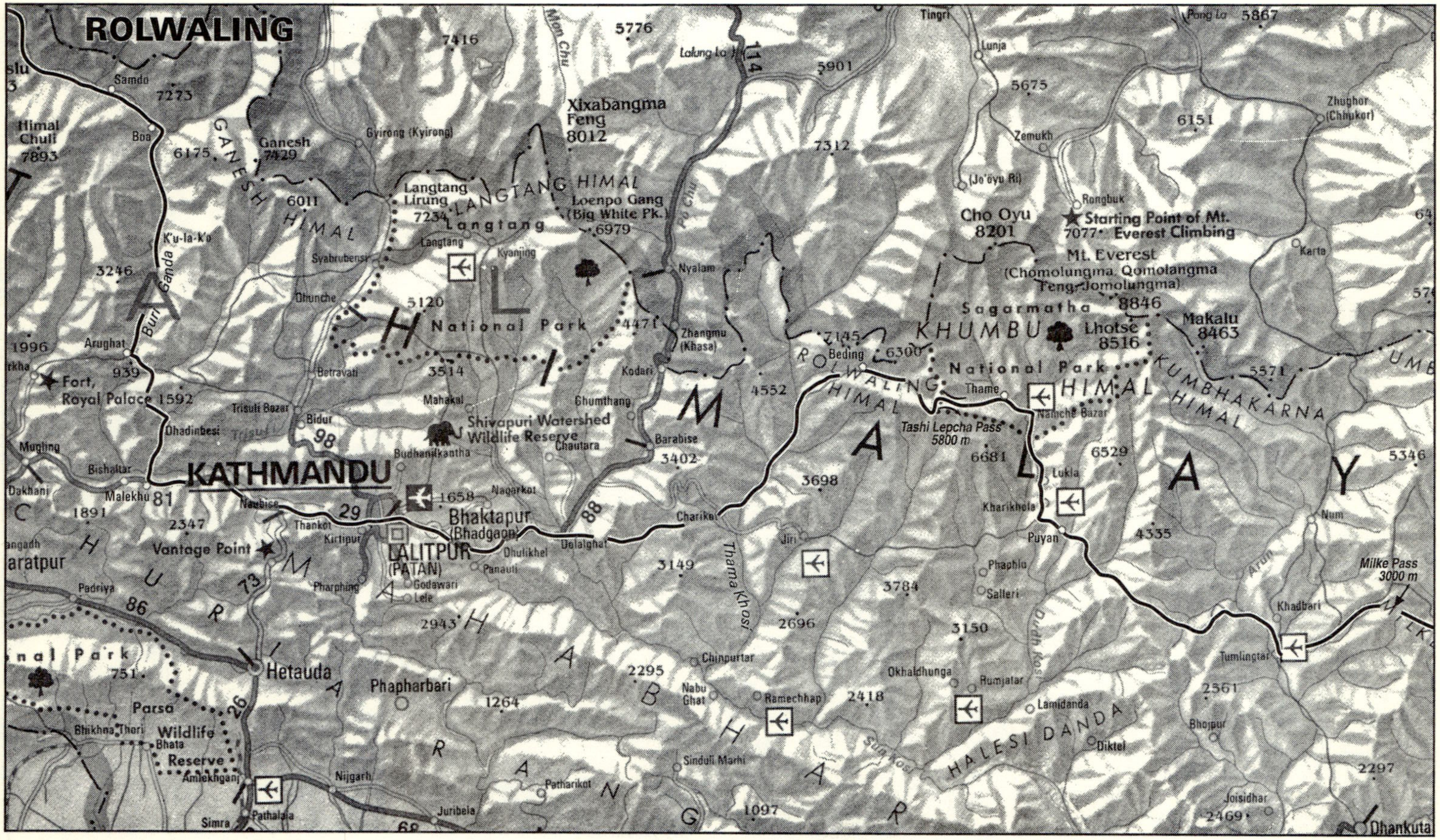
ROLWALING
KATHMANDU
LALITPUR (PATAN)
Bhaktapur (Bhadgaon)
Hetauda
Phapharbari
Dhankuta
Fort, Royal Palace
Vantage Point
Xixabangma Feng 8012
Loenpo Gang (Big White Pk.) 6979
Langtang Lirung 7234
LANGTANG HIMAL
GANESH HIMAL
Ganesh 7429
Himal Chuli 7893
Langtang National Park
Shivapuri Watershed Wildlife Reserve
Cho Oyu 8201
Mt. Everest (Chomolungma, Qomolangma Feng, Jomolungma) 8846
Starting Point of Mt. Everest Climbing
Lhotse 8516
Makalu 8463
Sagarmatha National Park
KHUMBU
ROLWALING HIMAL
KUMBHAKARNA HIMAL
Tashi Lepcha Pass 5800 m
Milke Pass 3000 m
HALESI DANDA
Parsa Wildlife Reserve
Thama Khosi
Dudh Kosi
Sun Kosi
Arun
Buri Ganda
Mon Chu
Po Chu
Tingri
Nyalam
Zhangmu (Khasa)
Kodari
Lukla
Namche Bazar
Thame
Jiri
Charikot
Tumlingtar
Num
Khadbari

4

ROLWALLING : DE THAME À KATHMANDU

Sylvain

Vendredi 13 juin 1997, cinq heures du soir, village de Thame (3 800 mètres)

« Charmant village à 3 800 mètres d'altitude, construit sur un plateau et abritant l'un des plus beaux monastères du Khumbu. » C'est le commentaire d'un guide de voyage sur le village de Thame. Nous y arrivons un peu avant la tombée de la nuit. Le village est plaisant. Les bâtisses de pierre, disposées en carré, entourent des champs de pommes de terre, ceints de murets de pierres sèches. Des écheveaux de chemins contournent les enclos, rejoignent les maisons, sillonnent le village. Notre préoccupation est simple. Nous disposons de 12 heures pour trouver quelqu'un qui accepte de nous emmener à la Tashi Lapcha, ce col de 5 800 mètres qui permet de pénétrer dans la vallée du Rolwalling. On nous a dit à Namche Bazar que c'était une course difficile, comportant quelques passages d'escalade sur glace, que l'itinéraire était délicat, qu'il nécessitait l'emploi de piolets, de crampons et de broches à glace et qu'il nous fallait donc un guide.

Nous partons à la recherche de Ang Phurba Sherpa dont on nous a parlé hier, à Namche. Nous le trouvons au fond du village occupé à construire un lodge pour trekkeur. Il a une allure d'athlète, il nous apprend qu'il est monté plusieurs fois à l'Everest au Cho Oyu, au Makalu tour à tour avec des Norvégiens, des Espagnols… Il est d'accord pour nous guider en haut de la Tashi Lapcha et nous amener de l'autre côté, au début de la vallée du Rolwalling. Là, nous nous quitterons : lui rebroussera chemin et nous, nous continuerons vers Kathmandu.

— La seule condition c'est que nous partions avec un autre sherpa, car je ne veux pas franchir seul la passe au retour. D'ici à demain j'aurai trouvé quelqu'un pour nous accompagner. En attendant, on va réunir trois jours de vivres et le matériel.

Nous passons la soirée et la nuit chez lui.

Le lendemain, aux aurores, Ang Phurba nous fait faux bond. Il se désiste et prétexte on ne sait quel soudain mal de dos pour ne plus partir. Décevant. La journée commence très mal. Il nous faut trouver un autre guide. Nous finissons par rencontrer Ang Tsering, un sherpa de Thame qui accepte de nous emmener à la passe avec son jeune fils de dix-sept ans, Lakhpa Norbu.

Ang Tsering est un vieux sherpa, un habitué des grandes expéditions internationales. Il lui manque huit doigts. Mauvais souvenir d'une tempête au col sud de l'Everest pendant l'ascension coréenne de 1990. Les Coréens ne lui ont pas porté une grande attention, tout occupés à l'assaut final vers le sommet. Il garde de cet épisode deux mains mutilées et une dent tenace contre les Coréens.

Ang Tsering nous emmène chez lui. Sa femme nous prépare un énorme sac de tsampa. Il y en a pour quatre personnes pendant cinq jours. Nous rencontrons le fils qui va nous accompagner. C'est un gamin frêle et timide. Il ne paie pas de mine, il se révélera increvable.

Ang Tsering prépare les sacs. Avec des gloussements de plaisir, il nous exhibe ses trésors récoltés au cours des anciennes expéditions. Autour de lui, extraits de coffres de bois sculptés, s'amoncellent de vieux piolets russes des années soixante, des lunettes de glacier d'avant la glaciation, des crampons rouillés d'écomusée. Ang Tsering fourgue le tout dans son sac à dos. Il réussit à trouver quelques broches à glace tordues.

Ang Tsering, qui refuse de bivouaquer dehors, là-haut, demande à voir notre tente.

— Comment ? Vous n'avez pas de tente ? s'étrangle-t-il.

Il en possède une pour lui et son fils et finit par en extirper une autre, derrière l'empilement de bouses de yack séchées qui servent de combustible, l'hiver. En la tendant avec des bâtons de bois et des piolets, on peut sans doute la mettre debout...

Se pose alors la question de la corde. Ang Tsering ne veut pas emporter sa belle corde de 30 mètres offerte par des Américains il y a quelques années. Il soutient fermement que quelques mètres de cordelette ultrafine et usée suffiront amplement au rappel, à la progression et à l'assurage.

— Va pour le fil à rôti, disons-nous, résignés.

Il nous manque les gants à présent.

— Comment ? Vous n'avez pas de gants ?

Il déniche en maugréant, au fond d'un vieux sac en poil de yack, deux paires de gants de cuisine, ceux qu'on utilise pour sortir les plats du four.

— C'est le *cook* d'une équipe de trekkeurs danois qui me les a donnés, explique Ang Tsering.

— Si ça protège de la brûlure, ça doit préserver du gel, philosophe Alex.

Encore une chose qui nous manque : des récipients pour manger la tsampa.

— Comment, vous n'avez pas de bol non plus ?

Ang Tsering se moque de notre sous-équipement. Pas de tente, ni de gants ! Pas même un bol ! Nous avons beau lui expliquer notre projet et nos impératifs d'extrême légèreté, il ne nous comprend pas, lui qui côtoie au cours d'expéditions technologiques des alpinistes européens déguisés en spationautes.

— Et puis quand même, Tsering, nous ne sommes pas démunis ! Regarde, nous avons des poupées, des flûtes à bec...

Ang Tsering, consterné, secoue la tête et nous donne deux bols japonais (tentative nipponne à l'Everest en 1991).

— Ang Tsering ?

— Quoi encore ?

— Tu n'aurais pas deux cuillères ?...

Nous partons tous les quatre à 10 heures. Le programme de la journée consiste à gagner l'altitude de 5 200 mètres avant la nuit pour n'avoir plus que 600 mètres de dénivelé à gravir le lendemain. Nous laissons sur notre droite, vers le nord, la vallée de la Bothe Khosi et le col de Nangpa qui mène vers le Tibet. C'est le Cho Oyu qui ferme l'horizon, culminant à 8 153 mètres. Le sentier s'élève sur le flanc gauche de la vallée et gagne les prairies d'altitude à l'herbe rase. La vallée se rétrécit, encadrée d'immenses parois rocheuses chapeautées par des corniches de neige. Quelques yacks paissent. Nous atteignons un verrou glaciaire bordé par un vaste replat de sable noir, sans doute un ancien lac. De l'autre côté, à l'endroit où la pente reprend de la vigueur, se tient le dernier lieu habité de la région, le hameau de Tengpo.

Là, une douzaine de sherpas tentent de tirer quelques malheureuses patates des scories noirâtres.

Nous avons semé Ang Tsering et son fils sans trop nous en rendre compte. Nous les attendons, assis sur de grandes lauzes chauffées par le soleil. Ils finissent par arriver au bout d'une heure. Ang Tsering titube. Il est saoul. Voilà qui explique son retard. Il s'est accordé une longue halte de rafraîchissement. C'est que l'air de l'altitude altère ! Sans explication, il s'assied (s'écroule) près de nous et sort de son sac un bidon de cinq litres qu'il brandit joyeusement.

— *Chang* !

— On avait remarqué.

Ang Tsering tient une sacrée descente. Pour faire bonne mesure, nous trempons nos lèvres dans le chang. Pour notre malheur, un sherpa surgi d'une des maisons se joint à nous et entreprend de faire un sort définitif au bidon avec Ang Tsering qui se justifie.

— *Too heavy! It's better empty*[1].

Nous lui expliquons que nous sommes sceptiques, désormais, sur sa capacité à tenir la route.

— *Five liters is nothing*[2]*!* nous répond-il magistralement.

La suite est mémorable. Nous repartons tous les quatre, en file indienne. Ang Tsering vacille. Il zigzague à grand-peine et se lance dans d'immenses explications déclamées bruyamment, le doigt pointé en l'air, l'œil mou, le pas emmêlé. Chacune de ses foulées est un miracle. Consternés, nous le contemplons et tentons de nous persuader que nous avons bien fait de prendre un guide. Parfois, nous le serrons de près pour le retenir. Nous nous plongeons dans de savants calculs pour estimer le temps qu'il lui faudra pour se dégriser. Par trois fois nous lui évitons la chute en le rattrapant.

— *Don't touch me!* hurle-t-il alors, furieux.

C'est le seul remerciement dont il nous gratifie dans sa fierté d'ivrogne. Nous le laissons en plan. Il aligne quelques pas instables, trébuche, ne rencontre pas nos bras pour l'arrêter et déboule au bas de la pente herbeuse, très raide. Quand il revient sur le chemin, l'épaule un peu blessée par une pointe de crampon qui a transpercé le sac, il accepte notre aide. Nous le bapti-

1. — Trop lourd ! C'est mieux vide.
2. — Cinq litres ça n'est rien !

sons Tangue Tsering et reprenons la marche en l'encadrant, prêts à le retenir.

La piste rejoint enfin le front de moraine. Nous grimpons sur les blocs instables. Tangue Tsering a beaucoup de mal à garder l'équilibre. Nous prenons pied sur le glacier où se découvre un paysage de genèse. Rien ne manque. Ni les rochers hérissés en herse sur lesquels s'écrase une violente chute d'eau, ni la carapace noire des séracs qui abritent les reflets bleu livide de la glace vive, ni les coulées de pierres dégringolées des parois toutes proches, ni bien sûr les lueurs glacées des ultimes rayons solaires. Tangue Tsering dessoule un peu devant la beauté gigantesque des lieux.

Nous gravissons pendant deux heures la moraine latérale jusqu'à 5 200 mètres. Tangue Tsering s'est suffisamment dégrisé pour retrouver sans trop de peine un emplacement de bivouac qu'il connaît. C'est une petite cavité sous un bloc rocheux. Nous y montons ce qui nous sert de tente. Au nord, des séracs suspendus s'écroulent dans un petit lac glaciaire. Craquements profonds. Il est 6 heures du soir. Un vent glacé descend des sommets.

La soirée est courte. Sitôt le camp installé, chacun avale un bol de tsampa et commence seul et en silence, engoncé dans son duvet, sa longue nuit de lutte contre le froid.

Au menu du matin : tsampa. C'est Ang Tsering qui nous l'apporte, à 4 h 30, dans notre tente. Et je pense, en pétrissant longuement la farine dans mes mains sales, au mérite de ces sherpas. Il y a chez ces types une terrible humilité. Tous ces multirécidivistes de l'Everest, du Makalu et autres 8 000, une fois redescendus, reprennent leurs petites tâches domestiques ou paysannes sans jamais trop parler des sommets vaincus. Ils me font penser à certains de ces vieux moines dans les abbayes d'Europe, qui s'attachent à accomplir les travaux les plus ingrats après des vies d'érudition brillante.

À 5 heures, nous sommes sur pied et commençons à remonter les éboulis qui mènent au pied de la paroi de la Tengi Ragi Tau. Il faut traverser cette zone très tôt le matin, nous explique Tangue Tsering, à cause des chutes de pierres qui tombent de la paroi quand elle dégèle. On entend soudain un rugissement fracassant de quadriréacteur en rase-mottes. Et il nous faut quelques secondes pour comprendre qu'il s'agit en fait d'une avalanche dévalant l'une des falaises qui encadre vers l'est la partie supérieure de la vallée de Thame. Entraînée peut-être par l'onde de choc de la première, une seconde avalanche emplit soudain l'air de sa sourde détonation. Et c'est bientôt tout le flanc de paroi qui se recouvre de crinières de poudre dans un vacarme superbe.

Nous poursuivons la montée sur les moraines du glacier jusqu'à venir buter, à 5 600 mètres, sur une cascade de glace de plusieurs dizaines de mètres de haut. Elle barre le passage. C'est une rupture de pente qui, en accélérant l'écoulement du glacier, a provoqué la cassure et l'enchevêtrement des glaces. Il n'est que 7 heures du matin et tout commence à fondre autour de nous.

Tangue Tsering, au milieu des chutes de petites pierres qui commencent à fuser, installe des crampons sur ses chaussures à coque plastique et s'élève dans la chute de glace, taillant au piolet de larges marches. Le relief est très chahuté. Des trous béants s'ouvrent de part et d'autre de l'étroite terrasse oblique sur laquelle Tsering avance. Il fixe une broche à glace et nous assure. Nous le rejoignons un par un. Les semelles lisses en caoutchouc de nos chaussures de course n'en mènent pas large. Nous le rejoignons sur une plate-forme située au milieu de la falaise de glace et surplombant de trente mètres le glacier. Tsering reprend sa progression quand nous sommes tous regroupés. Il s'élève cette fois à la verticale, dans une cheminée glacée, agrippé de toute la force de ses moignons à son piolet trop grand. À chaque coup de piolet ou de crampons, une pluie de cristaux s'abat sur nos têtes. On l'entend ahaner sous l'effort jusqu'à ce qu'il débouche au sommet du mur de glace où il se rétablit.

— À vous ! nous crie-t-il une fois la corde fixée à une broche à glace.

À tour de rôle nous nous hissons dans la cheminée, veillant à ne pas riper sur les parois lisses et bleues. À partir du ressaut de glace on aperçoit le sommet du Parchamo et la fine flèche samivélienne [1] de son sommet.

Sur le revers de la cascade de séracs nous retrouvons les douces pentes du glacier. La passe n'est plus très loin, séparée de nous par un vaste champ de neige hérissé de clochetons de glace que les vents constants ont façonnés. Nous marchons, contraints à un incessant slalom entre ces fines aiguilles acérées comme des couteaux. Abusés par le contre-jour de l'aube nais-

1. Samivel était un peintre et un écrivain alpiniste, connu pour représenter dans ses toiles des sommets fins, légers presque évanescents.

sante on se croirait dans la forêt gothique du dôme de Milan. De belles crevasses qui zèbrent le glacier obligent à quelques acrobaties.

Soudain, le vent fouette le visage. Un drapeau à prières, tendu à se rompre par le vent, claque sèchement. Une nouvelle tranche de ciel se découvre. C'est le col déjà : une simple échancrure, une faible fatigue de la ligne de crête qui permet le passage. Tangue Tsering, après avoir jeté sa prière à l'écho, nous montre l'horizon, le moignon pointé sur la suite du chemin. À perte de vue, des sommets, des pierriers, des glaciers et des lacs et Tsering qui décrit chacun d'eux en nous traçant dans l'air des itinéraires imaginaires. Nous contemplons.

Or le spectacle de ces espaces infinis m'effraie. Je rapporte mentalement l'immensité à parcourir à notre lenteur démesurée. Ce qui s'étale devant nos yeux : le chaos, le relief, les saillies s'étend sur des milliers de kilomètres sans interruption, jusqu'à la fin des montagnes ; très loin au bord des dépressions de l'Asie centrale. Et c'est à pas lents — cinquante mille par jour — que nous allons arpenter ces horizons. Un court instant, le découragement succède à l'euphorie.

Mais Tangue Tsering ne laisse pas de temps aux atermoiements. Déjà encordé à son fils, il commence la descente sur l'autre versant, le long d'un grand glacier assez raide. Il nous a laissé un morceau de cordelette et un piolet pour deux. Nous lui emboîtons le pas après un dernier regard à la crête sommitale du Parchamo qui semble si près... La descente est délicate et restera un mauvais souvenir. Nous ressentons cruellement le manque de crampons pointus. Nos semelles de crêpe souples ne font pas bon ménage avec la glace vive. Alex marche en tête, repérant le passage entre les crevasses. Je le suis à quelques mètres de distance, corde tendue et piolet en main, prêt à l'assurer. Tsering, parti comme une flèche, n'est plus qu'un petit point très bas. Il nous attend à 5 440 mètres, à la jonction entre les pentes de glace qui dégringolent de la passe et l'immense glacier du Brocambo que nous devons suivre ensuite.

Sur un bloc de granit taillé comme une table, nous organisons un festin : tsampa, eau glaciaire et fromage de yack. À midi, nous repartons. Le glacier décrit une large boucle vers le nord-ouest, la pente se raidit : une zone de séracs nous arrête. Nous l'évitons en empruntant les moraines latérales. Les fréquentes cassures du glacier dues à l'accélération de la pente nous contraignent à utiliser souvent la corde de rappel. Au fur et à mesure que nous contournons la zone de séracs, nous découvrons son front et les extraordinaires cascades de glace jaillies sous la poussée du glacier suspendu. Nous nous engageons sur une rampe rocheuse oblique parsemée de pitons d'escalade qui ne nous sont d'aucune utilité : les cordelettes de Tsering sont trop courtes en effet. Nous désescaladons donc la terrasse en biseau, déversée sur un précipice formidable. Les eaux de fonte ruissellent puissamment sur cette étroite dalle, nous désarçonnent, polissent le roc et finissent par plonger dans le vide, dessinant dans l'air une chute d'eau parfaite, rectiligne, nuageuse. La cataracte s'échoue quatre-vingts mètres plus bas sur la moraine d'un autre glacier. La vire quant à elle vient mourir sur la plate-forme sommitale d'une tour rocheuse, exactement à l'aplomb de la chute de glace à 5 000 mètres.

Nous y faisons une courte halte. Au loin, on distingue le début de la vallée du Rolwalling qui naît au débouché d'un grand lac reposant sur le front du glacier. C'est cette vallée que nous descendrons les jours suivants pour rattraper les chemins de Kathmandu. Tsering annonce que nous n'avons plus besoin des cordes, qu'il faut les laisser sous un roc et qu'il les récupérera au retour. En cherchant une cache dans le chaos de rochers aux alentours, nous découvrons un cadavre momifié, visiblement assez frais : ses vêtements en effet sont en assez bon état. C'est une femme occidentale, à en juger par ses cheveux blonds et les marques de ses habits. Elle s'est brisé le cou. La colonne vertébrale est à nu, sectionnée à la hauteur des cervicales. Les jambes disparaissent sous d'énormes blocs de rochers — broyées, sans doute. A-t-elle été emportée dans un éboulement ? Est-ce le glacier qui l'a charriée jusque-là ? Cette dernière hypothèse semble peu probable : dans le roulement des moraines, le corps aurait été démantibulé… Elle repose, la tête encadrée par deux blocs, le visage tourné vers l'ouverture de la vallée vide et grandiose. Peut-on imaginer plus belle sépulture et plus grand silence ?

Nous descendons de la tour rocheuse pour reprendre pied sur le glacier de Trakarding, à l'endroit précis où s'abat la chute d'eau. Au fracas de la cascade se mêlent des roulements de tambour claquant comme des tonnerres. Ce sont encore des avalanches qui dévalent le long des faces et dégueulent leurs milliers de mètres cubes de neige.

C'est sur la moraine centrale que nous allons descendre le glacier de 6 kilomètres jusqu'au lac. La marche est fastidieuse car les blocs instables se dérobent sous le pied. Chaque pas réserve un surprise et contraint à une perpétuelle vigilance. On voudrait s'émerveiller du paysage, lever les yeux vers les pans de ciel et de neige, on est condamné à surveiller ses pieds ! On se prend à rêver parfois de s'allonger dans les scories et de se laisser porter par le glacier, jusqu'en bas, sans effort. Seul inconvénient : il faudrait cent mille ans.

Les hauts sommets que nous laissons derrière nous semblent livrer une messe bénédictine. Rien ne manque : les nervures de neige pour le pli des aubes, les volutes de brumes pour les fumées d'encens, le vent sur les rocailles pour les chants grégoriens.

Quand nous rejoignons enfin le lac, à 4 500 mètres, après plusieurs heures de trébuchage sur la moraine mal rangée, Tsering nous explique que nous devons franchir les bourrelets morainiques latéraux et sortir de la vallée glaciaire. Car les bords scorieux de la retenue d'eau s'effondrent sur eux-mêmes et sont impraticables. Ce qui signifie qu'il faut remonter à 5 000 mètres, au-dessus du glacier, pour éviter le lac, dépasser le front du glacier et redescendre enfin dans la vallée du Rolwalling… Encore quelques heures d'effort en perspective.

Vers 6 heures du soir, nous rejoignons les premières pentes herbeuses, croisons un bouquet de myosotis, rencontrons un yack, en concluons que nous ne sommes plus très loin du prochain village et, forts de cette certitude, installons le bivouac au bord d'un torrent en crue que nous avons auparavant essayé de traverser en vain.

Au bivouac, ce soir, j'ai une longue conversation avec Tsering sur les myosotis. Ni lui ni moi n'arrivons à prononcer correctement le nom de la fleur dans la langue de l'autre. Je lui explique qu'en Europe c'est la fleur qui symbolise le souvenir amoureux, qu'elle signifie : « Ne m'oublie pas. » Il m'apprend que les yacks n'en mangent pas. Sans doute parce qu'elle est trop petite pour eux. Le fils de Tsering apporte la tsampa et interrompt ces digressions botaniques. Mais je m'endors ce soir-là un petit bouquet à la main, songeant que même le bleu de Chartres n'est pas aussi beau que celui du myosotis et qu'elle a bien du mérite, la petite plante azurée, de pousser dans les altitudes arides, coincée souvent entre deux pierres, ambassadrice des prairies à venir.

Le lendemain, dès l'aube, nous traversons le torrent à gué et gagnons tous les quatre ensemble le village de Na — minuscule hameau de quelques maisons regroupées autour de champs de pommes de terre. C'est là que Tsering et son fils nous quittent. Ils se ravitaillent en tsampa chez un Sherpa pour retraverser la passe vers Thame. Ils rentrent. Nous nous embrassons.

— Pour vous, c'est toujours tout droit ! Suivez la rivière ! crie Tsering.

Il semble très heureux : il a réussi à dénicher dans une des maisons du hameau quelques litres de chang. Et, déjà, il nous semble le voir tituber...

Une Sherpani de Na nous offre un gâteau de pommes de terre (le *rikur*) cuit sur une lauze de schiste qui sert de poêle en pays sherpa. Nous partons vers Beding, le village suivant. Le chemin longe le pied de parois noires, immenses, absolument verticales, mouchetées de touffes de lichen jaunâtre. Il nous prend des envies d'escalade, à frôler ces faces absolument vierges. Au-dessus d'elles, on aperçoit des sommets de 6 000 mètres. Le Tibet commence derrière ces crêtes de glace. À 3 kilomètres à peine à vol de Gourou Rimpoche. Et par les brèches qui entaillent les arêtes, des négociants en tout genre effectuent d'incessantes allées et venues entre le Népal et le Tibet. Sur le chemin de Beding nous croisons au moins deux de ces caravanes de yacks et de chevaux bâtés de marchandises.

Beding, lundi 16 juin 1997, 3 600 mètres. Midi

C'est l'effervescence au village. Le monastère est pavoisé. Une foule se presse à l'entrée. Dans la cour, se tient une assemblée bruyante de Sherpas : hommes assis d'un côté, femmes de l'autre, tous débattent des questions que pose un vieil Occidental barbu installé à une table devant eux. Il s'aperçoit de notre intrusion, s'interrompt, nous fait asseoir à côté de lui, reprend la discussion puis lève la séance au bout d'un moment. Il se tourne vers nous.

— Salut, Max Pétrix, autrichien, je travaille pour Okö Himal, vous connaissez ?

— Non.

— C'est une association que je préside au Népal. Nous faisons du développement écologique. On prend une vallée reculée, isolée, encore un peu préservée du tourisme, et on essaie de l'équiper, d'aménager des ponts, des systèmes d'eau courante, de remplacer le bois de chauffage par le gaz.

— Et eux, ils disent quoi ? demandons-nous en désignant les Sherpas qui continuent leurs arguties.

— Ils sont ravis, bien sûr ! D'autant plus que, dans un second temps, nous les préparons au tourisme qui, immanquablement, un jour ou l'autre s'emparera de cette vallée…

— Mais vous initiez les grandes invasions ! C'est vous qui ouvrez les vannes ! Vous voulez que le Rolwalling ressemble au Khumbu ?

— Et alors, jeune homme stupide ? Vous ne croyez quand même pas que le Rolwalling continuera à être une vallée préservée pour les siècles des siècles ? Des agences sont sur le coup, prêtes à envoyer des groupes de plus en plus nombreux et nous, nous trouvons cela très bien. Je crois que quelque chose vous échappe : c'est que les jeunes Sherpas désertent ! Ils sont attirés par les feux de Kathmandu. Ils foutent le camp d'ici. Les Occidentaux de vos âges viennent chercher à Kathmandu le frisson bouddhiste, l'aventure exotique, l'expérience du tiers monde pas trop dure ; eux, ils y vont chercher l'Amérique et l'Europe ! Et qu'ont-ils à faire ici, dans ces malheureuses pâtures pleines de yacks et d'ennui ? Au train où cela va, cette vallée sera un hospice dans quelques années. L'exode rural, cela vous dit quelque chose ? Nous, nous pensons pouvoir les retenir chez eux, grâce au tourisme que nous voulons développer. Regardez le Rolwalling : cascades, grottes, glaciers, pics innombrables, falaises démesurées, rivières poissonneuses ! Une vraie base de loisirs ! Seulement voilà : nous voulons réduire au minimum l'impact du trekking dans la vallée, ainsi que les catastrophes écologiques telles qu'elles ont eu lieu à l'Annapurna, par exemple. Pas question de tout massacrer, pas de hordes bigarrées déboulant de partout comme une coulée de boue ! Nous préparons le terrain. Le tourisme ici répondra à des impératifs d'ordre écologique. Et il n'y aura pas ici, grâce à nous, de déforestation, de pollution des sols, de glissements de terrain, de décharge publique ni de fosse à merde.

— Oui, bien sûr, d'accord.

— À propos, vous montez vers où ? Vous allez à Na ?

— Non, nous en venons, nous avons franchi la Tashi Lapcha, hier.

— Ah bon ? Vos porteurs sont dehors ?

— Non, nous étions juste avec deux guides, et les porteurs c'est nous-mêmes.

— ... ?

Max Petrix nous apprend alors que la traversée de la Tashi Lapcha est soumise à une réglementation très précise. Considéré comme une course de sommet, le franchissement de la passe nécessite un permis d'alpinisme de 300 dollars !

— Vous allez vous faire coincer au village de Simigaon où se tient un petit poste de police, à une journée de marche d'ici. À moins que... vous ne l'évitiez en ne descendant pas sur le versant de Simigaon et que vous coupiez par le haut des crêtes jusqu'à Tashi Nam. On m'a dit qu'il existait une vieille piste dans la forêt, un chemin de traverse qui n'est plus emprunté.

Nous notons ses indications sur la carte, le saluons et le laissons poursuivre sa conférence devant les Sherpas de Beding. La suite est enchanteresse. Le Rolwalling décline ses merveilles et sa sauvagerie. La vallée exhibe une panoplie de terre des premiers âges : forêts de cèdres surpuissants, grottes sans fond, canyons vertigineux, cascades tombées du ciel, rivières hurlantes, sous-bois féeriques. À part un sherpa saoul croisé dans une forêt et qui nous raconte ses expéditions avec Batard, Messner et Bonnington, nous ne rencontrons personne jusqu'à Simigaon que nous atteignons une heure avant la nuit.

Comme souvent, dans le Népal des moyennes collines intermédiaires, Simigaon est un « village versant », construit dans la pente, sur 300 mètres de dénivelé. Le poste de contrôle se tient au bas du village. Il nous suffit donc de rester sur les crêtes pour l'éviter et de rejoindre la piste de contournement que Petrix nous a indiquée. Un paysan limbu nous apprend que Tashi Nam est à deux heures de marche. Nous allongeons donc la foulée pour arriver avant la nuit. Le chemin s'enfonce dans une forêt mixte et dense. La piste se transforme en gigantesque système d'escaliers agrippés à des falaises noires. Parfois, le bord des marches creusées dans les parois frôle des précipices de centaines de mètres. On voit couler la rivière Thama Khosi, en contrebas, à travers des trouées végétales. Chemins de vertige dont on comprend qu'ils ne soient plus empruntés. La nuit tombe. La lune l'éclaire. Nous progressons pas à pas, collés aux parois, tâtant du pied les marches moussues. Nous passons plusieurs arêtes avec, toujours vrillé au cœur, ce secret espoir que le village est juste là, derrière la prochaine bosse, à deux pas, et toujours la déception cruelle de se rendre compte qu'on s'est trompés et qu'il faut encore avancer, encore... encore... jusqu'à la suivante... Enfin, une lumière, un aboiement, des toits de chaume. C'est le village, à 200 mètres sous le chemin, en bas d'un escalier de terrasses. Tashi Nam ! Tashi Nam ! 2 260 mètres ; dix heures d'arrêt !

Sur la carte, Kathmandu n'est plus qu'à un jet de pierre. Les cartes sont trompeuses. Elles promettent des lendemains radieux, des courses faciles, elles domptent les reliefs. C'est peut-être pour rappeler qu'il est plus facile de lire une carte que d'arpenter les mondes qu'elle représente qu'on les ornait de créatures et de monstres... Les quatre centimètres au 1/1 500 000e qui nous attendent, pour atteindre la capitale du royaume, demanderont du fil à retordre...

Les ennuis commencent le lendemain, juste après Tashi Nam, dans la grande descente de 1 000 mètres censée nous mener aux rives de la Thama Khosi, à travers des terrasses de maïs. Après deux heures d'errements entre les tiges (si hautes qu'elles gardent la chaleur), nous débouchons dans une forêt de conifères à 1 200 mètres d'altitude. Un vague chemin descend vers le lit d'un torrent inondé de soleil. Ce cours d'eau est un attribut de la Thama Khosi que nous devons rejoindre. Nous avons énormément dévié. Il suffit de descendre le thalweg pour rallier la rivière. Hélas, des crues antérieures ont charrié d'énormes blocs qui obligent à des escalades incessantes. Certains, gros comme des maisons, semblent disposés là exprès, pour un gymkhana... Trois heures et demie durant, nous nous escrimons à descendre ce cours d'eau, pris au piège du canyon, écrasés de soleil. Les fréquentes chutes ont au moins le mérite d'être rafraîchissantes. Et puis, enfin, nous faisons la jonction avec la Thama Khosi. Il ne reste plus qu'à grimper sur la rive droite de notre torrent, traverser quelques cultures de maïs pour gagner un pont et retrouver le bon chemin.

La jonction avec la rivière à 900 mètres d'altitude scelle notre retour dans le Népal des basses terres et des collines surpeuplées, le Népal rouge à la terre lessivée, le Népal vert des rizières, le Népal ocre des villages ruraux.

En descendant le long de la Thama Khosi nous traversons, sur un tapis d'aiguilles rouges, une forêt de pins sylvestres surchauffée, vibrante du chant des cigales. Quelques genêts poussent au bord du chemin. Il ne manque plus qu'une place carrée plantée de platanes pour parachever le tableau. C'est le miracle perpétuel du Népal : vous propulser des neiges éternelles à la Provence, sans transition…

Il nous reste 170 kilomètres avant Kathmandu. Et seulement quatre jours pour les couvrir. Car nous avons rendez-vous avec Sonia — la fiancée d'Alexandre — le 21 juin à midi, à l'aéroport.

Nous rejoignons la grand-route de goudron à Charikot, au terme d'une longue montée en lacet à travers terrasses et forêts. Elle mène à Kathmandu en quelques heures de bus. Mais le macadam ne nous attire pas du tout. Ni ses commensaux : camions fumants, bagnoles éreintées, bus surbondés et autres bouffeurs de goudron… Nous lui préférons le velouté des pistes. Sans autre carte que notre feuille au 1/1 500 000e, au jugé et à la boussole, pendant deux jours, nous coupons tout droit dans des rizières, dévalons des versants boisés, guéons plusieurs rivières, remontons le long d'arêtes perdues dans les nuages, passons quelques petits cols perchés à 2 500 mètres, suivons des lignes de crêtes sauvages… Nous nous renseignons souvent sur la direction à prendre dans les hameaux que nous traversons, ce qui déclenche parfois des débats mémorables entre les habitants ; les uns partisans du chemin de droite, les autres défenseurs de la piste de gauche ; chacun défendant son orientation avec passion. Déorali, Bossa Peda, Risingo… les villages s'égrènent, Kathmandu se rapproche.

Nous croisons à nouveau une route de goudron en rejoignant le village de Dolalgat, au bord de la Sun Khosi, à 60 kilomètres de Kathmandu. Cette fois, nous n'y coupons pas, il faudra la suivre. Ce qui ne nous déplaît pas entièrement puisque nous l'avions empruntée à bicyclette en 1994 pour rejoindre l'Inde depuis le Tibet.

Les journées de marche sur les routes goudronnées pour rejoindre les grandes villes sont en général absolument insipides. Celles qui précèdent notre arrivée à Kathmandu ne dérogent pas à la règle. La seule consolation, cependant, est de retrouver visages, scènes et lieux aperçus à vélo trois ans plus tôt. Nous repérons par exemple l'endroit précis où Alex s'était écroulé, 700 mètres avant le col de Dulikhel, frappé de fièvre.

Un peu plus loin, un attroupement de centaines de personnes occupe la route. Au milieu du cercle, gît un camion Tata, reposant en équilibre sur la bordure du précipice qui borde la route, l'avant engagé dans le vide. Avant de s'immobiliser le camion a pulvérisé une maison de bois peuplée de petits marchands intouchables. Plusieurs morts. Il pèse autour de la scène un silence tendu. Le souvenir me revient de ces routes mortelles où la loi de la jungle s'est substituée au code la route. Et je bénis les sentiers de sous-bois et les chemins des cols d'être si paisibles…

La lune est pleine, féconde et énorme le soir du 20 juin. Nous marchons dans la nuit laiteuse et chaude jusqu'à Bhaktapur — la« cité des dévots », à 10 kilomètres de l'aéroport. La ville est plongée dans l'obscurité, on devine à peine les boiseries dentelées des maisons, les stèles de la grand-place, les statues de déesses tantriques qui surmontent le porche des temples, les cloches d'or, les alignements de fenêtres ajourées. Mais la ville ne dort pas pour autant. Bruissements, chuchotements, froissements emplissent les rues grouillantes d'une foule nocturne. Mystérieuses activités des nuits népalaises ! Nous nous endormons au fond d'une cour carrée, dans un réduit minuscule que nous vidons de ses occupants : deux tarentules noires.

Aéroport de Kathmandu, samedi 21 juin 1997, midi. Retrouvailles

Sonia dans les bras d'Alexandre, sous le grand panneau des arrivées internationales. La synchronisation a été parfaite : nous sommes entrés dans l'aéroport au moment où l'avion amorçait sa finale. Sonia est une fiancée : elle couvre Alexandre de baisers. Sonia est un Père Noël : elle apporte des vivres somptueux de la part de tous ceux qui nous manquent. Sonia est un vaguemestre : elle transporte le courrier tant attendu. Tous les trois quittons l'aéroport à pied, vers le Thamel — le vieux quartier populaire de Kathmandu. En chemin, elle nous livre les dernières nouvelles de France et énumère les victuailles contenues dans ses sacs qui nous scient les épaules. Vins de Bordeaux et de Loire, saucissons de Croatie, touron castillan, massepain des Flandres… Il nous faut une heure et demie pour rejoindre Kathmandu à pied.

Le soir, l'Alliance française célèbre la Fête de la musique. Des affiches placardées dans Kathmandu annoncent qu'on y trouvera du vin. Beau programme pour le solstice ! Nous nous y précipitons. Ce sera l'occasion de célébrer aussi les 1 300 premiers kilomètres de la Transhimalayenne et les 40 000 mètres de dénivelé positif cumulés.

À l'Alliance, la soirée commence mal : le groupe népalais qui devait ouvrir les festivités s'est désisté une demi-heure avant d'entrer en scène. M. Champon-Chirac, directeur de l'Alliance, repère les flûtes à bec que nous transportons à la ceinture comme des poignards de Ghurka.

— Vous êtes musiciens ? nous demande-t-il.

— Musiciens de grands chemins. Uniquement.

— Parfait, ça suffira. Il faut me combler le début de soirée ! Vous pourriez jouer de la flûte pendant une heure pour remplacer le groupe qui s'est débiné ? Après… bière et buffet à volonté !

— Vous nous prenez par les sentiments !

Nous nous retrouvons tous les trois sur scène (Sonia a trouvé une flûte traversière) encore tout crasseux du jus des pistes, modulant nos misérables trios, saluant le solstice par les quelques airs de notre mince répertoire de chant et savourant ainsi notre première soirée à Kathmandu, acquise pas à pas…

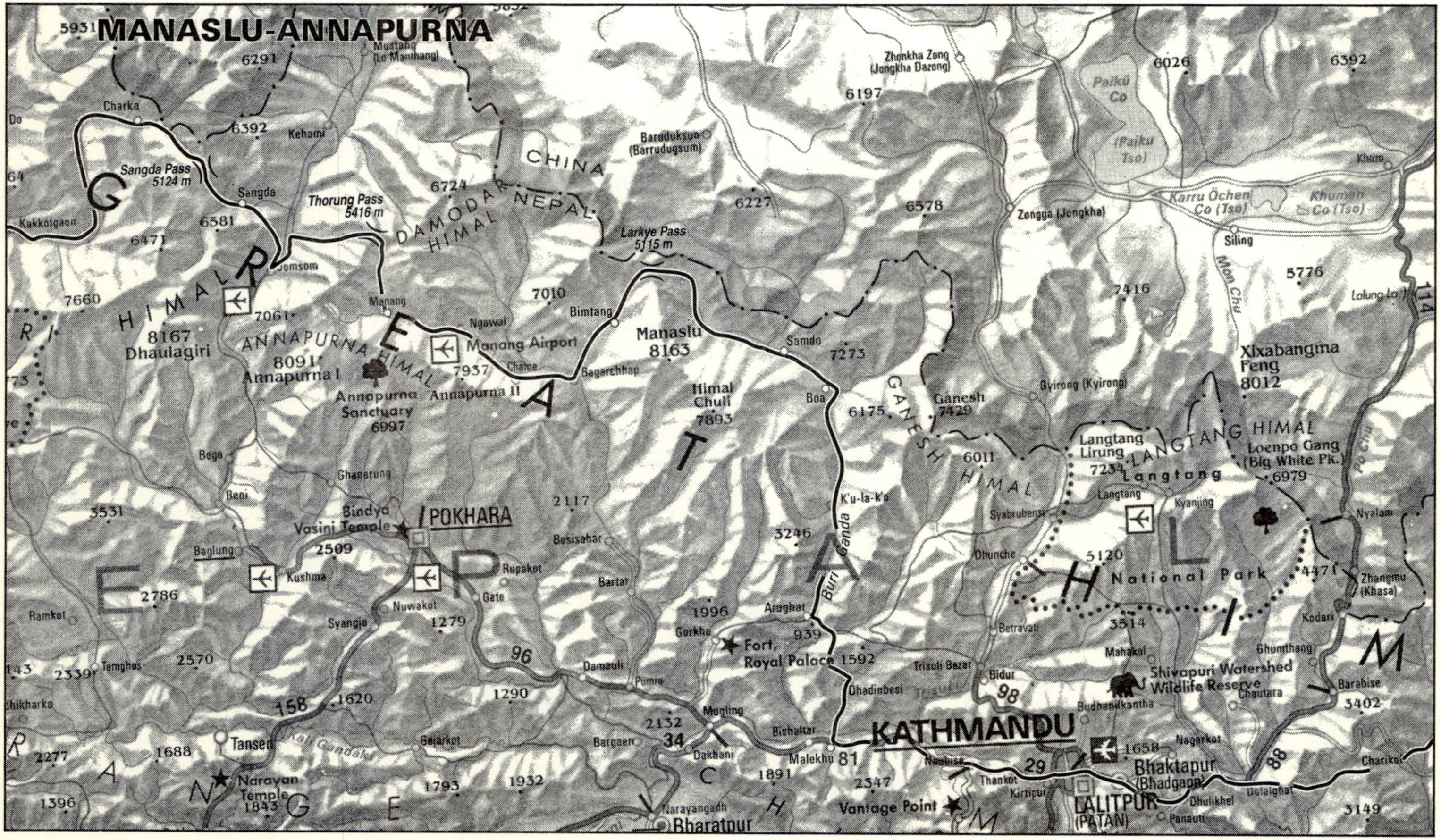

MANASLU-ANNAPURNA
Mustang (Lo Manthang)
Charka
Kehami
Sangda Pass 5124 m
Sangda
Kakkotgaon
Thorung Pass 5416 m
DAMODAR HIMAL
CHINA
NEPAL
Jomsom
Manang
Ngawal
Manang Airport
Chame
Bimtang
Bagarchhap
Larkye Pass 5115 m
Baruduksun (Barrudugsum)
Zhonkha Zong (Jongkha Dazong)
Zongga (Jongkha)
Paikü Co
(Paiku Tso)
Karru Öchen Co (Tso)
Khumen Co (Tso)
Siling
Mon Chu
Khazo
Lalung La
Xixabangma Feng 8012
Gyirong (Kyirong)
Langtang Lirung 7234
LANGTANG HIMAL
Loenpo Gang (Big White PK.) 6979
Langtang
Kyanjing
Nyalam
Zhangmu (Khasa)
Kodari
Po Chu
National Park
Syabrubensi
Dhunche
Betravati
Trisuli Bazar
Bidur
Mahakal
Shivapuri Watershed Wildlife Reserve
Budhanilkantha
Chautara
Ghumthang
Barabise
KATHMANDU
Naubise
Thankot
Kirtipur
LALITPUR (PATAN)
Bhaktapur (Bhadgaon)
Nagarkot
Dhulikhel
Dolalghat
Panauti
Charikot
Vantage Point
GANESH HIMAL
Ganesh 7429
Samdo
Boa
K'u-la-K'o
Buri Ganda
Manaslu 8163
Himal Chuli 7893
Arughat
Gorkha
Fort, Royal Palace
Dhadinbesi
Mugling
Bishaltar
Malekhu
Dakhani
Narayangadh
Bharatpur
Bargaen
Pumre
Damauli
Bartar
Besisahar
Rupakot
Gate
POKHARA
Bindya Vasini Temple
Ghanarung
Nuwakot
Syangja
Gajarkot
Kali Gandaki
Tansen
Narayan Temple 1843
Kushma
Baglung
Beni
Bega
Tamghas
Ramkot
Dhikharka
HIMAL
Dhaulagiri 8167
ANNAPURNA HIMAL
Annapurna I 8091
Annapurna II 7937
Annapurna Sanctuary 6997
GREAT HIMALAYA
NEPAL
5931 6291 6392 6581 6471 7660 7061 6724 7010 6197 6227 6578 7416 5776 6026 6392 7273 6175 6011 4471 5120 3514 3402 3149 1658 2347 1891 2132 1996 939 1592 3246 2117 2509 1279 1290 1620 1793 1932 1688 2277 1396 2339 2570 2786 3531
96 158 34 81 29 88 98 114

5

MANASLU-ANNAPURNA

Alexandre

Sous la houlette de Sonia, nous redécouvrons les charmes de Kathmandu. Un regard de femme, cela change tout. Elle y a passé six mois l'année dernière, avec l'association Népal Enfance et Lumière, à tenir une maison de parrainage pour trente-six orphelines et petites filles des rues. Je la vois trottiner devant moi dans Asan Tole, contourner un petit temple hindou, fondre sur une échoppe de *tika*, cette pastille décorative collée sur le front des femmes : c'est là qu'elle les achetait pour les fillettes. Il n'est pas une ruelle, pas une échoppe où elle ne soit venue marchander durement, des lits, des malles, du tissu, des perles pour « ses » petites filles. Le vendeur la reconnaît. Elle me présente. Patelin, il dodeline du chef.

— C'est vous, le cycliste ?

— ???!!!

— Sonia *Aunty*[1] descendait de temps en temps de Dhapasi à vélo, alors elle m'a raconté votre tour du monde. Où est votre ami ?

— Il prépare notre trek du Manaslu à l'office d'immigration.

— Vous y allez tous les trois ? *My dear friend*, si Sonia Aunty marche aussi bien qu'elle démarche, vous avez du souci à vous faire !

Nous repartons dans les ruelles alambiquées de Thamel. Sonia me montre sa « collection de détails », ses petits trésors du cœur disséminés dans le quartier. Elle les retrouve un à un, points géo-

1. Les Occidentaux, quel que soit leur âge, sont appelés *Aunty* et *Uncle*, oncle et tante, par les enfants népalais.

désiques de son sens de l'orientation : un sens esthétique. Telle poutre grisonnante soutenant une maison chenue, tel trumeau chassieux d'une fenêtre ouvragée, tel ficus imbriqué dans un petit temple moussu. Les encorbellements de fils électriques guident nos regards vers de petites fenêtres où s'encadrent fugitivement des visages ravissants. Le silence de la rue n'est troublé que par quelques transistors parasités, des quintes de rickshaw ou des cris de porteurs. Des femmes y cousent, battent, lavent, filent dans des rais de lumière. Une vache sacrée dispute à un mendiant le carton sur lequel il quête, dort et vit, entre les crachats rouges des chiqueurs de bétel. Des chiens nettoyeurs, féroces la nuit, craintifs le jour, rasent les murs. Des gamins poursuivent un vieux pneu qui finit dans l'eau croupie d'un caniveau. Un magasin de saris enchante la ruelle d'un bouquet multicolore. Des femmes aux longues tresses de jais s'enroulent dans ses fleurs et disparaissent comme des papillons.

Sylvain revient avec le verdict :

— Un officier de liaison, un guide et un permis sont obligatoires pour le Manaslu.

— Prenons-les, puisque nous sommes sur place ! La clandestinité, c'est crevant !

Le lendemain nous montons à Dhapasi, village de la banlieue de Kathmandu, rendre visite au home. Le triporteur tressaute dans la montée. Presque autant que le cœur de Sonia.

— Là, regarde ! C'est l'affreux chien qui me terrorisait ! La maison est juste après !

Nous descendons. Des cris stridents retentissent aussitôt. Du toit, un groupe de petites filles a reconnu de loin la longue chevelure blonde. Une vague pleine de bras et de rires, de larmes et de clapotis déferle sur nous. Sonia est submergée par le flot. Il en jaillit de partout. Par l'émotion aussi. Elles les reconnaît toutes : Shanta Maya, Srijana, Soucy, Kopila. Les noms chantent. Il paraît qu'elles ont grandi. Issues des bidonvilles, intouchables pour la plupart, elles sont orphelines ou délaissées par leurs parents. Nourries, logées grâce à des parrains français, les fillettes de six à douze ans sont scolarisées dans une école privée.

— Ça marche les sciences cette année ? Et ton anglais ? Et toi ? Fais-tu toujours des cauchemars la nuit ? Et toi, Devi, soignes-tu toujours aussi bien le potager ? Sunita ! Ta brûlure est cicatrisée ? Montre-moi ta main !

Je découvre avec tendresse tous ces anges dont elle me décrivait dans de longues lettres les tourments et les départs difficiles dans la vie. Viols, incestes, prostitution, mauvais traitements, malnutrition, tuberculose, brûlures de la peau et de l'âme. Et je ne vois que bonheur, épanouissement, promesses ! La ribambelle nous entraîne bientôt dans la cour de la maison pour l'épreuve initiatique : la danse. Pas le choix. En plein soleil, nous entamons un rock endiablé sur de la musique indienne. Les passes s'enchaînent dans des rafales de rires quand je saisis Sonia par la taille. Elles nous rejoignent bientôt sur la piste, Sylvain et moi avons réussi l'examen de passage ! En remerciement, ces petites Newars, Tamangs, Gurungs, et Raïs, entonnent à notre plus grande stupéfaction *Allô, maman, bobo !*, dont elles connaissent le sens sans en comprendre les paroles. Souchon a pris souche ! Nous passons l'après-midi en chansons, jouons de la flûte, jonglons, organisons des saute-mouton, pyramides, jeux de balle ou autres exercices d'équilibre. La marche, à côté, c'est de la rigolade !

Kathmandu, vendredi 27 juin, 44e jour, kj : 93 ; kt : 1 474 ; dj : 1 000 m ; dt : 46 000 m ; cols : 20

La tuile ! Une mystérieuse fièvre me tourmente la veille du départ. Sylvain, lui, est guéri. Nous sommes parés de nos permis de trekking. Sonia a un avion pour le Vietnam le 9. Il faut y aller. Je ne dis mot. Chevauchant trois bicyclettes de location, nous quittons la ville par la route de Mugling que nous avions empruntée trois ans plus tôt. Souvenirs. Au col de la vallée de Kathmandu, nous voyons au loin le Ganesh Himal, l'Himal Chuli et le Manaslu, les trois monstres que nous voulons contourner par le nord, en frôlant la frontière tibétaine. La descente de Naubise nous grise. Elle a été retapée depuis notre dernier passage, ses innombrables épingles à cheveux nous font plonger dans la vallée de la Trisuli, et la fournaise. Sonia me fiche des sueurs froides en dépassant les bus en double file. Les passagers hallucinent ! Elle a du cran, cette petite ! Quand le vent relatif de la descente cesse, ma température monte, je me liquéfie. J'ai des fantasmes de radiateur, pas ceux qui chauffent, ceux qui refroidissent les moteurs. Les vieilles femmes cassent toujours des cailloux dans le lit de la rivière. À Malekhu, nous quittons la route plein nord vers Dhading sur une piste en galets : les pires ! Mal au dos dans la montée. Le soleil me matraque la nuque. Je n'en peux déjà plus ; Sonia m'encourage. Une obsession : faire baisser la température. La jungle est une étuve, ma tête une Cocotte-minute ; j'ai les soupapes en fusion. Une rivière. Plouf ! Des bambins s'attroupent pour une séance de White watching. Le soutien-gorge de Sonia fait fureur. La mienne. Nous repartons dans les rizières de villages raïs. Je n'aspire qu'à me vider, et y parviens très bien !

J'arrive à Dhading hagard, les yeux mi-clos, hors service. Le loueur, qui nous y attendait, récupère ses vélos. Allongé sur un banc, je ne parviens à avaler qu'une pincée de sel. Vital, le sel, ça électrise ! Pleine d'attentions, Sonia m'éponge le front avec de l'eau glacée. Un amour zélé.

Il faut reprendre la marche pour rejoindre, de l'autre côté de la crête, la vallée de la Buri Gandaki à Arughat Bazar où nous attendent notre officier de liaison et notre guide pour le début du trek. Nous étrennons notre deuxième paire de Nike Kolob que Sonia nous a apportées de Paris. Profitant du déclin du jour, nous entamons une longue montée sur une épaule ponctuée de chottaras, ces fameuses haltes à porteurs ombragées par de larges banians. Depuis la nuit des temps ces autoroutes à porteurs, avec leurs aires de repos, sont un gage de sûreté, elles mènent forcément à un village. La banquette de vieilles pierres est à la fois strapontin et belvédère. En Himalaya, les chemins répondent à des logiques d'arêtes et non de thalwegs, ou fonds de vallée, comme en Europe. Perdu, il faut chercher son chemin sur les saillies, et non dans les creux de montagne. C'est plus franc. La nuit tombe. Étoiles filantes, falots et foyers, lucioles, hypoglycémie, j'ai des étoiles plein les yeux, elles tombent du ciel sur la crête, scintillent dans la jungle, clignotent tout autour de nous, volettent en une féerie. Un concert de crapauds nous accueille à Jairemi, petit village-rue, aligné entre les deux versants de la crête. Je jeûne encore ce soir. Rien de tel que d'affamer les parasites.

Un cri me tire de mon demi-sommeil. Sylvain est agressé dans sa chambre ! La tête dans le pâté, je vole au secours de mon camarade. Il est aux prises avec une énorme araignée. À croire qu'elles le cherchent. Je m'applique à ne pas la rater, sinon c'est pire, il n'en ferme plus l'œil de la nuit.

Arughat. Dernière ville avant de nous engager dans les gorges du Manaslu. Au lieu d'un policier de montagne affûté, nous trouvons en la personne de notre officier de liaison un gros brahmane en chemise blanche. Ah ? Le guide Daula Ram, en revanche, est un petit Tamang râblé et souriant.

— Où sont vos porteurs ? demande le gros Kamal.

— Porteurs ? Pour porter quoi ? On n'a rien !

— Mais qui va porter mon sac ? Où est votre nourriture ? Où sont vos tentes ?

Le mec flippe. Nous lui expliquons qu'il va falloir faire le trek en six jours au lieu de quinze, et que nous misons sur notre légèreté. *Syntax error.* Il est plutôt du genre chaise à porteurs. Avec nous, il va être servi !

Les frontières en Himalaya sont l'objet de véritables psychoses ! Toutes les vallées qui s'en rapprochent sont classées *restricted areas* et ne sont pas accessibles aux étrangers. Un permis spécial peut être délivré moyennant un racket scandaleux auquel nous avons dû souscrire. Il faut être accompagné d'un officier de liaison chargé de nous surveiller et de nous faire passer tous les *checkpoints*[1]. Le guide, et toute l'armada sont obligatoires. Nous avons payé pour, mais comme nous n'avons rien à porter, nous en faisons l'économie. Kamal a du mal à comprendre ce concept nouveau, lui qui fait porter son sac de couchage par Daula Ram.

Nous quittons la ville par une belle allée pavée. Kamal, la moustache et la bedaine en avant, ouvre la marche avec l'attribut de tous les fonctionnaires du pays : une petite serviette-éponge pliée en deux sur la tête. Moiteur, chaleur, tension orageuse. Kamal, lippu comme un chameau dont il prend rapidement le sobriquet, a les pieds plats. Il marche comme une oie du Capitole. Il faut le savoir, c'est lui le chef.

Pour notre bonheur, les crêtes tentent en vain d'éventrer les nuages. La pluie nous épargne. Une courte marche à travers les rizières nous conduit à Kyorpani, ravissant village de pierres aux places ombragées par de larges pipals. Nous marquons une pause sous l'un d'eux. Les Gurungs du village sont craintifs. Seuls trois groupes sont passés cette saison, sans s'arrêter. Ces quelques kilomètres nous ont fait entrer dans un autre monde. Après tout, comme au Bhoutan ou au Mustang, l'authenticité a un prix. Leurs ancêtres sont venus des plaines de Mongolie.

1. *Checkpoint* : contrôle de police, barrage militaire, guérite sur une route. .

D'éleveurs, ils sont devenus cultivateurs mais ont conservé une grande tradition de chasseurs. Un homme porte un impressionnant mousquet à l'épaule. Cotonneux, je m'allonge sur un Chottara. Poc ! Une figue tombe. Sonia sympathise avec une vieille dame dont elle détaille un à un les bijoux. Des jeunes filles s'attroupent et lui caressent les cheveux. Poc ! s'écrasent mollement les figues sur la place. Sylvain achète des « Glucose », prononcer « Geulcoz », biscuits que l'on trouve dans tout le Népal et sans lesquels nous n'aurions jamais pu le traverser. Poc ! Je ris intérieurement en songeant que l'une d'elles pourrait très bien finir sur le crâne d'œuf de « Chameau ». Mais ces choses-là n'arrivent que dans *Tintin*. Je jette quand même un œil au-dessus de ma tête, on n'est jamais trop prudent. Des merles des *Moluques* se chamaillent dans la haute ramure. Je suis dans les choux. Sprouitch ! Une fiente me conchie l'encoignure de l'œil. Ça m'apprendra ! Et dire que c'est sous le même arbre que le Bouddha reçut son illumination, c'est vraiment trop injuste ! Nous quittons le village dans une crise de rire.

Le jour décline, les ténèbres prennent le dessus, il se met à pleuvoir, c'est le régime de la mousson : à 6 heures pétantes, il pleut. Nous pressons le pas jusqu'à Soti, au pied d'une belle falaise noire d'où s'élance une cascade pure. Soti, ce n'est qu'une cahute. On nous en laisse le grenier, à claire-voie sous un toit de chaume. La pluie redouble. Nous avons juste le temps de grimper sur la poutre à encoches. Il était moins une !

En attendant le dalbhat, nous faisons griller quelques maïs qui encombrent le plancher. Un peu sec... Sonia fouille dans la poche de sa veste — coucou ! — et en sort un petit citron vert. Elle le trimbalait depuis Kathmandu, au cas où. Je l'aime.

Dimanche 29 juin, Soti, Manaslu, 46ᵉ jour, kj : 32; kt : 1544; dj : 1200 m; dt : 47900 m; cols : 22

Des hallebardes ont transpercé le chaume toute la nuit. Nous avons dû plusieurs fois déplacer les grabats. Nos habits n'ont pas séché, nous partons à jeun dans une jungle luisante. La Buri Gandaki est furieuse. Débordée par toute cette eau tombée du ciel. Son cours tumultueux d'eaux brunes et écumeuses résonne de coups de canon : de gros blocs qu'elle charrie et fracasse. Les rauques détonations font trembler le sol et frémir les arbres.

Des cohortes de nuages lourds roulent leurs ténèbres au-dessus de nos têtes. Nous passons dans la lessiveuse. La vallée rétrécit, des ponts nous renvoient d'une berge à l'autre. Le chemin hésite. Il n'a bientôt plus le choix. Un défilé empêche tout franchissement. Il grimpe alors à l'assaut des falaises, s'incruste dans le roc, se love dans des corniches surplombant les rapides. Des plaques de schiste, tirées de l'excavation rognée dans la paroi pour ménager la saignée, sont posées en empilements instables et glissants. La pluie poisse tout. Le moindre faux pas nous précipiterait dans l'abîme. Angoisse. Nous rasons les murs. De violentes décharges d'adrénaline nous fouettent quand une dalle que nous foulons bascule seulement d'un centimètre sur sa voisine, le choc est sinistre, le cœur le prend en écho.

Il fait soudain très sombre. Le ciel est réduit à sa portion congrue, nous rentrons dans une pliure du monde. Aussi loin que porte le regard, à tous les niveaux, sur toutes les parois, les arcs blanchâtres des chutes d'eau se précipitent dans le vide, transpercent des langues nuageuses, tissent des entrelacs livides sur le rocher noir, ricochent sur des jardins suspendus pour se fondre aux flots rageurs. D'où peut bien venir toute cette eau ? C'est dans les mystérieux vallons perchés qui nous dominent qu'Éric Valli, photographe de renommée internationale, a recueilli son splendide témoignage sur les chasseurs de miel. Tout là-haut, l'intrépide Mani Lâl chevauche les brumes et dompte les abeilles d'or. Sortilèges !

Chaque kilomètre parcouru nous isole du monde, chaque escarpement gravi sur des marches instables est un obstacle que nous semons derrière nous. Si un pont venait à être emporté, nous n'aurions pas d'autre solution que d'aller de l'avant. Il n'y a pas de vallées adjacentes, pas d'autre échappatoire que cette gouttière du monde. Nous sommes prisonniers du chemin. Il nous mène où bon lui semble, n'en fait qu'à sa tête, la perd dans des glissements de terrain. Des langues de boue, emportant tout sur leur passage, ont creusé cette nuit de larges tranchées dans la jungle. L'œil rivé en amont, nous traversons ces toboggans de l'enfer encombrés de nœuds de racines. Nous croisons un vieil homme en hardes, accroupi entre le chemin et le précipice. Édenté, terrifiant, il fume un énorme shilom, les yeux perdus dans les éthers. Dans ces entrailles de la terre, pas d'autre choix que de se tourner vers le ciel.

Toute la journée, le même rugissement est amplifié par les gorges encaissées. Ne devient-on pas fou, à la longue ? Nous ne pouvons même pas nous parler en marchant. Les rares villages que nous croisons sont de plus en plus précaires, comptent de moins en moins de maisons. La seule culture que les habitants disputent à la verticalité est celle du maïs. Accroupi entre les épis, mêlant mes liquides à la grande dégoulinade, je comprends pourquoi. Le pied du maïs est formidablement arc-bouté dans le sol par des dizaines de griffes rouges. Dans les rares espaces dégagés, nous disparaissons dans des massifs de haschisch géant. Les plants atteignent parfois trois mètres. Trois vrais mètres, sans avoir fumé ! Sonia marche devant moi et, fendant les touffes, se trempe jusqu'aux os. Rien n'est plus étanche dans un plant de haschisch ! Quand ils nous dominent, c'est la douche. Comme je ferme la marche, je récolte la majorité des sangsues. Elles sentent les vibrations des pas des premiers, mais n'ont le temps que d'attraper les derniers au passage. Accrochées aux feuilles, elles se laissent choir au-dessus de nos têtes. Des troupeaux de sangsues courent bientôt le tiercé sur les rebords de mon chapeau, j'ouvre les paris, mise sur les plus grosses qui ont une foulée plus longue, mais sont moins véloces. Frétillantes devant mes yeux, on dirait des essuie-glaces. C'est une stratégie de diversion. Pendant ce temps-là d'autres rentrent par les œillets de mes chaussures, sous ma montre, dans mon slip, derrière l'oreille, à des endroits parfaitement impudiques où l'on ose à peine soi-même aller les chercher. Je surveille de très près Sonia, non, franchement, je n'accepte pas que ma fiancée se fasse sucer le sang ! Et comment font-elles toutes ces sangsues pour vivre quand nous ne passons pas ? Cette énigme est emportée dans les cataractes.

Après un dalbhat froid dans une hutte de bambous, nous attaquons un lugubre escarpement. Floc ! fait mon ventre à chaque pas. Le dalbhat s'est transformé en flotte, je n'en tire aucune énergie. J'évacue. Mousson gastrique, tempête sous un nombril ! Nos nuits sont de moins en moins reconstituantes. Tuantes ! Sonia dort debout. À peine se plaint-elle d'un corps étranger dans sa chaussure. Sylvain ou moi arracherions rageusement les nôtres pour en déloger l'intrus. Elle fait avec. À la pause, au débouché de la montée, elle découvre en fait sa première ampoule ! Elle s'extasie :

— Ouaw ! On dirait un sixième orteil !

Nous dominons un vaste élargissement de la vallée, une sorte d'estomac où la rivière Buri Gandaki sinue nonchalamment entre des bancs de sable. Les eaux chaudes de la mousson arrachent aux eaux de fonte des volutes de vapeur qui dansent avec le courant. Par nappes, elles s'élèvent lentement et s'empilent en strates évanescentes. Longeant une vire d'altitude nous marchons entre deux eaux. Les pins des escarpements gaffent ces brumes flottantes pour y semer leur parfums sylvestres. Une ambiance d'estampe japonaise nimbée de beauté mystérieuse. Le soleil dans ce décor écraserait tout, dissiperait le charme humide de ces gorges profondes. Le soleil a souvent quelque chose d'idiot et d'impudique.

Dans la redescente, Sylvain se retourne :

— Regarde, Alex ! C'est comme ça qu'il faudrait s'encorder !

Devant nous, dix porteurs transportent un câble de pont suspendu. Cinq boucles chacun ; reliés entre eux par trois mètres de mou. Entre 60 et 90 kilos par personne. Ça calme ! Que l'un d'eux dévisse, il emporte tous les autres ! Ils vont à tout petits pas, chacun attendant le suivant pour ne pas le déséquilibrer en avant. Ils ont quitté Arughat il y a quatre jours !

Nous retrouvons le cours rageur de la Buri Gandaki à Tatopani (eau chaude) où une source bouillante gargouille au pied de la falaise. Au cœur de l'Himalaya, à vingt kilomètres de sa crête axiale qui relie tous ses sommets de plus de 7 000, nous ne sommes qu'à 900 mètres d'altitude. La langue râpeuse de la rivière a tellement entaillé la croûte qu'elle fait saigner l'écorce terrestre. Un sang de sulfure et de forge volcanique.

Doban, Manaslu, lundi 30 juin, 47ᵉ jour, kj : 33 ; kt : 1 577 ; dj : 1 625 m ; dt : 49 525 m ; cols : 22

Chameau traîne des pattes ce matin. Il couve quelque chose. La nuit fut pourtant bonne, et le dalbhat généreux. Il semble s'être disputé avec Daula Ram qu'on n'a pas entendu depuis le début. Sylvain vient vers moi :

— Le Chameau veut nous planter. Daula Ram vient de me le confier à l'oreille.

— L'enflure ! Il est pourtant payé pour nous accompagner jusqu'à la fin, non ? Comment va-t-on faire pour passer les trois checkpoints qui restent ?

— Il va nous écrire une lettre.

— C'est dégueulasse, mais, remarque, je ne suis pas mécontent de me débarrasser du boulet, il commençait à m'énerver avec sa chemise blanche, son parapluie et sa superbe !

À Jagat, dans un nuage de mouches, il nous annonce sa décision en invoquant le mariage de son frère. Nous feignons la surprise et sautons de joie ! Vexé, il part sans se retourner avec ses 3 000 francs en poche ! Cinq ans de travail d'un habitant de ce village aux maisons de lauze. Le racket des trekkeurs a de beaux jours devant lui. Sur la lettre, il a écrit qu'il était malade. Daula Ram nous dit que cela se passe à chaque fois comme ça, à cause des difficultés qui suivent.

Nous comprenons vite pourquoi les officiers de liaison font demi-tour à Jagat. Le trek devient fou, taille des marches à la verticale dans les falaises, saute des précipices, disparaît dans des gorges, passe sur l'autre rive et nous éreinte dans d'absurdes déclivités. Il se calme à Serson, au pied du Ganesh Himal (7 406 mètres), sur la rive gauche de la Buri Gandaki, en batifolant entre les fûts roses de pins interminables. Un pont métallique, amené en pièces détachées, nous fait passer sur la rive droite. Nous venons de franchir la crête axiale de l'Himalaya en contournant l'arête de l'Himalchuli avalée par la gorge. Devant nous c'est la fourche, la Buri Gandaki vient de l'ouest et la Shar Khola de l'est. La crête du versant d'en face est la frontière tibétaine. Nous prenons l'ouest.

Il se met à pleuvoir. Nous grimpons dans une forêt de bambous de plus en plus verticale. Les parois se rapprochent, les mâchoires se referment. Tout ruisselle. Le trek devient torrent. Sinue entre les escarpements, s'accroche à des petites vires. Le vide est partout. De grands pans d'humus où s'accrochaient les touffes de bambous ont été arrachés par les vents tourbillonnants. Ils ont laissé l'os à nu : des plaques de roc lisses partant en dévers dans le vide. Pure folie ! La pluie redouble, gorge les mousses, noie les rigoles. Chaque pas est vital, chaque appui précaire. Nous progressons comme en paroi. Je grimpe à quatre pattes dans un dièdre, me rétablis sur un ressaut. C'est au tour de Sonia. Je m'en veux déjà d'être passé devant, quand elle dérape, je n'ai que le temps de l'attraper par le haut de son sac, elle se ressaisit ! Ouf ! La sortie de ce cul-de-sac est une mince fissure pour les pieds dans une dalle verticale, sans prise pour les mains. Il n'y a qu'un mètre à franchir. Dantesque ! La nuit tombe. Ne pas tomber. Un mètre de funambule au-dessus d'un gouffre noir et rageur. Des bourrasques s'engouffrent dans le défilé en fouettant les embruns glacés qui remontent de l'abîme. En deux pas la voilà sauvée. Elle n'a même pas eu peur. Elle avait confiance. En qui ? J'en tremble encore. Pour conjurer la mort qui rôde, je récite quelques Ave. Daula Ram marmonne des mantras. Union sacrée. Sylvain exulte, en rajoute, il est dans son élément : la « trashitude ».

Le reste n'est qu'une histoire d'eau et de boue, nous échouons dans la première hutte du chemin, deux heures plus tard. Lieu-dit, Boa, avant Deng. Complètement !

Une vieille Gurung, vit là, seule. Édentée, un sein découvert par la misère, elle nous sauve du déluge. Arche primitive, sa hutte de bambous s'appuie dans la pente sur deux pilotis. Le toit, constitué de plusieurs couches tressées, est noir de suie. Les murs de lattes supportent de très nombreux ustensiles. L'unique lampe à huile étire des ombres spectrales. Au centre, le feu, l'essentiel. Nous n'en finissons pas de nous égoutter. Nous crevons de faim. Depuis ce matin, nous n'avons avalé qu'un dalbhat et quelques Glucose. Nous retirons nos chaussures. Les pieds de Sonia sont dans un triste état : lymphe, glaise, crasse et sang engraissent ses chaussettes. Purée de sangsues. La quinzaine de rescapées se tortille bientôt dans les braises. Gnark ! Gnark ! Sylvain s'amuse :

— Il en manque juste un peu pour faire du boudin grillé !

— *Gau Serpo ! Gau Serpo !*

— Miss Sonia ! La dame vous appelle ! *Gau Serpo* veut dire « Tête jaune », je crois qu'elle veut voir vos cheveux.

Sonia s'agenouille, mais, au lieu de ses mèches, la vieille femme lui saisit la main. Elle s'extasie. Daula Ram traduit.

— Si douce, si fine, si souple !

Elle nous dévisage, incrédule ! Elle semble avoir vu Dieu. Comme je la comprends, c'est la première chose qui m'avait attrapé le cœur, chez Sonia. Pas étonnant que je la lui ai demandée, une main pareille ! Dans un geste pathétique elle regarde les siennes, noires et racornies, noueuses et calleuses.

— La dame demande comment vous faites pour arracher les pommes de terre du sol, tresser le bambou et carder la laine ?

Émue, Sonia lui prend les mains et les lui baise.

— Tes mains sont bien plus belles, Didi !

Les pieds en éventail pour faire sécher les ampoules sur le feu, nous jouons de la flûte avec Sylvain. Les étincelles montent vers le toit mais la fumée s'évacue intelligemment par la faîtière inclinée. Un réconfortant dalbhat nous réconcilie avec le Manaslu. Je livre avec délices mon corps endolori à la nuit.

Boa, alt. : 1900 m, mardi 1er juillet, 48e jour, kj : 26; kt : 1603; dj : 1420 m; dt : 50945 m; cols : 22

Réveil cuisant. Alors que je renifle mon tee-shirt de marche, Sonia pousse un cri d'horreur.

— Mon Dieu ! Ton dos ! Qu'est-ce qui t'arrive ? Tu es complètement dévoré !

Les puces. Une centaine de morsures. Paniquée, elle ausculte le sien. Elle en a le double ! Elles ont dû se passer le mot, on est donneurs universels, rhésus O puces !

Sylvain, AB —, a été épargné. Daula Ram aussi. Il nous raconte une légende népalaise :

— Il y a très longtemps, à l'époque où les dieux menaient aux puissances du mal un combat titanesque, un horrible monstre a été abattu. Ils l'ont découpé en mille morceaux afin qu'il ne se reconstitue pas. C'était une très mauvaise idée car chaque petit bout s'est transformé en bestiole qui pique : puces, morpions, poux, sangsues, moustiques...

Sous le soleil, nous suivons Daula Ram, c'est reposant de suivre un guide. Cela épargne les affres de l'hésitation. Il n'y a qu'à se laisser aller, la tête ailleurs. On peut se concentrer sur des détails du paysage sans la crainte de voir le chemin s'évanouir, disparaître derrière un rocher. Ma pernicieuse fièvre me rend docile. Sonia m'aide, m'encourage, supporte mon apathie. La Buri Gandaki prend des airs de torrent de montagne. Du versant nord, elle est grossie d'eaux tibétaines qui se déversent des hauteurs en miroitant sur les parois. Je scrute les alpages au loin en quête de je ne sais quel mystère. Bizarre, il y a des gouttes de sang sur la piste. Marcher, c'est un peu y laisser sa peau. La sueur, le sang, l'effort nous unissent dans une étreinte contre nature. Le chemin chante sous les pieds, crisse ou sonne, glisse ou accroche, on lui parle, on le maudit, l'accuse d'infidélité, et dans une ultime revanche, pour conserver le dernier mot, il répond par une montée. Une autre goutte de sang. Le trek, c'est l'artère de toute la vallée. Il saigne. Tous les cent mètres, la tache vermillon me rappelle que je suis mortel. Je repense aux précipices d'hier avec un frisson d'effroi, mais même ici, sous ce soleil, la sécurité du chemin est une illusion. Nous marchons sur un fil. Le vide, la chute ne sont jamais loin. Encore du sang, c'est sûrement un yack parasité par des sangsues. Leur salive contient un agent anticoagulant et un anesthésiant. Je rêve ou quoi ? J'en ai aussi plein la main ! Suis-je fou ? D'où peut-il venir ? J'écarte les doigts, un sixième a poussé entre le majeur et l'annulaire, noir et gluant : une énorme sangsue gorgée de sang. Je l'arrache précipitamment, et une giclée du mien va rejoindre celui du yack dans la poussière du chemin. J'ai payé mon octroi à la vallée.

Nous passons sous de nombreux *kanis*, chortens-portes ouvrant sur des cultures d'orge. L'univers tibétain. Nous nous reposons à l'ombre de l'un d'eux, sous un mandala bleuté, quand une jeune fille vient à nous, l'index profondément entaillé, à deux doigts de la gangrène. Tibétaine, elle est ceinte de son tablier multicolore aux fines rayures horizontales. Elle s'est désinfectée avec du beurre de yack fondu dans de la cendre. Thérapie locale. Elle ne demande rien, elle tend le doigt comme si nous avions une solution à son problème. J'essaie de curer la plaie avec mon canif et du savon. Elle ne bronche pas. Coriace. La prescription est simple : laver au savon, sécher au soleil, arrêter de travailler pendant quatre jours. Le plus dur.

Les frottements du sac et la transpiration font la joie de nos passagers clandestins. Cela infuse sous le tee-shirt. Une ceinture de feu nous brûle l'abdomen et les reins. Pas folles les puces, elles vont là où c'est le plus tendre ! La peau boursoufle, révoltée.

À Namrung, on nous accueille pour la nuit dans une belle maison de bois. Daula Ram s'occupe des formalités au checkpoint. Sonia, obsédée par ses puces, entreprend une lessive générale. Tout y passe, nos culottes, nos chaussettes, une vraie tornade blanche ! La nuit tombée, je vais en compagnie de Sylvain rincer le linge à la source du village. À tâtons, nous trouvons le tuyau.

— Ça va pas fort ?

— Non, je reste très affaibli par cette chiasse, pas moyen de m'en défaire. Je suis bouffé de l'intérieur et de l'extérieur comme une banane par les deux bouts ! En revanche, moi, pour ce qui est de bouffer, tout me fiche la nausée ! Bizarres ces symptômes, ça me rappelle mon hépatite dans le grand désert salé iranien ! Et puis j'ai toujours chaud à la tête...

Splatch !

Le ciel m'a entendu, je viens de me prendre une bassine d'eau usée en pleine poire. Une vieille dame sortie sur le pas de sa porte ne nous avait pas vus dans la nuit d'encre. Je ruisselle de jus de salade. Sylvain est plié en quatre. GMS : Grand Moment de Solitude !

Comme d'habitude, nous repartons à jeun le lendemain matin. Sylvain, en tête de colonne. Une belle femme, à la fenêtre de sa cuisine, nous regarde passer. Sylvain, pince-sans-rire, s'exclame à la cantonade en imitant l'accent du Tyrol :

— Ach ! Mais fous n'allez dout de même pas bartir le fentre vide, tenez che fous ai préparé des tartes aux myrtilles ! — C'est trop gentil ! Il ne fallait pas ! — Che fous en prie, z'est la mointre des choses ! Mit ein bischen crème ? — Volontiers...

La femme le prend pour un prêcheur. La pénurie alimentaire se fait sentir. Depuis Arughat, c'est quand même la dèche. Seules les Rara nous sauvent la vie ! Les Rara ce sont des soupes aux nouilles déshydratées, conditionnées sous plastique, les Bolino du Népal. Il s'en consomme un million par semaine dans le pays, distribuées depuis les usines de Kathmandu ou Pokhara. Dans les endroits reculés où le dalbhat est trop compliqué à préparer, nous nous tapons des Rara trois ou quatre fois par jour. Un petit coup d'eau chaude et hop ! Nous voilà repartis pour dix kilomètres ! Sans les Rara, nous n'aurions jamais pu arriver jusqu'ici.

L'après-midi, tout change. Après une interminable montée dans une obscure forêt de sapins bleus à l'écart de la Buri Gandaki, les arbres disparaissent d'un coup. Nous débouchons sur une vaste pénéplaine en auge dominée par le double sommet du Manaslu (8 156 mètres). Nous sommes éblouis ; tant de ciel et tant de neige après nos sombres journées ! Le voilà, l'objet de tant de convoitises, la justification de nos épreuves passées et futures. Il tient son nom de Manasa : l'âme en sanscrit. C'est le sixième 8 000 que nous frôlons, l'âme de cette vallée perdue. Il n'avait jamais été photographié avant 1950 ! On l'appelle le sommet des Japonais parce qu'ils ont été les premiers à le gravir en 1956, après six années d'échecs.

Nous foulons un beau gazon dense entre des touffes de bruyère et de genévriers. Quelle jouissance que de laisser aller ses jambes, aveuglément ! De relâcher sa vigilance. De grasses marmottes rousses traînent leurs bourrelets de fourrures en couinant à notre approche. Nous traversons de beaux villages de bois. Les toitures aux bardeaux mal dégrossis sont hirsutes de mâts où claquent les lupkas. Dans les champs d'orge chantant dans le vent, d'étranges miradors sont dressés. Daula Ram nous apprend qu'ils servent de plateformes pour effrayer les ours la nuit. Plus loin, des tentes tibétaines sont dressées : des caravaniers venus vendre des cigarettes, des vêtements et des Thermos chinoises. Nous n'avons pas de mal à comprendre pourquoi ces marchandises ne viennent pas d'Arughat par le même chemin que nous. Les Gurungs ne remontent pas jusqu'ici.

De nombreux hommes en *chuba*, ce large manteau de mouton retourné dont ils n'enfilent qu'une manche, tournent autour d'un très long mur Mani en parlant de choses et d'autres. Ils marchent pour prier en priant sans prier, ils marchent pour faire tourner le monde, pour participer à la vie du cosmos, ils marchent pour vivre et vivent pour marcher. Nous vivons à la même enseigne, mais notre mur Mani fait 5 000 kilomètres de long, un mur de névés étincelants, un mur de pureté et d'épreuves, un mur de quête et de rencontres, un mur initiatique aux mantras tous semblables mais tellement différents : « Ôm merci pour le jour d'aujourd'hui. »

À la lueur de ma mini-Mag-Lite que j'avais rechigné à emporter, mais qui nous tira souvent de bien mauvais pas, nous gagnons tard le refuge-checkpoint de Samdo, au pied de la passe. Nous sommes arrivés en cinq jours au lieu de treize, il n'y a pas de quoi se vanter !

Samdo (alt. 3 780), pied de la Larkye La, jeudi 3 juillet, 50ᵉ jour, kj : 30 ; kt : 1 665 ; dj : 1 315 m ; dt : 53 805 m ; cols : 23

Cocorico ! Cocorico ! Emprisonné dans un panier à vingt centimètres de mes oreilles, un coq m'explose les tympans de son cri strident. Réveil difficile. Il est 5 heures du mat. Ponctuelle la bête ! Le temps de se faire préparer un consistant dalbhat, Daula Ram va régulariser notre situation auprès des douaniers. Il revient dépité. Il s'est fait racketter de 700 roupies, et nous avoue avoir dû céder la même chose aux deux checkpoints précédents.

La peste soit du Chameau, sa lettre ne convainc pas les factionnaires. Nous partons. Une caravane d'une cinquantaine de yacks rentre vers le Tibet. Juste là, à droite, la petite échancrure, c'est la frontière, si accessible et si impénétrable à la fois. Nous continuons tout droit dans une pente douce vers l'énorme langue du glacier Larkye venant de la face nord du Manaslu. Nous avons commencé notre contournement du massif. Il fait un temps des dieux. Dans notre dos, le Ganesh Himal habillé de raies blanches et noires nous aiguillonne de ses sommets dentelés. Nous allons bon train, grisés, heureux, par des alpages fleuris. Avec sa longue jupe beige et son chapeau de paille, son bâton et sa foulée guillerette, Sonia exulte de bonheur. Les deux canines du sommet se dressent au-dessus de monstrueux amas de glace perchés. Des bourrelets infranchissables. Les voies d'accès d'un 8 000 sont toujours secrètes et invisibles. Une porte étroite.

Plein ouest, notre large vallée évasée s'élève interminablement dans des alpages à yacks parfaitement bucoliques. Pique-nique dans une prairie colorée à 4 480 mètres. Nous finissons le saucisson que Bosco, ami restaurateur parisien, avait donné à Sonia à notre intention. Sylvain se délecte :

— Une rondelle du bistrot d'Armand au pied du Manaslu, c'est top !

Au dessert, une lichette de touron espagnol nous pâme. Un yack broute les pâquerettes derrière nous. Sur le Mont-Blanc, à la même altitude, il n'y a que neige et péril de mort ! Nous repartons. La pente est traîtresse. Faible, elle nous épuise. Depuis plusieurs jours, nous grimpons à la verticale, le corps avait fini par s'adapter. Nous consommons comme des 4×4 sur l'autoroute et gaspillons de l'énergie : il faut changer de vitesse, de rythme, allonger la foulée. Du col toujours invisible, des nuages déferlent dans la vallée, le Manaslu disparaît. Le temps vire. Le répit fut court. Nous longeons longtemps la moraine du glacier, et finissons par devoir monter dessus. Rupture de rythme. Il faut repasser en 4×4, déjouer les pièges roulants de la moraine, poser le pied ni trop haut pour ne pas trop tirer sur les fesses, ni trop bas pour ne pas couper l'élan. La foulée est une respiration du corps avec le sol et, à cette altitude, nos foulées s'essoufflent vite.

Sonia s'est tue. Elle sinue comme un automate entre les blocs. Je m'inquiète. Elle grommelle dans un demi-sommeil que le saucisson ne passe pas. Je la fais boire. Nous sommes à

5 000 mètres, 100 mètres sous le col, mais celui-ci reste caché, écrasé entre la moraine tourmentée et les rouleaux de nuages. Pause carburant. Nous n'avons que des œufs durs à nous mettre sous la dent. Pas ce qu'il y a de plus digeste ! À la première bouchée, une violente contraction plie ma fiancée en deux. Au deuxième spasme, elle rend au glacier le saucisson trop gras. Il y a trente-six heures à peine, nous étions 2 500 mètres plus bas, nous avons grimpé encore plus vite qu'au Khumbu, et Sonia paie notre imprudence par les premiers symptômes du mal des montagnes.

Daula Ram blêmit, il sait les risques que nous encourons, prend le sac de Sonia et ouvre la marche d'un pas précipité : il est urgent de passer le col et de redescendre. D'un coup, d'un seul, le vent nous paraît glacial, les moraines maléfiques et le col un traquenard. Nous filons. Les eaux mortes de quelques lacs glaciaires sont parcourues de frissons. Je ne suis pas fringant non plus. Le col surgit enfin des brumes, jonché de faméliques Lupkas figés par le gel. Prières mortes. La descente est un gouffre. Nous dévalons les pierriers, zigzaguons dans des éboulis. En une heure nous avons perdu 1 000 mètres, Sonia retrouve aussitôt sa forme, quant à moi, je périclite, victime d'une épouvantable colique. Je m'écarte cinq fois du chemin pour baisser culotte, et me relève à chaque fois en plus mauvais état. Maintenant, j'en suis sûr, c'est un parasite ! Il profite de mes faiblesses, me harcèle depuis six jours, se fait oublier pour revenir donner le coup de grâce. C'est Sonia qui m'aide à rallier Bimtang à 3 720 mètres, le premier alpage à yacks de l'autre côté du Manaslu. Assommé par une fièvre de cheval, je m'effondre dans le refuge. Quelques tasses de thé sucré me ressuscitent. Nos hôtes sont adorables, aux petits soins. Ils me constituent un lit moelleux en empilant des couettes sur le plancher propre. Je vais me coucher à jeun. J'ouvre mon sac de couchage infesté d'acariens :

— Salut les puces ! V'là le dîner !

Bimtang, trek du Manaslu, vendredi 4 juillet, 51e jour, kj : 35 ; kt : 1 698 ; dj : 755 m ; dt : 54 560 m ; cols : 23

La tension du Manaslu s'est relâchée avec la nuit. Il n'y a plus que de la descente dans la vallée de la Dudh Khola. Une vallée cul-de-sac incroyablement préservée. Les faces ouest du Manaslu sont prodigieusement verticales. Ce qui ne peut laisser insensibles les grimpeurs que nous sommes. Nous frissonnons à la vue de ces innombrables premières, ces couloirs vierges et ces pics anonymes invaincus. Grimper sur l'« âme » ! Sublimes tentations. Avec Sylvain, nous fomentons des plans :

— Là, nous reviendrons ! Nous commencerons l'assaut par ce cône de déjection que tu vois au pied du dièdre. Qu'en penses-tu ? Après, il faudra enchaîner par ces vires grimpantes jusqu'au surplomb que tu vois là !

— Où ça ? Ah oui ! et après on enfile le couloir de neige...

Mais nous savons que nous ne reviendrons pas, nous semons derrière nous des rêves comme les comètes sèment des étoiles, des rêves qui ne doivent pas se réaliser, mais scintiller dans nos firmaments personnels. Les rêves ne sont pas des chimères, il faut les laisser grandir, les apprivoiser comme on s'approprie une étoile nuit après nuit, dans la fidélité, si on veut un jour pouvoir la décrocher. Il y en a une perchée sur tous les névés, au bout de tous les couloirs que nous avons croisés. Ce ne sont pour l'instant que de petites graines de rêve, des petits flocons d'étoiles. Dans la neige, ça pousse pas vite ! Mais si nous revenons, notre cœur reconnaîtra en battant la chamade le rêve, la graine-étoile qui aura été la plus arrosée de pensées. Notre rêve-étoile est pour l'instant en marche, et nous devons le mener à bien, au bout du chemin, bout que nous aurons librement choisi, sans que quiconque ne nous l'impose. La voie n'est pas tracée... mais nous attend...

Elle passe ce matin par une forêt de pins Douglas grands comme des séquoias habillés d'élégantes draperies de lichens. Ils étendent de douces nappes d'ombre entre de larges clairières étouffées de fleurs. Le soleil fait vibrer les abeilles et cuire les parfums. Quitter cette effusion de vie ne serait-ce que vingt-quatre heures, c'est un traumatisme. Nous la retrouvons par le nez, le premier organe du voyageur, celui qui le précède. À l'ombre des grands arbres, cela sent la barbe à papa, pas l'odeur acide de la résine du pin des landes, non ! un subtil mélange de sucre, de miel et de confiture de fraises. Dans les prairies chauffées, de lourdes fragrances épicées de camphre et de patchouli portées par des bouffées de vapeur nous enivrent de leurs capiteux parfums. Dans les sous-bois où roucoulent des ruisseaux, la fraîcheur de la citronnelle ou des touffes de menthe nous débouche les bronches. Affamé par mes coliques, je me nourris par les narines de ce pique-nique d'odeurs.

À Tilje, nous sommes accueillis chez la femme du maire, député du parti du Congrès. Elle recueille tous les indigents du village dans une magnifique maison en bois ouvragé. Sage et belle, tirée à quatre épingles, elle s'émerveille des chants népalais que nous avons appris avec les petites filles du home de Kathmandu : *Simsimé pani ma, djanli boïman gortcha, kin djinda gani ma*, ou encore : *Ek tchaïna, Dui tchaïna, Tin tchaïna, timi bina djiban makaïn tchaïna.* Sylvain nous accompagne à la flûte, tous les handicapés et les vieillards du mouroir claquent des mains, nous fêtons notre tour du Manaslu.

À la sortie du village, nous voyons en contrebas la vallée bouchée par le versant nord de la chaîne des Annapurna : la Dudh Khola se jette vers la gauche dans la Marsyangdi que nous allons remonter vers la droite sur la section nord du tour des Annapurna. La confluence c'est Bagarchap, Daula Ram nous quitte, nous sommes sur ce que les montagnards appellent le *pancake trail*, le sentier des crêpes !

Nous comprenons vite pourquoi. D'horribles lodges rutilants proposent leurs *german bakery* tous les cent mètres ! Après la pénurie des derniers jours, nous ne faisons pas la fine bouche en daubant sur la culture dénaturée, mais imaginons avec effroi ce que cela peut donner en pleine saison de trekking. Tous les Manangis que nous croisons sont vêtus de survêtements et descendent acheter leur camelote à Kathmandu, quand ce n'est pas à Bangkok ! Le téléphone portable est pour bientôt ! Dans l'après-midi et le jour qui suit, ma chiasse ne s'arrange pas, je traîne la patte dès le vingtième kilomètre, et m'en veux de n'avoir offert à Sonia, venue de si loin pour vivre cette expérience avec nous, qu'un visage de malade. Ballonnements, flatulences, remontées d'acide dans la gorge, fièvre et hypoglycémie me pompent les quelques calories de ce que je parviens à digérer. Vidé de toute énergie, je n'ai pas les moyens de lui faire la conversation. Tout naturellement, elle se lasse de parler à un sourd et marche donc avec Sylvain. En les voyant des heures entières refaire le monde devant moi, j'expérimente la plus grande douleur des malades : l'isolement.

50 kilomètres, 36 heures et 100 lodges plus loin, nous entrons de nuit dans Manang. Depuis une heure nous en lorgnions les lumières et en entendions une sourde rumeur ponc-

tuée de grands coups de gong. Nous grimpons la rampe d'accès du plateau sur lequel s'est regroupée la ville, passons le large *kani* d'entrée et déboulons sur la scène d'un grand spectacle de foule. Des centaines de personnes sont massées dans des coursives sur plusieurs niveaux qui dominent une cour. Leurs têtes à touche-touche brillent de deux pépites et rient par vagues tonitruantes. Tous les regards convergent vers un lama en *kashaya* safran, debout au-dessus d'un puits avec une maquette de tsampa à ses pieds. C'est l'anniversaire du Dalaï Lama, et les villageois conjurent pour lui le mauvais sort. Comme un danseur de kabuki, le moine grimace, balaie la foule de grands gestes, saute par-dessus le trou, crache dedans, y jette des tas d'ordures et de malédictions. Les spectateurs l'encouragent, jettent aussi de leur hauteur des monstres de tsampa dans les ténèbres du puits, quand le lama nous aperçoit. Soudain il se met à nous invectiver de furieuses imprécations, la foule se retourne consternée, nous sommes dans l'angle de ses passes, et nous comprenons : soit nous empêchons les mauvais esprits de quitter la ville, soit nous les incarnons. Dans les deux cas, il vaut mieux ne pas traîner, nous décrochons.

Le lendemain je vais mieux, mais les garces de puces ne cessent de se déplacer sur nos torses. Sonia est couverte de pustules qui grumellent ses reins, son abdomen et ses mollets. La pauvrette se découvre même des poux si gros que nous les appelons les poulets ! Sa grande jouissance est le « plic ! » qu'ils font en éclatant entre ses ongles. Les locaux nous fuient comme la peste ! Nous quittons la ville pour la Thorong La, célèbre passe à 5 416 mètres vers la vallée de la Kali Gandaki, dans un univers gris. Espérons que nos puces en crèveront ! Nous remontons vers le nord la petite vallée de la Jarsang Khola flanquée de clochetons de moraine arénisée. Ce jour-là, nous n'aurons qu'entraperçu les Annapurna à la faveur de déchirures. Puis de minces saignées dans les pierriers nous mènent à Thorong Phedi, le pied de la passe, à 4 420 mètres.

Dans la salle à manger du refuge, Sylvain apprend les paroles de *Green Leaves* avec un Anglais, tandis que nous dansons un rock d'altitude sur Aretha Franklin, s'égosillant dans le poste du cook. Danse de Saint-Gui pour saouler les puces, et veillée d'armes.

Thorong Phedi, Annapurna, lundi 7 juillet, 54e jour, kj : 37 ; kt : 1 798 ; dj : 1 100 m ; dt : 58 135 m ; cols : 24

Purée de pois pour les premiers pas. Crachin pour ceux qui suivent. Lacets lugubres dans un sombre pierrier. Sonia ouvre la marche, à petits pas lestes, le souffle profond, dans l'humble détermination des commencements. Nous nous élevons vite vers une brèche : la première marche. Nous sommes un train dont chaque wagon est une locomotive ahanante. Il fait 0 °C, Sylvain est en short. Normal. Avec toutes mes couches, je frissonne. La brume givrante me transperce. La pente est douce, interminable, notre foulée s'allonge. Les neiges apparaissent dans les striures des pentes avoisinantes. Les craquements sinistres des glaciers sont repris par l'écho. Des chocards à bec jaune crient leur trilles dans le silence feutré. Nos pieds crissent sur les graviers. Symphonie pour montagnards. En deux heures trente nous arrivons à un cairn tendu de drapeaux à prières. Ce ne peut pas être le col, il faut entre quatre et six heures pour le rallier ! Une bourrasque d'air chaud soufflée de l'ouest lève le voile sur nos doutes, c'est lui ! L'immensité de la vallée de la Kali Gandhaki nous apparaît, suffocante. Tant d'espace ! Tant de vide sous nos pieds ! Comment la vue peut-elle porter aussi loin ? Le lit de la rivière charriant ses galets du Mustang, à gauche vers le sud, est 2 700 mètres plus bas ! Les flaques vertes des terrasses de Muktinath nous prouvent que la vie est possible dans ces étendues de pierres arides. Sylvain est transi, victime d'une hypothermie. C'est la première fois depuis que je le connais que je le vois cailler sans moi ! Faux frère ! Il est tout bleu, nous le frictionnons. Sonia, toujours pleine de ressources, sort de sa poche, radieuse, une petite bouteille de calvados ! Elle attendait le moment propice. Elle l'a trouvé ! La descente qui suit est la plus gaie de toute notre épopée, aucun problème pour négocier les zigzags ! Arrrh ! La puissance de la pomme ! Sylvain, regonflé, a plutôt tendance à aller tout droit, en chantant à tue-tête *J'irai revoir ma Normandie !*

Les jardins suspendus de Muktinath s'ouvrent par le Vishnu Mandir et le Jwala Mai Gompa, temples hindou et bouddhiste les plus sacrés de la région. Cent huit sources crachent une eau sulfureuse tandis qu'un solfatare gazeux tient allumée une flamme perpétuelle au-dessus de la source sacrée. C'est Shiva qui paye la note de gaz ! De nombreux saddhus couverts de cendres dans leurs hardes orange y viennent se ressourcer. Il est toujours cocasse de croiser à ces altitudes ces hommes faméliques, pieds et torses nus, le trident à la main et le regard cave, tandis que l'on descend de la montagne couvert de pied en cap. Ils errent comme des chasseurs primitifs éternellement bredouilles. Chasseurs d'ego, ces « renonçants », issus de la société civile, finissent souvent par se recréer de fortes personnalités, à force de grimages et grimaces, pour remplir leur incontournable rôle social : lorsqu'on donne à un saddhu, on fait progresser son karma, sorte de compte de crédit d'énergies positives dont on a besoin pour se réincarner dans une meilleure caste, puisque toute mobilité sociale de son vivant est impossible. Pour les saddhus, le karma progresse par l'ascèse et la mortification. Ils sont censés ne jamais rester plus de trois jours au même endroit, vivre de mendicité, et parcourir les montagnes en quête d'ermitages et d'ashrams où ils complètent leurs exercices spirituels et « stupéfiants », leurs hallucinations et fumigations botaniques !

Dans notre descente vers le village de Muktinath, notre regard est irrépressiblement attiré vers le nord et la vallée interdite du Mustang. Le trekking n'y est pas libre, et il faut souscrire un permis de 900 dollars par personne. De Muktinath nous repérons une piste haut perchée qui évite les contrôles : la voie royale ! Mais le Mustang est un cul-de-sac et notre route nous aspire vers l'ouest. C'est notre ruée. Nous résistons d'autant plus à la tentation que toute arrestation au Mustang conduit à une expulsion du Népal. En revanche, de notre point de vue élevé nous repérons déjà au loin, sur le versant de la vallée qui nous fait face, la fine diagonale de la piste interdite menant au Dolpo. Le problème des jours à venir.

À Muktinath, le Bob Marley Restaurant nous ouvre ses portes pour une exquise purée au fromage (la carte proposait de la purée au haschisch !). Rastas et saddhus, unissez-vous ! Nous continuons notre interminable descente de la Jhong Khola (— 3 000 mètres) vers la Kali Gandaki, la rivière Noire [1]. La rive droite est une sorte de Qumrān de la civilisation prétibétaine, une falaise de dépôts sédimentaires truffée d'orifices mystérieux et inaccessibles en cours d'exploration par des scientifiques allemands. Nous passons au large en jetant des pelletées de rêves

1. La rivière Gandaki est personnifiée en déesse. Kali en népalais signifie « noir ».

dans leur direction. À Kagbeni, au fond de la vallée, nous constatons que le trek du Dolpo est contrôlé par le poste d'entrée du Mustang : il faudra trouver un autre chemin ! Nous tournons à gauche vers le sud en descendant la Kali Gandaki, la vallée la plus profonde du monde.

À Ekla Bhatti, nous marquons une pause au Hill Tom chez des Takhalis, anciens caravaniers du Tibet, sédentarisés à l'invasion du pays par les Chinois, et devenus des commerçants et propriétaires prospères. Ex abrupto la jeune fille intervient :

— En échange de votre thé, je vous demanderai d'emmener un cheval au Marco Polo lodge de Jomosom.

C'est donc sur un joli cheval blanc à clochettes que Sonia accomplit ses derniers kilomètres en notre compagnie. Des torrents de boue noire coupent le trek à de nombreuses reprises. Le cheval passe sans hésiter. Sylvain et moi, nous appuyant mutuellement l'un sur l'autre, luttons contre le courant, de la boue jusqu'aux genoux. Il ne sera pas dit que nous aurons eu un répit sur la fin. Le soleil se couche bientôt, et enflamme de bourrasques orangées les maelströms de poussière levés par le fort vent du nord. Très loin au-dessus, dans une autre dimension, les pyramides des sommets, comme les vestales de Babylone, conservent les derniers rayons de l'astre dans leurs purs cristaux, pour que demain encore la lumière soit.

Les lumières de Jomosom nous apparaissent longtemps avant notre entrée dans la ville. Nous devenons des marcheurs à l'étoile. Étoiles artificielles qui arrivent toujours trop tard. Sylvain grommelle :

— Syndrome Dalbandin ! Tu te souviens dans le désert du Baloutchistan ?

C'est un syndrome que nous connaissons bien, les villes étapes sont toujours un soupçon trop loin. On ne sait pas pourquoi, mais c'est comme ça.

À Jomosom, après avoir conduit le cheval chez son propriétaire, nous retrouvons Passang Norbu, notre Sherpa de Namche. Il est instructeur de montagne pour l'école des troupes d'élite qui protègent le verrou de cette vallée d'une improbable invasion chinoise. Quand je lui dis que je suis malade comme une bête, il tient absolument à voir mes selles. Je m'exécute, à peine surpris, connaissant son penchant pour les choses occultes ! Il plonge son nez dedans et diagnostique à l'odeur le cyclospora, parasite végétal très affaiblissant ravageant sa victime jusqu'à extinction en six semaines !

— Il n'y a qu'une seule thérapie !

Angoissé, je m'attends alors à ce qu'il me prescrive une ablation totale des intestins, vésicule biliaire et testicules, quand il me répond :

— Cinq jours de Bactrim et tu es tiré d'affaire !

Demain Sonia s'envole vers le Vietnam ou elle va mettre en place, pour la Guilde du Raid, des cours de français à Saïgon, dans le cadre du Sommet de la francophonie. Ces 430 kilomètres de boues et de glaces, de sangsues et de puces, de crasse et de faim, de la jungle du Teraï aux contreforts désertiques du Tibet, ces 13 000 mètres de dénivelé, ces deux cols de 5 100 et 5 400 mètres, n'auront été pour elle qu'une escale. Kathmandu-Jomosom en onze jours ! Elle vient de réaliser une authentique performance ! Je la quitte plus amoureux que jamais. Plus de 3 000 kilomètres à pied et d'incertitudes absolues me séparent de nos retrouvailles.

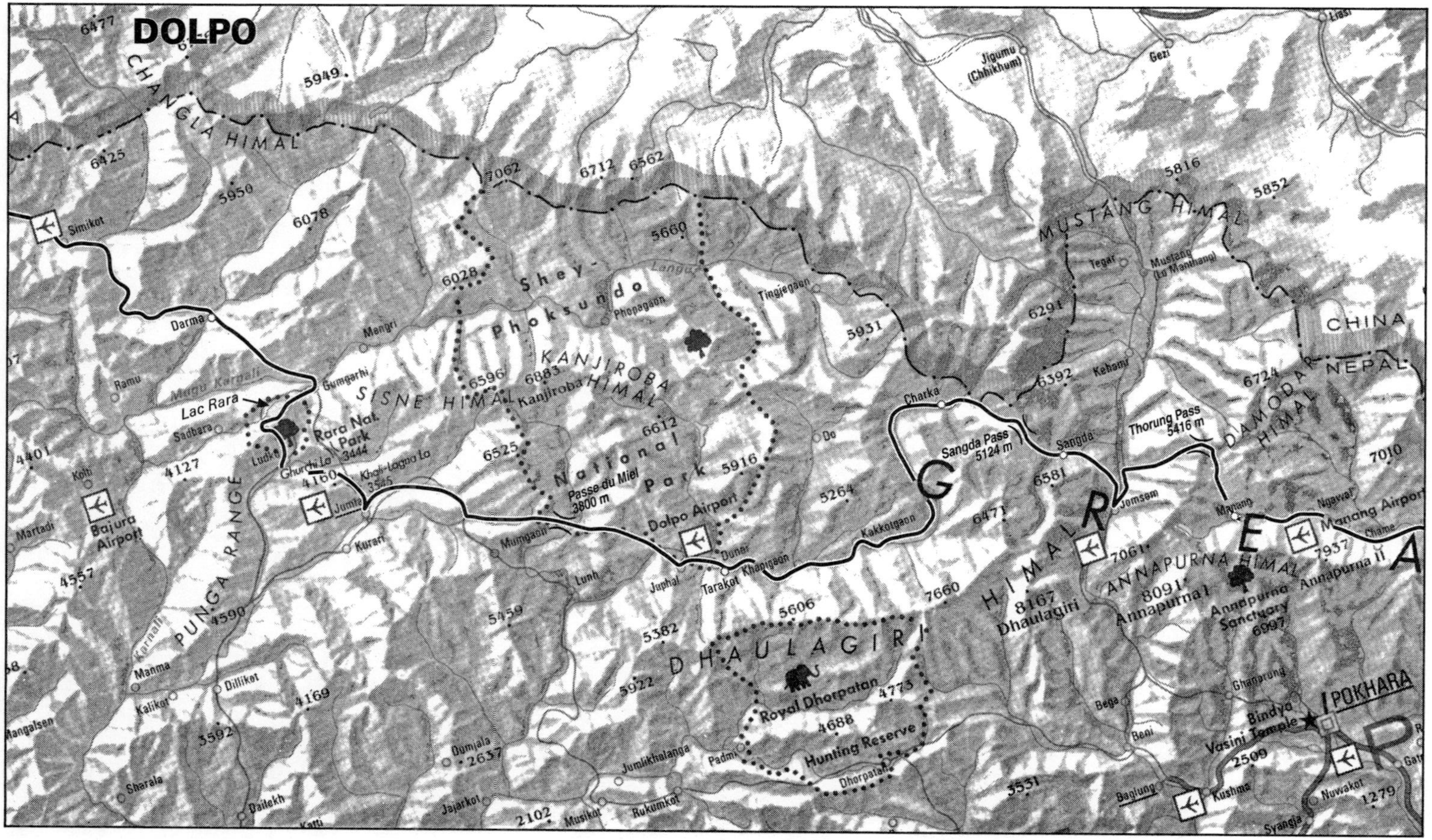
DOLPO
CHANGLA HIMAL
Simikot
Darma
Mugu Karnali
Lac Rara
Rara Nat. Park
3444
Gumgarhi
Mangri
Ramu
Sadhara
Ludku
Ghurchi Lo
Khali-Lagna Lo
3545
4160
Jumla
Kurari
Kolti
4401
Bajura Airport
Martadi
4557
4127
PUNGA RANGE
4590
Karnali
Manma
Kalikot
Dillikot
4169
3592
Mangalsen
Sharala
Dailekh
Katti
SISNE HIMAL
6596
6883
KANJIROBA HIMAL
Kanjiroba
6525
Shey-Phoksundo National Park
Phopagaon
Langu
6028
7062
6712
6562
5660
Passe du Miel
3800 m
6612
5916
Dolpo Airport
Mumgaon
Lunh
Juphal
Tarakot
Dunai
Khanigaon
5459
5382
5922
DHAULAGIRI
5606
Royal Dhorpatan Hunting Reserve
4773
4688
Dhorpatan
Padmi
Dumjala
2637
Jumlikhalanga
Jajarkot
2102
Musikot
Rukumkot
3531
Tingjegaon
5931
Do
5264
Kakkotgaon
7660
Charka
Sangda Pass
5124 m
Sangda
6581
6471
G
R
E
A
P
HIMAL
8167
Dhaulagiri
Jomsom
7061
ANNAPURNA HIMAL
8091
Annapurna I
Annapurna Sanctuary
6997
Annapurna II
7937
Manang
Manang Airport
Ngawal
Chame
Thorung Pass
5416 m
DAMODAR HIMAL
7010
6724
CHINA
NEPAL
6392
Kehami
6291
Tegar
Mustang (Lo Manthang)
MUSTANG HIMAL
5816
5852
Jigumu (Chhikhum)
Gezi
Liasi
5949
6425
5950
6078
6477
Ghanarung
Bega
Beni
Baglung
Kushma
Bindya Vasini Temple
2509
POKHARA
Nuwakot
Syangja
1279

6

DOLPO : DE JOMOSOM À SIMIKOT

Sylvain

Le grand bouleversement de ces dernières décennies au Népal, ce sont ces petits aérodromes qui fleurissent dans les vallées les plus reculées ou en haut des crêtes les plus resserrées. « Désenclavement des isolats », disent les géographes pour signifier que désormais on peut faire son marché à Pokhara (deuxième ville du Népal) quand on habite Dunai (au fin fond du Dolpo)... Rien n'est plus extraordinaire que le spectacle du ballet aérien des avions monomoteurs attendant une trouée dans les nuages pour se flanquer sur la piste, tracée entre deux falaises ou sur un replat vertigineux. Il arrive d'ailleurs de voir, sur quelques aérodromes d'altitude, des carcasses d'avion soigneusement alignées sur le bord de la piste, formant une sorte de haie d'horreur. On entend cette plaisanterie qui court l'Himalaya : « Atterrir à Lukla (aérodrome à 2 800 mètres près de l'Everest) c'est comme se garer dans son parking à 110 à l'heure. »

Ces avions ou hélicoptères — car quelques MI-17 soviétiques pilotés par des anciens de l'Afghanistan hantent les ciels népalais — transportent de vallée en vallée une foule hétéroclite de passagers composée à la fois de trekkeurs en retard, de vieilles paysannes qui emplissent les soutes de produits agricoles, de fonctionnaires brahmanes, d'hôteliers tibétains enrichis... Ces avions, jamais à l'heure, attendus comme le Messie, tracent dans les cieux himalayens un réseau prospère, opérant toute l'année, même pendant la saison des pluies. Pour nous aussi, ces lignes aériennes sont une aubaine : c'est grâce aux aérodromes que Sonia a pu nous accompagner au Manaslu avant de repartir pour le Vietnam, c'est grâce à eux encore que Priscilla peut nous rejoindre à Jomosom, pour traverser le Dolpo avec nous jusqu'à Jumla. L'une s'en va, l'autre arrive : valse aérienne des fiancées.

Depuis 9 heures du matin, nous scrutons le sud de la vallée, guettant un avion. Enfin, à midi, un ronronnement, imperceptible d'abord, s'amplifie doucement, à la hauteur du village de Marpha. L'avion apparaît, infime point suspendu qu'on prendrait, dans l'immensité des crêtes qui le dominent de plusieurs milliers de mètres, pour une poussière dans l'œil... Vent tourbillonnant au sol. Atterrissage acrobatique. Les huit passagers descendent, Priscilla parmi eux. Il semble que mon lent rythme cardiaque de marcheur s'accélère subitement. Notre Venise, pour l'instant, c'est cette piste sableuse, toute fiévreuse encore de l'atterrissage. Drôle d'endroit pour des retrouvailles... Nous sommes le 15 juillet.

Priscilla nous dépeint son vol, entre Annapurna et Dhaulagiri (un sommet au bout de chaque aile) et, sous la carlingue, le gouffre immense de la Kali Gandaki — la rivière Noire qui a creusé, entre les deux géants de 8 000 mètres, les gorges les plus étroites et les plus profondes du monde.

Sans transition, pour ne pas perdre la main, nous reprenons la direction de l'ouest, vers le Dolpo, l'une des régions les plus isolées du Népal. Et pour cause. C'est le donjon dans la forteresse, protégé de toutes parts par les murailles himalayennes, ne laissant que de rares ouvertures par des passes d'altitude qu'empruntent, épisodiquement, quelques caravanes venues du Tibet, à travers la chaîne du Kanjiroba. Les hommes éprouvent des difficultés à pénétrer au Dolpo. Les nuages aussi : les formations moussonneuses brisent leurs assaut contre les remparts qui ceignent la région. Et le pays est sec, pelé, épargné par les trombes. Et nous avons soif de cette aridité après deux mois passés à patauger dans les boues de mousson.

Priscilla, à peine débarquée de Paris, s'attaque au premier des six cols qui nous séparent du cœur du Dolpo. Nous pensions l'éviter en rejoignant directement le village de Sangda par la Kali Gandaki. Mais c'était sans compter sur les caprices de la « déesse Noire ». Le lit de la rivière Gandaki est modifié. Les chenaux effilochés qui la composent fluctuent, mènent la danse au fond de la vallée et changent souvent de place. Après une heure de marche sur la rive droite que nous remontons, un méandre imprévu, léchant les pieds d'une falaise, nous bloque. Impossible de grimper : la paroi est trop raide. Pas d'issue non plus en traversant à gué : le courant nous emporterait. Il ne reste qu'à faire demi-tour, ce qui nous horripile. La retraite, c'est en effet le plus gros sacrifice du marcheur, et les pas sur lesquels on revient sont toujours les plus difficiles. Retour à Jomosom donc et franchissement de la passe à 3 400 à laquelle nous n'aurons finalement pas coupé…

Au pied de la montée, au milieu des caillasses négligemment épandues là, quelques cailloux très noirs attirent l'œil. Parfois, on a la chance de découvrir un fossile d'ammonite quand on en retourne un. On appelle les vestiges de ces crustacés des saligramis dans les Himalayas. Voltaire soutenait que les fossiles découverts dans les Alpes et qu'on lui avait soumis étaient les reliefs des festins d'huîtres que les croisés s'offraient, entre deux hauts cols, sur la route de Jérusalem. Ici, on dit qu'ils symbolisent le dieu Vishnu.

La première passe au-dessus de Jomosom nous offre le double panorama des jours passés et des marches à venir. Derrière nous, vers l'est, nous laissons le massif des Annapurnas et, en contrebas, la vallée de la Gandaki, qui étire ses courbes par-delà le joli village de Marpha, vers le sud. Les eaux de glace qui l'alimentent finiront un jour dans le Gange. Au nord, comme une mer de colline, ce sont les moutonnements rouges du Mustang monochrome. Au sud se dresse le Dhaulagiri pointant à la sixième position au palmarès des sommets gratte-ciel. Et devant nous vers l'est, dans l'encadrement du chorten, s'enchâssent quelques crêtes glacées qu'il faudra passer. Elles marquent les bornes du « pays caché », le Dolpo.

De l'autre côté de la passe, nous dégringolons vers un village niché au creux d'un vallon comme nous en verrons tant, les jours prochains — trapu, pierreux, carré, ramassé sur lui-même et caché derrière le voile des fumées qui s'échappent des toits plats. Est-ce pour délimiter l'entrée du hameau ou pour appeler la bienveillance des esprits que se dressent trois par trois des colonnes colorées de terre sèche, à proximité des premières maisons ? Des venelles pavées contournent les habitations, hésitent le long des clôtures de pierres qui les ceignent, franchissent des porches, et traversent finalement tout le village labyrinthique.

Nous sommes à la mi-juillet, l'époque où l'on bat le blé d'été. Dans la cour des maisons, alignés face à face en quinconce, comme pour le menuet, hommes, femmes, enfants, munis de fléaux articulés, frappent à grands coups réguliers les tas de blé.

Dans le crépitement des chaumes enlevés par le vent, on distingue des filles ravissantes.

L'écho des battoirs se répercute loin dans les vallées, rythmant mieux qu'un balancier d'horloge les travaux et les jours.

Nous somnolons déjà à la lueur du feu. Il n'est que 8 heures du soir... Les Dolpo-pas [1] qui, ce soir à Philak, nous ont donné un coin de leur maison où étendre nos tapis de mousse s'apprêtent à la nuit eux aussi et les femmes étendent des couvertures sur le sol en torchis, autour de l'âtre. Aux dernières flammes, Priscilla sort les marionnettes-poupées de chiffon qu'elle transporte dans son sac à dos. Il y a un petit prince (*sano sati* en népalais) et un gros singe velu qui fera le rôle du yéti. Les mômes de la maisonnée accourent au spectacle. La saynète les terrifie et les ravit tour à tour. Comme dans tout guignol qui se respecte, c'est le yéti qui capitule, on respire, on applaudit et chacun peut se coucher.

Elle aura un succès terrible avec ses marionnettes tout au long de la traversée du Dolpo. Au cours de ce premier après-midi, avant d'atteindre notre halte du soir, nous avons donné une petite représentation improvisée dans le village de Dzongardjong. Ni castelet ni tréteaux. Seulement, en toile de fond, posé comme décor à perpétuité : le splendide réservoir d'eau du village, qu'on appelle un *pokhari*, tout ceint de pierres et bordé d'arbres et décoré en son milieu d'un stupa [2], et empli des reflets des cimes avoisinantes : le Tilicho et le Nilgiri, blancs et purs.

Les passes s'égrènent lentement le lendemain. En haut de chacune d'entre elles, se dresse l'habituel tas de pierres, qu'il faut alimenter de son propre caillou quand on passe à côté. Le tas s'enfle ainsi d'année en année au passage des voyageurs. Les cols sont couronnés de temps à autre par des vautours fauves qui décrivent de grandes auréoles aériennes au-dessus des crêtes.

Des sons de cloche et des clameurs annoncent soudain une caravane de yacks. Trente bêtes à corne, quelques chevaux et chèvres se hissent jusqu'au col, encadrés par cinq Dolpo-pas.

— *Namaste !* (Bonjour !)

L'un d'eux s'approche de Priscilla d'un air décidé, lui ausculte le bras et livre son verdict en riant.

— *Oupia !* Ha, ha, ha ! Oupia !

1. Nom donné aux habitants du Dolpo.
2. Stupa : monument religieux bouddhiste.

Nous venons d'apprendre le mot « puce » en népalais. Priscilla en a, en effet, attrapé quelques bataillons dans les couvertures de laine de yack, à la halte d'hier. Ses bras, ses jambes, sa taille sont constellés de piqûres. Les troupes l'attaquent le soir, au repos, comme si la circulation du sang pendant les heures d'effort les tenait en respect... Mes nuits au Dolpo seront emplies des grincements de dents de Priscilla qui résiste à l'envie de se gratter... se gratter... se gratter... et succombe parfois — jusqu'à se dépecer. Alex s'est débarrassé des puces qu'il avait récoltées autour du Manaslu. Quant à moi, elles continuent à me mépriser totalement. Peau trop dure ? Sang d'encre ? Pas à leur goût en tout cas.

Le village de Sangda fait partie des « étapes arlésiennes ». Celles qui n'arrivent jamais. Nous y parvenons au crépuscule après avoir franchi quatre larges combes traîtresses, croyant atteindre le village derrière chacune d'entre elles. La consolation, c'est que nous marchons aux premières loges d'un spectacle superbe. Des aiguilles rocheuses et noires se dressent à l'est, découpées en dents de scie, caparaçonnées de glace et orientées de telle sorte que le soleil puisse y contempler son propre coucher, comme dans un miroir.

Assis dans la salle commune de la maison de pierre où des Dolpo-pas nous ont accueillis, nous déplions nos cartes et fomentons nos plans pour la suite. À partir du village de Sangda, la région est en effet interdite car c'est une zone frontalière. La seule information valable que nous possédions est qu'il y a un poste de contrôle dans le hameau de Tarakot, à sept jours de marche d'ici. Ce poste est censé surveiller l'accès à la rivière Bheri et au parc national de Shey Phoksundo, pour les trekkeurs qui viennent du sud, par la route de Beni. Il suffira de raconter que nous arrivons par cette route classique et de présenter les permis de trekking pour la région du Bas-Dolpo, que nous avons achetés à Kathmandu. Reste à souhaiter qu'il n'y ait pas d'autre poste de contrôle avant celui-là, et notamment aux alentours du village de Meng, là où la rivière Mukut fait la jonction avec notre route. En attendant, il faut que nous rejoignions la rivière Barbung par une série de passes à 5 000 mètres puis que nous la suivions pendant quelques jours. Nous ne savons rien des possibilités de ravitaillement et notre carte anglaise au 1 200 000e ne décrit pas de haltes fastueuses... Nous possédons aussi une carte népalaise qu'Alex déploie devant le feu.

— J'ai dessiné des hachures de couleurs : vert pour les zones autorisées, rouge pour les zones interdites. Mais j'ai décalé les vraies limites ; et j'ai inclus notre chemin dans les régions ouvertes. Si on se fait arrêter, on expliquera que ce sont des officiers de Kathmandu qui nous ont dessiné les zones.

Pour donner un peu de crédibilité à la carte, nous ajoutons à l'encre rouge des numéros de dossiers, de faux noms brahmines affublés de signatures tout aussi imaginaires, et nous datons le tout.

— On croirait un document officiel... non ?

— Tu crois que ça marchera ?

— Inc'h Bouddha !

— De toute façon, on est forcés de prendre cette route interdite car sinon il faudrait redescendre jusqu'à Beni dans les chaleurs subtropicales pour remonter péniblement dans les forêts jusqu'au Bas-Dolpo, ou se taper, en clandestin, les passes glacées à 5 000, au nord du Dhaulagiri par la *hidden valley* de Herzog !...

La didi de la maison nous explique que la passe se trouve à une journée de marche et le premier village à trois jours. Nous devons donc trouver des vivres à emporter... Vaste entreprise.

— Tu as des œufs, didi ?

— *Chaïna !* (Il n'y a pas.)

— Tu as du lait ?

— *Chaïna !*

— Du beurre ?

— *Chaïna !*

— Du riz ?

— *Chaïna !*

— Ça commence bien !

L'approvisionnement est difficile ce matin ! La didi a d'autres yacks à fouetter que de remplir nos besaces. Une grand-mère, dans la maison d'à côté, accepte de nous faire cuire quelques galettes de blé sans levain. Et son mari, en fouillant comiquement dans un coffre de bois, découvre triomphalement quelques Rara Nuddle Soup providentielles.

Nous quittons la terrasse qui porte le village de Sangda. Nos hôtes nous saluent, debout sur le toit plat de leur maison, auquel on accède par une échelle creusée dans un tronc. Ils nous indiquent du doigt une douce échancrure au milieu d'une crête lointaine : c'est la passe de Sangda. Dans la vallée que nous remontons, les paysages s'appauvrissent. L'aridité gagne. Quelques rares bosquets parviennent à se fixer le long des ruisseaux. La couleur ocre domine les lieux. Des vautours glissent dans la chaleur et le silence. Nous franchissons une passe à 4000 avant de replonger vers un torrent, enjambé par quelques troncs.

— C'est le pont qu'on nous a indiqué ce matin !

Nous profitons de la fraîcheur des rives pour déjeuner. Les rations sont maigres : une demi-galette de blé et une moitié de sachet de nouilles crues pour chacun. Nous nous lavons aussi dans le torrent, vivement encouragés par Priscilla. Puis nous consacrons l'après-midi tout entier à remonter le long d'un éperon massif, sur un chemin tortueux qui traverse des éboulis grisâtres. Il nous amène sur un replat d'altitude couvert d'herbe rase et planté d'un chorten croulant. Un peu plus haut se tient le village abandonné de Gok avec ses terrasses encore cultivées, que viendront moissonner, à la fin de l'été, les habitants de Sangda. Nous passons au large de Gok et opérons un petit détour par une vertigineuse cascade pour faire le plein d'eau.

— D'après la carte, nous n'aurons plus d'eau jusqu'à demain après-midi, constate Alex.

Nous remplissons nos trois bouteilles en plastique de marque Annapurna et improvisons des outres avec les sacs étanches qui servent habituellement à l'isolation des pellicules photos. Nous réussissons à faire provision de cinq litres.

À 6 heures du soir, nous élisons domicile dans une forêt de cèdres nains grands comme des arbustes de salon, à 4100 mètres d'altitude. La ligne de végétation, cette limite fluctuante selon les régions, où la vie tout d'un coup cède la place à la pierre brute, n'est pas loin. Nous installons le bivouac sous un cèdre un peu plus grand que les autres. À travers la fourche de ses branches odoriférantes, nous distinguons la crête hostile qui avale le soleil. Il faudra la passer demain. Un renard à queue blanche caracole dans les buissons. Nous suivons longtemps le panache nacré de sa queue, puis le perdons de vue car la nuit sauvage est tombée. Les branches de bois de cèdre brûlent bien. Elles dégagent une voluptueuse odeur aromatique. Nous dînons autour du feu, nimbé d'un voile d'encens. La demi-galette de blé et les quelques poignées de nouilles crues sont vite avalées. Il ne reste plus qu'à se rassasier du spectacle des champs de neige allaités par la lune. On entend vaguement le remous du torrent, croisé ce midi. Le Mustang, au loin, est plongé lui aussi dans la nuit lunaire. Nous restons autour du feu, assis sur des feuilles de schiste, attendant l'extinction des braises pour aller nous coucher et remerciant l'érosion d'avoir ménagé là un beau balcon pour amoureux plein de puces.

Nous nous réveillons comme des lutins en vadrouille qu'aurait surpris la nuit et que découvrirait l'aube, blottis au creux de grosses racines. Le feu de bois a fumé toute la nuit et nous sentons la salaison dans le matin naissant. Pas de rosée à secouer en s'extirpant des duvets : il fait trop sec. La nuit, hélas, n'a pas été reconstituante pour Priscilla : elle a vomi le peu d'énergie qui lui restait et les rares répits que lui laissaient ses spasmes ont donné aux puces l'occasion de livrer leurs assauts. Je la ranime pendant qu'Alex ranime le feu. Nous expédions un petit déjeuner un peu court à notre goût. Mais le décor de notre salle à manger rachète bien les insuffisances de l'intendance. Tous les sommets environnants accueillent l'aurore. La lumière illumine d'abord leurs cimes, puis descend vers les pierriers en léchant doucement les pentes de neige comme une caresse d'or.

Nous plions bagages et commençons à monter dans les pierriers. Les éboulis se redressent, le chemin se cabre et franchit une arête pour déboucher sur des affleurements de schistes acérés qu'il faut dépasser pour atteindre la passe. À 200 mètres à l'aplomb, un troupeau de barals traverse une coulée de pierres, survolé par un gypaète géant. D'où vient qu'ils soient si agiles et nous si misérables, sur ces versants rocailleux et pentus ? Nous finissons par arriver à la passe, simple brèche entaillée dans la crête de schistes. Mon altimètre n'indique que 4 900 mètres alors que la passe est placée à 5 200 mètres sur la carte. Nous comprenons très vite l'anomalie : la passe de Sangda est une double passe ! Et nous repérons à quelques kilomètres plus à l'ouest un autre col séparé du premier par une large vallée en auge... Tour à tour, à la boussole, nous identifions les massifs qui nous cernent et dont les noms chantent mieux qu'une lourde et impossible description : Annapurna, Dhaulagiri, Tuckuche, Malung Kang, Mukut Himal... Nous distinguons même le Manaslu au pied duquel nous passions dix jours avant ! C'est le propre de l'Himalaya d'offrir de si larges perspectives. On peut lire dans les horizons le passé et l'avenir : d'où l'on vient et où l'on va.

Le déjeuner est aussi léger que l'air ambiant. Nous descendons, à 4 700 mètres au fond de la vallée en auge creusée par un glacier disparu. Là coule un torrent dans lequel nous rechargeons nos réserves d'eau. La vallée est douce, comme un moutonnement de reliefs irlandais. Les versants rabotés par les glaces antiques s'élèvent de chaque côté, aussi lisses et aplanis que les parois d'un cylindre coupé dans sa longueur.

Nous montons en direction de la seconde passe. Nous y arrivons assez épuisés, au moment précis où une caravane de yacks la franchit dans l'autre sens, conduite par trois Tibétains. Ils viennent dans ces parages pour la première fois. Nous nous échangeons quelques informations. Au pied de la passe, s'ouvre la vallée que nous allons descendre pendant les quelques jours suivants, le long de son tracé en fer à cheval.

Nous gagnons le fond de la vallée sèche. En fait, nous débouchons sur un extraordinaire dôme herbeux au milieu duquel s'élève un chorten qui marque la ligne de partage des eaux entre le bassin de la Kali Gandaki et celui de la rivière Dolpo. Nous effectuons quelques interminables kilomètres dans le lit pierreux de la vallée, jusqu'à la tombée du jour.

Nous découvrons alors avec surprise un *yak-karkha* habité, c'est-à-dire une hutte de pierres et de lauzes sèches. La cabane ne mesure pas plus de trois mètres de côté et il faut se baisser pour y rentrer. Elle se tient au milieu d'un champ labouré et dépierré, à 4 600 mètres. C'est là que vit Sonam Tsering, notre hôte de ce soir, cinq mois de l'année, en compagnie de quelques yacks, comme il y a 6 000 ans.

Nous comptions passer la nuit dehors en rationnant nos réserves. Aussi la hutte de Sonam fait-elle figure de palais byzantin. Il nous ménage trois places entre les ballots de tsampa et tout son matériel de bât pour yacks et s'affaire à nous préparer, sur un feu de bouses séchées, un brouet de tsampa mêlé de lait et de thé salé. La fumée s'échappe par un trou ménagé dans le toit. Dans le minuscule réduit enfumé, nous avalons des litres de thé tandis que Sonam reprend sa quenouille pour filer la laine de yack. Priscilla peint son portrait à l'aquarelle et le lui tend. Sonam demande s'il s'agit de lui, hoche la tête quand nous le lui confirmons et accroche la feuille sur une pierre en saillie.

— C'est ainsi qu'est né le papier peint, dis-je.

Quand nous le quittons le lendemain aux aurores, Sonam, déjà, a commencé à tisser la laine, assis en tailleur, devant son feu de bouses. Pendant un long moment, alors que nous regagnons la rive du torrent, nous entendons, derrière nous, la rauque mélopée qu'il fredonne, heureux sans doute de répéter les gestes simples qui occupent sa vie. Et il nous semble que quiconque reviendrait ici dans quelques siècles retrouverait le même Sonam, filant toujours la laine et chantant, sans répit, les airs du temps qui passe.

À présent, et pour les jours qui viennent, nos préoccupations d'orientation disparaissent. Il suffit de suivre un torrent, de se laisser mener au fil des eaux glaciaires jusqu'à la basse vallée du Dolpo. Le cours d'eau auquel nous sommes désormais liés changera souvent de nom. D'abord Thajang, il deviendra Barbung puis Behri. Les paysages, eux, restent parfaitement figés, uniformes dans l'aridité. La sécheresse et l'altitude les éreintent, les pèlent, les dévorent. Elles avivent les affleurements de pierriers secs, elles décapent les versants, elles entretiennent les immenses horizons vides, stériles et désolés qui nous apparaissent à chaque méandre. Parfois, nous débouchons sur une portion de vallée fertile. L'herbe, quelques buissons, des cultures même, défient l'austérité. Mais très vite l'aridité reprend le pas. Et la poussière, contenue un moment par la végétation, envahit à nouveau l'atmosphère brûlante.

Il vaut mieux arpenter les vallées de Thajang et de Barbung en géologue qu'en philanthrope. Car on n'y trouve pas grand monde. Les villages s'espacent tous à la distance d'une grosse journée de marche. On n'imagine pas le soulagement que nous ressentons quand, soudain, au terme de plusieurs heures d'effort (alors qu'on ne quitte pas cet état de demi-incertitude, propre au vagabond, de ne jamais savoir où nous surprendra la nuit), on aperçoit, au loin, les drapeaux à prières qui flottent en rang serré, annonçant le village, comme les oripeaux d'un donjon médiéval. D'ailleurs les structures villageoises du Dolpo sont féodales. Beaucoup de villages comme celui de Charka, à 4 000 mètres d'altitude, où nous arrivons un soir, occupent les places fortes naturelles, les verrous, les éminences. Ils bloquent les vallées, dominent les passages obligés, régentent la géographie, tiennent tête aux vents des montagnes. Ils deviennent bastions. Les maisons, carrées, percées de petites et rares fenêtres de bois ouvragé, ressemblent, elles-mêmes, à des fortins. Or, elles sont toutes groupées, assemblées les unes aux autres, arc-boutées aux remparts circulaires soudés parfois à la paroi. Et autour de ces massifs villageois, repliés sur eux-mêmes, s'enroulent les champs en terrasses, semés de blé, d'orge ou de pommes de terre, assurant la subsistance parfaitement autarcique des quelques habitants.

À Charka, nous arrivons vers 18 heures alors qu'une lune monumentale se lève lourdement à l'est. Le village semble mort. Les hommes sont sans doute aux champs. Dans les cours intérieures les femmes vaquent à leurs tâches. Certaines filent la laine sur des métiers primitifs, d'autres traient les chèvres affolées dans l'enclos, d'autres encore ramènent des fagots de bois qu'il faut chercher de plus en plus loin chaque année. Le médecin du village nous accueille. Il nous explique que tous les hommes sont partis dans un monastère éloigné pour célébrer un festival. Lui reste dans sa maison pour donner une *puja* à domicile. Avec le renfort de quelques moines colorés, il prépare sa chapelle, astique les bouddhas, accorde ses cymbales, remet à niveau ses lampes à beurre et avale, entre deux coups de chiffon, une rasade de rakshi à la santé de Gyatso, quatorzième Dalaï Lama... Demain, à la même heure, lui et ses compagnons commenceront l'invocation des esprits, des forces et des dieux... Nous lui demandons, à grand renfort de mimes, d'implorer pour nous, demain, la bienveillance d'Amithaba, le Bouddha de la « lumière infinie », celui qui garde la porte de l'ouest ! Le saint patron de la Transhimalayenne en quelque sorte...

Dimanche 20 juillet, 4 000 mètres, vallée de Barbung

La vallée de Barbung a tourné au sud. Elle reçoit à présent de nombreux affluents qui gonflent la rivière sans rendre pour autant plus riantes ses rives. Nous marchons sur une sente à quelques centaines de mètres au-dessus du cours d'eau, sur des versants assez abrupts. De temps en temps, un chorten ou un stupa montés sur des porches qui enjambent le chemin rompent la monotonie. En levant les yeux, on distingue, peints sur la face intérieure de la coupole, des mandalas et des portraits de bouddhas éclairés par les faibles raies de jour. La plupart de ces stupas partent cependant en déréliction, car, comme beaucoup de vallées du Népal, celle-ci se dépeuple et les jeunes villageois, lassés de tant peiner sur les charrues sans soc, viennent gonfler les rangs d'alouettes, candidates au miroir de Kathmandu.

La vallée se resserre. Des falaises calcaires gigantesques l'encadrent de plus en plus souvent. Les contorsions des plis sédimentaires dessinent des griffes de main torturée. Il règne un mystère sur ces parois sombres constellées de grottes, de fissures et de cheminées. Un après-midi, l'une de ces falaises nous bloque. C'est une arête de roche grise et compacte, de 60 mètres de haut, qui barre le chemin comme un mur et se prolonge jusqu'au torrent furieux où elle plonge à la verticale. Nous sommes coincés encore une fois, comme il y a quelques jours, à la sortie de Jomosom. Et là encore, pas question de traverser à gué un torrent que nous avons eu déjà du mal à franchir, en amont, trois jours auparavant !

— Il y a une cheminée qui part à quelques mètres au-dessus de nous. On doit pouvoir atteindre sa base par les pierriers, remarque Alex. Je vais voir.

Nous l'observons grimper dans les éboulis de pierre, rejoindre le pied du dièdre et commencer à l'escalader par une succession de couloirs rocheux fortement inclinés et de ressauts verticaux. Stupeur ! À mi-hauteur, c'est-à-dire à 30 mètres au-dessus de nous, il disparaît dans la paroi verticale… pour réapparaître quelques minutes plus tard ! Il nous fait signe de le rejoindre.

— Qu'est-ce que c'est que cette sorcellerie ? lui crie Priscilla quand nous arrivons à sa hauteur.

— Vous verrez ! C'est une surprise.

Nous débouchons sur un petit balcon tout juste assez large pour nous recevoir tous les trois. Nous sentons un courant d'air anormal. Il provient d'une longue fissure de deux mètres de haut sur quelques dizaines de centimètres de large qui occupe le fond du dièdre.

— Une grotte !

— Je me suis enfoncé un peu à l'intérieur, on voit le jour de l'autre côté. C'est une diaclase qui traverse l'arête de part en part, dit Alex.

Tour à tour, nous nous engageons dans la fissure, et débouchons trente mètres plus loin (l'épaisseur de l'arête) sur une étroite vire rocheuse inclinée vers le vide. Des vestiges de vieux escaliers de pierre courent encore le long de la paroi. C'est par là qu'il faut descendre.

Nous faisons cependant demi-tour car nous avons repéré, à l'entrée de la grotte, un cheminement qui permet d'atteindre le sommet de l'arête et nous ne voulons pas manquer la vue depuis la crête. Nous nous engageons sur une mince vire diagonale de vingt centimètres de large, zébrant la face en son milieu et qui mène doucement jusqu'au fil de l'arête. La vue qui s'offre sur une vallée sauvage et verdoyante, de l'autre côté, nous subjugue.

— C'est une oasis !

— C'est le jardin d'Éden !

— C'est Babylone !

Nous nous précipitons. C'est-à-dire que, plus précisément, nous désescaladons la moitié de la falaise, rejoignons les systèmes d'escaliers en ruine édifiés par on ne sait quel miracle d'énergie, rejoignons des pierriers instables et dévalons vers les rives fleuries de la vallée heureuse.

Au bord de l'eau, dans un champ d'herbes folles, nous déjeunons de quelques pommes de terre assaisonnées à l'ail sauvage qui pousse à profusion autour de nous. Mais ce répit dans l'aridité est de courte durée. Très vite, nous retrouvons les versants stériles et pierreux.

Nos journées sont solitaires. D'abord parce que nous ne croisons qu'un hameau par jour. Ensuite parce que, sur le chemin lui-même, il est très rare de rencontrer d'autres pérégrins. Un après-midi, cependant, nous repérons de très loin une large tente de laquelle s'échappe une colonne de fumée. C'est une halte de Tibétains qui mènent, à six, une caravane de soixante yacks. Nous sommes conviés à boire le redoutable thé au beurre salé agrémenté de *churbi*, le fromage séché plus dur que la pierre. Ils arrivent des plateaux au nord du Tibet, au-delà des monts Kanjiroba, à un mois de marche vers le nord. Leurs bêtes transportent des tonnes de sel qu'ils comptent vendre à Dunai, la grosse bourgade du Dolpo. Ils reviendront ensuite par où ils sont venus, rapportant au Tibet du riz et du sucre. Il n'y a pas que les yacks que l'on bâte dans ces vallées. Nous croisons un jour, stupéfaits, un troupeau de chèvres à longues oreilles chargées de petits sacs de riz, de thé ou de sucre. Chaque chèvre peut transporter ainsi entre dix et vingt kilos. Quatre fois plus que le poids de nos propres sacs…

Monastère de Parbeng, 6 heures du soir, 3 800 mètres

— C'est là !

Priscilla me pointe du doigt les bâtiments du monastère, construit en avancée sur une large banquette boisée qui domine un escalier de terrasses cultivées. Toujours cette impression de château féodal... Un pont nous permet de traverser la rivière pour gagner les bâtisses. De l'autre côté, invisible depuis la rive opposée, nous découvrons une merveille. C'est un bâtiment de pierre et de crépi blanc et rouge, construit contre une paroi dont les couches calcaires, plissées sous quelque effet tectonique, affleurent et dessinent une vague. La bâtisse est parfaitement ajustée aux ondulations des plis, enchâssée au centimètre près dans la courbe des couches au point qu'on ne sait plus qui des deux est antérieur, de la construction ou des strates. De loin, on pourrait imaginer une fenêtre logée dans la falaise et donnant sur quelque antre profond. Mais l'édifice est abandonné et nous devons monter 200 mètres pour gagner le monastère et trouver une âme accueillante pourvue d'un toit solide...

Nous arrivons ainsi, chaque soir, en vue des villages, vers 18 ou 19 heures, avec ce sentiment du devoir accompli, de la tâche remplie, de la journée bien faite, et nous voyons avec un plaisir immense le tracé ondulant de notre périple augmenter chaque jour sur la carte.

En pénétrant dans les hameaux, il faut composer avec les dogues noirs qui les gardent, avant de se mettre en quête d'un endroit pour la nuit. On nous accueille selon les soirs avec douceur, avec terreur ou avec indifférence. On ne nous reçoit jamais avec empressement, mais on ne nous rejette pas non plus. Dans les hautes vallées, la vie est une tâche trop ardue pour qu'on accorde les fastes à l'étranger qui passe, et un bien trop précieux pour qu'on le laisse coucher dehors. Ces soirées obscures se ressemblent toutes au point qu'on ne puisse pas les distinguer. Comme nos hôtes, nous attendons, imperturbablement, que le brouet arrive. De temps en temps il s'échange un mot, une question, un sourire, un geste. Ce sont là nos conversations. Et le temps passe. Si long, si vide et si riche... Et puis, la soupe est là, le riz, le thé ou simplement une galette chez les plus pauvres. On mange en raclant. Très vite et sans bruit. Puis l'homme dit sa prière en chuchotant. La maisonnée se prépare à la nuit. On nous désigne un endroit, plus ou moins loin de la cuisine, lieu sacré. Les didis parlent haut et fort jusque tard dans la nuit et se taisent subitement, et c'est alors l'immense repos jusqu'au matin.

Certes, nos soirs et nos nuits se ressemblent tous, mais nos journées aussi. Nous n'avons plus qu'un souvenir confus et irréel de ces heures brûlantes où les foulées s'ajoutent les unes aux autres, sans que rien ne perturbe notre silence et notre solitude. Le temps s'arrête, nous marchons dans un rêve...

Nous atteignons un jour la jonction entre la rivière Barbung et la rivière Mukut. À cet endroit, le cours d'eau fait un coude vers l'ouest. Nous sommes arrivés à l'entrée du Bas-Dolpo. Nous avons conçu quelques craintes la veille, pensant que la vallée, resserrée en verrou à l'endroit de la rencontre des deux rivières, abritait un poste de police. Plusieurs Dolpo-pas de Parbeng nous l'avaient signalé avec plus ou moins de certitude. Nous avons donc opéré de grands détours par le haut des versants, coupant à travers les pierriers et les zones de bad-lands pour éviter les rives malfamées !

À présent que les dangers hypothétiques sont passés, nous progressons plein ouest dans la vallée qui s'élargit un peu en marchant dans le lit du cours d'eau ou sur les premières terrasses alluviales pas trop hautes. C'est un vrai plaisir de suivre les berges sans être forcés de marcher à 500 ou 600 mètres au-dessus du torrent ! Il nous est arrivé de devoir grimper stupidement jusqu'à 4 000 pour suivre le chemin sur un des versants de la vallée, alors que la Barbung coulait à 3 200 mètres !

À la fin d'un après-midi, nous nous heurtons à des éboulis qui ont emporté le chemin dans la rivière. Il est impossible de passer. Comme souvent, nous faisons demi-tour à la recherche d'un aléatoire passage à gué sur la Barbung déchaînée. En revenant sur nos pas, le long des rives, scrutant le cours d'eau, nous tombons sur une cabane que nous n'avions pas vue à l'aller. La masure est abandonnée. Nous nous approchons et sommes fouettés par une violente odeur de cadavre. Au même instant un molosse surgit et aboie agressivement. Nous attrapons des pierres pour faire face. Le chien ne se laisse pas intimider et lance ses attaques. Nous battons en retraite, laissant derrière nous cette cabane aux allures de caveau. C'est alors que nous croisons un chemin assez bien marqué qui amène à un pont lui-même caché derrière un gigantesque bloc. Voila pourquoi nous ne l'avions pas vu tout à l'heure.

Nous sonnons la halte sur l'autre rive et préparons le déjeuner. Nos repas du Dolpo sont affligeants. Pour unique plat nous disposons de tsampa. La farine est contenue dans un vieux sac en plastique. Nous nous passons le sac et chacun à tour de rôle y plonge la tête comme le cheval dans le sac d'avoine accroché à ses oreilles. C'est alors qu'entrent en jeu l'habileté et l'habitude : il faut d'un coup de langue laper la farine — ni trop ni trop peu — sans s'étouffer. Le spectacle est inoubliable de Priscilla ou d'Alex sortant le nez du sac, le visage couvert de farine, les narines bouchées, crispés par un rictus de concentration pour ne pas éclater de rire ou d'étouffement et implorant des yeux qu'on leur passe la bouteille d'eau. Car (c'est la deuxième étape) il faut boire doucement, à la bouteille ou à même le ruisseau, quelques gorgées d'eau qu'on prend garde de ne pas avaler tout de suite, pour mélanger la tsampa. La bouche sert de pétrin. Consciencieusement, on y mixe l'eau et la farine pour obtenir la pâte compacte qu'on peut enfin avaler. La tsampa, c'est un mode de vie…

Outre que nous sommes devenus tsampaphages, nous nous « tibétainisons » de plus en plus. C'est-à-dire que les couches de crasse, de cendre et de terre se superposent en strates sur nos peaux brûlées de soleil. Les puces, les lèvres déchirées par le soleil, les cheveux raides de poussière achèvent le tableau. Nous prenons l'allure de ces yackiers du Kanjiroba, du Kham ou d'ailleurs que le voluptueux contact de l'eau sur le corps laisse indifférents.

— L'avantage, Priscilla, c'est que la gangue de crasse est isotherme et qu'elle fait écran total.

Le Dolpo, évidemment, n'est pas une villégiature pour amoureux en lune de miel.

C'est dans le village de Kakkotgaon qu'un soir nous procédons à de grandes ablutions. La source d'eau coule à 100 mètres du hameau dans une clairière d'épicéas. Des enfants passent sur le chemin, allant du village à la source, de la source au village, courbés sous les bidons de vingt litres qu'ils rapportent au foyer. Nous laissons Priscilla se laver seule à la résurgence. Quand je retourne la chercher, je la trouve entourée de trente mômes qui la contemplent, fascinés. Au Népal, les moments d'intimité sont toujours de courte durée… C'est alors qu'une petite fille, invitée par Priscilla, ose tenter l'expérience du lavage de mains. Silence sépulcral. Les autres la regardent faire. Se saisir du savon, frotter, rincer, frotter encore et rincer sans relâche, jusqu'à ce que deux mains roses lui fassent comme des gants de satin au bout des bras crasseux. Alors, c'est la ruée. Les enfants déchaînés se pressent à la source, s'arrachent les morceaux de savon, se frottent les mains, se récurent le visage puis se lavent les cheveux, le cou, les oreilles. Les alentours de la source deviennent un bourbier dans lequel pataugent les candidats au lavage. Et puis la nuit tombe, mettant un terme aux grandes eaux de Kakkotgaon... Et nous rentrons ensemble au village, accueillis par les yeux ahuris des parents qui ne reconnaissent pas leurs enfants.

La nuit que nous y passerons ne sera pas beaucoup plus reposante que le bain. Nous nous endormons sous l'auvent d'une maison, goûtant la fraîcheur bienfaisante de la nuit. À minuit, un troupeau de poules déboulant du toit, sans doute poursuivi par un chien, s'abat sur nos têtes. Les bêtes stupides se prennent les pattes dans les lacets de nos sacs de couchage. La tornade de plumes passe, nous nous rendormons. Quelques heures après, un transistor poussé à fond nous réveille en sursaut. C'est un Népalais du Sud, marcheur nocturne, qui vient d'arriver dans le village, qui s'est installé près de nous et qui écoute la radio à plein tube avant de s'endormir. Nous poussons contre lui quelques hurlements énergiques. Silence. Nous nous rendormons. Une heure après, la bande d'enfants d'hier soir fond sur nous pour retourner à l'eau. Les mômes nous secouent pour nous réveiller. L'aube se lève dans un coin. Cette fois, c'en est fini de la nuit. Trente paires d'yeux scrutent notre lever. Le Népalais débarqué en pleine nuit s'avise de tâter la cuisse de Priscilla. J'étais déjà de mauvaise humeur à cause de la radio : il atterrit sous la terrasse, en contrebas. Fureur du type, hilarité générale. Il est 4 h 30 du matin. Bienvenue dans une nouvelle journée au Népal...

C'est en descendant sous la cote des 2 500 mètres d'altitude que nous retrouvons les mouches. Jusqu'ici, l'altitude nous avait préservés de ce fléau. Mais l'élevage de chèvres s'est beaucoup développé dans la région de Dunai que nous avons gagnée. Et les milliers de tonnes d'excréments caprins attirent les diptères. Il faudrait déterminer la proportion de mouches par tête de bétail. Le chiffre dépasserait tout ce qu'on peut imaginer.

Il y a toute une chaîne alimentaire greffée autour de la crotte de chèvre. Le scarabée bousier et la mouche noire ou bleue se partagent les déjections. Le gros lézard vert dévore les insectes et... finit dans les serres des aigles ou des milans, eux-mêmes chassés par l'homme. Seule la chèvre tire son épingle du jeu de massacre. Car on ne consomme presque pas sa viande. Sauf, plus loin vers l'ouest ou vers le sud, dans quelques rares régions peuplées de musulmans, où une main ferme n'hésite pas de temps à autre à leur trancher la gorge.

Les mouches peuvent briser une vie. Pour qui n'est pas bouddhiste ou rompu à supporter le pire sans trop broncher, il est presque impossible de s'habituer au nuage perpétuel qui enveloppe le visage. Mouches qui harcèlent, mouches qui vrombissent, mouches stridentes qui scient les nerfs.

C'est dans la chaleur énervante d'une nuée de mouches noires que les policiers du poste de Tarakot inspectent nos permis de trek falsifiés et n'y voient que du feu. Nous pouvons donc passer escortés par notre nuage.

Nous continuons la descente jusqu'à la grosse bourgade de Dunai à 2 150 mètres, à l'entrée du parc naturel de Shey Phoksundo, le sanctuaire du léopard des neiges. La région n'a plus rien de commun avec les vallées de Chakkra ou avec le Haut-Dolpo. Les influences humides y sont bien plus marquées. Et avec l'eau, c'est la vie qui revient. L'étagement des cultures, l'enracinement des hommes, le foisonnement des bêtes, la rumeur des forêts. Quelques kilomètres après Dunai, au village de Tibrikot, nous quittons enfin la vallée de la Barbung (devenue Bhéri entre-temps) que nous suivions depuis sa source, et commençons une lente progression à travers de hautes collines vers le bourg de Jumla où Priscilla nous quittera. Il nous faudra quatre jours pour rejoindre Jumla. Quatre jours de montées laborieuses, de descentes interminables. Quatre jours de montagnes russes sans une seule portion de plat.

Je m'étais demandé, avant de partir pour la Transhimalayenne, si nous nous ennuierions pendant ces journées si semblables, occupés uniquement à enfiler pas à pas les perles de notre long chapelet de kilomètres. J'ai eu la réponse dès les premières journées. Au Népal, la monotonie ne résiste pas au dénivelé. Tant qu'il y a de quoi monter, tant qu'il vous faut descendre, on échappe à l'ennui.

Et cette marche vers Jumla, longue accumulation de dénivelés, est justement enchanteresse. Songez ! La journée par exemple commence à 1 800 mètres dans une atmosphère subtropicale. On marche d'abord au milieu des fougères grasses. Il faut écarter les bosquets de bambous ployés au-dessus du sentier, alourdis par la pluie. Des singes entelles, balancés au bout de lianes, passent d'un ficus à l'autre, décrochant des bouquets d'orchidées. Les filaments de lichens et de mousses espagnoles pendus aux pipals vibrent comme des antennes au moindre soubresaut de la jungle. Au fur et à mesure que l'on s'élève, la touffeur disparaît. On laisse derrière soi les derniers champs de cannabis dont l'incendie droguerait les oiseaux de passage. On croise vers 2 500 mètres un premier bois de rhododendrons que ne tardent pas à rejoindre hêtres, chênes et noyers. Les églantiers fins et souples remplacent les bambous, couvrant le pied des châtaigniers. Annonçant l'altitude et les conifères, un bouleau vient se mêler à l'aulne. On monte encore un peu ! Vers 3 000 mètres jaillissent droits et puissants comme une armée les épicéas, les cèdres et les pins bleus. Il ne subsiste des étages inférieurs que des rhododendrons tenaces et des bouleaux superbes. Pas de vulgaires petits bouleaux de taïga, rangés soigneusement en rang sur 2 000 kilomètres, mais de gros fûts blancs, ancestraux, aussi patriarches que des chênes germaniques et tout perclus de vieillesse. Et puis les conifères restent seuls en lice au-dessus de 4 000 mètres. On grimpe toujours. Ils rabougrissent : ce sont les variantes naines de leur espèce qui garnissent les altitudes. Comme s'ils s'effaçaient pour laisser le soleil abreuver les parterres de fleurs sauvages ! Elles sont si légères qu'elles ne peuplent que les hauteurs. On dépasse les 4 000 mètres pour fouler les grandes prairies d'altitude. Champs d'herbes folles, d'herbes hautes, d'herbes fleuries. Coquelicots, orpins, gentianes, et jasmins de rocaille précèdent les cols. La digitale ondule aux vents des passes herbeuses. Et enfin, quand chacun a capitulé, quand ne poussent plus que les rocailles, quand même le yack et l'orge et l'edelweiss arrêtent la lutte, il y a toujours, ici où là, un petit myosotis qui résiste et que j'appelle dans mon herbier imaginaire : *Azuris perseverantis.*

Un après-midi, dans la montée vers la « passe du miel » à 3 800 mètres d'altitude, nous faisons halte dans un village entouré de pommiers. Une grand-mère aimable nous prépare du riz. Des dizaines d'enfants, montés sur la terrasse où nous nous reposons, nous scrutent, immobiles. L'un d'eux nous apporte des pommes. Leurs visages disparaissent sous des nuées de mouches qu'ils ne chassent même plus. Un bébé cligne des yeux à grand-peine pour protéger ses paupières infectées où les mouches viennent sucer le pus. Nous nous épuisons à battre l'air des bras pour chasser les nuages. À chaque moulinet, il tombe dix mouches et il en revient cent.

— Si nous organisions une grande chasse aux mouches collective ? propose Priscilla.

— Pourquoi pas une banque ? suggère Alex. Un roupie pour cent mouches tuées.

Nous exposons l'idée en népalais aux plus grands enfants. Ils s'improvisent généraux, constituent des armées et expliquent le marché aux petits. La terrasse se transforme en champ de bataille. C'est la curée. Il faut imaginer cinquante mômes déchaînés livrant bataille à des milliers de mouches en poussant des hurlements hystériques sur une terrasse de quarante mètres carrés. La vieille grand-mère, attirée par le bruit, sort de sa cuisine et contemple le carnage, atterrée. Les enfants déposent des poignées de mouches devant nous. La vieille doit se dire que nous avions trop faim pour attendre son riz. Nous comptons les mouches et les empilons en tas de vingt. Cinq tas = cent mouches = une roupie. Les enfants viennent chercher leurs billets, les mains poisseuses de jus noir. Nous nous associons à la grande extermination pour motiver les ardeurs. Mais c'est peine perdue. Il y a toujours plus de mouches dans l'air. Le tas de cadavres grossit sans que les bataillons d'insectes diminuent. Nous ne pouvons plus payer nos créances. Nous cessons les hostilités et quittons le village, vaincus.

Juste avant d'atteindre la « passe du miel », Alex, qui marchait en tête, se perd dans une forêt de rhododendrons et erre un moment avant de retrouver le bon chemin. Il nous rejoint essoufflé, pâle, les mains et les bras griffés, alors que Priscilla et moi ne sommes plus qu'à cent mètres de la passe.

— Qu'est-ce qu'il t'arrive ?

— Je viens de me faire attaquer par des singes ! Je courais pour vous rejoindre, j'ai sauté un talus et j'ai atterri au milieu d'une tribu de langurs que je n'avais pas vus. Ils ont eu la peur de leur vie. Le plus gros s'est jeté sur moi, crocs découverts. Je n'ai pu que le retenir avec mon bras, le faire basculer sur ma gauche et lui décocher un coup de pied dans la gueule… Ils se sont enfuis d'un côté et moi de l'autre !

Ensemble, nous gagnons la « passe du miel » mieux fréquentée que les sous-bois de rhododendrons puisque seul un aigle majestueux y décrit ces cercles.

La suite du trajet avant Jumla est une succession de prairies multicolores, de forêts puissantes, de villages bondés d'enfants où les marionnettes de Priscilla déclenchent des émeutes, de haltes dans des maisons de torchis et de chaume, de siestes dans les alpages fleuris.

Seule la pluie interrompra l'enchantement de ces derniers

jours. L'orage nous rattrape la veille de notre arrivée à Jumla, puissant, terrible. En une minute, nous sommes trempés. En cinq minutes, le sentier devient un bourbier. Des voies d'eau se déclarent dans la frondaison. L'eau ruisselle en cascade. Il faut à peine dix minutes pour que la forêt entière dégouline... Nous gardons de cette nuit d'orage le souvenir d'une fébrile agitation. Nous avons en effet trouvé refuge dans une vieille maison au toit de chaume, dans le village de Munisangdu. Comme c'est souvent le cas au Népal, le toit n'est pas étanche. Un filet d'eau nous réveille en sursaut !

— Sauve qui peut ! La chambre prend la flotte !

Après avoir maudit copieusement le couvreur et l'architecte de la bicoque, nous déplaçons affaires et matelas. Et ainsi, régulièrement, dix fois dans la nuit, il faut changer de place, pour éviter l'eau qui goutte depuis le toit fatigué...

Le lendemain, après un dernier col, la vallée s'ouvre, la rivière s'élargit. Sur les versants moins raides s'étagent les cultures. C'est la région de Jumla, l'une des plus riches du Népal. Ici, le riz pousse à profusion sur les terrasses alimentées par un réseau de rivières domptées. C'est un riz particulier, au grain gras et trapu et rouge, qui fait la réputation de Jumla. Le bourg en lui-même est une triste concentration de masures en ruine, construites comme à la hâte, à 2 370 mètres, autour d'un aéroport que la large configuration de la vallée permet de rejoindre facilement, même en bimoteur.

Sur une éminence qui domine la vallée, nous regardons le village et la piste de décollage. C'est de là que, demain, Priscilla retournera à Paris. Nous achevons ici notre incursion trop rapide dans le Dolpo. Il nous a semblé pendant ces derniers jours traverser une réserve en sursis. Un fragile sanctuaire où est préservée la nature, sont protégés les hommes, maintenues les traditions. Comme si le Tibet mourant se perpétuait dans ce petit réduit de montagnes, encore un peu retranché du monde.

Nous passons la soirée dans l'auberge de Jumla. Le tenancier n'a plus de chambre, il couche Alex dans un couloir et nous installe, Priscilla et moi, dans la chapelle toute brûlante de l'éclat des lampes à beurre. Quelques avatars de Bouddha veillent sur nos rêves et recueillent nos confidences. Puis l'aube se lève. L'avion du matin s'apprête à partir. Priscilla y monte. Les moteurs vrombissent, couvrent mon sanglot. L'appareil s'arrache du sol et mon cœur de ma poitrine...

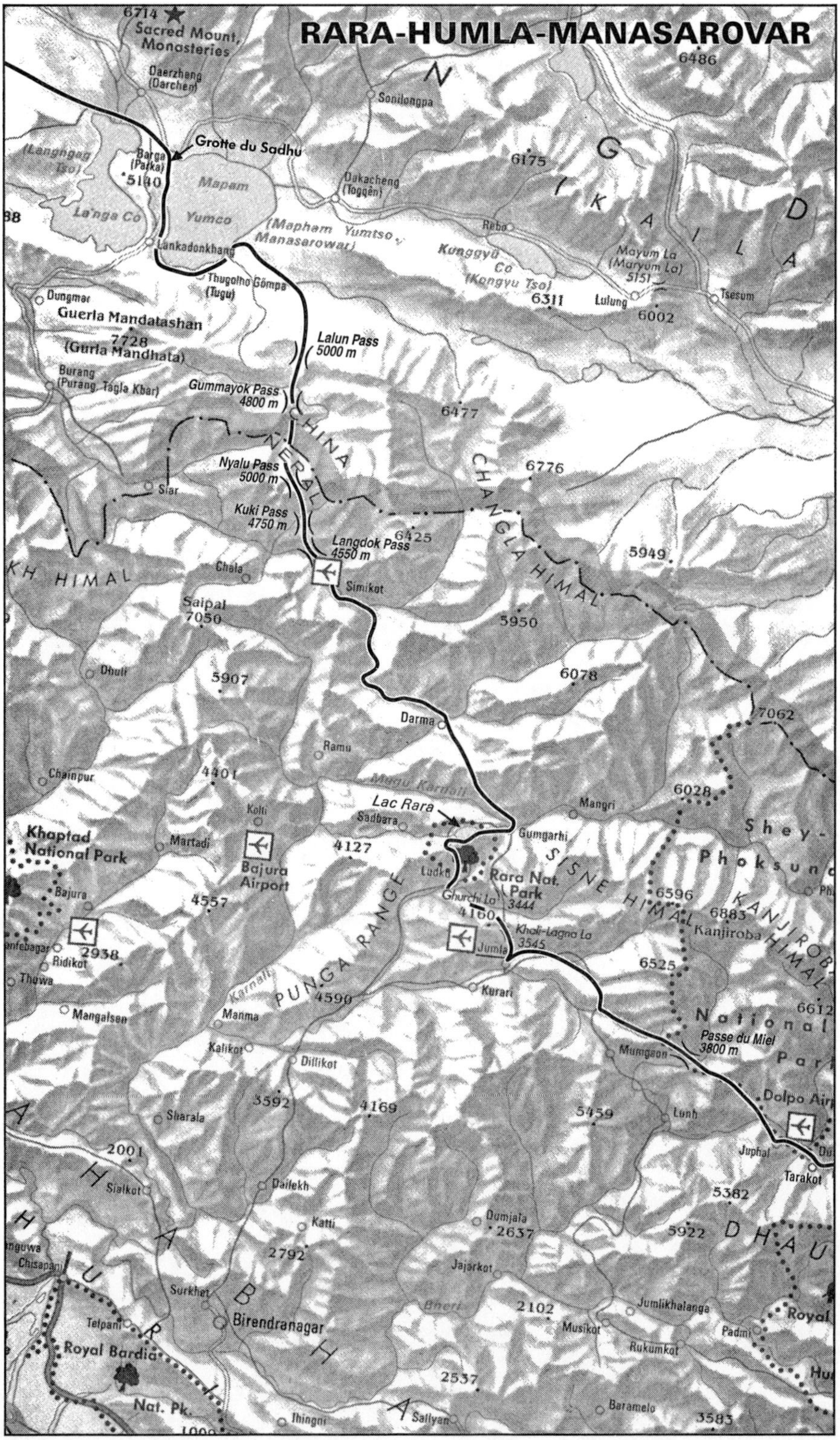
RARA-HUMLA-MANASAROVAR
6714
Sacred Mount, Monasteries
Daerzhong (Darchen)
Sonilongpa
6486
Grotte du Sadhu
Barga (Parka)
5140
(Langngag Co)
La'nga Co
Mapam Yumco
(Mapham Yumtso, Manasarowar)
Dakacheng (Toggên)
6175
Reba
Kunggyü Co (Kongyu Tso)
Mayum La (Maryum La) 5151
Lankadonkhang
Thugolho Gömpa (Tugu)
Dungmar
Guerla Mandatashan 7728 (Gurla Mandhata)
6311
Lulung
6002
Tsesum
Lalun Pass 5000 m
Burang (Purang, Tagla Kbar)
Gummayok Pass 4800 m
6477
CHINA
NEPAL
Nyalu Pass 5000 m
6776
CHANGLA HIMAL
Siar
Kuki Pass 4750 m
6425
Langdok Pass 4550 m
5949
Chala
Simikot
Saipal 7050
5950
Dhuli
5907
6078
Darma
7062
Ramu
Chainpur
4401
Mugu Karnali
6028
Kolti
Lac Rara
Sadbara
Mangri
Khaptad National Park
Martadi
Gumgarhi
Shey-Phoksundo
Bajura Airport
4127
Ludku
Rara Nat. Park
SISNE HIMAL
Bajura
4557
Ghurchi La 3444
4160
6596
6883
Kanjiroba
KANJIROBA HIMAL
2938
Ridikot
Thuwa
Khali-Lagna La 3545
Jumla
PUNGA RANGE
6525
Karnali
4590
Kurari
Mangalsen
Manma
National Park
Passe du Miel 3800 m
Kalikot
Dillikot
Mumgaon
3592
4169
5459
Lunh
Dolpo Airport
Sharala
2001
Juphal
Tarakot
Sialkot
Dailekh
5382
Dumjala
2637
5922
DHAU
Katti
2792
Chisapani
Jajarkot
Surkhet
Bheri
2102
Jumlikhalanga
Telpani
Birendranagar
Musikot
Padmi
Royal
Royal Bardia Nat. Pk.
Rukumkot
2537
Baramelo
3583
Ihingni
Sallyan

7

RARA-HUMLA-MANASAROVAR

Alexandre

Décalotté ! Je viens de me décalotter le gros orteil gauche sur une marche. Saloperie de tongues ! Comment peut-on marcher avec cet horrible objet, glissant et mou, sauvagement introduit dans la commissure des orteils ? Je me suis viandé l'outil de travail et saigne comme vache qui pisse. Je vocifère, insulte la terre entière, grimace et peste, engueule ce con de pied : les Népalais se marrent. Normal. Et puis pas sur le côté, à un endroit inutile. Non ! Pile devant ! Là où les chaussures appuient dans les descentes. Mmmm ! Ça va jouir sec ! Et dire que j'allais chercher mes chaussures données à réparer...

Priscilla vient de s'envoler. Son avion passe d'un coup d'aile rageur au-dessus de la ville. Dans trois jours, elle est à Paris. Raccourci du temps et de l'espace ! Tout cela a-t-il un sens ? Paris, nous en rêvons souvent. Comme quelque chose de très loin, d'irréel, une étoile au bout de notre Voie lactée de cimes et de névés, tout là-bas vers l'ouest ! Mais pour rien au monde nous ne la décrocherions ! Prisonniers volontaires de nos montagnes, nous sommes ces oiseaux qui ne quittent pas leur cage quand la porte est ouverte. Être libre, ce n'est pas fuir dans le grand ciel bleu, c'est respecter les choix qu'on s'est fixés : le ciel devient alors encore plus bleu à travers les barreaux.

Nos visas et permis de trekking sont périmés depuis trois jours.

— On se rajoute combien de jours ? demande Sylvain.

— Le plus simple, c'est de se rajouter un mois, de changer le 26/7 en 26/8 !

Et hop ! le tour est joué ! Nous avons un mois pour quitter le pays ou finir derrière les barreaux ! De toute façon, là où nous voulons sortir, il n'y a pas de checkpoint ! D'ici là, nous devons traverser le parc national du lac Rara sans autorisation, rallier Simikot par un trek non répertorié du Humla, donc interdit, quitter Simikot clandestinement pour rentrer dans la *restricted area* de l'*inner line* du Limi, une haute vallée fermée à la frontière tibétaine, la traverser intégralement en franchissant les neuf cols d'une ancienne piste caravanière, contourner les postes frontières, et passer illégalement au Tibet par un col à plus de 5 000 mètres. Voilà le programme ! Au-delà, advienne que pourra !

Sylvain encore dans les bras de sa chérie, et moi traînant mon boulet de douleur, nous quittons Jumla les mains dans les poches. Le jour décline bientôt, il se met à pleuvoir, nous continuons, tout à nos pensées, en nous contrefichant de l'endroit où nous dormirons. Il vient bientôt à nous ! Les chalets suisses du *Karnali Technical Center*, vaste ensemble universitaire construit en 1980 par des missionnaires protestants, donné clefs en main au gouvernement népalais, surgissent entre chien et loup de la bruine. Surréaliste ! Le directeur nous accueille dans sa « maison vaudoise » entourée de fleurs et d'un verger de pommiers, propre, fonctionnelle, et incroyablement occidentale : une entrée, un salon, une salle de bains, notre chambre à l'étage : des lits avec des matelas ! Avec des draps en plus ! De la moquette par terre ! Nous n'en croyons pas nos yeux. Santal nous apprend qu'il s'agit d'un centre de formation de fonctionnaires et d'ingénieurs en agronomie, horticulture, bâtiment et santé, pour deux cent cinquante élèves privilégiés. C'est un des instruments de la politique de décentralisation du gouvernement. Santal n'a que le mot *remote area* à la bouche, pour se plaindre de son éloignement de Kathmandu : nous en savons quelque chose, nous en venons à pied ! En allant nous coucher, nous redécouvrons l'insoutenable volupté de pouvoir marcher pieds nus sur de la moquette avant de nous glisser sans contorsion entre deux draps blancs. Sylvain conclut :

— C'est pas grand-chose l'Occident, finalement, ça tient dans une tringle à rideaux et une poignée de porte !

Nous repartons le lendemain par des alpages ensoleillés. Des dzos, hybrides de yacks et de vaches, broutent des brassées de fleurs. Le trek quitte bientôt la vallée pour s'attaquer à une crête. Sylvain a bouffé de la vache enragée. Au sommet, la Danphe

Lagna (3 600 mètres), une heure et demie plus tard, il exulte : montée record ! du 800 m/h ! Nous redescendons par un beau versant intelligent (contraire d'un versant à la con !), planté de pins arolles, de chênes verts et d'essences européennes. Le Népal ne finira jamais de nous surprendre. Les villages sont agglutinés dans les pentes, on y circule par les toits plats qui s'étagent comme les marches d'un escalier communautaire : on y sèche les fruits, on y carde la laine, on y bat le grain. Les habitants pratiquent de façon indifférenciée le bouddhisme et l'hindouisme, pourvu que cela se fête ! À Kabra, nous retrouvons les porteurs du groupe de Français rencontré hier matin à Jumla. Ils vont aussi au lac Rara. La falaise incurvée qui nous abrite est un centre de médecine ayurvédique. Le *silaji*, un minéral aux vertus mirobolantes, exsude entre ses strates. Élixir de longue vie et médicament universel, il est distribué dans l'Inde entière. Le guérisseur du centre veut absolument nous en fourguer. Sylvain le calme :

— Est-ce que cela protège aussi des policiers ?

À Chautha, nous rattrapons le groupe. Jean-Luc et Christelle poussent un cri de joie : ils avaient parié que nous les rejoindrions aujourd'hui malgré leurs vingt-quatre heures d'avance. Ce sont leurs porteurs qui traînent. Ceux que nous avons dépassés ne semblent pas vouloir arriver. Un problème de caste apparemment. Ce sont des Takuris (aristocrates locaux) désargentés, qui ne veulent pas être commandés par un Sherpa (chez qui il n'y a pas de castes). Encore un truc simple ! Nous profitons de la mêlée pour passer en leur compagnie, ni vu ni connu, un premier checkpoint. Dans la montée vers Bulhbule, Ghislaine et Thierry nous parlent du Mans, de sa place de la République, des fromagers, des maraîchers de son marché, de son vieux centre de rues pavées. Nous voulons tout savoir ! Ils s'étonnent de notre avidité et nous abreuvent de quelques gorgées de nostalgie, des gorgées de douce France !

Le village de Bulbhule, c'est la cour des miracles ! Tous les malades du coin attendent ici le passage des trekkeurs et de leur boîte à pharmacie. Un bûcheron est lardé d'échardes infectées, un autre a des staphylocoques en abcès sur les jambes, un bébé a la cuisse rongée par une horrible brûlure suintante, un gamin s'est ramassé un poêle en pleine poire, une fillette est aveuglée par une conjonctivite aiguë. Jean-Luc est infirmier, il est parti avec sa femme Christelle pour un tour du monde de deux ans.

Ils ont une pharmacie de 5 kilos ! Le refuge de Bulbhule se transforme vite en poste MSF d'urgence. Jean-Luc jubile :

— Vous comprenez ! Ce sont des pathologies du Moyen Âge, on ne trouve plus ça en France. Regardez-moi cette belle plaie ! Et là, ces yeux beurrés de pus !

Avec une compresse, il retourne la paupière, un long jet jaune gicle, la fillette ne bronche pas. Jean-Luc est un virtuose : avec un coin de tulle, il éponge la sanie et injecte un collyre antibiotique derrière le globe oculaire :

— Ça va lui faire l'effet d'une bombe ! Demain, elle sera guérie !

Il passe au bébé comme un chef d'orchestre passe à l'andante, ramollit la croûte infectée avec du sérum et la remplace par une belle couche de Biafine. Nous sommes admiratifs. La délicieuse odeur répand dans le bouge des réminiscences de ski, de plage et de coups de soleil !

— L'avantage, ici, c'est qu'on a l'impression de faire des miracles !

— Justement ! Tu n'aurais pas un peu de pommade cicatrisante pour mon orteil ?

Il m'en dégotte.

— Jean-Luc, tu viens d'inventer le trek utile ! Un guide pourrait très bien faire trekker des étudiants en médecine ou des infirmiers dans des coins perdus comme ici. Deux ou trois sherpas porteraient des hottes pleines de médicaments. Un passage à l'aller pour administrer les soins, et un deuxième au retour pour refaire les pansements !

Bhulbule, parc du Rara, alt. 3 130 m, jeudi 31 juillet, 78e jour, kj : 32,8 ; kt : 2 143 ; dj : 1 195 m ; dt : 59 330 m ; cols : 38

Le bébé gigote comme une grenouille, huche, bat l'air qui n'en peut mais. C'est beau de voir cette petite vie grouillante et révoltée, qui se défend encore ! Il a une cuisse de petit cochonnet rose, la Biafine a été entièrement bue. Sylvain, à bonne école, en applique une autre couche. Cela fait du bien de laisser autre chose qu'un simple souvenir de notre passage.

Sur ces entrefaites, deux officiers du parc viennent nous arrêter. Ils se sont rendu compte de notre manège. Nous plaidons l'innocence en objectant que nous ne passerons pas par le chemin du lac Rara, mais nous rendrons directement à Gumgarhi. Nos permis de trekking précisent que nous avons le droit de rallier Simikot, il faut bien que nous passions quelque part ! Ils acquiescent. Ils n'ont pas remarqué la rature. Nous rentrons dans le parc. Dans une belle montée fleurie, nous quittons nos amis, nous ne pouvons pas les compromettre, et grimpons à travers les alpages vers les lignes des crêtes qui enserrent le lac.

Des épicéas et bouleaux clairsemés bordent notre ascension ; nous traçons dans des herbes éclaboussantes de fleurs et vibrionnantes d'insectes. Coquelicots nains, myosotis, campanules, potentilles, lys et iris sauvages déclinent tout le spectre des couleurs en un mouvant panaché arc-en-ciel. Corolles et pétales, pistils et bulbes, clochettes et étamines chantent la grande fornication chlorophyllienne. Deux libellules, grisées par ces vibrants appels, copulent en vol. Celle du dessus plane, celle du dessous propulse ; elles nous dépassent dans la montée. Peinardes ! Nous sommes enivrés, la sueur perle à nos tempes, le soleil fait transpirer le sol, et nous foulons et nous grimpons et nos narines ronflent, chaque pas est une mastication de toutes ces essences, de toutes ces fragrances, et la marche devient rumination voluptueuse. Sur l'arête, à 3 900 mètres, nous découvrons nos premiers Edelweiss. Ouaw ! Autant que de vulgaires pâquerettes ! Je me souviens alors d'une vieille tante de mon enfance qui, à l'évocation de la rareté de cette fleur mythique, nous avait déclamé : « Edelweiss ? Edelweiss ? Mais mon garçon, dans le Pamir, en 1910, mon cheval brrroutait les Edelweiss ! » Et la fleur, et le Pamir résonnent encore en moi comme des mots magiques, des sésames de l'aventure. Le Pamir ? Il paraît que nous y allons à pied ! N'importe quoi. Nous enchaînons de nombreuses lignes de crête décoiffées par le fœhn qui plonge les versants nord dans les nuages : le royaume des rhododendrons ! Marche surréaliste sur un fil tendu entre le soleil et la brume. Sylvain m'explique l'étrange phénomène :

— En s'élevant le long de la pente, le vent perd un degré tous les cent mètres, son humidité se condense et forme les nuages de crête ; en redescendant de l'autre côté, l'air se réchauffe, mais il s'est asséché au passage !

— Sans cet effet de fœhn, on jouirait d'une vue splendide sur le lac !

Nous croisons de nombreux bergers aux pâturages. Eux non

plus n'ont pas le droit d'être là. Nous plongeons dans la couche nuageuse dans d'odorantes frondaisons de rhododendrons. Pause rara. Pas le lac, les nouilles ! À sec ! crounch ! crounch ! Une lueur étrange rayonne de dessous la couche. Comme un nuage de lait sur un plateau d'argent. Une bouffée d'air chaud lève d'un coup le voile. Le lac ! Le lac Rara. Plat, incroyablement plat. Immense et lisse. Une flaque de mercure. Tous les horizons perdus de l'Himalaya s'y sont retranchés, concentrés. Depuis plus de deux mois, nous nous battons contre crêtes et défilés, escarpements et dénivelés, arêtes et pics, et tout d'un coup cette surface polie, cette sérénité nous apparaît. Torrents, cataractes et crues sont ici pacifiés. L'eau dort aussi parfois. Un choc ! Nous dévalons les pentes, la forêt aussi. Elle se concentre dans la combe, ralentit notre allure, étouffe nos pas, nous sommes bientôt coincés. Nous sortons la boussole, direction plein nord, à l'aveuglette, en sinuant entre les sapins denses. Nous enfonçons dans d'incroyables mousses, désescaladons des enchevêtrements de bois mort, brossés par les branches, griffés par les ramures. Au bout d'une heure de ce régime : la délivrance ! Le clapotis des berges et le chemin de ceinture au sud du lac. Le poste de contrôle est sur la rive nord, nous quitterons le lac par l'est, nous prenons donc à droite. Dans une petite crique abritée par un mur de joncs, nous nous glissons dans les eaux cristallines du Rara. Caresse de velours, apesanteur exquise dans un univers de gravité et de rocs ! Flotter ! Une action sans rien faire ! Je sens tous les ions négatifs de l'eau m'électriser le corps. Je sais encore nager. « 17 °C ! » me dit Sylvain après avoir consulté sa montre, un vrai sauna en comparaison des torrents glaciaires que nous avons connus ! Ni glaciers ni rivières n'alimentent ce lac de 10 kilomètres carrés, le plus grand du Népal, uniquement de l'eau distillée par la mousson. D'un coup de tête, les yeux grands ouverts en chantant intérieurement : « De l'eau de pluie, de l'au-delà, de l'eau de là-haut… », je bascule dans le monde du silence, pour une minute de pure méditation avec les esprits du Rara.

En redescendant du plateau crénelé entourant le lac, nous passons derrière un poste de contrôle et gagnons de nuit Gumgarhi, 1 000 mètres plus bas. En m'endormant après un dalbhat trop fort, je songe à ma nymphette, et je la vois nager dans l'onde du Rara, sa longue chevelure blonde peignée par les flots. Mais l'amour d'absence, c'est comme les lèvres pimentées, plus on veut les soulager, plus on les enflamme.

Gumgarhi, Népal occidental, le 1er août, 79e jour, kj : 45 ; kt : 2 189 ; dj : 2615 m ; dt : 77205 m ; cols : 42

Assourdis par l'arrivée de l'énorme hélicoptère soviétique qui ravitaille Gumgarhi tous les matins, nous quittons la ville perchée sur son promontoire par un gigantesque pont suspendu hollandais. En passant la rageuse Mugu Karnali nous rentrons dans la frange sud du Humla, le Mugu.

À 1 600 mètres d'altitude, nous sommes au pied d'une montée obscène vers un col à 3 400 mètres, et nous voyons la piste « fjorder » trois fois, en passant trois épaulements avant de le rejoindre. « Fjorder », dans notre jargon, signifie redescendre dans une montée pour aller chercher le fond de la combe creusant un versant, et se retrouver à la même altitude. Mortel pour les jambes, comme pour le moral. C'est un souvenir lexical de notre traversée de l'Islande à bicyclette en 90, où nous avions dû parcourir 75 kilomètres pour contourner un interminable fjord, afin de rallier une ville seulement distante de trois kilomètres à vol d'oiseau.

En traversant la rivière nous sommes passés du Canada à la Méditerranée ! De longs pins sylvestres bruissant de cigales, agrippés à des schistes noirs couverts d'épines sèches, nous distillent les parfums résineux de la Provence. Seul l'iode manque, comme nous le rappellent les nombreux goitres que nous croisons dans les villages. La mer ? Le mot ici n'existe même pas.

Dans un de ces villages, une femme vient à nous. Elle porte un petit bébé mourant, la tête emmaillotée dans de l'écorce de bouleau. Fièvre de cheval, pouls galopant. Elle lève le petit bras mou, et le laisse retomber sans comprendre qu'il va mourir d'ici à trois jours. Que faire ? Nous n'avons aucun médicament. Nous lui donnons, pour notre bonne-mauvaise conscience, un Diantalvic, on ne sait jamais, mais surtout nous prenons l'abruti de père entre quatre yeux, lui mettons une hotte sur le dos, le bébé dedans, et un coup de pied au cul ! On ne laisse pas crever son bébé à une heure et demie de marche du dispensaire hollandais de Gumbarhi, merde !

Y est-il allé ? Dans la montée vers la deuxième épaule, nous repensons à Jean-Luc, et à notre idée de « trekking-doctors ». Y'a du boulot. Jamais nous n'avons vu une telle crasse. Et pourtant, nous sommes connaisseurs ! Les villages suivants sont de putrides bourbiers. Le trek s'y enlise dans 50 centimètres de boue infecte où grouillent des asticots. Chaque pas soulève des nuages vrombissant de mouches, nous rasons les murs, sautons à la marelle entre les pierres émergées du cloaque, ratons les pierres… dans des hurlements de rage, plantés dans l'ordure jusqu'aux mollets, en maudissant tous les spectateurs hilares, qui, à l'aube du XXIe siècle, n'ont toujours pas inventé le drain. C'est pourtant pas les pentes qui manquent pour l'écoulement des eaux ! Re-merde !

Troisième épaule, troisième village. Plus haut, un peu moins de mouches. Il fait chaud, il fait faim. Poussés par la nécessité, nous ne refusons pas le *doy* qu'on nous propose, lait caillé aux grumeaux suspects. Kamikazes. Fièvre aphteuse ? Vers ? Salmonellose ? Gloup ! Gloup ! Autant en emporte les chiasses !

À l'approche du col, nous rentrons dans une forêt de chênes à l'automne. À chaque altitude sa saison. Les feuilles rousses tombent sur la mousse. Ce matin la Méditerranée, maintenant la mélancolie. Chaque vallée est un livre différent dont nous remontons la pliure au fil des lignes, au fil des pas, dans une poétique lecture. Celle-là était le livre des mouches et du malheur, la précédente celle des fleurs et du bonheur, une autre celle des chèvres, ou celle des noix, des maisons plates ou des chalets suisses. Aucune ne se ressemble, aucune ne semble communiquer, rien ne circule entre les livres. Si ! Nous et notre haute foulée ! L'Himalaya ou la bibliothèque de la diversité !

Un petit argus bleu, espion de mes pensées, papillonne devant mes pas. Une vision me hante, je me la projette en grand écran quand je peine : c'est une flaque sombre du Sikkim où flottent les gommettes roses de pétales d'aubépines. Les myriades de pétales bleus des argus y volettent, s'y abreuvent par grappes et m'enroulent d'écharpes d'azur, quand mon ombre vient s'y refléter. Écho d'azur et narcisses-argus, je reste fasciné. Bienheureux lépidoptères qui m'escortez deux mille kilomètres plus loin, et m'allégez le pas !

La descente qui suit n'en est pas une, puisqu'elle fjorde incessamment dans une forêt aux fûts interminables. De la chênaie nous sommes passés au Yosemite Park. La vallée est déserte, pas une âme. Le trek est au moins là depuis mille ans ! Le temps de se faire respecter par la sylve, de résister à l'engloutissement végétal. Amateurs de nature, voici à ce jour la forêt la plus mystérieuse et la plus sauvage de notre traversée. Les lichens épiphytes jettent des ponts d'orchidées au-dessus de nos têtes, l'écorce déchirée de bouleaux monumentaux pend en lambeaux rouges et blancs, parchemins à l'écriture sibylline composée de tout petits traits que seuls savent déchiffrer les elfes. Une pie-grièche écorcheur, son bandeau de pirate sur les yeux, empale dans les épineux les hannetons de sa récolte.

Nous nous perdons de bon matin dans les rizières de Dharma. Pas moyen de descendre vers cette foutue rivière Tanke Khola. Sylvain va demander le chemin à un laboureur. Il revient, perplexe.

— Qu'est-ce qu'il a dit ?

— Je lui ai demandé « *Ramro bato tsa* ? » (Est-ce le bon chemin ?), il m'a répondu : « *Nehi ramro, bato biralo, dere biralo !* »

— *Biralo* ? Ça veut pas dire malade ?

— Si, justement, c'est ce qui m'inquiète, y a pas que le chemin qui est malade !

La pluie qui se remet à tomber emporte nos conjectures. Après tout, il n'y a qu'à la suivre, elle nous mènera nécessairement à la flotte. Les Népalais du Humla ont une langue poétique que même ceux de Kathmandu ont du mal à comprendre. Quand le chemin est facile ils disent qu'il est « bon marché », quand il est dur, qu'il est « cher ». Quand nous avons le malheur d'essayer de demander une distance, c'est pire ! L'échelle pour mesurer l'espace n'est pas une dimension, mais le temps moyen qu'il faut pour le parcourir. Mais comme ils n'ont pas de montres et que le soleil reste souvent caché par la montagne, il leur arrive de répondre « *dui bhat* » (deux riz), à savoir deux repas, ce qui veut dire un jour, soit 10 heures de marche, c'est-à-dire une trentaine de kilomètres. C'est clair, non ?

Ils sont en revanche moins poétiques avec leurs arbres. Depuis plusieurs jours, le nombre d'arbres mutilés que nous croisons s'accroît. Pour accélérer le travail, les bûcherons font brûler le pied des énormes pins. Année après année, ils en carbonisent la base, rognée par les flammes comme par la morsure de dragons xylophages. Les malheureux tentent en vain de cicatriser leurs brûlures par des bourrelets de bois, mais l'homme vient y donner de blanches entailles à coups de hache. Pathétiques, les titans d'un mètre de diamètre attendent sur un chicot noir qu'un souffle perdu au fond de ces vallées profondes les fasse choir dans la pente comme des fétus.

Journée de marche pure dans le fond rageur d'une vallée en V, à ne rien faire que marcher, marcher, marcher. Rien à voir que ces pins brûlés, ces pins branlant et sifflant au-dessus de nos têtes, épées de Damoclès que la moindre rafale menace de faire basculer. Aujourd'hui c'est samedi et je rêve de Caddies, de supermarché, de diversité, d'embarras du choix, de courses, de courses, de courses !

Chare, Humla, alt. 750, dimanche 3 août, 81e jour, kj : 37 ; kt : 2267 ; dj : 1915 m ; dt : 80203 m ; cols : 42

Inondation. Des trombes d'eau se sont abattues toute la nuit sur notre toit de chaume. Fuites. Le débit de la Humla Karnali est terrifiant. Du fond de notre gorge encaissée, remparée de falaises, il nous semble être pris au piège : qu'une goutte de plus tombe et tout sera récuré. Les pieds de la case baignent déjà quand nous nous arrachons. Les flots en furie frôlent les câbles du pont suspendu, une lame plus haute que les autres vient le fouetter de sa langue écumeuse. Les éléments sont déchaînés, les gorges du Manaslu dépassées. De ma vie je n'ai jamais vu de l'eau aller si vite, accélérée dans sa course folle par des gorges lisses et noires comme du Téflon. Des troncs entiers, charriés par rapides, défilent à 60 km/h, troupeau des béliers de l'enfer. La canonnade des rocs éclatés gronde d'un fracas ininterrompu, l'air vibre de ces combats d'outre-flots. Le chemin s'abîme dans la furie, nous tentons de le suivre, de l'eau jusqu'à la taille, en sautant les vagues déferlantes. Cela passe ! Le trek émerge plus loin. Deux fois, trois fois, nous retournons à l'eau, en flirtant avec la mort, là, à quelques mètres du tapis roulant d'eaux brunes et tourmentées. Quand le trek est grugé, avalé, nous nous empêtrons dans le fouillis d'une jungle de bambous et d'orties géantes. De la taille de la rhubarbe, leurs feuilles lancent des dards gros comme des épingles. Nous sommes fouettés, nous sommes rincés, nous sommes cinglés. Au quatrième gué, Sylvain perd pied, je le repêche d'une poigne ferme sur son avant-bras. Le trek est coupé. Nous sommes condamnés à escalader les pentes suintantes du versant. Interminables. L'herbe

Après 1 900 kilomètres de marche sur les 5 000 que nous devrons franchir, nous arrivons à l'ermitage de Parbeng, au Népal, un joyau enchâssé dans la paroi. Les plissements de la montagne sont si tourmentés qu'on pourrait croire qu'elle a poussé par-dessus l'ermitage...

© P. Morcrette

Ces trois photos donnent une idée de la diversité himalayenne : nous avons traversé des jungles humides à 48 °C, des glaciers à -15 °C, des alpages à yacks champêtres. Et, contrairement à ce qu'on pourrait croire, l'Himalaya est aussi plat qu'accidenté : il nous est arrivé de marcher pendant des jours sur des plateaux arides rigoureusement plans, sans avoir l'impression d'avancer.

La rencontre d'hommes est vitale pour nous, car nous voyageons sans tente et sans réserve de nourriture. C'est un pari risqué, mais l'accueil est naturel en Asie : l'hôte de passage n'attire ni les prévenances ni les rejets, il entre, il s'assied, il attend. Ici, une nomade tibétaine nous sert le thé salé au beurre de yack, auquel on mélange la tsampa, farine d'orge, pour faire une sorte de pâte qui a été notre principal aliment pendant six mois.

Lors du passage clandestin de la frontière entre la Chine et l'Inde, nous avons escaladé une falaise de 300 mètres de haut, de nuit, pour éviter deux bases militaires. À l'aube, nous nous sommes effondrés de fatigue dans cette grotte providentielle.

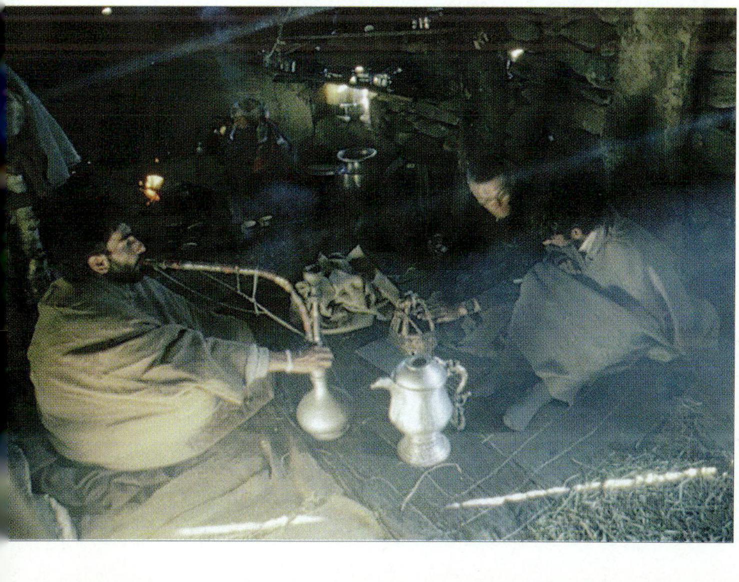

Dans une bergerie du Cachemire, tout en fumant sa pipe à eau, le *houka*, notre hôte sort de sous son *peran* (sorte de toge) un brasero de terre. Sa femme le recharge en braises, il le remet entre ses jambes avec satisfaction et nous glisse : « C'est un *kangri*, nous l'appelons la “femme d'hiver”. » Nous essayons à notre tour : un vrai délice des Mille et Une Nuits...

Perché sur un plongeoir à 5 300 mètres d'altitude, Sylvain contemple la mer de nuages sur le glacier du Khumbu, au Népal, à quelques kilomètres de l'Everest. En toile de fond de ce spectacle féerique, l'aiguille de l'Ama Dablan (6 856 mètres) paraît presque une colline.

Le lac Manasarovar, au cœur de la région des sources du Brahmapoutre, de l'Indus et du Sutlej, fleuves qui donnent la vie à plus d'un milliard d'individus en traversant tout le sous-continent indien. On l'appelle aussi le lac de Brahma : selon la tradition hindoue, quand on se baigne dedans on est purifié de ses péchés. En fait, Sylvain sort couvert de puces d'eau !

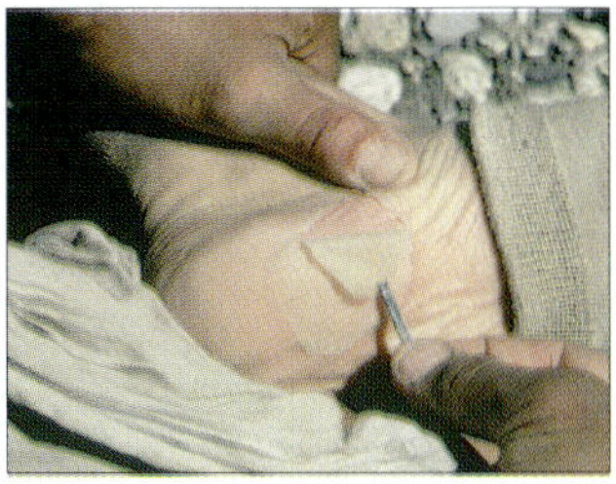

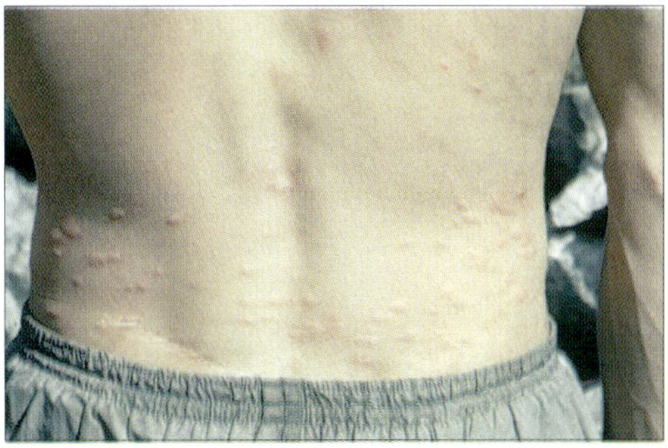

Misères des voyageurs : nos pieds (*à gauche*), pourtant objet de soins constants, souffrent de notre mode de vie. 5 000 kilomètres à pied, ça n'use pas que trois paires de Nike… Quant au dos d'Alexandre (*à droite*), il sert de garde-manger aux puces du Népal. Il faut dire que les conditions d'hygiène n'étaient pas parfaites : avec de l'eau à 4 °C, les douches étaient rares et toujours forcées.

Dans une maison afghane en pisé, la rédaction de notre journal devient l'attraction de la soirée. Sur les premières pages de ce cahier sont collées les photos de nos proches : grâce à elles, les gens nous considèrent avant tout comme le frère d'une jolie sœur, ou le fils d'une jolie maman, et pas comme des étrangers à dollars, sans attache. Sur la table, notre carte et la flûte avec laquelle, chaque soir, nous donnons un petit récital pour remercier nos hôtes de leur accueil.

Nous sommes à 5 400 mètres d'altitude et, comme nous sommes montés très vite, l'ivresse des hauteurs nous prend. Avec Sonia, la fiancée d'Alexandre qui nous a rejoints pour quelques jours, nous posons devant la vallée la plus profonde du monde : la Kali Gandhaki, un à-pic de 2 700 mètres ! Devant nous, plein ouest, se profile notre route des prochaines semaines : une piste interdite qui va nous mener au Dolpo.

Pour franchir le col historique (4 800 mètres) où sont passés Alexandre le Grand puis Marco Polo, nous faisons équipe avec un yackier : Sylvain, enveloppé dans sa couverture, sonde avec son bâton les cinquante centimètres de poudreuse recouvrant le glacier, afin de déceler les crevasses. Quelques mètres plus loin, le yack s'emballe, et Sylvain, traîné derrière lui, disparaît tout entier dans un trou, seulement retenu par la longe accrochée aux narines du yack.

Séance de marionnettes donnée au Dolpo par Priscilla, la fiancée de Sylvain.
Les enfants sont passionnés par les aventures du yéti (en fait un chimpanzé en peluche).
Migou pour les Tibétains, yéti au Népal, tedmo au Ladakh, jungli man au Cachemire
ou almasty au Caucase, l'abominable homme des neiges est dans tous ces pays
un peu plus qu'une légende…

À la Bobang Pass (Cachemire), là où tout le monde monte en zigzag pour atténuer l'effort,
des traces mystérieuses grimpent tout droit dans la pente pourtant rude. À cette altitude
(4 600 mètres), cela demande un effort incroyable et surtout absurde.
Les traces, qui ne sont ni celles d'un humain ni celles d'un ours, se perdent
dans un éboulis rocheux au sommet de la passe, juste à côté de la sépulture
d'un homme massacré en 94 par on n'a jamais su quoi…

Des visages de notre voyage : Brahmane, Lepcha, Sherpa, Manasli, Dolpani, Limbu, Raï, Raï, Saddhu, Bhote, Tibétaine, Gujjarati, Balti, Kohistani, Wakhi, Tadjik.

glisse, le vide menace. Tout veut nous avaler, nous déglutir, tout dégouline, c'est la grande victoire de la gravité. Seule l'élévation nous libère peu à peu de cette angoisse. Nous gagnons enfin le chemin du haut. Toutes les vallées ont un chemin d'en haut. C'est lui qui relie entre eux les villages perdus. Il est toujours plus long, parce qu'il fjorde beaucoup dans les replis de la montagne. Au bout du monde, au bout de la journée, au bout d'une montée, nous gagnons à bout de forces Simikot. Pour éviter les fondrières des faubourgs, en m'appuyant sur un muret, j'étale ma main à pleine paume dans une colique humaine, je vois Sylvain se raidir de douleur ; il s'est fait flageller par un buisson d'orties. Bienvenue dans un monde de douceur !

Simikot, Humla (alt. 2 960 m), mardi 5 août, 83e jour, kj : 38 ; kt : 2 307 ; dj : 2 435 m ; dt : 82 638 m ; cols : 44

Hier, nous nous sommes offert une journée de repos, la première depuis Kathmandu, 40 jours et 888 kilomètres. Il était temps. Journée nourriture, écriture, couture dans cette capitale de l'Ouest népalais, perchée sur un alpage dominant la Humla Karnali. Depuis un mois, pour cause de mousson, aucun avion n'avait pu se poser sur le mouchoir de poche de la piste. Cinq avions se sont posés hier comme des sauveurs, la pénurie se faisait sentir. J'ai recousu ma chaussure avec une aiguille laissée par Sonia. « Trop lourd », lui avais-je dit ! « Prends-la quand même, tu penseras à moi en recousant tes déchirures ! » m'avait-elle répondu. C'est fou la charge d'affection que peut contenir une aiguille. Elle savait ce qu'elle faisait, la finaude, son aiguille était creuse, pleine d'amour pour me recoudre les déchirures du cœur. Ému je regarde cette stupide aiguille : l'amour, c'est ça ! Ça tient dans une aiguille et ça crève le cœur !

Simikot est notre dernière ville avant Leh, capitale du Ladakh indien. D'ici là, c'est l'inconnue absolue et quelque 1 000 kilomètres de déserts d'altitude. Un groupe d'Italiens vient d'atterrir. Ils se rendent au mont Kailash. Les contraintes sont décourageantes : permis de trekking de 300 dollars, officier de liaison, guide et groupe organisé par une agence népalaise, visa à entrées multiples népalais, visa chinois, autorisation spéciale pour le Tibet, avoir contacté une agence tibétaine et acquitté un droit de 900 dollars, payer le guide, l'essence et la nourriture des Tibétains, mais surtout le logement de l'officier de liaison qui attend votre retour côté népalais ! Six jours de marche incompressibles pour Taklakot, poste frontière côté tibétain, puis 100 kilomètres de Jeep pour rallier Darchen, au pied du Kailash, le tout en quatre jours, et retour. Aucune entorse à ce programme n'est possible, les touristes sont juste tolérés dans la région, et par définition suspects. Tout cela ne correspond pas vraiment à notre liberté d'évolution : nous ferons donc sans.

Nous quittons la ville avec cinq jours d'autonomie alimentaire. Nous n'en avons jamais emporté autant : trois rara par jour (225 grammes de nouilles sèches), un paquet de bonbons chacun, une boîte de thon et une de corned-beef. Byzance !

— *Kaha djané ?* (Où allez-vous ?) nous demandent des militaires, alors que nous remontons la bourgade les mains dans les poches en sifflotant.

— Vers le sud, à Karanga, nous rentrons à Kathmandu !

Et, ce faisant, nous marchons plein nord-ouest vers le Tibet. La nullité des Népalais en géographie nous sauve.

Comme deux promeneurs avec leurs petits sacs, nous passons devant le bureau d'immigration, et nous élevons bientôt au-dessus de la ville. Nous disparaissons derrière le col qui la domine, personne ne nous a arrêtés, *alea jacta est* ! L'itinéraire officiel du pèlerinage au mont Kailash descend peu après vers le lit de la Humla Karnali. Nous restons à droite, à flanc de coteau. En pointillés sur notre carte, il existe une très ancienne piste caravanière, fermée depuis les années cinquante et l'invasion du Tibet par les Chinois. Elle comporte sept cols d'altitude croissante et de nombreuses crêtes. Elle ne passe par aucun village, mais draine des nomades bhotias (nom donné aux Tibétains du Népal). En remontant plein nord, nous sommes sûrs de la recouper. Nous marchons à vive allure, il n'est pas bon de rester dans les parages. La piste calme vite nos ardeurs en fjordant comme une damnée, allant chercher des terrasses sur des crêtes, replongeant vers des hameaux nichés à l'ombre d'un versant, pour repartir à l'assaut de l'épaule suivante. Nous nous élevons cependant peu à peu au-dessus de la vallée de la Humla Karnali. On nous dirait perdus ! Nous sommes d'ailleurs complètement perdus, nous ne savons pas où nous sommes, nous savons seulement où nous allons. Azimut 330° ! La boussole ne saurait mentir : nous prenons tous les sentiers qui se dirigent peu ou prou au 330. Nous savons seulement que la fameuse piste part d'un village abandonné : Yakba. Nous le serinons dès que nous croisons quelqu'un, les doigts convergent tous dans la même direction. Bon signe ! Au débouché d'un épaulement nous faisons une cuisante découverte : Yakba est au creux d'un affluent de la Humla Karnali, 1 000 mètres plus bas. Pas le choix, nous descendons, c'est notre lot des jours à venir : l'« iniquité des dénivellements ». Dans la descente nous discernons la piste qui remonte à la verticale sur l'autre versant par un enchaînement de lacets serrés d'une régularité parfaite.

— Regarde en face, les yacks aussi font de la godille ! Tu as vu la trace !

Nous avons souvent des fantasmes de ski ! Avancer, glisser sans efforts ! Méthodiquement, je reprends le rythme de la montée, sans surtout penser au sommet, sans lever la tête, en mettant simplement un pas devant l'autre, en me plongeant dans des pensées, en me récitant des chapelets. Je les appelle mes chapelets remonte-pente. Ils me tirent vers le haut ! Je ne sais pas si Dieu aime ça, mais en tout cas les moulins à prières sont couleur locale, et ça m'allège le temps. Un caravanier fait zigzaguer ses bêtes dans la descente. Il nous confirme que nous sommes sur les bons rails. Il n'y a plus qu'à avancer, être discrets, et mettre dans le coup nos anges gardiens. Pas question de les laisser chômer, ces volatiles zélés !

Nous nous élevons dans une forêt de rhododendrons embrumée, pleine de mystères sauvages. La piste se perd, nous maintenons le cap, nous la retrouvons, remontons tous les étagements végétaux, quittons les chênes verts, puis les fougères, puis les rhodos, ne restent que les pins, qui rapetissent, s'espacent, disparaissent. Nous pénétrons le pays des vents, des croupes pelées et des vues. Sylvain me dit :

— Profites-en, ce sont nos derniers arbres avant très longtemps !

Dans les alpages, des nomades nous donnent du *doy* et nous cuisent quelques *chapatis*. Ils n'ont plus rien de népalais. Les femmes ont les tresses beurrées, le tablier tibétain sur un manteau croisé en drap sombre et lourd. De larges boucles d'argent et de corail pendent à leurs oreilles tandis que des grosses perles d'ambre et de turquoise roulent sur leur buste. Sus au col ! Les sept faux cols de la journée nous ont coupé les jambes. Tout doucement, irrépressiblement, nous gagnons la Langdok Lagna (4 550 mètres), notre porte des hautes vallées frontalières. En attendant Sylvain, mon regard plonge dans le vide devant nous. Le col suivant est juste en face, 200 mètres plus haut. Un gouffre de 300 mètres nous en sépare, une tour Eiffel, une broutille ! Sylvain arrive :

— J'adore les cols ! C'est le seul plat de la journée !

— Eh bien, le plat suivant s'appelle Kuki Lagna, à 4 750 mètres, ça te va pour le petit déjeuner de demain ?

Derrière nous, au sud-est, à travers un dédale de vallées mineures, un troupeau de crêtes et de petits sommets, harcelé de moutonnements nuageux, cherche désespérément la sortie. C'est dans ce charivari tectonique que nous avons sinué ces douze derniers jours. Soulagés, nous passons au-dessus de la mêlée.

Une demi-heure plus tard, au bas d'un instable pierrier, nous traversons le gué, et tombons sur des abris de bergers. Déserts. Les pierres empilées sont couvertes d'un toit de tourbe. Nous nous glissons dessous. Deux cents personnes nous ont vus aujourd'hui, notre trace ne serait pas dure à retrouver. Demain, de la Kuki Lagna, nous pourrons voir si nous avons l'armée à nos trousses.

Langdok Phedi, alt. 4 250 m, Humla, mercredi 6 août, 84e jour, kj : 36 ; kt : 2 343 ; dj : 1 450 m ; dt : 84 088 m ; cols : 46.

Kuki breakfast ! Partis avant l'aube, une rara dans le ventre, nous parvenons au col en même temps que le soleil. Il a tellement plu cette nuit que le ciel est blue-jean. Délavé. La vue est époustouflante derrière nous : tout le parcours de haies d'hier, étagé vers Simikot. Pas de suiveurs en vue. Au nord, une belle vallée alpine mouchetée de yacks dégringole dans une énorme vallée glaciaire encombrée de vestiges morainiques. Très loin, après une longue remontée de torrent, la passe suivante, la Nyalu Lagna, à 5 000 mètres. Je demande à Sylvain :

— Combien de temps d'après toi pour nous trouver là-haut ?

— Bof ! 5 minutes à vol de Gourou Rimpoche ! Pour nous, 5 heures !

Je m'étrangle de rire. Nous décollons, le pas léger, ivres de bonheur, le Népal dans le dos. Qu'importe la distance du col ! Nous y serons bientôt ! Personne ne la connaît, elle n'est pas mesurable, c'est une approximation et un état d'esprit à la fois.

Sous la pluie, il serait plus loin ; sous la neige, il serait fermé, si nous étions plus chargés, il serait mortel. Il n'existe qu'au présent. Le bonheur c'est d'être présent à ce que l'on fait. Et là, nous foulons les berges moussues d'un ruisseau de cristal sinuant entre des parterres de renouée rubiconde. Débonnaires, des yacks s'engraissent au soleil. Une splendide cataracte précipite le ruban d'eau pure dans le vide. Nous désescaladons la falaise et rattrapons dans la moraine un groupe de porteurs. Ils ont déjà traversé la rivière glaciaire, et observent circonspects comment nous comptons nous y prendre. L'eau est paralysante et le courant violent. Après trois tentatives houleuses accompagnées de rires et de paris, nous renonçons, vexés. Sylvain trépigne :

— Mais comment ils ont fait, ces nains ?

Bons princes, nos supporters nous envoient leur bâtons, et munis de ces béquilles nous traversons sans encombre. Ils transportent chacun quarante kilos de pommes pour les hautes vallées du Limi. Nous nous renseignons discrètement sur les postes frontières : il n'y en a qu'un, après le col, au bout de la vallée. Nous remontons l'affluent en leur compagnie jusqu'au Selima Tso, un magnifique lac d'altitude étalant son saphir dans un verrou morainique. Nous délestons nos amis de quelques pommes et repartons à l'assaut de la Nyalu Lagna.

Les montées et les descentes sont les versants de nos journées. De notre état d'esprit aussi. La montée est conquérante, la descente est déprimante. Dans la montée, on dose, tout en muscles, en traction et en force, dans la descente on compose, on amortit les chocs, on encaisse avec les tendons. À la montée, les pieds sont libres, évitent les embûches du chemin comme s'ils avaient des yeux. Ils deviennent intelligents. L'esprit peut donc folâtrer ailleurs. À la descente, chaque pas doit être calculé, posé, surveillé ; l'esprit est accaparé par la phobie de l'entorse ou la peur de la chute. Les descentes, plus courtes et plus rapides, nous paraissent souvent plus longues, surtout quand il faut remonter aussitôt : on a l'impression de perdre de l'altitude durement acquise. Mais ici plus que partout ailleurs nous apprenons que rien n'est jamais acquis.

Justement le temps se gâte, le vent gronde, le col n'arrive pas, la piste hésite entre plusieurs échancrures. Depuis longtemps l'herbe est restée en arrière. Nous piétinons des empilements instables de tuiles de schistes. Je chasse mon obsession d'atteindre ce col par un chapelet remonte-pente. C'est bon de prier, on parle à ses « proches », si lointains, on s'oublie, on oublie son fardeau, on se téléporte, et peut-être, en plus, est-on utile ? Est-ce vain de tendre des lupkas aux cols, de faire tourner des moulins ? Ce sont des tentatives de communication avec le grand mystère. Et j'aime croire que quelqu'un m'écoute. C'est un choix, je préfère ça au néant : c'est plus nourrissant. Les prières multicolores du col applaudissent notre effort en claquant dans le vent. Tendues entre de nombreux cairns, les banderoles des drapeaux galopent avec Lung-Ta le cheval de vent, le messager de la prière des hommes. Et cette architecture de tissus et de souffle, d'entrelacs palpitants et de cordes arquées nous dresse, à 5 000 mètres d'altitude, une chapelle de béatitude.

Une large et longue vallée en auge nous déroule plein nord un tapis de prairies vers les marches du Tibet. À la première marche, elle vire à angle droit vers l'ouest et le fil ténu de la piste interdite s'échappe vers la frontière. C'est là que doit se trouver le poste. La difficulté de demain. La clandestinité nous grise, nous dévalons les pentes en dépit du bon sens, et entraînons dans notre élan un troupeau de yacks éperdus, et dans les cris et les fracas, dans la poussière et dans la joie, notre rodéo mugissant, entre ciel et terre, se mue en chevauchée des Vaches Kyrie.

800 mètres plus bas, au tout début de la vallée, trois tentes sont dressées. Par réflexe grégaire, on va vers l'homme dans les déserts. Quand l'homme est rare, il ne peut être mauvais. Son chien, oui ! Nous nous approchons, les mains chargées de munitions. Pas de molosse, mais l'air de cons, quand la grand-mère qui sort nous voit prêts à la lapider. Penaud, je laisse tomber mes cailloux, et m'essaie à un sourire crispé par de douloureuses gerçures. C'est le pire des handicaps ! Être privé de sourire, c'est être privé de cœur. La petite mère nous hèle : elle a soit très mauvaise, soit très perçante vue. Nous la précédons dans la tente.

Si tout dehors n'était que glaces et vents, tout dedans n'est que chaleur et humanité. Quatre générations de Bhotias entassés festoient autour du feu, rient et racontent des histoires. Tresses rouges des Khampas, turquoises, chuba de mouton, médailles du Dalaï Lama : tout nous parle du Tibet si proche, au bout de la vallée, mais tellement loin encore ! Ils nous accueillent comme s'ils nous connaissaient. Ils nous connaissent d'ailleurs, ils connaissent tous les voyageurs. Si nous étions passés au large de leur tente, ils nous auraient jeté des pierres, sinon des sorts ! On nous sert du lait chaud, un petit veau fumant en a plein le museau, on nous frit des crêpes, nous léchons nos babines, on nous tartine d'attentions. En échange nous leur donnons notre confiance et un peu de Diantalvic, c'est-à-dire un peu de souffrance. Future ! Nous leur parlons de notre projet. Ils nous mettent en garde, nous décrivent le poste frontière au bord de la rivière près du pont, nous miment, avec force grimaces et chœurs de rires, la dureté des factionnaires, et enfin le moyen de les éviter.

Nous repartons confiants, le cœur gonflé. Ça ne peut pas être aussi facile ? Où est le piège ? Rien n'entrave notre pas dans cette vallée si plate que l'eau hésite. Notre foulée s'allonge, nous avalons des bouts d'espace, mangeons de l'air. Les appels de marmottes, concierges de la vallée, se répercutent dans la combe comme des coups de sifflet. Peur du gendarme ! Nos cœurs bondissent dans nos poitrines et nous fichent des coups de sang !

Le déclin du jour nous mène à une tente isolée entourée d'un vaste troupeau de chèvres. « Tachideleg ! ? » Cinq gamins en jaillissent pour retenir à cor et à cri deux fauves lâchés toutes babines retroussées sur des gueules pleines de dents : des dogues du Tibet. Adrénaline ! Les chèvres saisies de panique s'égaillent tout azimut. Les mastifs se font mettre la main au collet et des taloches par deux mioches plus petits qu'eux. Le soufflé retombe. Nous soufflons. Le club des cinq nous accueille, d'abord méfiant, mais déridé à la faveur de quelques pitreries. L'aîné a douze ans. Ils ont cent cinquante chèvres bâtées de sarrasin à mener jusqu'à Taklakot, côté chinois, par la vallée de Limi. Ils viennent aussi de Simikot. Ça calme !

Il me semble lire un « Signe de piste » de mon enfance, et voici, en la personne de cet étrange garçon déjà si responsable, le « Prince Éric » et son « Bracelet de vermeil » (de cuivre), et cet autre gamin avec sa « Tache de Vin » sur la joue gauche ! Trop fort ! Quelle étrange coïncidence ! Et affluent tous mes rêves d'alors, rêves de feux de camp, de liberté, de bivouacs et d'aventure, rêves de bravoure et de rencontres. Ces enfants m'offrent une relecture. Relecture de moi-même. Relecture du souffle épique qui anime le monde des petits garçons, mais que la vie a tôt fait de repousser à plus tard. Sans doute ne faut-il pas grandir trop vite.

D'un cuissot de chèvre, notre petit prince des plateaux tire des lichettes de viande qu'il grille sur une pierre chaude. Nous n'avons jamais aussi bien mangé que depuis que nous sommes clandestins : yaourt, lait, pommes, crêpes, viande. Il y a un dieu pour les pèlerins du désert ! Nous nous gorgeons de graisses ruisselantes et jouissons de la féline satiété d'être repus de chair et de sang.

Aux rires et aux outrances succèdent bientôt le silence et le dialogue des pupilles avec les braises. Enfin, seules les notes cristallines de nos flûtes, comme des comètes à travers la Voie lactée, filent en élevant dans leur sillage bleu les volutes envoûtantes du foyer. Allongés tous les sept sous la toile de tente, serrés comme les branches d'un même chandelier, les flammes de nos souffles se mêlent au murmure des étoiles.

Tsom Tso, vallée du Limi, jeudi 7 août, 85ᵉ jour, kj : 31 ; kt : 2 374 ; dj : 1 300 m ; dt : 85 388 m ; cols : 48.

À l'aube de ce jour qui promet d'être grand, nous nous gelons les pieds dans la traversée d'un gué glacial. Nous longeons les grèves du Tsom Tso, grand lac retenu par un verrou de sable blanc. Des grèbes huppés se lissent les plumes sur l'étendue plane. Dans les dunes que nous dévalons, de longues herbes recourbées dessinent avec l'aide du vent de beaux messages sur le sable. La vallée de Limi fuit à gauche. Devant nous le chemin grimpe en diagonale sur une monumentale croupe : c'est la rampe d'accès au pays des Dieux. Entre nous coulent les flots torrentueux de la Takchi Chu. Au pied de la croupe, au pied de la rampe, caché par un mamelon, le pont, le poste. Nous bifurquons à droite, d'un pas filant, le buste plié, pour rallier la rivière en amont par une saignée dans une gorge. Le poste est masqué par un coude en aval. À notre hauteur, la piste, sur l'autre rive, nous domine déjà de cent mètres. C'est notre plus gros gué. Trente mètres de bouillonnements glacés, de pièges invisibles, et de pierres glissantes. Nous nous tenons fermement ; nous serons chacun le bâton de l'autre. Sylvain, avec ses longues jambes, passe en tête, il s'enfonce, il résiste, il se penche, de l'eau jusqu'au nombril, face au courant. Je le suis, nous tentons un premier pas et sommes soulevés du fond par un tourbillon qui nous drosse dix mètres en aval sur la berge. Nous sommes trempés et transis. Infranchissable. Nous remontons le cours en quête d'un endroit plus propice. Nous le trouvons un kilomètre plus haut : trois boyaux se rejoignent sur une panse de galets. Le point faible. Sylvain, fougueux, s'élance, de l'eau jusqu'à mi-cuisse. Ses genoux pistonnent dur. Il ralentit, cherche son équilibre, repart, peine, trébuche, décroche dans le courant — je me glace —, il se ressaisit aussitôt dans une grande éclaboussure, trébuche à nouveau et titube sur les derniers mètres. Il est tiré d'affaire.

Cela ne me motive pas du tout.

J'essaie un peu en aval, et enlève les dix premiers mètres. Je ne sens bientôt plus mes pieds, souffle comme une baleine, manque de repères, de stabilité. Arc-bouté contre le courant, je cherche des yeux le fond de galets. Je n'arrive plus à repartir, je sens que si je lève un pied, il sera emporté. Trop loin pour faire demi-tour. Mes secondes sont comptées. Avec les mains je prends appui sur le courant, comme sur des patins, et retrouve confiance. Je nage debout. Le courant relâche peu à peu son étreinte, mais c'est un cul-de-jatte bouffé par un requin qui sort de l'eau. J'ai mal !

Nos esprits repris et nos pieds retrouvés, nous revenons à l'aplomb de la rampe. Un arroyo à sec grimpe vers une gorge coupant la croupe en deux fesses. Nous y escaladons longtemps un lit de gros blocs perchés. Une chute de pierres attire notre attention vers le haut. Une patrouille de cinq hommes file dans la descente. Merde ! Nous sommes repérés, nous nous jetons à l'ombre d'un surplomb.

La patrouille passe… rien ne se passe.

Fausse alerte. Le col est bel et bien gardé ! Nous repartons en tremblant comme des feuilles mortes. Un ravissant tichodrome tacheté volette devant nous. Il ne connaît pas les affres des frontières. Une demi-heure plus tard, je tombe en arrêt. Un chien descend dans la gorge. Puis un deuxième, puis un troisième. Cette fois-ci c'est sûr ! On est foutus ! Des chiens policiers. Le premier s'arrête, lève la truffe, hume l'air, une bourrasque nous sauve, il continue sur le versant droit, suivi de ses compères. La tension est extrême. De grosses gouttes de sueur perlent à nos tempes, une sueur glaciale.

Nous repartons, le col approche, le cairn et un long mât rouge marquent sans doute la frontière. Rien en vue. Plutôt que de rester exposés dans ce pli de plus en plus évasé, nous grimpons dans le pierrier de gauche pour rallier la piste. Une bergère monte à toute vitesse. Elle nous frôle. Elle ne nous a pas vus. Pas moyen d'être tranquilles. Personne ne la suit. L'un couvrant l'autre du regard, nous nous rétablissons sur la piste. Le col est à deux cents mètres. Une portion de piste reste cachée par une arête. Nous hésitons, la fille a déjà disparu, d'un regard nous sommes d'accord, tendus comme des flèches, nous glissons à pas de félins. Au débouché de l'arête, je tombe nez à nez avec un dos d'uniforme. Je m'esquive comme on évite une rafale. J'ai vu la mort ! Sylvain a compris, je le vois déjà grimper l'alpage à quatre pattes, j'emboîte la débandade comme un dératé. Coup de chance, nous progressons dans un renfoncement, et dominons bientôt le cirque terminal de l'arroyo avant le col. Le soldat en armes est bien là avec un berger. C'était moins une ! Il ne nous a pas vus. Divine Providence ! Mais rien n'est encore gagné ! Nous sommes pétrifiés dans leur champ de vision, persuadés qu'ils voient battre nos cils.

Deux heures durant, nous les voyons discuter, s'asseoir, se relever, rameuter et suivre un troupeau de moutons. Le temps de cogiter. Les sales quadrupèdes n'en finissent pas de brouter sur notre versant, les types ont sans cesse le nez levé dans notre direction, jettent des pierres pour rassembler leurs bêtes. Les pierres nous frôlent. Comment peuvent-ils ne pas nous voir ? Patagonia soit loué ! Avec nos tee-shirts noirs, nos shorts et chèches beiges, roulés en boule sur nos sacs, nous ressemblons à des rochers accostés de leur ombre ! Cela nous sauve. Dès qu'ils ont le dos tourné, nous progressons en tirailleurs. Nous sommes bientôt hors de portée, et c'est avec la décharge nerveuse d'évadés que nous passons l'arête deux cents mètres au-dessus du col. Un bruissement sur la gauche nous glace : un vautour à l'envol salue nos premiers pas dans le no man's land. Nous avons quitté le Népal.

Au loin, à l'infini, moutonnements et vallonnements frôlent le ciel. Nous entrons dans une autre dimension, détachée du temps, méprisant l'espace, un univers de profondeur et de vérité, de dépouillement et de dépassement. Nous passons cette frontière clandestinement, certes ! Mais j'en pressens beaucoup d'autres, quotidiennes, bien plus terribles, des frontières intérieures auxquelles nous n'échapperons pas.

Marcher, marcher, purger notre frayeur, mettre autant de kilomètres possibles entre cette frontière et nous. Il n'y a plus de piste à suivre, il faut l'inventer. Chaque pas devient responsable. La pente s'incline légèrement vers la rivière Sakha, sinuant sur une vaste pénéplaine. Nous photographions nos premières foulées sur le toit du monde. Le col suivant est un dôme. Nous passons deux gués calmes, les pieds massés par un fond sablonneux. Tout n'est que silence et dilatation, pureté cristalline de l'air, et vide majestueux. Rien où fixer le regard, distraire l'esprit. Le soleil déclinant plonge nos corps dans l'ombre. La pente est si faible que nos têtes restent au soleil jusqu'au chorten du col. Où va-t-on coucher ? Là-bas ! Une tache noire en bordure du ciel rose, une cédille de fumée bleue : l'homme ! Quand nous gagnons sa tente de nuit, il nous attend ! Sans un mot, le fier Bhoté nous ouvre le pan de son abri en laine de yack. Le thé est déjà chaud. Il nous fait asseoir sur des tapis à droite du poêle central, la partie gauche est réservée aux femmes. La sienne est époustouflante de beauté, le visage rond et pur, les tresses soignées, la parure éclatante. Tashi est grand, le nez aquilin, les cheveux longs enroulés sur la tête avec la tresse rouge des cavaliers khampas. En trois mots et un regard il sait tout de nous. Une tape sur l'épaule, le pouce levé nous en disent long. Tirée d'un sac en cuir, de la tsampa vient plâtrer notre thé. L'âcre odeur de la fumée de bouse et les puissants effluves du beurre rance nous imprègnent déjà. En mâchonnant du churbi, petits cailloux de fromage séché, je m'aperçois avec horreur de la perte de la pellicule photo de la journée ainsi que du cache de mon objectif. Ils ont dû tomber du sac alors que Sylvain me prenait en photo après le col. D'un commun accord, nous décidons de retourner sur nos traces, demain à l'aube, au risque de tout compromettre, pour rechercher la pellicule égarée. Il ne saurait en manquer une dans notre troupeau de photos. Nos enfants bergers de ce matin ne feraient pas autre chose.

Deo La, no man's land (alt. 4 900 mètres), vendredi 8 août, 86e jour, kj : 83 ; kt : 2 427 ; dj : 785 m ; dt : 86 173 m ; cols : 50.

À jeun, avant l'aube, au pas de course, nous avalons les 7 kilomètres qui nous séparent du lieu supposé. Grisé par les névés rosissant de l'aube naissante, je chasse de mes pensées l'absurdité de notre entreprise. Autant chercher la fameuse aiguille dans une bouse de yack ! Pourtant une mystérieuse conviction nous meut. Peut-être est-ce cela, la foi ? Dans le souffle de la course, je sème à qui veut des patenôtres. Saint Antoine à la rescousse. Superstition ? Pas ici, où tout est simple, décomplexé.

La zone approche, incertaine. Pourquoi ici plutôt qu'ailleurs ? Aucune raison. Au diable la raison ! Nous ralentissons, je baisse les yeux au sol : « Nikon ! Le cache ! », et hurle dans le même élan : « Pellicule ! » Sylvain me soulève du sol dans une volée d'accolades. Nous trépignons de joie, nous avons trouvé bien autre chose que ces deux bouts de plastique.

Nous rallions sans encombre la tente et nos affaires, avalons deux Rara chacun dans les rayons obliques tamisés par la tente, et partons pour notre dernier col. Dernier col ? Un magnifique faux plat d'herbe rase. Au loin, au pré, un cheval aussi blanc que Pégase : auguste présage. Plus loin, à peine plus haut, une simple inflexion du sol, le col, la mire. Chaque pas qui nous en rapproche y fait pousser comme un germe blanc, et notre progression silencieuse impulse sa croissance dans le ciel, il s'élève peu à peu, pas après pas il s'épanouit, et naît finalement à nos yeux ébahis : le mont Kailash !

Tête de Dieu et solitude, nombril du monde et plénitude, la pyramide blanche dresse sur le lac Manasarovar son reflet de virginité. Tout est aboli, rien n'existe plus au pied du Kailash, on y dépose en une vulgaire offrande tous les trésors du monde, tous les orgueils, tous les credo. C'est l'étoile tombée du ciel dans un écrin de lacs, c'est le phare où convergent des milliards de fois, c'est le feu sous la pierre, le creuset de toute loi, l'épure sainte du mystère.

En un clin d'œil au passé, Sylvain chausse sur son crâne le sacre démesuré d'un yack sauvage, ex-voto déposé au col pour éloigner le mauvais œil, et dresse les deux poings au ciel comme Moïse au Sinaï. À 5 000 mètres, les drapeaux à prières de la Lalun La ne sont pas des banderoles d'arrivée, mais les oriflammes d'un nouveau départ. Nous entrons au Tibet.

Collines et dos, croupes et mamelons s'alanguissent dans une interminable pénéplaine blonde. Dent blanche sur une gencive noire, la montagne sacrée domine une chaîne rectiligne qui barre la vue du nord. Plein ouest, l'œil se perd dans les immensités ; à notre gauche, au sud, le Gurla Mandatha (7 728 mètres) garde l'entrée de l'Himalaya. Pas de camp militaire en vue ! Nous marchons à travers les alpages, sans tergiverser, sans boussole, le

Kailash à l'azimut. Nous sommes libres comme des marins sur la mer, c'est-à-dire fidèles au cap.

Marchant tout notre saoul, nous descendons bientôt dans une vaste steppe humide. Nos pas s'assouplissent sur les mottes de mousses gorgées d'eau. Nous sautons de touradon en touradon pour une marelle de circonstance : un-deux-trois-terre-ciel ! Chaque foulée déclenche le départ-fusée de lemmings, petits rongeurs de la taille d'un hamster, concierges aux premières loges du plus beau spectacle du monde. Il y en a des milliers, il y en a des millions. Ils fusent devant nous toute la journée, de terrier en terrier, comme une vague d'étrave. Leur vitesse nous fascine, leur mouvement est toujours le même, mécanique, reproduit en un rythme hypnotique. Ils ont tous le même programme. Deux bharals seigneuriaux, grands ovins sauvages, nous coupent la route, à l'amble, la tête entraînée vers l'arrière par le poids de leurs cornes. Vision altière et sublime. À peine plus loin, ce sont des lapins qui détalent en de longs bonds de kangourous. D'un bosquet détale un renard argenté qui guettait des lemmings. Toute une vie animale s'orchestre autour de nous, chaque minute nous fait palpiter d'une découverte nouvelle. Une sterne arctique complètement paumée rame de son vol chaloupé en quête d'une mer. Là, c'est un troupeau de gazelles qui déguerpit en zigzaguant et en clignotant des croupions ; ailleurs et partout, ce sont des ânes sauvages, les hémiones, qui viennent caracoler de leur trot à bascule pour s'enquérir de notre nature. Je m'exclame :

— Ce ne doit pas être sur l'Ararat, mais sur le Kailash que Noé s'est échoué !

— Tu ne crois pas si bien dire ! Nous sommes au fond de la mer de Thétis, subsumée il y a seulement 50 millions d'années, littéralement emboutie par la plaque indienne. De leur choc est né l'Himalaya, la crête que nous venons de passer.

— Alors tous ces sables sont passés de -5 000 à +4 500 mètres d'altitude ! ?

— Absolument ! C'est ici même que l'écorce terrestre est la plus épaisse : 75 kilomètres !

— Ouais ! dix de moins que tout ce qu'on a grimpé ! Voyage au centre de la Terre.

Le vaisseau noir d'un orage de mousson traîne ses voiles déchirées dans les immensités de la vallée. Un rideau de ténèbres s'abat sur nous d'un coup. Le soleil cru éclabousse les collines alentour, le fantôme en clair-obscur réplique de ses mille sabords par de violentes salves de grêlons. Ils sautillent devant nous comme des lutins sur la steppe, crépitent sur nos épaules. Il en vient soudain trop, nous sommes assommés sous les tombereaux de glace, et nous abritons sous nos sacs. À mes genoux, je découvre stupéfait un magnifique couteau dans sa gaine d'argent. Je le ramasse comme un cadeau du Kailash, et je me plais à croire, dans ce royaume des signes et des sortilèges, que je l'ai trouvé parce que nous allons en avoir besoin. Et je me vois déjà aux prises avec un loup...

Nous marchons vers le soleil déclinant, tandis que le lac Manasarovar dépose son lingot d'or pur aux pieds du Kailash. Les quatre éléments se concertent pour célébrer notre arrivée sur ses berges. L'eau devient feu, le feu devient air, et enflamme la terre, gigantesque le lac ! Nous ralentissons sur les derniers mètres comme à l'approche d'un autel. Un délicieux ressac caresse les graviers, une forte odeur de varech encense l'air du soir, nous nous agenouillons, le front baisé par les lèvres de Brahma, et, les mains plongées dans les derniers ors du lac, nous saisissons le virtuel ostensoir. Contemplation.

Nous commençons notre circumambulation dans le sens des aiguilles d'une montre, le sens bouddhiste, vers le Tougoulho Gompa niché au pied du Gurla Mandatha, sur la rive sud. Âme de Brahma, l'esprit créateur du monde, le lac est aussi sa mémoire. Un bain dans ses eaux sacrées lave des péchés de toute une vie. Nous remettons le bain à demain.

Nous marchons dans la nuit depuis une heure parmi les galets des plages, quand une hostie de lune se lève à l'est en semant son lait bleu sur la scène. Le Kailash endormi se réveille soudain, pour recevoir du ciel, après la pourpre et le manteau d'airain, le baume de sérénité d'une cosmique eucharistie. Fin de messe et fin du jour, un gompa en ruine nous tend ses murs de pisé. Nous y lovons, dans un recoin, notre fatigue et notre joie, et sombrons à jeun dans le sommeil du juste. Les Chinois peuvent nous arrêter, ils ne nous ôteront pas cette journée.

Gompa en ruine, lac Manasarovar (4 550 mètres), samedi 9 août, 87ᵉ jour ; kj : 43 ; kt : 2 470 ; dj : 190 m ; dt : 86 363 m

Aube nouvelle sur l'âme de Brahma. Une profonde entaille verticale plonge du sommet du Kailash : la cicatrice laissée par le foudre de Vishnou arrivant sur la terre. Le diamant blanc rougit, une gloire solaire embrase ses névés, un filament de lave coule dans la fissure pour apporter la lumière au monde. Le Kailash saigne, le jour se lève.

Ablutions solaires et aquatiques dans l'eau lustrale. Avec la crasse sont décapées les couches de souffrance, gommés les kilomètres, oublié tout le reste. La mémoire de Brahma les engloutit dans l'onde.

Le Tougoulho Gompa est à deux pas. Les plages sont hérissées d'empilements instables de pierres blanches. Pas des tas ; des galets jouant les équilibristes. S'ils tiennent, le péché est suspendu. Des saddhus nus se baignent dans les corolles de leurs longues tresses, un camp militaire est en vue. Nous accordons nos versions : entrée officielle avec un groupe par Taklakot, et tour du lac au lieu d'un tour du Kailash, pour cause de maux d'altitude. Nous allons notre train, pieds nus sur la rive, ingénus et confiants. Poste et gompa sont là. Drapeau rouge communiste, Lupkas rouges bouddhistes. Une barrière de barbelés descend jusqu'au lac pour contraindre les pèlerins au contrôle. Le niveau exceptionnellement bas des eaux dégage un passage sur la plage entre le ressac et le dernier piquet. Nous passons derrière le poste et nous glissons dans le gompa, au nez et à la barbe du factionnaire. À l'étage, un moine nous sert de grands bols de tsampa sucrée. Nous nous colmatons la brèche. D'une lucarne où se réchauffe un chat, je surveille le manège des soldats chinois. Comment ont-ils fait pour ne pas nous voir ? La candeur est l'élixir d'invisibilité. Chang Song, le moine, est notre premier Tibétain. Après avoir demandé où était notre groupe, il remarque que nous avons deux heures trente de retard à nos montres, et comprend.

— Ne vous inquiétez pas, j'ai fui au Népal il y a cinq ans par la Lapche La, pour retrouver le Dalaï Lama. Il m'a donné pour mission de bien recevoir les étrangers.

Après une rapide visite du monastère en reconstruction, chargés d'un kilo de tsampa, nous risquons un œil par la porte d'entrée. Le soldat est à vingt mètres sur la droite. Les monastères n'ont pas de porte dérobée. Il rentre soudain dans le poste, nous disparaissons à l'angle du gompa et retrouvons la berge du lac. Ouf !

Cachés par le monastère, nous filons entre les dunes jusqu'à ce qu'il ne soit plus qu'un caillou parmi les autres. De nombreux ruisseaux s'épanchent du Gurla Mandatha dominant notre gauche. Les gués sont constellés d'empreintes de léopards des neiges. Dans l'eau flottent paisiblement des vols d'oies de l'Himalaya. Des mouettes rieuses clabaudent au-dessus de nos têtes, des chevaliers gambettes trottent menu sur la grève. La lumière est implacable, nous marchons entre deux ciels. Dernier bain sur fond de Kailash : Sylvain se fait bouffer par des puces d'eau, il en sort couvert :

— J'ai tous les morbachs de Brahma à mes trousses !

Nous passons sur la rive ouest et la remontons vers le nord. Nous avons accompli un quart du tour du lac, et j'exulte tant de félicité intérieure que pour la première fois de ma vie je me dis que je pourrais remettre aujourd'hui mon âme entre les mains du Créateur. C'est con, non ?

En marchant nous ne pouvons que penser. Sans doute les morts, sans doute les fantômes, sans doute les esprits du lac le peuvent aussi. Pas besoin de corps pour ça. Je suis convaincu que j'emporterai le Kailash et le lac de la Mémoire outre-tombe !

Notre marche est une longue attente, rien de vraiment construit, un pas plus un autre, dans l'expectative. Là, nous marchons en attendant le Gousso Gompa. Le dessin de Chang Song l'indique sur une falaise au-dessus du lac. Arrive-t-il ? Nous attendons. Sylvain, ne vois-tu rien venir ? Le chemin est une école du stoïcisme : marcher, comme philosopher, c'est « apprendre à mourir ». Et puis tout arrive. C'est la grande sagesse de la limace. Nous sommes bien arrivés ici à pied ! Combien ? 2 500 kilomètres ? 50 cols ? des glaciers ? des tempêtes ? Tant que ça ? En 80 jours ? C'est tout ? Deux mois de vacances ! Pas vacantes.

Le Gousso Gompa est là, nous y grimpons. Posé sur une vire, il domine le bleu méditerranéen du lac. Un vieux moine le garde et le regarde en marmonnant son long chapelet de perles de buis. Cela se dit : faire *Tan ché*, c'est-à-dire « ronronner comme un chat ». Il nous comble de tsampa. Nous repartons le Kailash dans le nez, dans l'attente du Shio Gompa, la perle suivante du chapelet de pas que nous égrenons autour du lac. In petto, je chante *Exultate jubilate* pour remercier Brahma de nous tolérer sur ses berges, de nous épargner les Chinois, et *Tan Ché* notre soif de kilomètres.

Marcher sur le plat se révèle éreintant : les abducteurs morflent. Nous attendons le Shio Gompa en tendant et en détendant des relais de tendons, c'est tout. Lapins, huppes fasciées, campagnols, lemmings s'excitent autour de nous. Nous passons à l'ombre de la falaise. J'y laisse folâtrer mon regard à la poursuite des acrobaties d'un couple de craves à bec rouge. Après quelques loopings, ils se posent à l'entrée d'une anfractuosité perchée quinze mètres au-dessus du lac. Je l'indique à Sylvain :

— Imagine un peu la vue que peut avoir la chouette qui l'habite ?

— Attends ! Mais non ! Regarde, il y a des encoches qui y mènent !

Nous appelons. Une petite tête drapée d'orange s'encadre dans la fissure :

— *How do you do ?* Vous donneriez-vous la peine de grimper pour une tasse de thé ?

— ???!!!

Nous escaladons la paroi vertigineuse avec grande précaution. Sylvain me glisse :

— Comment il fait, l'ermite ? Il grimpe en lévitation ou quoi ?

Bikash Giri nous accueille dans sa sombre fissure agrémentée des gravures multicolores de « Lord Shiva ». Saddhu de vingt-huit ans, il passe chaque année deux mois à méditer ici, et deux mois au Kailash. Il fait partie du contingent des 350 Indiens autorisés à venir en pèlerinage dans la région. Sur 800 millions, c'est un ultraprivilégié ! Il nous apprend que Milarepa, le grand poète tibétain du XIe siècle, est venu ici même expier son terrible passé en ne mangeant que des orties.

— *It's good for meditation here ! Very strong spiritual power with the full moon*[1] *!*

La vue sur le lac est irréelle. De douces risées en irisent la surface. Un crissement de pas sur les graviers monte de la grève. Je risque un œil : une patrouille de soldats. Mon sang se glace. Je deviens blême. Bikash a compris, il s'inquiète :

— Vous avez été embêtés par les militaires ?

— Quels militaires ?

— Eh bien, ceux du campement ! À cent mètres ! Vous ne les avez pas vus ?

---

1. « C'est bon pour la méditation ici ! Il y a une très grande force spirituelle avec la pleine lune ! »

Nous nous jetions dans la gueule du loup ! Pour la deuxième fois en Chine, une tasse de thé nous sauve [1]. Décidément ! Mais qui nous a conduits au thé ?... Je ne regarderai plus jamais les craves à bec rouge de la même façon.

Au milieu de ses cristaux et de ses éléphants bleus, le visage plein et gai, Bikash dresse à Sylvain la carte de tous les postes et camps militaires qui jalonnent notre itinéraire clandestin à travers le Tibet. Il y en a un à chaque pont franchissant une rivière ; cela promet de nombreux gués ! Le tour du Kailash est l'endroit le plus contrôlé, il faudra donc s'en priver. Comme la grotte est trop petite pour que nous y dormions tous les trois, Bikash décide de nous mener en lieu sûr. Après avoir désescaladé promptement la falaise, il vérifie que la voie est libre et nous fait signe de le suivre. Nous revenons sur nos pas en longeant la paroi, et profitons d'une coulée pour grimper au sommet d'une colline. La robe orange de Bikash claque dans le vent du soir, son collier de cristaux étincelle de mille feux. Le monastère de Shio se dresse dans la combe voisine sur un piton rocheux dominant le lac Manasarovar. En nous montrant le Kailash, Bikash nous dit :

— Celui qui en accomplit 108 fois le tour atteint le nirvana de son vivant !

— 108 fois 50 kilomètres, ça fait un peu plus de 5 000 kilomètres, non ? En route, Sylvain, on n'est qu'à la moitié du chemin !

Devant nous, à l'ouest, le soleil se couche en balayant de ses rayons les immensités des jours à venir. À l'ouest ! Toujours plus à l'ouest !

---

1. Cf : *On a roulé sur la Terre*, au Tibet, avant l'arrivée à Lhassa.

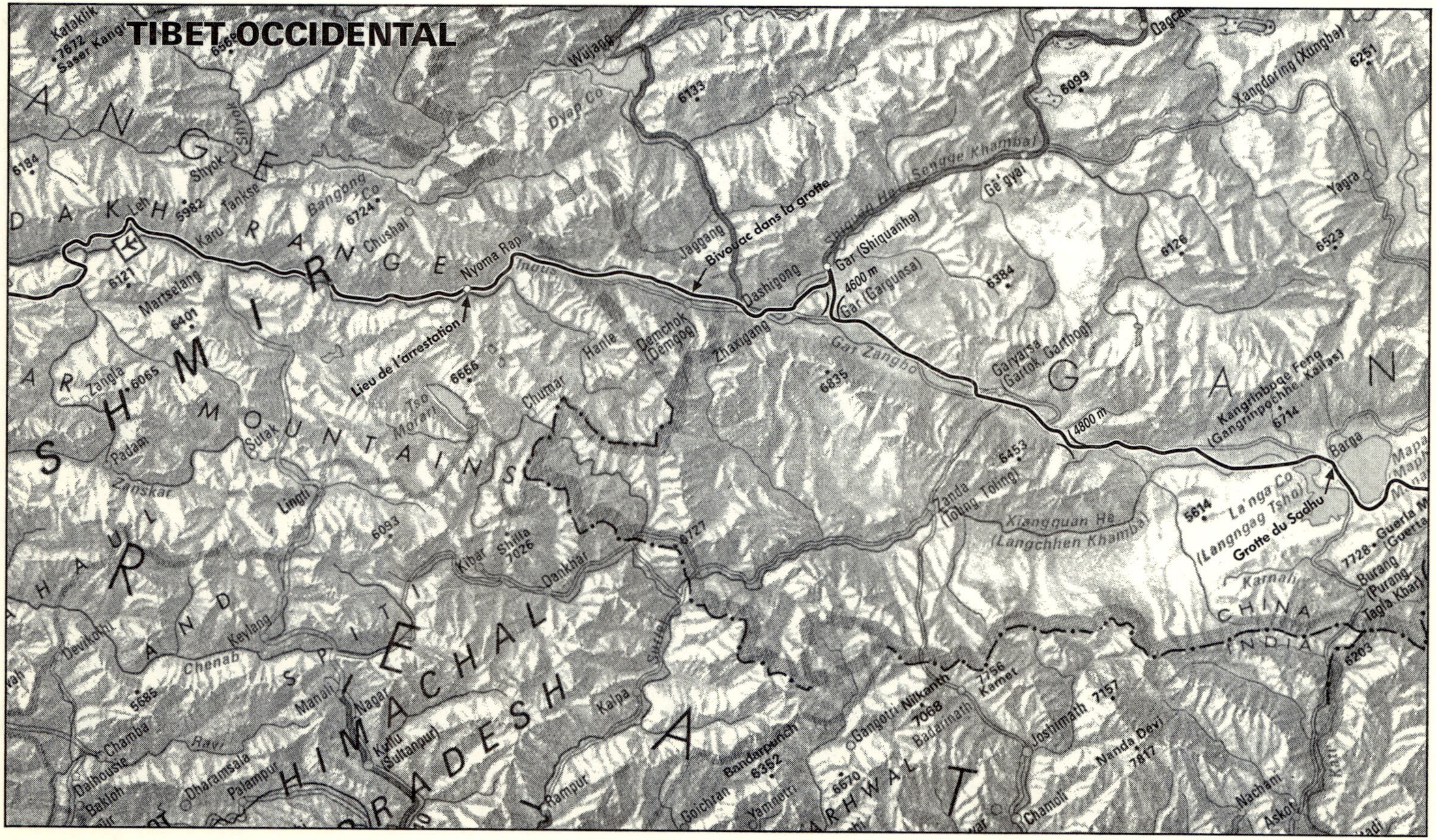
TIBET OCCIDENTAL
Leh
Nyoma Rap
Lieu de l'arrestation
Bivouac dans la grotte
Dashigong
Jaggang
Gar (Shiquanhe)
4600 m
Gar (Gargunsa)
Zhaxigang
Demchok (Dêmqog)
Hanle
Chumar
Gar Zangbo
Indus
Garyarsa (Gartok Garthog)
Kangrinboqe Feng (Gangrinpoche, Kailas)
6714
4800 m
Barga
Grotte du Sadhu
La'nga Co (Langngag Tsho)
5614
Zanda (Toling, Tholing)
Xiangquan He (Langchhen Khambab)
Burang (Purang, Tagla Khar)
7728 • Guerla
CHINA
INDIA
Karnali
6203
Yagra
Xangdoring (Xungba)
6251
6099
6126
6523
6384
Gê'gyai
Sengge Khambab
Dyap Co
Wujang
6133
Chushal
Bangong Co
6724
Tankse
Karu
Shyok
5982
6184
7672
Saser Kangri
Kataklik
6121
Martselang
6401
6065
Zangla
Padam
Zanskar
Sutak
Lingti
Tso Morari
6666
6093
Kibar
Shilla
7026
Dankhar
6727
Sutlej
Kalpa
Keylang
Chenab
Devikund
5685
Chamba
Ravi
Dalhousie
Bakloh
Dharamsala
Palampur
Manali
Nagar
Kullu (Sultanpur)
Rampur
Gochran
Bandarpunch
6352
Yamnotri
6670
Gangotri
Nilkanth
7068
Badarinath
7756
Kamet
Joshimath
7157
Nanda Devi
7817
Chamoli
Nacham
Askot
Kali
6453
6835
HIMACHAL PRADESH
ZANSKAR MOUNTAINS
LADAKH RANGE

8

TIBET OCCIDENTAL : DU KAILASH À LEH

Sylvain

Nous sommes arrivés au sommet de la falaise. Devant nous, à perte de vue, s'étend l'immense plateau rocailleux du Tibet occidental, taché au sud par la flaque bleu turquoise du Langa, le grand lac qui fait pendant au Manasarovar.

— Derrière nous, dit Bikash, au pied de la paroi, sur la grève, se tient le poste chinois vers lequel vous fonciez tout à l'heure comme des ânes.

Le bras du saddhu nous indique à présent la direction de l'ouest. Il pointe du doigt un petit relief acéré comme une dent, à peine perceptible sur la ligne plate de l'horizon immense.

— Vous voyez l'éminence, là-bas ? Marchez vers elle ! Ne la quittez pas des yeux. Derrière se trouvent les sources du Sutlej. Et ensuite, à cinq ou six jours de marche, vous rejoindrez l'Indus. Plus au nord, il y a une route chinoise qui va d'est en ouest. Évitez-la ! il y a un poste de contrôle tous les vingt kilomètres, des voitures militaires qui circulent tous les jours et un fortin de police construit sur chaque pont ! Et méfiez-vous des camionneurs qui vous dénonceront s'ils vous aperçoivent... Restez loin de la piste. Évidemment, fuyez l'abord des villes. À Darchen, ça fourmille de Chinois, à Misar aussi... Rappelez-vous : ne vous approchez pas du mont Kailash ni de la route ! Ne déviez pas non plus trop vers le lac : c'est plein de marécages !

— C'est pratique ! On n'a le droit d'aller ni au nord, ni au sud, ni à l'est !

— Suivez l'ouest, c'est la direction cardinale de la stabilité et de la clairvoyance...

Bikash marque sur notre carte l'emplacement des quelques

postes chinois qu'il connaît. Il est 6 heures du soir. Les rayons du soleil, très obliques, tracent sur le plateau des lignes de feu. Nous embrassons Bikash.

— Merci !

— Bon courage et priez pour moi quand vous verrez l'Indus !

Le saddhu s'en retourne seul, nu-pieds, vers sa grotte obscure, de trois mètres sur un : le plus bel endroit du monde. Au sud, la Gurla Mandhata retient les rayons dorés du soir. Il règne sur le plateau une atmosphère de silence et de paix intense. Est-ce là le *spiritual power of Kailash* dont parlait Bikash tout à l'heure ?

Nous jetons un dernier regard sur le Manasarovar que nous ne verrons plus et commençons à marcher plein ouest. Il est 7 heures du soir.

Le soleil ne se couche que vers 11 heures au mois d'août, dans les marches occidentales de l'empire du Milieu. Les Chinois — peuple délicat — ont eu la générosité de placer tout le Tibet à l'heure de Pékin ! C'est l'une des mesures de la colonisation. L'autonomie du pays est à ce point bafouée que l'occupant ne laisse même pas aux Tibétains la liberté de l'heure ! Et c'est pourquoi nous nous retrouverons souvent à marcher d'un bon pas à 10 heures du soir passées…

Nous coupons bientôt une rivière qui vient du nord, alimentée par les neiges du Kailash, pour se jeter dans le lac de Langa. Nous passons à gué. Le paysage offre une étonnante perspective. Le plateau, en effet, se relève légèrement vers le nord. La déclivité est très faible, mais suffisante pour qu'apparaisse le cours d'eau dans son intégralité : depuis sa source dans les contreforts taraudés du Kailash jusqu'au lac, à notre gauche, vers le sud. Et, entre les deux, il étire mollement ses courbes à travers les prairies d'herbes rases. Très loin, au pied du mont sacré, nous voyons briller les maisons blanches de Darchen, la ville contrôlée par les Chinois, où commence la *kora* : la déambulation religieuse autour de la Montagne.

Nous laissons la rivière derrière nous, continuons à marcher quelques heures vers le crépuscule embrasé et puis, quand le soleil disparaît tout à fait, nous nous arrêtons, à l'endroit précis ou nous surprend la nuit, et installons notre bivouac « sous nous ». Il reste, à l'horizon, un faisceau de raies blafardes, pauvre lumière résiduelle à laquelle nous jetons quelques lignes sur nos carnets. Puis, avant de dormir, nous avalons sans plaisir une soupe aux nouilles népalaise. Alexandre sort également son sac en plastique rempli de tsampa. Il s'écrie en jurant :

— M... ! J'ai oublié de reprendre de l'eau au gué de tout à l'heure ! Et je n'ai pas bu de tout l'après-midi. Tu en as un peu ?

— Non.

— Les nouilles déshydratées et la tsampa, sans eau, c'est divin !

— On en trouvera demain à la première heure.

En effet, nos cartes indiquent une rivière-exutoire qui prend sa source à l'extrémité nord-est du lac Langa, et qui serpente un peu avant de rencontrer d'autres affluents et de former le Sutlej. Les cartographes ont d'ailleurs coutume de désigner ce lac comme source du grand fleuve sacré. Nous nous endormons la gorge sèche. Les étoiles emplissent le ciel après l'extinction des derniers feux.

— C'est pas cette nuit, paumés en plein plateau, que les Chinetoques nous trouveront ! dis-je à Alex en guise de bonsoir.

— Non ! Et même si on se fait arrêter demain, on aura fait quand même quarante-huit heures de clandestinité au Tibet !

C'est la soif qui nous réveille avant l'aube. Nous ne nous pardonnons pas de n'avoir pas fait provision d'eau hier soir, en passant la rivière. Cependant il est hors de question de retourner en chercher sur nos pas, alors que les sources du Sutlej sont à portée de marche. Nous consultons la boussole dans le matin naissant.

— En tirant plein ouest, on est forcés de tomber sur l'eau !

Nous levons le camp en 1 mn 30 : c'est si pratique de voyager léger. Je marche en tête comme tout les matins, boussole autour du cou. Je consulte de temps en temps le compas et corrige la trajectoire, imperceptiblement déviée parfois. La petite pointe montagneuse que nous avait désignée Bikash hier a disparu, happée par l'horizon : nous nous trouvons dans une cuvette et les reliefs que nous distinguions hier, alors que nous étions juchés sur le revers de la falaise, sont masqués à présent par un bourrelet de collines.

Nous faisons quelques photos du Kailash, debout sur un monticule qui offre une vue circulaire vertigineuse. Il paraît à portée de voix. Nous lui hurlons notre joie de frôler son pied à 4 600 mètres. Le mont sacré et la chaîne du Kangripoche Feng semblent jaillis tout droits du plateau, sans qu'aucun contrefort ni piémont préliminaires ne les annoncent, comme s'ils étaient posés d'un bloc sur un socle, rivés à une table rase.

Le terrain est extravagant. Ainsi, bien que nous prenions garde de rester loin du lac (au moins à 3 ou 4 kilomètres), nous traversons souvent des bourbiers croupis.

— On ne va pas quand même crever de soif en plein marécage ! maugréons-nous en pataugeant dans la boue.

Puis, sans que rien ne le laisse présager, apparaît un champ de sable immense. Et le Kailash surnage au-dessus des dunes. On connaît le rêve d'acheminer un iceberg dans le désert. Nous avons ici l'ahurissante vision d'un lingam[1] de glace en plein Sahara !

La plupart du temps, cependant, nous marchons sur un tapis de rocailles, colonisé par de maigres touffes d'herbes coupantes. Parfois, le pied s'enfonce dans le vide ! C'est une galerie souterraine de lemming qui s'écroule. Ces cousins des chiens de prairie en creusent des milliers de kilomètres sur le plateau et, quand on traverse une zone habitée, on a l'impression d'être englouti dans la steppe entière qui s'effondre sous soi…

À midi, nous n'avons toujours pas trouvé d'eau. Pas la plus petite flaque. Et les prétendues sources du Sutlej que nous devions immanquablement croiser ne se montrent toujours pas, même à l'horizon. Plus préoccupant : le lac Langa, duquel devait sortir, d'après la carte, le fleuve Sutlej, est loin derrière nous à présent, sans que soit apparu le moindre ruisseau.

2 heures. Le soleil embrase l'atmosphère. Nous avançons comme des automates, refusant de croire cette mauvaise farce de la soif. Nous pourrions encore faire demi-tour, mais il est impossible que nous ne croisions pas un cours d'eau avant ce soir.

3 heures. 35 °C. Nous n'avons pas déjeuné, ne voulant pas épuiser les dernières réserves hydriques de nos tissus desséchés par une digestion inutile. Et puis nous aurions quand même besoin de quelques gouttes pour faire passer la tsampa et les nouilles séchées !

5 heures. Toujours rien. Sauf notre obstination et notre certitude que l'eau n'est pas loin. Nous avons pressé le pas depuis

---

1. Objet phallique du rite hindou. Le Kailash, d'ailleurs, est considéré par certains comme le lingam de Shiva.

quelque temps, comme pour arriver plus vite à l'oasis. Le problème, c'est qu'il n'y a pas d'oasis.

6 heures. Peut-être l'altitude accélère-t-elle la déshydratation car nous nous sentons vraiment vidés. Quelle absurdité que de crever la soif dans l'Himalaya à 4 600 mètres !

7 heures. Nous avançons, boussole à 270°. Plein ouest. Mais devant nous s'étend à perte de vue le plateau rocheux. Pas une trace d'eau. Pas un reflet au loin. Rien qu'un horizon de sécheresse et le soleil qui continue à taper.

8 heures. Le soleil commence enfin à décliner. Dans la lumière rasante passent des troupeaux d'antilopes et d'ânes sauvages. Sous nos pas, disparaissent des armées de lemmings. Il faut bien qu'elles s'abreuvent quelque part, pourtant, ces bêtes.

9 heures. Nous avons marché 11 heures au moins. Nous avons dû parcourir 50 kilomètres. Sans trouver une once d'eau !

10 heures. La nuit va tomber. Toujours pas d'eau. Ce qui nous est le plus intolérable, ce n'est pas cette sensation de brûlure dans la bouche. C'est de penser que nous avons longé un lac, hier après-midi, et traversé un cours d'eau, sans boire ni faire de réserves ! Erreur stupide. Nous bivouaquons dans un creux de terrain. Nous nous enfilons dans nos duvets sur le sol pierreux après une tentative avortée d'avaler quelques nouilles sèches ; les gosiers sont trop râpeux. Triste nuit.

Dès les premières lueurs, nous sommes sur pied. Autour du bivouac, imprimées profondément dans la poussière, des traces d'énorme félin constellent le sol.

— On a eu de la visite cette nuit.

— Un léopard des neiges !

— Où est ce qu'il boit, lui ?...

Nous photographions les empreintes puis tenons conseil et décidons de fixer une heure limite. À midi, nous rebrousserons chemin si nous n'avons pas trouvé d'eau. Nous essaierons alors de retourner vers le lac ou vers la rivière de l'avant-veille. J'oriente la bague de la boussole à 300°. Nous allons en effet remonter un peu au nord au cas où coulerait un affluent du Sutlej, parallèle à la chaîne de montagnes que nous suivons de loin. Avant de partir, nous nous forçons à avaler quelques poignées de nouilles sèches qui font un effet de limaille de fer dans la gorge...

Nous marchons toute la matinée dans un relief vallonné. Les monticules se succèdent, aussi réguliers et ondulants que des vagues serrées. C'est comme si le vent, en forcissant sur le plateau, avait levé une houle de collines. Notre horizon se réduit à présent à la prochaine crête à conquérir, que nous croyons toujours être la dernière. Et quand nous parvenons à son sommet, c'est pour contempler une nouvelle croupe, un peu plus haute, un peu plus raide, qui bouche le ciel droit devant. Parfois, sur le sommet d'un mont arrondi, s'élèvent des antennes métalliques, sorte de répliques chinoises (donc miniatures) de la tour Eiffel. Ce sont les tours de relais des communications militaires. En Afghanistan, il y a longtemps qu'elles auraient été sabotées. Ici, elles se tiennent bien droites au-dessus du plateau. Elles remplacent les chortens, mais... acheminent d'autres ondes.

Nous avançons assez vite, noués par l'obsession de l'eau. Nous sentons à présent quelques symptômes de déshydratation : bourdonnements dans la tête, muqueuses du nez et de la gorge irritées, oreilles bouchées et puis, vrillé au ventre, l'immense désir, non pas de cataractes ni de piscines glacées, mais d'un beau litre d'eau, pur et simple. La soif, c'est une envie de mourir pour un verre d'eau. C'est aussi la promesse de ne plus jamais passer devant un robinet sans le saluer avec respect.

Nous sommes dans un grand état de faiblesse, car nous avons beaucoup réduit nos rations alimentaires. Sans eau, on ne mange pas ! Règle élémentaire. Évidemment, pour se rassurer, on peut toujours évoquer les expériences scientifiques démontrant qu'on peut tenir une semaine et plus sans eau, allongé dans une pièce à 15 °C. Mais par 40 °C, à 4 600 mètres, après 80 kilomètres de marche ? Je n'ai jamais rien lu là-dessus. La seule chose dont je me souvienne sur la soif en littérature, c'est l'histoire de Saint-Exupéry écrasé dans le Sahara et contemplant sa dernière moitié d'orange comme si c'était la face de Dieu.

J'en suis là de mes inquiétudes, quand apparaît une rivière. Il est 11 heures, nous n'avons pas bu depuis 45 heures. Nous avons débouché au sommet d'une colline un peu plus haute que les autres. Et vers le nord-ouest, alors que s'ouvre une perspective sur le plateau, nous distinguons très bien un torrent qui naît dans les montagnes, traverse des glacis et se perd vers le sud Est-ce là la source du Sutlej ? Nous estimons la distance à 8 kilomètres. Il nous faudra 2 heures pour les franchir. Et quelques secondes à peine pour nous désaltérer. Stupeur ! Alors que nous aurions vendu quelques années de notre vie pour un crachin normand, nous sommes comblés, dès les premières gorgées, bues à même le ruisseau. Nous nous forçons à boire deux litres. Nous mangeons beaucoup. Puis nous dormons deux heures. Comme des lions repus. Ventre à l'air au bord de l'eau. C'est au réveil que nous prend une vraie envie de boire. Nous restons de longues minutes la tête dans l'eau à laper le torrent sans relâche, avant de reprendre la route de l'ouest, non sans avoir murmuré quelques mercis au cours d'eau grisâtre, chargé de limons.

L'avenir est rose. Nos bouteilles sont remplies à ras bord. Nos ventres ballottent. Nous sommes désaltérés. Nous avons de l'eau. C'est le principal. « Donnez-nous de l'eau, donnez-nous une route et gardez tout le reste [1]. » Nous marchons à grands pas.

La zone de collines est derrière nous. Nous allons à nouveau sur les glacis rectilignes du plateau. Pas un creux, pas un pli pour heurter le regard. C'est l'immensité aplanie, vierge et vertigineuse. N'ayant pour seul repère spatial que les montagnes immobiles au nord, il nous semble faire du surplace. Nous abattons les foulées, pendant des heures, sans avoir l'impression d'avancer. Le podomètre s'active pourtant à compter les pas : 30 000, 31 000, 35 000...

À l'horizon se détache une étrange mosaïque noire et blanche qui paraît animée.

— Un troupeau de moutons ! s'écrie Alex.

— Cela veut dire qu'il y a des bergers !

Nous prenons le large et passons à 2 kilomètres du troupeau. C'est trop court pour échapper à l'odorat et à la vue des chiens. Deux énormes dogues du Tibet nous prennent en chasse et déboulent sur nous au grand galop. Nous ramassons des pierres. Scène ridicule : nous allons marcher une demi-heure, talonnés par les chiens qui lancent des salves féroces d'aboiements enroués et tentent parfois quelques assauts, repoussés par nos cailloux. Nous nous relayons l'un l'autre, pour marcher à l'envers et tenir en respect celui des deux chiens qui reste derrière nous pendant que l'autre essaie d'attaquer notre flanc.

— Ils utilisent la même tactique pour garder les moutons !

De temps à autre, avec l'obstination des esprits limités, le plus gros essaie une percée à revers, sur le côté. Paf ! Un caillou dans la truffe. Aboiements de fureur. Nous avançons toujours. Et puis,

---

1. P. c. c. Amundsen : « Donnez-moi l'hiver, donnez-moi les chiens et gardez tout le reste ! »

avec la versatilité d'un chat, ils nous laissent subitement et retournent à leurs moutons. Est-ce parce que nous sommes sortis de la zone de sécurité du troupeau ?

— Ils nous raccompagnaient à la frontière.

— Je préfère que ce soient des dogues qui le fassent, plutôt que des Chinois.

— Parce que c'étaient pas des Chinois ?

Un orage s'abat quelques minutes plus tard. Il pleut des grêlons aussi gros que des groseilles. Comme il y a quatre jours, nous nous accroupissons sous nos sacs pour éviter leur morsure. La grêle s'arrête, aussitôt remplacée par une pluie glaciale. Nous avançons, transis, jusqu'à un torrent très large que nous traversons, eau à mi-cuisse. Sur l'autre rive, de gros blocs nous offrent un refuge. Nous tendons nos bâches plastique et, réfugiés en dessous, méditons sur l'absurdité de la situation : comment croire que nous mourions de soif il y a seulement quelques heures ? L'orage passe aussi subitement qu'il est arrivé. Nous reprenons la marche, contrés par un vent violent. Les montagnes des alentours ont blanchi. Leurs flancs nacrés de grêle font sous le ciel lugubre les mêmes reflets que ces films d'aluminium utilisés pour les gravures.

Les kilomètres passent doucement. Nous les égrenons en silence, bousculés par le vent, tenant le cap à l'ouest. Un second gué nous ralentit. Les torrents creusent très profondément leur lit sur ces glacis de rocaille et il faut descendre sur des rochers instables pour gagner les rives et remonter ensuite sur des talus croulants.

Et puis l'horizon plonge dans une vaste dépression, au fond de laquelle, tapie comme une sale bête, se tient la ville chinoise de Moincer (prononcez Misar ou Misère ou mieux encore : n'y allez pas). La nuit tombe. Nous marchons vers les lumières pendant deux heures et pénétrons enfin dans la ville par la décharge publique, en pleine obscurité, en pleine boue, sous la pluie. Quatre cantonnements militaires hérissés d'antennes, quelques bicoques en tôle ondulée, une demi-douzaine de chiens galeux errant sur une route défoncée constituent le gros du bourg. Nous sommes trop las et trop faibles pour dépasser Misar cette nuit. Nous oublions toute précaution. Ventre affamé se fout des flics et toutes les recommandations des saddhus de la Terre ne nous feront pas rater une soupe aux nouilles chaude et quelques litres de bière chinoise. De toute façon, la ville est endormie et nous savons que les militaires chinois ne sont jamais vraiment sur les dents.

C'est sous une tente humide, servant de restaurant, où trois pauvres ivrognes cuvent leur vie de misère que nous satisfaisons nos fantasmes culinaires.

— *Mientiao*[1] *!* hurlons-nous au tenancier.

Nous en engloutissons coup sur coup trois bols chacun et buvons de la bonne bière douce. Sous la toile perméable dressée aux vents glacés de cet endroit pourri, nous sommes parfaitement comblés. Et heureux d'être arrivés en deux jours à cette étape, que le saddhu estimait à quatre jours de marche. Aujourd'hui, nous avons parcouru 60 kilomètres.

Dans la nuit pluvieuse, nous cherchons la halte à camions de la ville — car tous les postes militaires de ce type, en Chine, contiennent une halte pour camionneur. On nous indique une chambre sans nous poser de question. Il faut payer tout de suite : 70 centimes. Il pleut dans la pièce. Le sol est couvert de boue. Les lits déglingués portent avec peine des matelas rongés par des générations de dormeurs. Les carreaux sont cassés. Dehors, les mécaniciens réparent leurs camions, moteurs à plein régime. Nous sommes aux anges. Cet endroit est un hôtel de luxe.

Avant que l'aube ne se lève, nous sommes déjà en route, les sacs bourrés de soupes aux nouilles achetées aux premières heures dans le bazar pour camionneurs. Et nous suivons de loin le tracé de la route, invisibles, heureux, aimantés par l'ouest.

Le Tibet se révèle tel qu'il est : un plateau de vent. Nous marchons vent arrière ou vent de face, dix à douze heures par jour. Nous abattons parfois 70 kilomètres en une seule étape. Nous ne savons plus que marcher. Qu'est-ce qui nous drogue ? Ce sont peut-être les sécrétions d'endorphines dont parlent les neurologues : ces décharges d'énergie qui fouettent le cerveau et stimulent le corps. Elles nous réveillent au bout de la troisième heure de marche, elles effacent toute douleur de crampes au bout de la sixième heure, elles donnent parfois des regains de souffle après huit ou neuf heures d'effort. Elles valent tous les knouts. Stakhanov, finalement, ce n'est qu'une endorphine un peu développée.

Mais ce qui nous drogue, surtout, c'est l'horizon sans bornes. L'immuabilité des panoramas. La fuite de l'espace à mesure que

---

1. Soupe aux nouilles en chinois (mais personne ne comprend).

nous avançons. La marche au Népal nous avait habitués à des perspectives de sous-bois. On y voyait rarement plus loin que les deux ou trois kilomètres à venir (sauf en haut des passes, évidemment). Ici, les espaces sont considérables. Il nous semble marcher dans un tableau. Chaque horizon s'installe comme un décor figé, et il faut une journée entière, c'est-à-dire 50 à 60 kilomètres, pour en changer. Alors, tous les matins, nous prenons connaissance de notre panorama du jour et nous nous lançons tête baissée, étourdis, à grands pas, vers le fond de la toile. Devant nous, rien ne bouge d'autre que nos pieds, et seul le podomètre, inexorablement, indique un mouvement, et nous devenons fous.

En fait, la comparaison avec un tableau n'est pas bonne. Un tableau, c'est un premier plan, puis un second et un fond, liés tous ensemble par des lignes de perspective. Au Tibet, il n'y a pas de plans : ni de premier, ni de second, ni de perspectives. Il n'y a qu'un fond. Il n'y a qu'un trait, horizontal, qu'on n'atteint jamais et qui rend cinglé.

On glose beaucoup en Europe sur le prétendu climat de grâce des hauts plateaux tibétains et sur les « ondes » du sol, sur le « magnétisme » des lieux. Cela, c'est le Tibet de Washington et de la rive gauche de Paris. Le Tibet qui vibre, le Tibet qui aimante, le Tibet qui souffre, le Tibet des mages volants, celui du cinéma. La seule chose que j'aie ressentie et constatée pendant ces heures de marche, qui m'ont paru des années, c'est une lumière unique, un peu surnaturelle, et un certain bourdonnement dû au vent, au silence, à la soif. Et peut-être, également, l'impression du renversement de la pesanteur : au Tibet, on tombe devant soi, aspiré par l'horizon. Et puis évidemment la solitude. Considérable.

Solitude et silence : les deux mamelles du voyage intérieur…

Nous nous sentons si seuls que nous ne marchons même pas de conserve mais avançons loin l'un de l'autre. Quand par hasard nous nous rapprochons, il nous vient des voix aux oreilles :

— Quoi ?

— Rien, j'ai rien dit.

— Ah.

Un matin, vers 4700 mètres, nous rejoignons une ligne de poteaux de bois que nous longerons pendant des jours. Ce sont des lignes téléphoniques chinoises. Elles passent au milieu du plateau, loin de la route (à cause des sabotages ?), suivant la direction de l'ouest. C'est notre premier repère vertical depuis longtemps. Les poteaux perturbent nos habitudes. Ils nous déconcentrent d'abord. Puis on s'y fait. Ils nous rassurent un peu. Et puis on finit par les aimer : ils aident à passer le temps et à mesurer l'espace. Et puis, enfin, on les intègre à ses pensées et à ses habitudes : sachant que deux poteaux sont séparés de 50 mètres, nous pissons en moyenne tous les 300 poteaux, soit 3 heures de marche, nous faisons halte pour avaler une soupe tous les 350 poteaux, nous commençons à chercher un endroit pour la nuit au bout de 1 000 poteaux. La récitation intégrale des poèmes que je connais m'occupe 150 poteaux, je peux également chanter sans interruption et sans me répéter pendant 100 poteaux. Parfois, je pense aux miens pendant 50 ou 100 ou 200 poteaux selon l'humeur. Je sais aussi qu'une légère douleur à l'adducteur droit me prend au bout de 600 poteaux. Parfois, j'ai une indigestion de poteaux et je regarde alors le ciel ou mes pieds, c'est selon.

L'immense paysage est souvent parcouru par des transhumances d'ânes sauvages, si hauts sur leurs postérieurs. D'autres fois, ce sont des antilopes, des barals, ou des renards. Il nous arrive un jour de surprendre un loup qui fuit, tête basse. Et puis, toujours, nos pas chassent des armées de lemmings qui s'enfouissent dans leurs petits terriers après des courses effrénées. Parfois, des yacks par centaines, adossés à l'horizon, dans des lumières de Premier Matin, rasent ce qui reste de l'herbe des glacis. Si j'étais peintre et qu'on me demandait une toile sur la zoologie du Jardin originel, c'est ici que je la composerais.

Alex clopine. Depuis quelques jours, des contractions aux cuisses le foudroient. Par moments, soudainement paralysé, il s'écroule littéralement par terre et n'a plus qu'à attendre que cela passe. Comme nous marchons à distance, je mets parfois un long moment à m'apercevoir qu'il ne suit plus. Alors je m'arrête, m'assois, et l'attends en scrutant l'est. Silence bourdonnant. L'air vibre, surchauffé. Et puis un point surgit à l'horizon, qui grossit, qui s'approche, qui me rejoint.

— J'ai les cuisses qui lâchent, me lance-t-il. J'ai tout essayé : les assouplissements, les massages, la respiration, j'ai bu des litres. Rien n'y fait : j'ai un Alien dans les jambes. Je vais chanter, tiens ! J'ai pas tenté ça encore.

Le soir, il se traîne, appuyé à un bâton qu'il a trouvé près d'un poteau. Ces tétanies surviennent en général en fin d'après-midi, s'atténuent à la tombée du jour, disparaissent avec la nuit. Elles s'envoleront aussi subitement qu'elles sont venues.

Un soir, nous rejoignons la rivière Garzangbo, qui se jettera dans l'Indus quelques jours plus tard. Au Sikkim, au Népal, nous progressions avec des cartes souvent assez détaillées, dans des domaines géographiques, cloisonnés, morcelés, complexes. Ici, les formes naturelles suffisent à se guider. On s'oriente grâce à l'axe des crêtes, on se fixe la direction des fleuves, on chemine vers des constellations, on corrige sa trajectoire par rapport à des vents réguliers, on navigue vers des confluences fluviales en suivant des terrasses et en surveillant l'ombre portée des éperons rocheux sur les versants de pierre, on se réjouit de l'apparition d'une plante comme signe de l'accession à un nouveau palier d'altitude. Le paysage se lit comme une carte, l'environnement devient boussole : c'est la faillite des instruments !

C'est ainsi qu'on devait s'orienter dans les temps médiévaux en Europe : « Suivez ce fleuve limoneux sur sa rive droite et quand il marque un coude vers l'ouest, c'est que vous êtes à Orléans... » Nous parvenons même à nous passer à peu près totalement de l'altimètre et du podomètre. À force de les consulter, nous avons fini par intégrer leurs fonctions. Aussi notre grand jeu le soir est-il de deviner au mètre près la distance parcourue et le dénivelé grimpé.

Au menu, à chaque halte, le soir et le matin, nous avalons toutes crues les soupes aux nouilles déshydratées. Elles sont terriblement pratiques : on les achète conditionnées en sachet. La nuit, bourrées dans un sac plastique, elles servent d'oreiller. Après tout, certains dorment bien sur un magot.

Parfois, le terrain se relève très légèrement et culmine sur une ligne de crête bosselée, à peine marquée, comme le dos d'une vague ronde. Alors, de ces fausses passes qui ne sont que des bourrelets de terrain, nous voyons s'étirer des espaces infinis. Ces panoramas nous plongent alternativement dans le ravissement ou le désespoir. Où le Tibet fuit-il ainsi ? Nous repartons après un court arrêt, à la poursuite de l'horizon, seuls, en silence, en pensée, abrutis ou transportés, vidés ou habités de souvenirs, pleins de force ou abattus par le découragement.

Un après-midi, la large vallée du Garzangbo, aux versants

aplanis, se resserre. Nous nous rapprochons du cours d'eau et tombons sur une piste qui le longe ; rive gauche. C'est en fait la route qui va vers l'Indus, celle dont nous a parlé Bikash le sadhu.

— On peut pas rester là, on va se faire repérer.

— On n'a qu'à traverser.

Nous franchissons la rivière, eau à la taille. De l'autre côté, nous gagnons des terrasses alluviales, parfois effondrées dans des marais boueux. Propulsés par un vent favorable, nous battons tous nos records de vitesse. Très loin, nous repérons un village qui semble mort. Aucune fumée de cheminée ne sort des toits. Nous nous approchons et découvrons un hameau inoccupé, pas en ruine, certes, mais déserté par sa population. Nous avisons une bicoque de bois et de tôles. Coup de pied dans la porte. Le cadenas saute. À l'intérieur : dix mètres carrés de pur luxe : des peaux de mouton, un poêle et des bouts de chandelle.

— Regarde, une gamelle !

— Et là ! un bidon !

C'est un palais. Alex va chercher de l'eau dans le Garzangbo pendant que j'allume un feu. Nous passons une soirée de rois. Dehors un chien perdu, ou peut-être gardien attitré du village, a senti notre présence. Il hurle au seuil de la masure. Régulièrement, nous entrouvrons la porte et tentons de l'assommer avec une poutre. La sale bête esquive toujours. Elle ne cessera pas d'aboyer pendant toute la nuit. Nous reportons sa mort au lendemain, à l'aube.

C'est au moment de me coucher que je m'aperçois de la catastrophe.

— Et m... !

— Quoi ? dit Alex.

— J'ai perdu ma veste Gore Tex ! Elle était accrochée derrière mon sac, elle a dû tomber, je n'ai rien entendu.

Notre équipement est tellement réduit que nous ressentons la perte du moindre objet comme une dépossession terrible. J'ai du mal à croire en ma négligence et ne ferme pas l'œil de la nuit, tergiversant et hésitant sur l'opportunité de rebrousser chemin pour aller chercher la veste. La perspective prochaine des cols glacés du Zanskar, du Cachemire et du Pamir me décide. Je me lève avant l'aube.

— Alex ! Attends-moi ici, j'en ai pour quelques heures.

Je sors de la masure. Il est 4 heures du matin. Le chien stupide aboie toujours à en cracher ses tripes. J'essaie sans succès de l'atteindre avec une barre de fer pour lui faire payer cette nuit exécrable.

Pendant six heures, je parcours les marais, scrute le sol, repère nos traces d'hier. J'ai des hallucinations, des mirages de veste. Là ! À cent mètres ! Je me précipite pour me heurter à un rocher un peu sombre ou à une touffe d'herbes.

Alors, je pousse des hurlements que le vent emporte :

— Où es-tu ?

On devient fou à tourner ainsi en rond, à chercher un bout de tissu vert dans un marécage du Tibet. J'abandonne la partie. En revenant au village, sur les terrasses sablonneuses, je crois avoir des visions : un véhicule 4×4 de l'armée se rapproche à toute allure ! Pas un endroit pour se cacher. Je suis fait ! Le 4×4 s'arrête devant moi. Trois soldats sortent, armés. Suivis d'un gradé à étoiles. Il baragouine l'anglais :

— *Who you are !*

— *Tourist*, dis-je en souriant.

— *Tourist* ? dit-il, sceptique, en montrant les environs.

J'invente un mensonge :

— *Yes ! Yes ! My hotel is in Ali. Not far ! I am a trekker.*

Ali est une ville chinoise, située à quarante kilomètres de là, sur les bords de l'Indus, et où passent les touristes qui vont à Kashgar par la route.

— *You are alone ?*

— *Yes.*

— *Passport in Ali. Not here. Now I must go.*

Le type est embêté et n'a pas l'air de savoir comment aborder le problème. Ma chance est qu'il est visiblement très pressé, qu'il doit continuer sa route et qu'il a sans doute d'autres chats à fouetter. De plus ce n'est pas un *Foreign Affairs officer* ni un agent de l'*Alien Department*[1]. Il remonte dans son 4×4, l'air assez perplexe et ennuyé. Pas de radio à bord, tant mieux.

— *OK, you return in Ali and you don't forget to go to see police.*

— *Yes, sir.*

Ils démarrent en trombe. Je respire et rentre au village. Le chien aboie encore, malgré les pierres qu'Alex lui décoche rageusement.

1. C'est le département du Tourisme. *Alien* : étranger.

— Pas trouvée ?

— Non. En revanche, j'ai été interrogé par des militaires en Jeep qui voulaient voir mon passeport !

— Je sais, dit Alex, je les ai vus passer.

— On devrait pas tarder. Tant pis pour la veste. Elle finira sur le dos d'un Tibétain.

Nous rangeons la bicoque qui nous a abrités, laissons un billet de dix yens dans la gamelle et partons. Le chien aboie toujours.

Sous la lune, nous marchons vers Ali. Finalement, nous avons décidé de passer par la ville. Nos vivres s'épuisent, en effet : il ne reste plus dans les sacs qu'une journée d'autonomie. Et puis, il y a la fatigue extrême, la lassitude, la faim et l'envie d'un vrai repas qui nous poussent à tenter une intrusion nocturne dans la ville chinoise. Et même la perspective de nous faire arrêter nous laisse indifférents. Nous sommes résignés à tout ce qui peut arriver : nous devenons bouddhistes.

Nous franchissons donc, par une passe à 4 600 mètres, l'arête rocheuse qui sépare le Garzangbo de l'Indus, juste avant leur confluence, et traversons, vers le nord, les glacis gigantesques qui mènent à la vallée du fleuve sacré, sur la rive droite duquel se trouve Ali. Le paysage rocheux, désert et mort décline une palette d'ocres, de rouges sanguins, de sombres bleus lugubres. Et quand le soleil s'éteint dans ce décor, les coteaux, les arêtes, les brèches prennent les teintes habituelles du déclin : vermeil, puis mauve, puis noir. Et nous avons l'impression de marcher sur la lune alors qu'elle se lève entre deux promontoires rocheux et pelés, à l'est.

La lune éclaire notre entrée dans Ali. Nous avons bien cru ne jamais arriver aux portes de la ville. Car nous avons vu briller ses feux quatre heures déjà avant de l'atteindre ! Et les lumières d'une ville ne grossissent pas quand on s'en approche ; du moins pas avant les trois derniers kilomètres. Si bien qu'on a l'impression qu'un sortilège la fait reculer, à mesure qu'on avance. L'Indus — qui, ici, s'appelle encore le Shiquanhe — nous barre la route. C'est la dernière épreuve : la ville se trouve de l'autre côté. Elle nous nargue ! On voit d'ici fumer les bols de soupe aux nouilles sur l'autre rive ! Nous tentons de passer le fleuve à gué. Mais nous sommes trop faibles pour traverser le courant glacé. Il ne reste plus qu'à gagner le pont, un kilomètre plus loin, à travers des décharges publiques peuplées de chiens stupides.

Dans la ville, nous ne tardons pas : nous dévorons quelques

mientao dans un restaurant tenu par des tibétains. Il est minuit, mais les Chinois dînent tard : la ville entière retentit du grand SLURP d'engloutissement général de la soupe aux nouilles. Dans une échoppe encore ouverte, nous faisons provision de nouilles séchées, de bonbons au sucre, de pâtes de fruits et de saucisses pour quatre jours.

Sous la lumière de la lune, nous errons discrètement dans le quartier commerçant. Autour de nous se dressent des immeubles étranges et laids, pseudo-futuristes et déjà déglingués. Des Khampas tibétains achèvent leurs parties, pliés en deux sur des billards en ruine. Les derniers clients d'un karaoké sortent, ivres morts. Des camions mourants partent pour Kashgar. Des soldats cherchent des putes. C'est pathétique. Nous trouvons à dormir, cachés derrière le mur d'un parking. Il est déjà 1 heure du matin, pourtant la ville entière s'agite comme en plein jour. C'est bien connu : les Chinois ne dorment pas.

Nous nous esquivons avant l'aube. Avant que les *Alien officers* ne débarquent. Nous faisons un détour de plusieurs kilomètres pour éviter le camp militaire qui occupe les quartiers ouest de la ville. Des hélicos de combat survolent le cantonnement. Exercices ? Des véhicules blindés vont et viennent d'un bout à l'autre de la ville. La ville ? Maintenant qu'il fait totalement clair, elle nous apparaît dans toute sa hideur. Ce n'est d'ailleurs pas une ville, c'est un bubon, un chancre de béton poussé comme un polype sur le bord d'un égout. Les colons chinois n'ont même pas le goût de laisser le béton apparent, ils le recouvrent de céramiques blanche et collent sur les fenêtres des films plastiques bleus et verts. Les toits sont plantés d'une forêt d'antennes (les Chinois communiquent beaucoup). On note encore quelques génératrices, des grues dans les chantiers et les fumées noirâtres de quelques usines. Enfin, près du fleuve, se concentre un village de tentes de toile et de plastique où des Tibétains, qui ont un sens terrible et inébranlable des affaires, vendent leurs produits. Le tout est cerné par un grand remblai qui entoure la ville, gardé par des postes de police que nous avons évités, hier, en passant dans les décharges.

C'est avec un vrai bonheur que nous retrouvons la grande vallée déserte. Nous marchons tout le jour vers la confluence entre le Shiquanhe et le Garzangbo. Notre plan est très simple : nous voulons longer l'Indus, de nuit, sur sa rive droite, le plus loin possible pour passer en Inde. Nous arrivons à la confluence à la tombée du jour et dormons, blottis dans des bosquets d'herbes hautes. Comme dans toutes les régions arides, sitôt le soleil disparu, s'abat un froid glacial. Mais l'Inde n'est plus qu'à quelques dizaines de kilomètres et cette idée nous réconforte.

Le lendemain, à midi, nous rejoignons la rive droite de l'Indus et traversons le fleuve dans une portion très large, pour rejoindre Tashigong, installé sur la rive gauche. C'est l'unique point de ravitaillement à des dizaines de kilomètres à la ronde. Ce village est indiqué sur les cartes à une quinzaine de kilomètres de la frontière indienne. À partir de là commence, le long du fleuve, le déploiement des forces militaires et policières chinoises. Tashigong ressemble à une forteresse médiévale construite sur un monticule : il est ceint de remparts labyrinthiques et sillonné de venelles qui convergent toutes vers le gompa, au sommet de la butte. Nous entrons dans l'enceinte de la cité-monastère, sous le regard ahuri de quelques vieilles Tibétaines occupées à filer la laine. Les enfants nous entourent, mais s'enfuient dès que nous les approchons. On nous indique l'entrée du temple.

Un moine accueillant nous installe dans une chambre tapissée de tentures peintes. Nous demandons à manger. Des moinillons en robe rouge apportent un sac de tsampa, du sucre et du churbi. Personnellement je préfère la mixture tsampa-yaourt-sucre, mais il ne faut pas être difficile. Nous bredouillons quelques mercis sincères : le sucre est une denrée précieuse.

Un vieux moine nous fait signe de le suivre pour nous montrer le gompa sous toutes ses coutures. Le monastère, dévolu au Panchen Lama de Xigatse, fut entièrement détruit en 1962, lors de la guerre éclair entre Chinois et Indiens, puis à nouveau en 1969, pendant la Révolution culturelle où quelques gardes rouges maoïstes aidèrent les moines à faire leur « grand bond en avant » par-dessus les parapets du gompa. Tashigong panse encore ses plaies mais déjà les *thangkhas*, ces tentures peintes, et les fresques murales sont entièrement reconstituées. La chapelle est grandiose. Tout autour d'un puits de lumière et de draperies. ouvert sur le toit, courent des bancs à prières recouverts de dais rouges. On nous laisse entrevoir les statues des monstres protecteurs, celles d'Avalokiteshvara, du Bouddha, de ses avatars et des bodhisattvas. On nous montre les reliquaires du Panchen Lama, sa photo prise à Xigatse dans le monastère de Tashiloumpo et les dessins aux couleurs acidulées représentant la vie de Çâkyamuni, le Bouddha historique. Des rais de soleil empêtrés dans les volutes d'encens éclairent les tissus frappés de la symbolique roue de la vie et les figurines de Târâ, la belle protectrice du Tibet, couvertes de *katas*[1]. Un géko (moine surveillant), charpenté comme une armoire, soulève un rideau derrière lequel se cache le Kanjur, le texte sacré des Tibétains, la parole du Bouddha, soigneusement corsetée dans les centaines de petits rangements de la bibliothèque... Et tout cet apparent fouillis vacille au faible éclairage gras et brillant des lampes à beurre.

Le vieux moine nous emmène sur le toit où nous rencontrons un lama qui, d'après ce que nous comprenons, dirige le monastère.

Il y a dans certains temples (et notamment ceux fidèles au Panchen Lama) des moines collaborateurs du régime chinois. Ils sont peu nombreux, certes, mais le phénomène est bien réel au Tibet. Nous sentons pourtant qu'il ne règne pas ici d'esprit de délation et décidons de jouer franc jeu. Nous expliquons donc au lama, dans un charabia d'anglais, de tibétain et de gestes, que nous nous dirigeons vers l'Inde et comptons passer la frontière de nuit. Le lama nous indique de la main l'endroit où traverser l'Indus à gué pour gagner la rive droite. D'un geste, il nous montre que l'eau nous arrivera au torse. Il nous confirme que c'est bien de ce côté du fleuve qu'il faut progresser, car sur les larges terrasses alluviales de la rive gauche se tiennent les cantonnements militaires chinois, canons tournés vers l'Inde. Nous comptons sur l'obscurité pour passer inaperçus. Le lama demande à un *gétsul* (moinillon en cours d'ordination) de nous chercher de la tsampa. Nous en emportons deux kilos dans les sacs en plastique qui enveloppent nos duvets.

Un moine nous raccompagne à la sortie du gompa et nous explique qu'un poste de police chinois se trouve derrière la butte de Tashigong, mais qu'en restant abrités par-derrière les fossés et les remparts du monastère, nous pouvons gagner l'Indus hors de vue.

Il est 8 heures du soir. Nous traversons le fleuve en portant les sacs au-dessus de nos têtes. De l'autre côté, cachés derrière un talus, nous attendons la nuit. À 10 h 30, la lune commence à se lever. Elle donne le signal du départ.

1. Écharpe de soie blanche qu'on met au cou d'une divinité, d'un dignitaire, d'un étranger ou d'un être cher en signe de dévotion.

Nous marchons d'abord sur d'étroites terrasses, recouvertes de pierriers. De temps à autre, il faut se rapprocher du fleuve et progresser dans son lit sablonneux. Nous parvenons vers minuit à la hauteur de lumières électriques qui brillent sur l'autre rive. Nous distinguons très vaguement des bâtisses.

— C'est sans doute la base dont nous ont parlé les moines.

Un bruit de moteur de camion poussif semble confirmer la présence d'installations militaires. Nous quittons le talus et progressons par précaution dans le lit du fleuve, protégés des regards (mais qui peut nous voir ?) par le ressaut des terrasses. Il nous semble que nous avons des ailes. C'est la perspective de rentrer bientôt en Inde qui nous excite. La marche de nuit est connue pour donner l'impression d'avancer plus vite. Nous marquons une halte vers 1 heure du matin pour avaler des soupes aux nouilles déshydratées et de la tsampa à l'eau de l'Indus. Reprise. Le paysage sous la lune a des allures de cimetière. Badlands et glacis ressemblent à des stèles démesurées. Vers 3 heures, nous repérons à nouveau des lumières électriques sur l'autre rive. Peut-être est-ce là le poste frontière de Demchok, indiqué sur la carte ? Nous marchons sans bruit, très vite. On entend aboyer un chien au loin. L'idée de franchir la frontière nous hante.

Et puis, soudain, nous sommes bloqués ! Et tout s'éclaire. Nous comprenons pourquoi cette rive n'est pas gardée, pourquoi la route et les postes de police qui la jalonnent ne s'étirent que sur la rive opposée, pourquoi les choses paraissaient si faciles de ce côté. Nous sommes faits comme des rats, pris au piège par un verrou naturel : une falaise de plusieurs centaines de mètres plonge dans l'eau, monumentale, barrant le chemin implacablement. C'est un mur qui coupe la voie exactement devant le poste frontalier !

Nous restons immobiles sur le bord du fleuve, contemplant stupidement la falaise. À cet endroit, le courant de l'Indus, avivé par l'étroitesse du lit, est assez puissant et nous ne nous sentons pas la force de nager en portant les sacs.

— Il faut grimper, passer par le haut !

Nous revenons légèrement sur nos pas pour rejoindre un renfoncement de la falaise, dont nous gagnons la base par un pierrier. Et nous commençons l'escalade sous la lourde pleine lune. Nous grimpons le long de systèmes de cheminées et de goulets faciles et rejoignons des lignes de faiblesse de la paroi : des couloirs, moins pentus que prévus, entrecoupés de coulées de pierres. Puis nous atteignons un escalier de gradins que nous escaladons. Vers 4 heures, nous débouchons dans une sorte de combe suspendue que nous traversons, sur des pierriers instables, vers son flanc gauche avant de suivre le fil d'une arête peu inclinée. À 4 h 30, nous apercevons la ligne de crête, mais nous sommes épuisés. Dans les flancs de tuf de la paroi sont creusées des grottes très profondes. En nous en approchant, nous dérangeons un grand-duc qui s'envole à tire d'aile dans un bruit de mâtures déployées. Nous nous glissons dans un de ces abris providentiels et dans nos duvets pour dormir quelques heures. L'altimètre indique que la grotte se trouve à 350 mètres au-dessus du fleuve.

Réveil deux heures plus tard. À 7 heures du matin, après une soupe aux nouilles de rigueur, nous fonçons vers la crête. Une montée en éboulis y mène. Nous la longeons pendant quelques centaines de mètres au-delà desquels nous trouvons un goulet naturel d'écoulement des eaux qui nous permet de redescendre au bord de l'Indus. La falaise de la veille est en fait un énorme éperon rocheux, léché par un méandre concave du fleuve. Il faut une heure pour redescendre sur les rives. La base militaire est dépassée, nous sommes hors de vue. Notre préoccupation, à présent, est de nous enfoncer le plus possible en territoire indien sans nous faire arrêter. Nous marchons à grands pas.

Nous retrouvons la solitude des rives arides, peuplées seulement de quelques ânes sauvages. Toute la journée s'écoule, pas à pas au long du fleuve tranquille, sans qu'on aperçoive âme qui vive. Vers 6 heures du soir, la mésaventure de la veille se répète : une falaise abrupte, plongeant droit dans le fleuve, barre le passage. Au tiers de la paroi, un troupeau de barals qui grimpe de vire en vire déclenche des éboulis. Nous n'avons pas le cœur ni l'énergie de les suivre et décidons de traverser à la nage.

Le fleuve, à cet endroit-là, s'est un peu rétréci et le courant a forci. Il va falloir le passer en deux fois. Le premier voyage est réservé au transfert des objets précieux d'une rive à l'autre. Nous emballons les caméras et les cahiers dans nos chèches que nous nouons sur nos têtes. Veillant à garder la tête hors de l'eau, enturbannés comme des cloches de Pâques, nous avançons dans la vase puis sur un lit de galets. Rapidement l'eau monte au cou. Il faut alors brasser le courant, en restant attentif à ne pas être déséquilibré. Nous gardons à peu près pied et parvenons sur l'autre rive. Deuxième voyage : pour aller chercher les sacs, celui-là. L'eau froide anesthésie les pieds qui se tordent sur les pierres du fond.

— Et dire qu'il y a des saddhus qui se baignent dans ce fleuve pour leur plaisir ! dit Alex.

— On l'a presque vu naître, ce petit Indus. On l'a traversé eau aux genoux, eau à la taille, eau au torse, maintenant eau au cou !

— La prochaine fois, on prend le bac.

Nouvelle traversée, le sac sur la tête cette fois, maintenu par le bras gauche, pendant que le droit prend appui sur le courant, en aval, pour l'équilibre.

Ces acrobaties aquatiques sont venus à bout de nos dernières réserves d'énergie. Sur la grève de galets nous gisons un moment, vidés, inondés de bien-être, sans ressort. Les rations alimentaires, malgré la tsampa des moines de Tashigong, sont insuffisantes. Nous reprenons la marche à l'occident, préoccupés par un exercice arithmétique : comment abattre le plus possible de kilomètres en consommant le moins possible de provisions… Des rêves de festin commencent à hanter nos cerveaux pantelants. Nous nous prenons même à loucher sur les outardes, sauvages mais pas farouches, qui s'ébrouent dans le clapot du fleuve.

— Ah ! un magret d'outarde à l'ail sauvage avec un steak d'âne et une soupe au lemming !

— Ne rêve pas, avec nos canifs de quatre centimètres on pourrait même pas peler une châtaigne !

Le soleil, qui nous a brûlé la tête toute la journée, amorce sa descente et rase les grands méandres sinueux de l'Indus. Le fleuve est en effet sorti de la zone de reliefs taraudés qui l'emprisonnait depuis quelques kilomètres. À nouveau s'ouvre la perspective des grands plateaux sans fond, où le cours d'eau peut retrouver son rythme paresseux et nous, une allure légionnaire.

Et puis soudain, de la façon la plus fortuite, la plus triviale, nous croisons la preuve que nous avons réussi notre passage de la frontière. À nos pieds, jeté à côté des traces d'un ancien foyer de bergers, un emballage d'huile en carton achève de pourrir au milieu des buissons. Et c'est une boîte de marque indienne ! Or nous flottions depuis vingt-quatre heures dans une sorte d'incertitude géographique. Rien, en effet, ne confirmait véritablement que nous ayons atteint l'Inde, et ce qu'hier, au pied de la falaise, nous avions identifié comme le poste indien de Demchok pouvait très bien n'être qu'une énième base chinoise... Mais ce bout de carton insignifiant nous fait l'effet d'un poteau indicateur ! Nous sommes en Inde ! Et la chaîne, à portée de main vers l'ouest, c'est le Ladakh ! Nous hurlons de joie. Jamais, de mémoire de pack en carton, un emballage n'a suscité de tels transports. Les échassiers qui pataugent dans les boues de l'Indus détournent le bec à nos cris, gênés que nous perturbions le silence du fleuve. Nous embarquons le carton et méditons longuement, en reprenant la marche, sur cette nouvelle science : la géopolitique des détritus.

9 heures du soir : le soleil se couche et se couche et se couche... C'est l'heure paisible et religieuse. C'est l'heure, dit-on ici, où les dieux descendent sur terre pour y poser la nuit. C'est l'heure où chaque colline, touchée par un dernier feu, prend des airs de Galilée... Et il fallait donc que ce soit à cette heure privilégiée qu'arrive ce qui pouvait nous arriver de mieux : des hommes ! Jaillies derrière une douce ondulation du plateau, deux tentes en poil de yack se dressent, au milieu d'un troupeau de chèvres. Une tente signifie une nuit au chaud, une chèvre : du lait, un berger : une conversation...

Les bergers sont sortis, nous ont vus et font de grands gestes que nous prenons d'abord pour des marques d'hostilité. Mais nous comprenons vite, une fois embourbés jusqu'aux mollets dans un marais, qu'ils essayaient juste de nous faire changer de direction.

Nous contournons le marécage et gagnons les tentes. Sourires des bergers ! C'est gagné ! Cela suffit pour savoir qu'ils nous accueillent. On nous entoure. Il y a deux familles de nomades qui vivent là. Chose étrange, ils hésitent un peu avant de nous faire entrer dans la tente. C'est alors que nous nous rendons compte de l'exploit fabuleux que nous venons de réaliser : nous sommes presque aussi sales que des Tibétains !

Nous avons pris quelques années. Cheveux gris, peau noire, sèche et crasseuse, plaques de psoriasis développées aux articulations, dues aux carences alimentaires, nez et lèvres explosés par le soleil, habits raides et cartonnés par le sel transpiré, chaussures éventrées et, qui plus est, recouvertes de boue depuis cinq minutes... nous ne détonnerions pas dans une assemblée de yackiers. Nous souffrons en outre de débuts de tendinites et de quelques premiers symptômes du scorbut : toutes nos dents branlent et j'ai même perdu un bout de molaire en mâchant de la bouillie de tsampa (très faible indice de dureté, pourtant). Aussi est-ce avec un vrai bonheur que nous apprenons par Sonam Gyatso, notre hôte de ce soir, que Leh (la capitale du Ladhak) n'est plus qu'à cinq jours de marche ! Sonam Gyatso est assez discret et ne nous pose aucune question sur l'endroit d'où nous venons.

Dans la tente, sa femme, Deqen, s'active. Avant même que nous ayons fini d'inventorier les extraordinaires instruments et ustensiles — les jougs, les barattes, les selles, les harnais, les cuves, les berceaux de bois… — rangés autour de nous sous la tente, elle apporte un brouet superbe de pommes de terre et de lait de yack. Manger sa part en silence, se coucher sur des peaux étalés près du fourneau, ne penser à rien d'autre qu'à la nuit voluptueuse : le bonheur est sous la tente.

Le lendemain, nous quittons Sonam Gyatso et sa femme, en souriant, sans prononcer une parole. La seule chose qu'ils nous conseillent, c'est de tirer un peu vers l'« ouest-sud-ouest » pour rejoindre la piste de Leh.

Nous partons avec des ailes, convaincus que nous serons à Leh dans quatre jours… Nous rattrapons la route et découvrons, en même temps que la poussière de la piste, des lignes de poteaux indiennes. Sensiblement moins bien plantées que les chinoises cependant. Moins droites. Nous quittons souvent la route pour couper au plus court dans d'immenses glacis pierreux. Tête vide. Tête enfouie dans le chèche. Corps en peine et en surchauffe. Tous deux souffrons de dysenterie. C'est sûrement l'eau de l'Indus, mythique à boire, certes, mais pas saine pour autant…

Nous marchons par tranches de trois heures avant de nous accorder des haltes de trente minutes. Impossible de se souvenir des trois heures précédentes ! Nous ne gardons aucune impression de notre « état de marche ». Le crâne chauffé à blanc par le soleil est tout entier empli de pensées étranges où se mêlent prières confuses, souvenirs incertains, réflexions sans fil, sensation bizarre d'être en harmonie avec le grand plateau, etc. Et le bruit des pas martèle comme un gong ce balbutiement d'esprit, primitif et désordonné.

Nouvelle halte à 6 heures dans une cahute en pierre et en ruine pour avaler une soupe aux nouilles, recroquevillés dans un coin d'ombre.

L'Indus, qui jusqu'alors flirtait avec le socle du versant nord de la vallée, revient vers le sud en une grande boucle, rejoint la route et la longe un moment jusqu'à un resserrement rocheux. La piste doit alors se faufiler entre le fleuve et un éperon granitique. Une casemate militaire tient ce verrou naturel. À peine arrivons-nous en vue des soldats qu'une grande agitation s'empare d'eux. Nous sommes hélés et rejoints par un groupe armé comme en opération, kalachnikov, RPG7, ou Tommy Gun en bandoulière. On nous amène manu militari dans le fortin. Il y a sept soldats et un sous-officier à moustache. Il fait une chaleur à crever sous les tôles du baraquement. Les soldats ont l'air totalement éberlués de voir deux Occidentaux ici. Ils finissent par nous demander nos passeports. (Leur reste à comprendre comment les lire.) Nous sentons le sous-officier complètement dépassé par les événements. En désespoir de cause, après avoir nerveusement tripoté son AK47 en se mordillant les moustaches, il passe une communication à la radio et se retourne, radieux :

— *OK! Officer come! Colonel!*

Vingt minutes plus tard, nous roulons à tombeau ouvert vers la ville de Nyoma, dans la direction de Leh, dans une Jeep militaire, la voiture du colonel d'infanterie Ringmo Karbak. Il est en mission d'inspection des troupes dans la région des *borders areas* [1] et il était à quelques kilomètres du fortin quand il a reçu l'appel faisant état de notre arrivée. Au début, le colonel ne plaisante pas et nous menace. Nous nous en tirons en racontant cette abracadabrante histoire que nous venons de Leh, que nous voulions faire un trek sauvage dans les hautes montagnes du Ladakh, que nous nous sommes perdus, que nous nous sommes introduits dans les sacro-saintes *borders areas* sans savoir qu'elles étaient *totally restricted*, qu'en aucun cas nous ne prévoyions de nous approcher de la frontière chinoise, que d'ailleurs, ayant perdu notre carte, nous ne savions pas avec précision où elle se situait et que nous sommes affamés, perdus, épuisés et terriblement heureux, finalement, de rencontrer le colonel qui, en quelque sorte, nous sauve la vie.

En aucun cas nous ne devons dire que nous venons de Chine. L'absence de tampon d'entrée et de sortie du pays sur les passeports plaide pour nous. En outre, à Simikot, nous avions

1. Zones frontalières. À écouter les militaires indiens, l'Inde tout entière est une *border restricted area.*

maquillé sur une des pages le tampon de sortie de l'Inde (obtenu en entrant au Népal, en mai dernier). Aussi est-il presque impossible de contester notre version. En un mot : nous sommes rentrés en Inde en avril dernier et n'en sommes jamais ressortis depuis ! C'est ce discours que nous devons marteler. Le colonel semble à peu près convaincu et sans doute un peu ému par nos allures approximatives.

— Regardez-vous ! Vous ne pouvez pas continuer dans un état pareil !

Il nous fait monter dans sa Jeep :

— On va examiner tout ça. En attendant, je vous conduis à Nyoma, à 25 kilomètres d'ici, sur la route de Leh, vous ne pouvez pas rester seuls dans ce désert sans vivres.

À bord, l'atmosphère change. Le colonel Karbak n'est finalement pas si mécontent de parler d'autre chose que des scénarios A, B ou C à prévoir en cas d'invasion chinoise et dont le détail, classé secret, trône juste à côté de moi, sur la banquette de la Jeep. Nous évoquons entre les chaos de la piste et avec beaucoup d'éclectisme son Arunachal Pradesh natif, les motos Enfield, Victor Hugo, la cuisine au curry, le gevrey chambertin, Gandhi, Louis XIV, les essais nucléaires et la situation au Ladakh… Le colonel fait même arrêter la Jeep pour nous montrer deux grues à col noir de Sibérie qui nichent dans un marais, au bord du fleuve. Nous sommes en train de devenir les meilleurs amis… Et l'aide de camp du colonel, juvénile brahmane gominé, apparemment sorti tout droit d'une académie militaire pour jeune premier de New Delhi, nous jette des regards noirs de jalousie. En fait, nous lui volons la vedette et lui portons un coup fatal en évoquant Napoléon, le stratège préféré du colonel Karbak (jusqu'en 1812 du moins) !

Discrètement, nous changeons nos montres d'heure car nous venons d'apercevoir à celle du colonel qu'il y a quelques heures de décalage entre l'Inde et la Chine. Le colonel, heureusement, paraît plus préoccupé par ses problèmes de déploiement des forces que par le sort et les éventuelles irrégularités de deux touristes clochardisants.

Nous passons devant un camp militaire, puis croisons une colonne de camions transportant des troupes et traversons l'Indus sur un pont mobile flanqué de deux postes de tir à la 12.7.

— Je vais vous déposer au village de Nyoma, vous serez à

quelques jours de marche de Leh en zone autorisée. Je fais ça pour votre survie mais ne remettez plus les pieds par ici !

La Jeep s'arrête devant un village duquel émerge un gompa, une mosquée et quelques antennes de télécommunications.

— Voilà ! C'est Nyoma ! Je vous laisse.

Le colonel nous rend nos passeports, nous embrasse en nous appelant *my friends* et demande à son aide de camp qui s'étrangle de fureur de nous prendre en photo autour de lui. Nous échangeons nos adresses, puis ils démarrent en trombe retrouver la troupe, nous laissant sur le bord de la route. Nous sommes un peu honteux de l'avoir tant dupé et abasourdis de la tournure si heureuse que prennent les choses.

— C'est stupéfiant ! Nous étions clandestins il y a une heure et nous venons d'être chauffés par un colonel !

Mais l'euphorie est de courte durée. Un Indien de type cachemiri, venant de la piste qui mène aux premières maisons du village, cheveux teints au henné et tête de camélidé féroce, s'avance vers nous en mastiquant des cacahuètes.

— Que faites-vous ici ?

— On se promène, et vous ?

— C'est moi qui pose les questions ! Je suis le chef de la police ! Inspecteur Rozi !

— Écoutez, monsieur, on vient d'être déposés ici par le colonel Karbak, je crois que l'affaire est réglée et que…

— L'affaire n'est pas réglée du tout ! Ce colonel a failli à la loi ! Il n'avait pas à vous laisser ici ! Vous êtes dans une zone interdite ! Vous êtes dans un périmètre en alerte ! Vous allez être sévèrement punis ! Vous avez commis une grave offense ! Vous êtes en fraude totale ! Ce colonel sera poursuivi !

C'était trop beau. Nous suivons l'inspecteur jusqu'au poste de police à l'entrée du village. Il est 6 heures du soir. Il commence à mener une longue séance d'interrogatoire, interrompu par ses fréquents monologues obsessionnels, où il déverse son venin batracien contre le colonel Karbak. Il a apparemment un vieux compte à régler. Au téléphone, il appelle du renfort.

Quelques minutes plus tard, ils sont six dans la pièce à décliner leurs fonctions : un greffier, un policier, un membre de la CID (*Criminal Investigation Department [sic]*), un membre des services intérieurs et Mohammed Khan, le chef de l'IS (*Intelligence Service*). Tous musulmans. Barbus. Les questions fusent.

— Qui êtes-vous ? Pourquoi vos chaussures sont-elles à ce

point usées ? Êtes-vous si pauvres que vous ne pouvez pas les remplacer ? Pourquoi vous promeniez-vous dans les *restricted areas* ? De quoi avez-vous parlé avec le colonel ? Avez-vous conscience de votre faute ?

Puis on nous interroge séparément :

— Ignoriez-vous que ces régions étaient interdites ?

— Oui, nous étions égarés.

— Ce n'était pas indiqué sur vos cartes ?

— Nous les avons perdues !

— Qu'étudiez-vous à l'université ?

— La géographie !

— Est-ce qu'un géographe se promène sans carte ? Est-ce qu'il ignore que cette région est fermée ?

— Nous n'apprenons pas tout à l'université !

Chacun de notre côté, nous continuons à soutenir la thèse simple que nous venons de Leh, que nous nous sommes perdus à l'extrémité est de la chaîne du Ladakh et que nous ne savons même pas ce que c'est que la Chine. On nous ramène dans la même pièce pour une nouvelle salve de questions.

— Pourquoi voyagez-vous en Inde ? Pourquoi vos passeports sont-ils couverts de visas de pays limitrophes de l'Inde ? Où trouvez-vous l'argent pour venir ici ? Avez-vous l'intention d'aller vers le Cachemire ?

Et puis vient cette question ahurissante :

— Pourquoi ne voyagez-vous pas en Europe au lieu de venir ici ?

— Mais nous voyageons en Europe.

— Prouvez-le-nous !

Imparable ! Nous ne pouvons tout de même pas nous mettre à danser le flamenco et le Schuhplatter en récitant *Hamlet* pour leur montrer que nous connaissons nos voisins européens...

Tout cet interrogatoire s'est déroulé dans un anglais parfaitement maîtrisé par ces messieurs, quoique servi avec un accent indien très marqué. Et voilà que, soudain, fuse cette question stéréotypée, directement empruntée à un quelconque navet d'Hollywood et que répète Rozi, comme un perroquet qui aurait travaillé son accent yankee :

— *Who are you working for*[1] ?

Nous sommes consternés. L'agent du CID, qui n'avait rien dit

1. « Pour qui travaillez-vous ? »

jusque-là, s'approche alors de nous et nous jette d'une petite voix vicieuse qui siffle entre sa barbe :

— Nous veillerons à ce que vous soyez sévèrement punis…

Nous savons bien qu'ils essaient de nous impressionner et que toutes ces tristes tentatives d'intimidation les occupent. Nous sommes une occasion superbe de distraction, pour quelques fonctionnaires en poste dans le désert des Tartares. Les seuls mouvements suspects auxquels assistent ces Khan, Rozi et autre chef du CID, ce sont des traversées des *borders areas* par des ânes sauvages, des grues de Sibérie et des hordes de lemmings. Aussi ne veulent-ils pas lâcher une si belle diversion à l'ennui insondable qui règne dans ce trou. Peut-être voient-ils en nous de futures barrettes ou de nouveaux chevrons sur leurs épaules. Les interrogatoires durent jusqu'à 10 heures, entrecoupés de pauses où l'on sert du thé. À 9 heures, on nous apporte même une assiette de riz et de l'eau. Et comme nous sommes devenus de vrais vagabonds, résignés totalement à notre sort du moment, nous jouissons sans retenue de l'assiettée de riz et considérons qu'un ventre plein suffit à rendre indifférent à tout le reste.

À 10 h 30 on nous emmène nous coucher sous clef dans une petite pièce attenante. C'est la première fois que nous nous retrouvons seuls depuis plusieurs heures. Animés par le même mouvement, nous ouvrons les sacs et sortons nos deux kilos de soupes aux nouilles chinoises, emballées dans des sachets couverts d'inscriptions et d'idéogrammes. Ce sont des pièces à conviction : car on ne trouve pas de produits chinois au Ladakh !

— Il faut cacher ça !

C'est l'affaire d'une minute. Debout sur une chaise, j'enlève les plaques de contreplaqué qui masquent le faux plafond et je jette soupes aux nouilles et bonbons chinois dans l'espace vide ménagé.

Le lendemain, à 7 heures du matin, on fouille nos sacs. Initiative heureusement tardive de la part de Rozi qui avait sans doute besoin de toute la nuit pour en concevoir l'idée. Nous savourons cet instant du grand déballage de nos affaires par Rozi et Khan qui notent scrupuleusement le contenu de nos sacs, debout sous le plafond, la tête à quelques centimètres des nouilles… L'inventaire terminé et les longues explications données sur le matériel photo et vidéo, Rozi, qui a revêtu un uniforme rutilant, maquillé ses yeux au khôl et lissé ses cheveux, nous déclare, splendide et altier :

— Ordre du superintendant de Leh : on vous amène là-bas pour y être jugés.

On nous installe à l'arrière d'une Jeep, encadrés de deux soldats armés de Tommy Gun. Rozi s'assied à l'avant à côté de son chauffeur, son volumineux dossier sur les genoux. Nous sommes à 200 kilomètres de Leh. Nous mettrons cinq heures pour y arriver. Le chauffeur marquera neuf arrêts, correspondant chacun à une panne : panne de frein, de carburateur, fuite d'huile, fuite d'eau, fuite de liquide de frein, fuite des cerveaux... À 30 kilomètres de Leh se dressent les superbes monastères ladakhis de Thémis et de Tykse, perchés sur leurs buttes comme des nids d'aigle imprenables. Et apparaissent à leur pied les premiers touristes que nous voyons depuis des semaines. Jeunes filles anglaises ou hollandaises en chair pour la plupart. À chaque fois que nous croisons une Européenne sur le bord de la route, nez en l'air, guide en main, Rozi se tortille, se pourlèche, lance des blagues consternantes, fait des signes, rectifie sa mèche, reluque, renifle et ne jure que par le mot *hips* (les hanches) pour la désigner. Le pauvre inspecteur en manque, suant sa libido par tous les pores de sa peau grasse, l'œil incontinent, s'agite comme un lémurien en rut et monte à Leh comme on va à Pigalle.

Nous atteignons la ville à 14 heures et gagnons le bureau du juge. C'est là que nous touchons le paroxysme de ce voyage en Absurdie. Rozi expose le dossier au juge et à ses assistants. Il leur déploie l'extraordinaire masse de documents qu'il a accumulés depuis hier : photocopies, compte rendu des interrogatoires, dépositions, formulaires, plans situant l'endroit de notre interpellation et, surtout, lettre demandant une poursuite contre le colonel. Délibération. Interrogatoire. Concertation. Consternation. Temps perdu. Finalement cette gabegie s'achève par le verdict du juge qui, après avoir annoncé solennellement que nous étions coupables d'une grave enfreinte aux règles de circulation dans les zones frontalières nous condamne à... 500 roupies d'amende (90 francs) ! Mascarade. Nous payons, on nous libère. Et le juge nous autorise même à retourner en arrière, d'où nous venons, sans toutefois dépasser la zone des 160 kilomètres à l'est de Leh au-delà de laquelle commence la *restricted area* pour que nous puissions finir notre marche et parce qu'il n'y a pas de raisons pour que Rozi et ses lamentables sbires nous aient volé nos dernières foulées et la joie d'arriver. À pied.

Nous errons dans Leh à la recherche d'un restaurant où nous trinquons à notre bonne fortune : pas un des douzaines d'officiels entre les mains desquels sont passés nos passeports n'a pu reconstituer notre itinéraire et découvrir le passage en Chine…

Un taxi-Jeep que nous louons pour quelques dizaines de dollars nous ramène à Mahe, lieu-dit où commence la *restricted area*. Il est minuit, nous sommes à 160 kilomètres de Leh au bord de l'Indus. Nous bivouaquons.

Le fleuve, à partir d'ici, s'enfile dans une région rocheuse et coule dans une étroite gorge. C'en est fini des bords de la vallée si espacés l'un de l'autre qu'il faut une demi-journée pour les joindre.

La route, goudronnée depuis quelques kilomètres, offre une douce caresse sous les pieds. Volupté du macadam. Nous allons suivre pendant trois jours cet itinéraire ennuyeux, serpentant entre des parois rocailleuses et arides. Le seul intérêt de cette marche forcée est de ne pas interrompre ce fil que nous tendons depuis le Bhoutan à travers les Himalayas et aussi d'aiguiser notre impatience d'arriver à Leh, selon le principe bien connu du plaisir différé. L'étape se mérite. Nous franchissons notre trois millième kilomètre de marche quelques dizaines de kilomètres avant la ville, où nous arrivons le 25 août en pleine obscurité, sous un triste crachin, à 10 h 30 du soir, avec l'impression de venir de très loin…

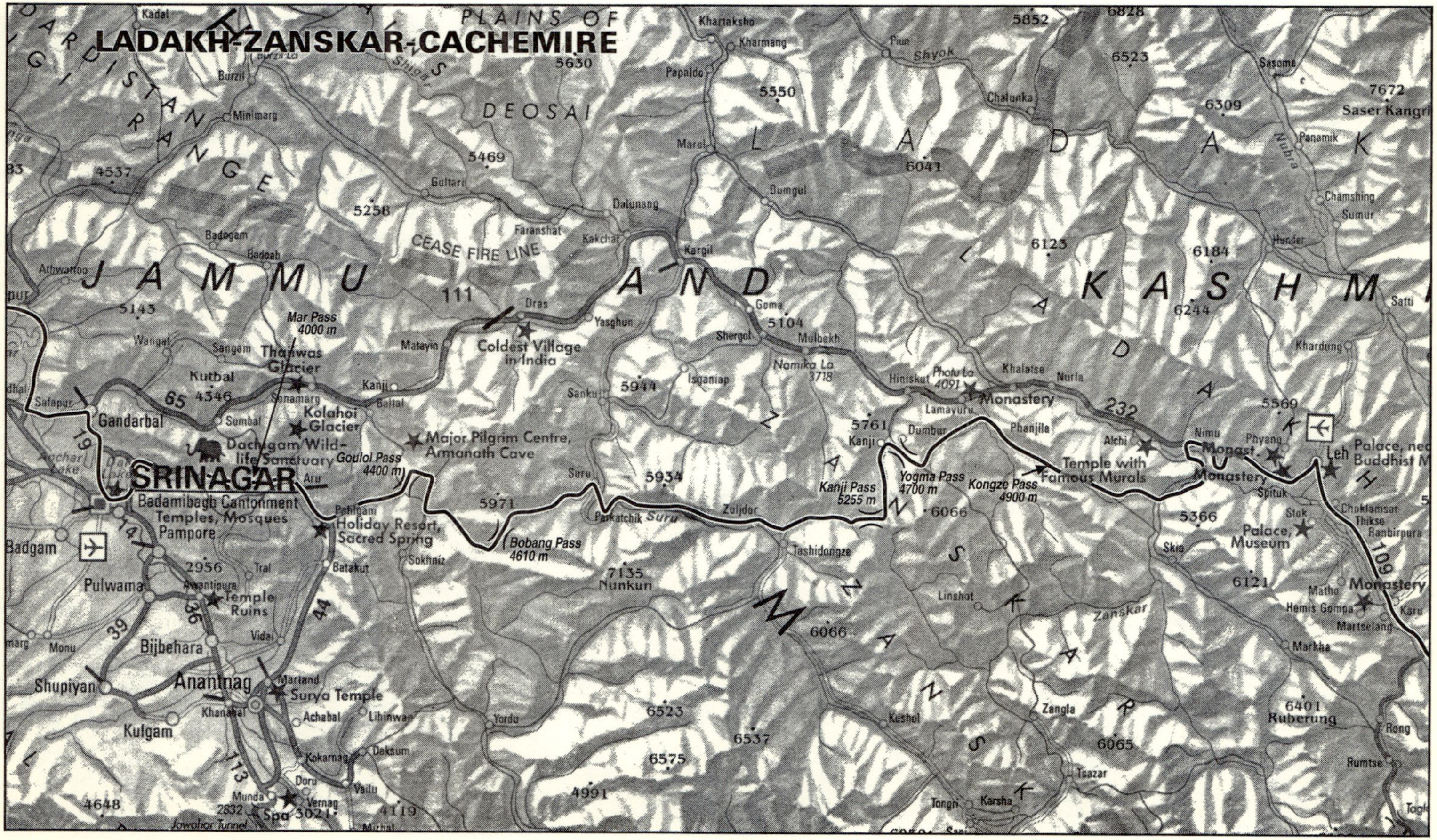
LADAKH-ZANSKAR-CACHEMIRE
PLAINS OF
DEOSAI
CEASE FIRE LINE
JAMMU AND KASHMIR
LADAKH
ZANSKAR
SRINAGAR
Leh
Kargil
Dras
Coldest Village in India
Major Pilgrim Centre, Armanath Cave
Holiday Resort, Sacred Spring
Badamibagh Cantonment Temples, Mosques
Pampore
Temple Ruins
Surya Temple
Temple with Famous Murals
Monastery
Palace, Museum
Mar Pass 4000 m
Goulol Pass 4400 m
Bobang Pass 4610 m
Kanji Pass 5255 m
Yogma Pass 4700 m
Kongze Pass 4900 m
Namika La 3718
Photu La 4091
Thajiwas Glacier
Kolahoi Glacier
Dachigam Wild-life Sanctuary
Nunkun 7135
Saser Kangri 7672
Shyok
Nubra
Suru
Zanskar
Gandarbal
Pulwama
Bijbehara
Anantnag
Shupiyan
Kulgam
Badgam
Jawahar Tunnel

9

LADAKH-ZANSKAR-CACHEMIRE

Alexandre

Répit, repos, repas, repus. Ces mots étaient absents de nos journées depuis fort longtemps. À Leh nous redécouvrons la satiété. Une seule obsession : nous remplir. Nous remplir outrancièrement. Toute notre énergie y passe. Tout notre temps aussi. Nous nous épuisons en digestion, dilatation de la panse, évacuation. Toute honte bue, engloutie sous les monceaux gargantuesques de nos pulsions boulimiques, nous décadons. Nous y mettons un grand soin. « La nature a horreur du vide », alors nous exorcisons le vide et les angoisses des quinze derniers jours.

Dans les ruelles de la capitale du Ladakh, nous acquérons vite une petite notoriété. Pas pour avoir crapahuté 3 171 kilomètres, pas pour être venus du Bhoutan en moins de cent jours, mais pour les soixante *french toasts* que nous bâfrons tous les matins au Harvest. Plus grave encore : nous dégotons un magnétoscope et une télévision grâce à notre ami Dabah de Vajra Voyages. Les vidéoclubs de Leh reçoivent les nouveautés américaines avant les Français ! Le premier soir, nous regardons cinq films, un record ! Totalement lobotomisés, il nous faut le reste du lendemain pour nous en remettre. Mais il y a encore pire : allongés dans notre chambre de l'Indus Guest-House, en grignotant des chips et en éclusant des canettes, nous « matons » Schwartzenegger, Stallone, ou autres Bruce Willis en train de s'étriper. Totalement nihilistes. Les retrouvailles avec la sédentarité ne nous réussissent pas. Nous n'avons pas d'autre souci que le prochain repas. Le reste du temps nous dormons, ou, à notre décharge, nous nous injectons de fortes doses de Bach et Mozart dans le Walkman de Sabine, libraire parisienne, et dévorons ses livres en surnombre.

C'est le syndrome de l'aventurier. Acteurs épuisés, nous assouvissons nos fantasmes de spectateurs, pour consommer autre chose que des kilomètres : des informations, des images, de la musique, des calories. Nous rêvons de théâtre, d'opéra, de spectacles. En un mot : absorber et regarder les autres agir. Marquer une pause dans notre histoire et profiter d'autres histoires.

L'alibi ? Nous le faisons pour notre santé mentale et physique. Nous commencions à tourner à vide, et avions les premiers symptômes du scorbut : gencives rétractées et dents branlantes, peau de crocodile, perte de cheveux par touffes...

Après la vue, le goût, l'odorat et l'ouïe, c'est le toucher que nous redécouvrons à travers la foultitude de petits gestes sédentaires que nous ne faisions plus. Toucher les matériaux me perd. Dans un accès de « consommationite aiguë », j'achète trois tapis de soie. Des tapis de soie ? Moi ? Et cinq colliers de perles ! Dans la ville, j'exécute aussi quelques pèlerinages sur les traces de Sonia avec laquelle je suis venu ici l'année dernière pour une grande traversée du Zanskar. Des cloches de moulins à prières tintent sur plusieurs tons au hasard des ruelles sinueuses, et rythment mon bal avec son fantôme. Je vais m'asseoir précisément à l'angle d'un chorten où je l'avais prise en photo. Son cœur a battu là ! Étrange ! Que fait-elle à Saïgon ? Est-elle heureuse ?

À 6 heures, le muezzin entonne sa prière vers La Mecque, aussitôt couvert par les vrombissements tonitruants des psalmodies bouddhistes diffusées par haut-parleur dans la ville. Islam, hindouisme et bouddhisme se tolèrent ici dans la plus joviale cacophonie.

Notre cure dure un certain nombre de jours. Le temps n'étant plus lié à un espace à franchir, il file ! L'injection de films décroît vite, remplacée par des rencontres. Tous les Occidentaux de Leh ont un grain. Itaï est un shiatsoïste de Tel-Aviv, adepte de la médecine douce des fluides, Ariel, de Los Angeles, est réflexologue (je ne suis pas parvenu à comprendre ce dont il s'agissait), Tonio est *voice therapist*, il parcourt le Ladakh en quête des vibrations de moines, Daniel est bruiteur de films et achète quantité de cloches, vases en cuivre et tasses en porcelaine, pas pour boire dedans, mais pour taper dessus ! Dans l'ensemble, tous un peu craqués.

Au bout d'une semaine de ce régime gras, l'appel de la migration nous prend comme les oiseaux, mystérieusement, un 3 septembre, l'hiver approche ! Nous tirons notre révérence à la ville en escaladant sous les jurons de touristes allemands le vieux fort de Leh et son ermitage perché. C'est là que Lung-Ta, le dieu du vent, nous attend pour la chevauchée des cols du Zanskar. Direction Srinagar, capitale du Cachemire indien, à travers l'un des massifs les plus arides et inexpugnables du monde.

Nous quittons la ville par l'ouest en suivant l'Indus sur une bande collante de goudron. Au fil des camps militaires, camions et Jeep s'arrêtent pour nous proposer de monter à leur bord. Ils ne nous tentent même pas, notre espace transhimalayen est devenu sacré ! Nous laissons passer ces profanateurs de l'espace-temps sans un regret. Nous savons que nous suiciderions le peu de sens que véhicule notre démarche. C'est peut-être con, mais c'est comme ça.

Des Sikhs s'agitent sur le bord de la route. Il ne manquait plus qu'eux ! Ils viennent en pèlerinage au Sri Pather Sahib, rocher précipité au XVIe siècle par le diable sur le Guru Nanak en train de méditer. Le saint homme arrêta le rocher de 15 tonnes avec son dos. L'empreinte du pied fourchu et de la silhouette incrustée dans le roc sont étonnants ! Plus étonnant encore, nous apprenons que le Guru Nanak a relié à pied le Sikkim à Srinagar, de 1515 à 1518, en passant par le Kailash. On marche toujours sur les traces de quelqu'un.

À Nimu, la confluence de la rivière Zanskar et de l'Indus, Sonam Namgyal nous invite chez lui. Il cherchait des compagnons pour goûter son dernier cru de Chang. Je ne me souviens plus de rien. Ah si ! Dans les brumes éthyliques je le revois imitant pour nous le tedmo, avatar zanskari du yéti, qu'il a aperçu il y a cinq ans à la Kanji La, col par lequel nous allons passer... burps !

Nimu, rive de l'Indus, Ladakh, jeudi 4 septembre, 113e jour, kj : 42 ; kt : 3247 ; dj : 1010 m ; dt : 93377 m ; cols : 54

À l'aube nous empruntons le pont suspendu sur l'Indus et pénétrons la chaîne du Zanskar en suivant la rivière du même nom. Verte, elle arrache aux empilements de schistes noirs des plages de sable blanc. Des coulées rouges issues de goulets mauves s'épanchent sur des socles cuivrés. Des festons orange hérissent des pierriers violets. Des inclusions de quartz zèbrent des basaltes perchés : symphonie du roc pour gammes chromatiques ! Les strates sont toutes verticales, le chaos est total. C'est ici, sur la rivière gelée, unique et périlleuse voie d'accès en hiver, qu'Olivier Föllmi a réalisé son reportage anthologique sur les écoliers du Zanskar.

À Sumdo, nous traversons la rivière et remontons vers l'ouest une petite gorge bucolique, plantée d'abricotiers et de petits jardins suspendus. La piste ne devient plus qu'un fil ténu de la largeur d'un pas, à peine discernable dans les pierriers. Un fil d'Ariane accroché au relief, près de se rompre. Rarement nous avons été aussi exposés. Pas de grands vides ni d'horribles escarpements, seulement des coulées verticales et des dévers traîtres, des crocs-en-jambe et des chausse-trappes. Dans ces passages délicats, je me concentre : faut pas de faux pas ! La gorge resserrée sinue sans cesse et nous tient en haleine par les orbes qu'elle nous révèle tous les cent mètres. Vallée miniature pour jardins secrets. Dans d'incessantes petites remontées, nos cuisses retrouvent des muscles mis en chômage technique dans les platitudes tibétaines. Quand les pieds sont occupés, l'esprit est libéré. Les chortens qui ponctuent la journée nous rassurent. Jalons spirituels d'une vallée, ils mènent nécessairement à l'homme.

En fin de journée, après un grand coude au pied de parois multicolores, nous rentrons dans Sumda Chenmo. Un cri retentit à l'angle d'un chorten, des bambins nous assaillent. Embuscade. Ils nous entraînent chez eux pour un thé. Nous suivons à tâtons la ribambelle dans un intérieur exigu. Bong ! « Fais gaffe, y a une poutre là », les linteaux sont beurrés de crasse, les murs fuligineux laissent de grandes traînées noires sur les bras. Une maison dans la maison permet en partie de s'isoler des hivers polaires. Au cœur du dédale, on trouve le foyer. Un puits de lumière transperce le plafond et zèbre la noirceur de la pièce enfumée. Les Zanskaris sont convaincus que la fumée tient chaud. Dans la pénombre s'affairent, voûtées, des femmes invisibles dont on n'aperçoit le visage que lorsqu'elles traversent le puits de lumière, le temps d'un sourire, d'une parole échangée et d'une cascade de rires. Les ustensiles tintent, les braises de bouses chuintent, l'eau ronfle bientôt. Un thé se tend, et parfois du *djo*, yaourt de yack ou de chèvre. Nawang Tsering nous reçoit cordialement. Dans un coin la grand-mère fabrique une *perak*, cette magnifique coiffe traditionnelle plastronnée de lourdes plaques de turquoises sur du velours rouge, qui part du front et descend jusqu'au dos : la dot de la future mariée ! Elle ne porte plus la sienne, elle a dû la démonter pour en tirer les plus belles pièces pour sa petite-fille.

De la Kongze La, 4950 mètres, le col du lendemain, nous pouvons enfin voir de quoi à l'air le Zanskar. Une anarchie tellurique, toute en arêtes décharnées, en ocres et en oxydes. Une volée de flèches brisées dans un chaos de matière. Le règne du minéral aride où la vie ne fait que survivre. De l'autre côté du col nous replongeons, s'il y a des hommes dans ce paysage, c'est tout au fond. Des flaques phosphorescentes de verdure nous éclaboussent au débouché d'arêtes vives : des oasis. Les maisons se perchent sur des pitons, s'encastrent dans des parois pour ne pas empiéter sur le précieux limon. Les champs sont ronds, alimentés par des biefs remontant chercher les sources très haut dans les vallées en faisant tourner des moulins au passage. Des peupliers retiennent les terrasses et fournissent les madriers des toits. Autarcie. À Phanjilla, douze ânes à couple autour d'un piquet foulent de l'orge sur une aire de battage. Ils inspirent Sylvain :

— Un de plus, un de moins, tu ne veux pas te mettre au bout ? Que je montre à Sonia les progrès que tu as faits !

— Hi-han ! Hi-han !

Et me voilà parti à quatre pattes derrière les ânes terrorisés par un satyre en short, suivi par une joyeuse grappe de petits amours morveux dans des manteaux trop longs.

Jusqu'à Wanlah, nous suivons l'itinéraire que nous avons emprunté avec Sonia l'année dernière. Je m'en veux de penser tant à elle quand nous sommes séparés. Je me surprends en flagrant délit d'apitoiement sur mon sort. Délicieuse faiblesse. L'éloignement contraint est un antidote contre l'habitude, mais à quel prix... Le bonheur en amour, c'est d'aimer quelqu'un qui est là comme s'il n'était pas là. Mais sûrement pas l'inverse.

Le monastère du XIe siècle se dresse au coucher du soleil sur une aiguille. Il semble là depuis toujours. Pour réussir à vivre ici, il faut y vivre depuis très longtemps. Ce village de 600 habitants est à lui tout seul un des trois royaumes du Zanskar. C'est précieux, un Zanskari : il n'y en a que 8000 sur un territoire grand comme la Suisse ! Rareté des lopins cultivables, polyandrie et forte mortalité infantile ont toujours jugulé la démographie.

Rouge sang sur son promontoire, le vieux gompa semble une offrande aux dieux, dressée sur un autel cosmique. Le soleil, avalé par les gorges, vient caresser longtemps le sanctuaire alors que les montagnes alentour baignent déjà dans l'ombre. Proues d'or sur écrans noirs, les crêtes enflammées encadrent de leur immobile armada la rentrée de la nef sacrée dans la vague nocturne.

Wanlah, Zanskar, Samedi 6 septembre, 115ᵉ jour, kj : 25 ; kt : 3 315 ; dj : 1 100 m ; dt : 95 587 m ; cols : 55

Nous partons dans un troupeau de chèvres naines, version Yorkshire des caprins. Leurs longs poils blancs traînent soyeusement sur le sol. Des cabris lilliputiens trottent en bonds fébriles et mal ajustés. Adorables ! J'en connais une qui craquait tout le temps ! Ici, on entoure les jeunes arbres de fagots d'épines. Le moindre arbrisseau pousse dans un carcan de ronces et d'acacia acéré. Pour le protéger des chèvres. La parabole du semeur n'est pas venue jusqu'au Zanskar : les graines y poussent mieux dans les épineux !

Nous remontons la Shillakong dans un large épanchement de galets. Sylvain a sous le talon une ampoule de la taille d'une galette, et je souffre d'une mystérieuse fièvre. Bon ! Nous ne savons pas où nous allons, mais une chose est sûre, nous y allons. La piste décolle bientôt à droite vers le monastère de Lamayuru et la route de Kargil. Nous n'irons pas par là. Nous restons dans la gorge, dépités et dé-pistés : devant nous un mur se dresse, vertigineux ! D'où peut bien provenir la rivière ? De là ! Un coup d'épée génésique a fendu en deux la paroi, le torrent s'en échappe. Nous pénétrons dans le canyon. Un défilé de gorges profondes nous conduit au cœur du massif dans un repli du ventre du Zanskar. Le soleil ne parvient jamais dans ces entrailles de la terre, mais, entre les murs de pierre, j'aperçois de loin en loin des fenestrons de ciel bleu. Des tourterelles, parfaitement inattendues, font sèchement claquer leurs ailes dans le roucoulement de ces cathédrales de pierre. Nous progressons. Quelques troncs projetés au-dessus du torrent nous renvoient d'un pied à l'autre des parois. Mais le jeu cesse bientôt. Dans tous les méandres l'eau vient lécher la falaise et nous contraint à passer sur l'autre rive jusqu'à la courbe suivante. Nous nous déchaussons dix fois cet après-midi. Ce gymkhana nous tue. Rien de plus épuisant à enlever qu'une chaussette humide. Les gués glaciaires sont mordants. Au bout du troisième, ils nous amputent les petons. L'homme est un animal infirme. Dans les gués le pied glisse, se recroqueville, les ongles hurlent leur terreur de se faire arracher, les orteils se désunissent, l'attelage est pathétique. Le moindre canasson se moquerait de nous. Tout cela n'arrange pas ma fièvre, je bouillonne autant que le torrent. Les méandres s'obstruent bientôt d'infects épineux. Nous tombons de Charybde en Scylla. Il faut se baisser, contourner, piaffer, déjouer, mais il est toujours une branche vicieuse qui nous ensanglante le mollet ou nous arrache l'épaule. Rebrousser chemin ? Ça va pas, non ! On ne va tout de même pas se retaper tous les gués ! Et puis nous n'y pouvons rien, nos mères ont oublié, sur la chaîne de montage, l'option marche arrière.

Après huit heures de ce régime, à chercher désespérément du regard une issue dans les hauteurs de la rive droite pour passer dans la vallée de Kanji, une pluie glaciale s'engouffre dans la pliure. Nous trouvons notre salut sous un surplomb aménagé : un bivouac protégé par un splendide sacre de bouquetin ibex. Tremblant de fièvre comme une chiffe molle, je m'enfouis dans mon sac de couchage sous une niche de la paroi, tandis qu'un violent orage fait ricocher sa colère dans les orgues de calcaire. Au dîner ? Deux *chapatis* et huit biscuits. Sobres, les bourricots ! Toute la nuit la pluie redouble, nous craignons une crue. Sylvain se bat contre des rigoles glaciales qui le poursuivent dans son sommeil. Sympa, il m'avait laissé la meilleure place.

Shillakong, Zanskar, dimanche 7 septembre, 116e jour, kj : 27 ; kt : 3 342 ; dj : 850 m ; dt : 96 437 m ; cols : 56

— 7 h 30, c'est l'heure du marché !

Sylvain me réveille.

— Du marché ?

— Deux tours Eiffel au petit déjeuner : le marché aux marches…

La piste que nous cherchions pour quitter la vallée décolle devant le surplomb. Sans notre arrêt forcé, nous serions sûrement passés à côté ! Dans la montée, nous sommes suspendus au crottin d'âne. C'est fou ce qu'on peut attacher d'importance à une crotte. Même desséchée, même rabougrie, c'est notre guide. Petits poucets égarés, nous les suivons à la trace comme on suit une carte au trésor. Panne sèche ce matin, plus de jus. La fièvre est passée, mais a emporté avec elle ce qu'il me restait d'énergie. Sylvain n'a pas fermé l'œil de la nuit. J'attaque à tout petits pas. Chacun son tour. Je me concentre sur cette alternance, en profitant du bref répit offert à chaque jambe quand l'autre pousse. Y a pas de petites économies ! Prendre son mal en patience revêt ici tout son sens, il s'agit de durer dans la douleur, de l'anesthésier comme un fakir. Et surtout de chasser cette idée de col. Je monte, c'est tout. Et puis, le col est là. Le col arrive toujours. Celui-ci, le 56e, à 4700 mètres, s'appelle Yogma La. Personne ne le connaît, les gens le fuient, il ne relie pas de villages, on n'y fait que passer par erreur. En plus d'un joli sacre de Thar, chèvre sauvage mystérieuse, il nous offre l'itinéraire de l'après-midi. Ici la géographie est simple, elle s'étale sous nos yeux : la vallée à redescendre, et une autre, vers la gauche, à remonter. Au loin, du vert. L'homme ! Nous sommes sauvés. Avant de replonger dans l'abîme, parmi la cavalcade multicolore des drapeaux imprimés de Lung-Ta, je libère mes prières comme un chapelet de colombes immaculées. Spirituelle prestidigitation.

À Kanji, des femmes affairées arrachent les mauvaises herbes d'un lopin. Un peu plus loin, dans une traînée de rires, nous emboîtons le pas à trois d'entre elles. Leurs deux nattes nouées, leur longue *sulma* de velours noir ourlée et ceinturée de rouge, elles s'en vont d'un pas assuré, charriant sur leur dos des enfants et des paniers de tubercules : les fruits de leur labeur. Elles portent au bas mot un kilo de bijoux : perles, corail, ivoire, turquoises vertes ou bleues, plaques et aiguillettes d'argent, reliquaires, aucune partie du corps n'est épargnée. Aux champs zanskaris, tous les jours sont de sortie ! Dans le dos, la peau de chèvre se porte comme un châle. Elle sert de protection pour porter les lourdes hottes de bouses séchées, glanées dans les pentes avoisinantes.

Le village fortifié se dresse sur un gâteau de moraine compactée. Nous nous y restaurons chez une groupie du Dalaï Lama. De nombreux réfugiés tibétains retrouvent ici, à quelques nuances près, la même culture, la même langue, la même iconographie, la même architecture, celle même que les Chinois s'acharnent à détruire. Elle porte le haut chapeau cylindrique des Zanskaries, dont les deux pointes rebiquées rappellent les anciennes cornettes. Sous son radieux sourire pend en médaillon celui de Tenzin Gyatso. C'est l'effet « double sourire » que l'on retrouve partout au *little Tibet*. Tendue entre ces deux sourires, la tsampa parvient même à être bonne. Imparable, la double détente ! Au Zanskar, il est de rigueur qu'un invité ait sa tasse de tchang toujours pleine. Cela ne saoule pas vraiment, mais ça torture la vessie ! En me levant pour une urgence, j'enjambe la minuscule table que j'avais devant moi. Tous poussent un cri ; je tarde à comprendre ce que j'ai fait de mal : enjamber une table ou un homme, ça attire le malheur ! Pour me faire pardonner je chante une chanson ladakhie apprise avec Sonia l'année dernière : *Toudjaïtché ! Kunszès Dolma !*, qui déchaîne des rafales de rires. « Merci ! Kunszès Dolma ! Sésame, ouvre-toi ! »

Il n'est que 15 heures, nous devons nous rapprocher de l'objectif de demain : la Kanji La, à 5 255 mètres. Nous remontons un fond de vallée piqueté de yacks à la lourde fourrure. Les hivers sont ici les plus rigoureux de l'Himalaya. Jusqu'à -50 °C ! Les hommes s'entourent alors de leurs bêtes dans leurs maisons gigognes. Après quelques *yackkarkas* (alpages à yacks) ponctués de *Julé ! Julé !* (bonjour !), nous emboîtons un affluent encombré de bêtes à cornes rentrant seules à l'étable : les blanchettes de l'Himalaya. Sur un vaste épandage morainique, nous arrivons à Kong. Un vieux moine ermite y vit dans une soupente de pierre. Il cherche des yeux nos porteurs, mais comprend vite que nous arrivons les mains vides. Drôles de Blancs ! Nous nous contorsionnons au coude à coude dans sa tanière. Trop petit pour dormir là. Le vieux sage saisit notre inquiétude du regard, et un sac oblong de la main : une tente-igloo dernier cri ! Nous allons la monter, et revenons. Il a préparé de la tsampa mais, au lieu de nous la servir, il se met à la pétrir avec du beurre, à en faire des boules, des figurines et des *tormas*, sortes de petits temples votifs incarnant un esprit sur lequel on veut fixer sa méditation. Concentré, il entrecoupe sa religieuse pâte à modeler de tintements de cloches (*drilbu*) et de passes répétées avec son *dorje*, sceptre de la foudre écartant les forces du mal. Principes féminin et masculin, la cloche symbolise la connaissance, le foudre la puissance de l'Éveil. Il prend du lait, il prend de l'eau, les fait cascader sur les boulettes de farine d'orge en marmonnant de graves incantations. Sa cuisine nous fascine ; il nous jette des regards amusés, puis en rajoute en dodelinant du corps ! Nous sommes bien. Quand Yeshe a fini sa puja, nous sortons nos flûtes et entonnons sous la lune montante une complainte de bergers. Il interrompt bientôt ces agaçantes cigales pour nous demander ce que nous prévoyons de manger : nous crions famine et lui prions de nous prêter quelques grains pour subsister ! Bouddha soit loué ! La sainte fourmi est prêteuse mais répète à l'envi en se tordant de rire : « Franççi piou-piou ! Françi piou-piou ! » tout en mimant nos poches, nos mains, nos sacs, nos estomacs vides, et se moquant de nos pipeaux. La réputation des Français est faite ! Tout de même séduit par notre conception insouciante du détachement, il nous étouffe de tsampa et de tchang. Après le festin, il jette un œil à sa montre Seïko, fourrage dans son sac à la lumière d'une vraie Mag-Lite, et sort une petite radio Sony rechargée par un minuscule panneau solaire *made in Switzerland*. Nous sommes sciés ! Croui ! Croui ! Il finit par capter les informations indiennes. Nous sommes suspendus à ce petit miracle ! Comment les ondes parviennent jusqu'ici ? Dans le flot de paroles, nous discernons à chaque coin de phrase : « *Mother Teresa* ». Nous questionnons Yeshe, qui, attristé, nous mime la mort de cette grande religieuse vénérée dans toute l'Asie. Yeshe coupe le poste, prend son chapelet et, dans un profond recueillement, pleure la mort de la *living saint* en la mêlant à ses mantras.

Kong, Zanskar, lundi 8 septembre, 117e jour, kj : 41 ; kt : 3 383 ; dj : 1 550 m ; dt : 97 987 m ; cols : 57

La vallée s'ouvre comme les lignes d'une main. Nous prenons la ligne de la chance. Celle-ci s'enferre vite dans une gorge remplie de schiste pilé cachant de menaçant ponts de glace. Tout est instable, friable, en lente déliquescence. La boussole est toujours d'accord mais le souffle regimbe dans cette combe mortelle. Nous nous exténuons depuis deux heures sur ces tas glissants quand nous décidons de rejoindre l'arête de droite en escaladant un goulet. Quitte à être à quatre pattes, autant s'élever ! Je confie à Sylvain :

— S'il y a un chemin, c'est sûrement sur l'arête !

240 mètres plus haut, nous trouvons le layon sur l'arête. Nous aurions dû prendre la ligne de vie, pas celle de chance ! La chance ! Ça ne veut rien dire et ne mène nulle part ! Affaiblis et affamés, nous partons, à un rythme de limace, à l'assaut de la redoutable passe. Pour nourrir le temps, je ne me plonge plus dans mes souvenirs, ils sont trop loin, ils sont trop lourds, je m'en détache pour me tourner vers l'avenir et ses projets. Ceux-là hèlent. Il faut croire que nous sommes passés sur le deuxième versant de notre aventure. Un des bienfaits de la prière étant qu'on devient spectateur de sa douleur, je dédie mes chapelets remonte-pente à mère Teresa. Elle me les rend, en me détachant de la dure réalité de l'ascension ; quand je reviens à mes pas, l'heure et le paysage ne sont plus les mêmes, nous sommes entourés de neiges éternelles au pied de l'assaut final. Une chute de glace nous obstrue l'accès au col. Sylvain tente l'escalade périlleuse d'un éperon rocheux. Les pierres filent sous ses pieds, il s'accroche désespérément, et je vois impuissant le piège se refermer sur lui : il est coincé. Entre la glace et l'éperon, je parviens à me hisser au-dessus de lui. En équilibre précaire, je lui tends mon chèche dans le vide, l'appui sûr qui lui manquait pour le dernier pas difficile. Ouf ! Sylvain me dit :

— On croit qu'on ne s'est éloigné que de deux jours de la route de Leh, elle est en fait à plus de six jours ! Car s'il m'était arrivé quelque chose ici, tu serais allé chercher de l'aide à Kanji en un jour, vous seriez revenus en deux jours et l'on serait repartis pour trois jours d'enfer : total, six jours ! Putain ! Avec une jambe pétée, j'aurais dégusté !

C'est ce que les montagnards appellent l'engagement. Un pas de notre Transhimalayenne éloigne en fait de six pas, mais ne rapproche de l'étape que d'un pas.

À la Kanji La, acquise de haute lutte, nous quittons la vallée du Kong. Éméchés par l'altitude (5 255 mètres), nous appelons le tedmo par de longs cris — « King Kong ! King Kong ! ».

Il ne se montre pas.

Un vent glacial écourte notre passage. Nous redescendons dans un Zanskar démesuré. Vallée déserte, vallée sauvage, trop haute pour l'homme. Nous piétinons longtemps de larges chips de pierre dans un silence de mort pour rejoindre un glacier recouvert par un éboulis. La gorge qui suit est bouchée tous les cent mètres par un amas de glace. Le torrent y a foré de larges tunnels, nous passons sous les voûtes suintantes et miroitantes dans un frisson d'horreur. De sinistres craquements torturent la glace au-dessus de nos têtes ; des gouttes de mort s'immiscent dans nos cols ; accroupis, nous progressons vers la lumière. Plus loin, le torrent a scié un verrou montagneux. Le trait de scie n'a qu'un mètre de large et cent mètres de long. L'eau s'y engouffre rageusement. Nous sommes coincés. Au loin, dans la fissure, le jour ! Ça passe !

— Là-haut, regarde ! Le chemin contourne l'obstacle par cet épaulement !

— Dément ! Trop crevé pour regrimper ! On tente un passage en traversée ?

Sylvain s'engage en escalade dans la faille, deux mètres au-dessus des flots bouillonnants. Oppositions, écartements, changements de mains, arrêts sur des petites vires, sauts de chat pour passer sur l'autre paroi, il s'enfonce de cinquante mètres dans la fissure quand, tout à coup, la saillie sur laquelle il se tenait de tout son poids pour négocier un surplomb cède. Plouf ! Il se retrouve dans l'eau jusqu'à mi-cuisse, suivi de près par la pierre qui l'évite de justesse. Je le vois résister deux secondes au courant et s'agripper dans un cri à la paroi. Il se rétablit, et reprend. Je me lance à mon tour, un peu refroidi ! Comme à l'exercice, les prises sont belles, mais le sac me déséquilibre vers l'arrière. Je saute deux fois sur une petite marche de l'autre paroi en me réceptionnant sur des gratons (petites prises inconfortables). Grisant. Je repars. M'applique. Tombera ? Tombera pas ? Je ressors de la fissure fier comme Artaban, les pieds secs. En vain. Sylvain me montre du doigt un gros gué que nous devons traverser chaussures aux pieds ! Nous avons rejoint un affluent de la Suru, cours majeur se jetant dans l'Indus.

L'étape du soir, le Ringdom Gompa est très loin, au moins 20 kilomètres, pas un village d'ici là, nous n'avons rien à manger : nous mettons le booster sur la belle piste venant du monastère de Lingshot. Nous retrouvons la perspective et la vue au loin sur la piste. Cela rassure, donne du temps ! Au creux d'une combe, alors que je pensais à ma sœur qui vit à Tahiti, en rêvant d'une plongée avec les poissons multicolores du lagon, je subis l'attaque d'une perdrix. Le volatile me fonce dessus, se roule bruyamment dans la poussière en simulant une aile cassée. Je ne comprends rien, ou si, je comprends tout quand je vois une quinzaine de petits poussins s'égailler au-dessus de nous dans la pente. Magnifique instinct de sacrifice d'une mère simulant une blessure à grand renfort de soubresauts, pour faire diversion. Comment a-t-elle appris ?

Au débouché d'un coude, le monastère nous apparaît très loin, seul et dressé sur le vaste champ d'épandage de galets d'une énorme vallée. La nuit l'emporte bientôt, nous continuons comme des damnés. Toutes les journées périlleuses que nous avons traversées sans encombre nous ont toujours réservé un piège sur la fin. C'est devenu une règle, nous nous méfions. Fin de grimpe victorieuse, dernière descente de ski, fin d'une croisière, fin d'autoroute, c'est sur les fins que les drames se cachent, ni Bouddha ni Dieu n'y peuvent rien, c'est le joker du Malin ! Instinctivement, je suis sur mes gardes, attentif à mes chevilles. Mais cette fois-ci le piège ne se cache pas : le monastère est simplement de l'autre côté de la rivière Suru ! Trop faibles pour chercher un pont, nous passons les trois gués mortels, de l'eau glaciale jusqu'à la taille. On ne s'y fait jamais. Trempés, morts de fatigue et de faim, nous frappons à minuit à la porte du monastère. Le moine qui nous ouvre nous prend pour deux rescapés d'une catastrophe. Peut-être est-ce lui qui a raison.

À l'aube il vient nous tirer de notre cellule. C'est l'effervescence, les moines attendent le passage d'un cousin du Dalaï Lama. Nous allons à l'office. Dans un bourdonnement de ruche, les moinillons se passent les bandes du Livre des morts, le *Bardo Thödol*, et les déchiffrent en hochant du chef, un préposé au moulin à prières actionne en cadence un énorme cylindre serti de cabochons d'argent et de turquoises et sur laquelle gravite *Om Mani Padme Hum.* À chaque tour une cloche tinte. Ambiance. Aux murs, des thangkhas et des fresques peintes en couleurs criardes alignent la galerie des avatars de Bouddha, Manjushri, Avalokiteshvara, et des bodhisattvas, ces saints du bouddhisme. De chaque côté de la porte sont peints les dieux protecteurs aux trognes repoussantes, pleines de dents et d'yeux exorbités pour éloigner les femmes. Rituels. Les moines ressortent bientôt et montent sur une terrasse ensoleillée pour contempler la vallée. J'essaie depuis plusieurs jours de me souvenir du lieu de naissance du Bouddha, j'en profite pour me délivrer, et pose la question : aucun ne sait. Ils marmonnent tous une phrase que nous ne reconnaissons pas. Je m'adresse à un moine.

— C'est un vers de Milarepa, le grand ascète : « Tu fuis toujours ailleurs, mais ton désir de liberté et de savoir est illusion. Reste donc ici pour détruire les illusions de ton esprit. »

À bon entendeur, salut ! Nous repartons pour notre quête d'illusion, de liberté et de vie !

La journée ne nous apprend rien. Journée de marche pure, mortellement chiante. 49 kilomètres d'ennui et de vide le long de la Suru sur la route de Kargil, ville stratégique de l'axe Srinagar-Leh touchant la ligne de cessez-le-feu avec le Pakistan, et théâtre de fusillades permanentes entre les deux pays. Une vieille ampoule s'est rallumée. Elle me fait hurler de l'intérieur à chaque pas : 28 500 cris refoulés aujourd'hui. Minant.

Ça fout un grand bordel dans ma tête.

Pas moyen de dérouler le fil d'une pensée claire. Je ne suis qu'une roue voilée au pneu crevé. J'ai mal ! Je tente tout pour m'en détacher, ce n'est pas du masochisme, c'est du fakirisme : tenter de considérer la douleur pour ce qu'elle est, une information, et rester sourd à ses appels. Je suis révolté. 3 500 kilomètres et mon pied n'est toujours pas rodé ? Où bien est-ce le début de l'usure ? Et d'une méprisable ampoule on fantasme une amputation ! Finalement la souffrance est une illusion. On ne souffre qu'au présent. La souffrance d'hier n'existe plus, celle de demain est terrifiante. Toute la journée, j'apprends à vivre avec mon ampoule. À quoi cela avance ? Qui progresse ? Seul le fait d'avancer me permet de croire que je fais quelque chose. Nous perdons du temps, mais gagnons de l'espace ! Deux chevreaux perdus nous emboîtent le pas. C'est la première fois qu'on nous prend pour des chèvres ! Épargner ma plante de pied gauche me coûte une crampe au mollet droit. Pourquoi être là plutôt que chez soi ? Le dépouillement et notre souffrance quasi volontaire sont un ravalement de l'âme avant d'être un renoncement au monde : car nous ne renonçons à rien ! Oh, que non ! Au retour, on va en profiter à fond. Cultiver notre jardin ! Chère « vie antérieure » ! Chères retrouvailles futures ! arrière-goût et avant-goût, doux spleen, Mini-Doux, Soupline, ces paradis artificiels fleurissent quelques instants mon mal. Quelle connerie la marche ! Vite ! Vite ! En finir ! Vivre ! Et je découvre dans un soleil les vertus expiatoires de la marche. Et si elle ne servait qu'à ça ?

À Parkatchik, nous rentrons dans l'islam. Ringdom était le dernier bastion bouddhiste. Nous montons vers la crête qui domine le village pour couper un long méandre de la Suru. Nous sommes arrivés hier soir en perdition. Cela s'est mal passé. Cela ne peut pas se passer bien à chaque fois. Ce matin, Sylvain a essayé d'acheter un peu de nourriture. Dans l'échoppe, il n'y avait que des cigarettes et des kilos de vaseline. Qu'est-ce qu'ils peuvent bien foutre de leur vaseline ? La vue est époustouflante sur le Nun (7 135 mètres) et le Kun (7 134 mètres), montagnes jumelles, portes de l'Himalaya musulman. Du petit col s'ouvre notre première vallée à minarets, il en rutile partout, c'en est fini des chortens ! Il y a d'un coup des milliers de champs ; partout des hommes s'activent à la moisson. Les pierres elles-mêmes semblent cultivées. Nous passons d'une culture d'équilibre et de subsistance à une culture d'expansion et de multiplication.

Dans la rue principale de Suru, des groupes de fillettes voilées s'envolent à notre venue en nous évitant du regard. Les jeunes barbus nous scrutent d'un air dominateur. C'est la première fois de notre voyage. Les conquérants chinois eux-mêmes avaient le regard fuyant. Il y a beaucoup de retenue dans l'air. Un je-ne-sais-quoi de tendu, sûrement pas des drapeaux à prières ! Nous trouvons un vrai restaurant, et nous tapons la cloche sous un poster du Cervin. Comme s'il n'y avait pas assez de montagnes dans le coin ! Karim, empressé et cauteleux, nous sert et nous vend, dans un anglais dental, tous les délices du Cachemire. Nous lui parlons de la suite de l'itinéraire vers la Bobang La (4 610 mètres).

— Impossible ! Le poste de l'armée indienne vous en interdira l'accès ! Le col débouche sur des vallées soupçonnées de servir de bases arrière aux militants extrémistes. Elles sont fermées aux étrangers depuis 1989. Le trek a dû être emporté par des avalanches. De l'autre côté, il n'y a rien avant plusieurs jours de marche !

— Eh bien, ça s'annonce pas mal ! m'exclamé-je. On va de nouveau s'amuser !

— En tout cas, il va falloir emporter un max de bouffe. Regarde l'étalage ! Il y a des barres de chocolat, des cacahuètes, des soupes aux nouilles. Avec quelques œufs durs et des biscuits, ça devrait faire l'affaire. Et là ! Le pot de miel ! Non. Trop lourd.

Au poste, nous racontons à un jeune Sikh ventripotent que nous allons juste pique-niquer en amont de la petite rivière. Il toise notre équipement et nous laisse passer. S'ils veulent nous rattraper, un peu d'exercice ne leur fera pas de mal. Nous partons sur un trek pavé, le premier du voyage. Il trace droit un chemin dans les moraines et les éboulis. Les creux sont mêmes remblayés, un comble ! Nous filons. C'est bête, mais l'interdiction nous grise un peu ! Dans la montée, nous croisons un troupeau de chèvres géantes. Du jamais vu ! Des monstres, des girafes, un vrai cauchemar de loup ! Près de deux mètres de haut pour les plus grandes, descendant le pas décidé et les oreilles battantes. Pour la première fois, nous nous écartons devant des chèvres ! Et je repense avec émotion aux petites naines zanskaries.

Nous mettons un maximum de kilomètres entre les Indiens et nous, gagnons avec la nuit une bifurcation de vallées à 4 000 mètres dont la confluence sinue sur une vaste retenue limoneuse. Ses berges capitonnées d'herbe nous tendent une couche moelleuse. Le froid est vif sous la voûte étoilée. La voie lactée la fend comme une pupille de chat. Nous enfilons nos sacs, nos sursacs et nos couvertures de survie. 4 000 mètres à la mi-septembre, c'est du sérieux ; notre demi-tapis de sol devient un peu juste. Au dîner : un œuf dur et une poignée de cacahuètes.

Pied de la Bobang La, Cachemire indien, alt. 4 000, jeudi 11 septembre, 117e jour, kj : 30 ; kt : 3 492 ; dj : 1 135 m ; dt : 100 483 m ; cols : 59

Aube givrée. Nous sommes couverts de cristaux. Tout n'est que pureté. J'ai toujours la tête gourde. Sylvain s'adonne à son pipi matinal quand il m'appelle. Je sens à sa voix qu'il se passe quelque chose d'anormal. La colonne d'Indiens à nos trousses ? Je m'approche, inquiet.

— Là ! Des traces d'ours sur le limon humide !

— Elles viennent de l'herbe juste avant notre bivouac et y retournent juste après ! Il nous a tourné autour !

— S'il avait eu faim, il aurait croqué nos crânes comme des noisettes !

— Imagine si on avait pris le pot de miel hier ! On était foutus !

Nous décampons dans la vallée de droite, au pif. Elle nous évite un gué. Nous avons été bien inspirés car au bout d'un ressaut de gros blocs morainiques, nous tombons sur deux jeunes bergers. Ils viennent de Suru et nous ont donc eux aussi frôlés sans nous voir. Nos sacs Lestra sont rudement discrets ! Altaf Hussein et son ami ramènent trois chèvres et deux moutons invendus à Humped, de l'autre côté de la Bobang La. Deux anges dépêchés en renfort ! Ils nous annoncent que les Indiens s'inquiètent de notre sort et s'apprêtent à lancer une patrouille à notre recherche. Il vaut mieux ne pas traîner. Nous repartons sous bonne escorte au pas des chèvres vers un deuxième verrou morainique et débouchons sur une vaste éponge sédimentaire.

— *Balou ! Balou !* nous crie Altaf.

Il a retrouvé les empreintes de l'ours ! Il enchaîne avec la volubilité des grands inquiets :

— C'est rien ! C'est pas dangereux ! S'il est encore là, les chèvres le sentiront.

— Tu es sûr que ça ira ?

— Oui ! Ce dont j'ai peur, ce n'est pas de l'ours, mais du *Jungli Man* !

— Le *Jungli man* ?

Nous le laissons parler.

— Oui ! En 94, mon oncle et son fils se sont fait attaquer à la Bobang La par un grand singe. Seul mon cousin a réussi à s'échapper. Quand on est revenus armés chercher Shaukat Ali, on n'a retrouvé que sa carcasse ! Il s'était fait arracher le cœur et la tête ! Il y a sa sépulture là-haut, vous verrez ! En 92 on avait retrouvé au col quatre Ladakhis sauvagement écartelés. Un ours, ça ne fait pas ça !

Nous sommes pétrifiés. Comment inventer ces histoires ? La chimère prend d'un seul coup son poids de chair. Après tout, l'ibex et le léopard des neiges étaient eux aussi, il n'y a pas si longtemps, auréolés de mystère ! La première photo du léopard en milieu naturel remonte aux années 1960 ! Altaf se ressaisit :

— Pour nous, ça devrait aller ! En cas d'attaque, il attrapera une chèvre !

Au bout de la vallée, un glacier tombe verticalement de la gauche ; nous escaladons sa violente moraine latérale. Sans Altaf, nous serions sûrement allés tout droit. Ma soupe aux nouilles de l'aube s'est déjà évaporée. Cela suffisait tout juste sur les platitudes tibétaines. Autant en emporte une montée ! Je vois plein d'étoiles, et m'accroche à la queue d'une chèvre : elle me tracte. Altaf a fait des pieds et des mains pour me porter mon sac. Je ne me suis pas fait prier deux fois. Une heure de petits pas plus tard, il s'arrête devant un rocher couvert d'inscriptions arabes.

— Voilà ! C'est là que nous l'avons enterré.

Et je me dis que ces rochers alentour ont peut-être vu le yéti !

Dialogue avec les pierres. Elles me racontent le drame. La grosse ronde me dit qu'elle dissimulait la bête, la plate me dit qu'elle a vu rouler sur son dos les deux corps entrelacés, la pointue me glace le sang…

À peine plus haut, nous pénétrons les neiges éternelles. À perte de vue. Nous n'en avons jamais autant eu, même au Rolwalling. Ça va être cool avec nos chaussures du bonheur ! La quatrième réparation de Leh a sauté ! J'ai l'intérieur droit et le devant gauche ouverts, Sylvain bée de partout, Altaf et son pote n'ont pas mieux : *vamos !*

La neige en pente douce est très humide. Il n'en est pas tombé depuis longtemps, si bien que nous suivons un amas de traces superposées. Chèvres, hommes, yacks, chevaux sont passés là. De vastes étendues vierges s'inclinent vers la gauche, le sud, jusqu'aux escarpements du Bobang qui nous domine à peine de ses 5991 mètres. À droite, des névés s'épanchent d'une série de dômes comme un nappage glacé. Altaf et ses chèvres filent en tête, nous restons seuls à prendre des photos. Une trace à l'écart des autres m'intrigue. Je monte la voir : rien de concluant. Nous continuons à petits pas, heureux de n'être pas ailleurs. Goûter l'instant, faute d'autre chose ! La trace est toujours là, obstinée, ne voulant pas mêler ses pas à ceux des autres ! Notre piste descend dans une combe et s'incurve à droite pour négocier la forte pente en diagonale. Imperturbable, la trace continue tout droit, et, sans que la foulée en soit diminuée, s'attaque à la pente en coupant droit les courbes de niveau. Je ne saurais expliquer pourquoi, mais elle me fiche la chair de poule. Je m'adresse à Sylvain :

— Je veux bien être faible ! Mais je peine déjà sur la piste ! Alors là ! Tu as vu cette puissance, cette régularité… Tu te vois grimper tout droit dans la pente, de la neige jusqu'aux genoux, alors qu'il y a la piste juste à côté ? Faut être fou, ou totalement bestial !

— Faudrait s'appeler Messner ! Et encore ! À moins que cela soit l'itinéraire de descente d'un mec pressé ?

Nous allons voir. À un intervalle de cinquante centimètres (énorme, dans la neige), les empreintes sont démesurées, alignées, bipèdes, élargies par la fonte des neiges. Trop vieilles pour distinguer semelles ou orteils, mais le sens de la marche ne trompe pas : il monte ! C'est tout. Objectivement, ça ne prouve rien, mais ça suffit pour plonger les marcheurs que nous sommes dans les tourments du doute.

Altaf nous attend à 4610 mètres, nous avons les pieds gelés. Nous nous les frictionnons au soleil, et jouissons de l'onglée. L'autre versant n'est pas enneigé, mais tombe à pic. Dans la falaise, nous empruntons des goulets séparés à cause des chutes de pierres que nous déclenchons sous nos pas. Au loin, notre vallée perchée tombe dans une énorme gouffre transversal, Humped est tout au fond.

Humped, cela a un nom, mais ce n'est rien. Trois ronds de pierres, c'est tout. Juste un campement d'été. Une fratrie de Bakerwalls y vient faire paître ses troupeaux. Ce sont des peuplades sémites originaires du Gujarat, entre l'Inde et le Pakistan, ils transhument plus de 300 kilomètres pour conduire leurs gigantesques troupeaux de plus de mille têtes dans ces montagnes reculées. Bachir Ahmad, entouré d'enturbannés colossaux, nous voit venir d'un très mauvais œil. Très haut de stature, le nez puissamment busqué, les yeux rapprochés sous des sourcils fournis, il pourrait aussi bien être bédouin que maure, mésopotamien qu'israélien. La Bobang La nous a projetés dans un autre monde, un monde de palabres et de semi-nomades, de commerçants et de bétail. Une âpre discussion est conduite sur notre dos, entre Altaf et son oncle Bachir, le frère de celui croqué plus haut. Nous assistons au règlement de notre sort. La scène est cocasse. Puis Altaf se tourne vers nous, pâlichon :

— Vous savez, la région est aux mains des séparatistes cachemiris. En 1994, mon oncle a dû se battre violemment avec deux militants armés qui voulaient prendre en otage une Anglaise qui s'était perdue ici. Depuis, vous êtes les premiers étrangers à passer, alors il s'inquiète, il ne veut pas avoir d'ennuis…

Les yeux dans le ciel rougeoyant, je lui récite alors d'une seule traite la sourate des voyageurs, « Ayat Al Kursi », que j'ai perfectionnée depuis notre tour du monde :

Bis Millah I rarmen I rahim	*Par Dieu très puissant et miséricordieux*
Allah O, La I La Illah O	*Il n'y a de Dieu que Dieu*
Al ayul khayoum	*Le Vivant, qui veille éternellement*
La tarodzô sinaton wallanaoum	*Au bon ordre du monde*
Lahô ma fi assamawati wallart	*Il ne dort jamais ni ne somnole,*
Mandzalladi yazfaô indahô	*Il possède les cieux et la terre,*
Illah beï idzni	*Qui peut s'adresser à lui*
Yallahmô ma beïna eïdi Him	*Sans déjà le connaître ?*
Vama khalfahraoum	*Il connaît le passé et le futur de tous,*

Wallah yuhetuna beshaï Him	*Mais ne laisse savoir*
Min Il mihi Illah bemashaha	*Que ce qui est bon.*
Wassea Kursi yohoo	*Son trône a la contenance*
Asamawati wallart	*Des cieux et de la terre,*
Wallah yahoo dohoo ifdzo khoma	*Et leur protection ne lui pèse pas.*
Wallowah al Khaliyou al Azim	*Il est le Transcendant, le Très Grand.*

Bachir est scié. Fendu d'un large sourire. Comme tout bon musulman, il ne peut pas refuser l'accueil à quelqu'un qui la lui récite. C'est le plus fabuleux des viatiques en terre d'islam. Il nous fait servir, par ses langoureuses filles aux yeux noircis de khôl, le thé cachemiri, antépénultième déclinaison du thé salé dont ils sont convaincus d'avoir le monopole, mais celui-ci est rose et crémeux, délicatement lacté : délicieux. Sylvain n'est pas du même avis, et nous frisons l'incident diplomatique. Depuis le Bhoutan, je bois tous ses thés ! Cette fois-ci, ce n'est plus par amitié, c'est par bon-thé !

On nous aménage un cercle de pierres et l'on nous écrase sous quinze kilos de couvertures odorantes. De grands verres de lait chaud et d'épaisses galettes de farine viennent nous remplir de béatitude. La nuit s'est allongée dans la vallée en nous embrassant de ses lèvres froides. Il fait si chaud sous notre tas de laine que nous maintenons nos têtes hors du sac. Le disque de lune se lève et répand une couche de dentifrice sur les dents avoisinantes. Nous sommes là, chez ces nomades, dans ces nids de pierre au fond d'une vallée perdue du Cachemire…

7 heures ! Depuis 5 heures du matin, Bachir vocifère et déblatère. Ses cris résonnent dans toute la vallée. Cela semble ne gêner personne. Il faut dire qu'il n'y a pas grand monde. Le *pater familias* a une prise de bec avec celle que nous croyons être sa femme. Elle ne se laisse pas démonter. Et cela dure, et cela n'en finit pas ! Sûrement une histoire de troupeau, une histoire de vent ! On sent qu'ils aiment ça, qu'ils en rajoutent dans le pathos, on croirait un Libanais et une Milanaise discutant le prix des anchois en s'invectivant jusqu'à la septième génération.

Après moult recommandations et mises en garde, Bachir nous donne l'accolade et nous remet entre les mains de Dieu : *Inch Allah !*

Nous descendons la vallée en auge jusqu'à son point de rupture. Ma fatigue d'hier est partie comme elle était venue, sans raison. Nous devons traverser un très large gué avant les rapides qui suivent. C'est l'endroit qu'a choisi un berger pour faire passer son troupeau de cinq cents moutons pour le début de la transhumance. Nous lui faisons confiance. Le brave Panurge jette ses moutons à la baille en espérant que les autres suivront. Ça ne marche pas du tout. Ils font les difficiles. On reconnaît les timides, les téméraires, les malins, les resquilleurs. Bêêêê ! Poussez pas derriêêêre ! Certains sautent, d'autres mouillent la patte pour tâter l'eau, mêêêê ! Y a pas de mais ! Certains font comme si de rien n'était, sans états d'âme, d'autres hésitent longtemps en hochant du museau puis se jettent à l'eau comme des hystériques : ils sont tous différents. On nous a menti ! Et si les moutons avaient une âme ?

Sylvain fait traverser une ribambelle d'enfants de trois à cinq ans. De l'eau glaciaire jusqu'aux aisselles, ils trébuchent sur les galets, s'agrippent les uns aux autres, à peine contractés, mais mon camarade tient ferme la chaîne des petits cœurs courageux. Drôle de maternelle ! Une vieille dame vient le voir pour le remercier. Quand il remet sa chaussure, un gamin pousse un cri : son énorme ampoule s'est ouverte sur un rocher, et un gros disque de peau pend comme un drapeau en berne.

Un affluent barre notre vallée. Le sentier est très haut perché sur l'autre rive. Pas de pont, pas de pot ! Nous sommes contraints d'aller le chercher très bas en aval pour revenir en deux heures au même point, mais sur la bonne rive. Des bouleaux de la taille de chênes agrémentent notre progression. Dans un pierrier, une vipère fiche ses crocs dans ma chaussure et file sans que j'aie rien compris. Foudroyant ! Et c'est ainsi qu'on meurt.

Nous savons que nous devons passer la crête de notre versant par un col à 4 406 mètres, la Goulol Pass, mais nous ne savons pas où. Nous remontons l'affluent en voyant de nombreuses sentes grimper à l'assaut du versant. Laquelle privilégier ? Écouter son instinct plutôt que sa raison. Sylvain peste comme un diable contre le croquis approximatif de Bachir. Pourtant nous avons considérablement développé notre sixième sens du chemin. Il ne nous surprend plus, nous parlons la même langue à force d'en avoir apprivoisé et foulé de toutes sortes. À son angle d'attaque, nous prévoyons ses inflexions, connaissons ses pièges, anticipons ses raidillons, ses fjords cachés derrière un épaulement ; nous devinons les retenues d'eau derrière les verrous à un je-ne-sais-quoi dans la clarté de l'air, ou le décollage d'une piste à un imperceptible ramassement, une subtile détermination du premier virage. Quand nous voyons au loin les zébrures régulières d'un trek dans des pierriers vomis d'une haute saignée, nous savons que c'est le passage. Il est déjà 4 heures, et nous avons 1 500 mètres de dénivelé pur à nous colletiner.

Nous attaquons. J'emploie ma méthode col, une méthode « grands travaux » : ne considérer que ce que je fais, pas l'ensemble. Comme un bateau louvoie pour remonter au vent, nous zigzaguons dans la pente. La régularité des tournants est un avantage : on change de panorama et de pied d'appui tous les cinq mètres. Je jette alternativement mon dévolu sur le zig puis sur le zag, en les considérant chacun comme le dernier à atteindre. Surtout ne pas penser aux armées de zig, et aux légions de zag qui attendent patiemment notre passage ! La conquête d'un col est une inspiration profonde avant l'expiration de la descente. Nous passons le goulet et rentrons dans une combe torrentueuse. Le col est nécessairement au bout, sans doute sur un petit glacier perché. Le vent se lève bientôt, des cohortes de nuages s'engouffrent à nos trousses, puis vient la pluie, qui se transforme en grêle, et bientôt en neige. En short, les orteils en éventail. Génial ! Les yeux mi-clos, les mâchoires serrées, les doigts gelés, nous nous cabrons contre les éléments déchaînés et rejoignons un instant le marin dans la tempête, l'alpiniste en paroi, le travailleur de force en plein labeur. Le soleil déclinant passe sous la couche et vient fouetter ces giboulées de son martinet enflammé. Les paysages et les pays turbulents s'enchantent de cette apocalypse, les sombres nuées se déchirent, les falaises s'enflamment et les gouffres s'endeuillent, le tonnerre roule sur ce théâtre en nous écrasant du fracas de ses foudres. Jouets du vent, pantins du sort, nous tenons ferme la barre. Dans la montée j'avale mes dernières cacahuètes.

Et puis le col, comme les soixante qui l'ont précédé, arrive. Le névé est tout maigrichon. De l'autre côté, l'air est pur. Des gloires solaires transpercent de leurs doigts de feu les nuées échouées sur les cimes et embrasent des pans entiers de montagnes tandis que des moutons roses se poursuivent dans le ciel.

Une fois de plus, nous époumonons notre joie dans la descente, et déboulons *ex abrupto* dans le plus grand dépotoir de l'Himalaya. Partout la vallée est jonchée de détritus et d'immondices. Nous sommes stupéfaits. À perte de vue, le sol est découpé en petites parcelles, la pente nivelée en petites terrasses. Nous trébuchons sur des piquets de tente, glissons sur des sacs plastique, shootons dans des canettes. Dans l'air flottent des remugles nauséeux, et du sol imbibé transpire une sanie infecte. La montagne elle-même dégage une répugnante odeur de mort et de déjection. Le cadre est pourtant sublime, un lac d'altitude bordé de trois dents symétriques ! Nous arrivons avec la nuit dans un village fantôme : Schesnag, point de départ du pèlerinage hindou à la grotte d'Amarnath, contenant un stalagmite de glace appelé le « Lingam de Shiva », atteignant au mois d'août sa taille maximale : 60 000 dévots viennent se prosterner devant ! Tout le parcours est conchié par ce passage du « Camp des saints ».

Une tempête se lève, des tôles volent, un toit s'arrache sous nos yeux, des tourbillons de détritus sont emportés au loin : la montagne dégobille toute cette infection. Nous nous mettons à l'abri dans un bunker lépreux, jonché comme tous les bunkers de la Terre de détritus suspects. La pile de ma mini-Mag-Lite est morte. Nous nous affalons à l'aveugle. Dehors s'abattent des trombes d'eau. Sylvain rigole :

— Je pense aux petites dames patronnesses du pèlerinage de Chartres qui nous engueulaient quand on avait le malheur de laisser tomber un papier de bonbon ! Et nous voilà comme des coqs en pâte, bien au chaud sur un tas de fumier, sans lumière, avec pour le dîner trois biscuits et une poignée de cacahuètes !… Aïe ! J'ai parlé trop vite ! Tu sens pas l'odeur ? Ma parole ! Y a un cadavre dans le coin ?

— Non ! C'est moi qui viens d'enlever mes pompes !

Schesnag, Shri Amarnath Yatra, samedi 13 septembre, 122ᵉ jour ; kj : 39 ; kt : 3 572 ; dj : 380 m ; dt : 102 582 m

Love, love, love ! Une grande fleur de lotus et un cœur encadrent un prodigieux phallus. Un graffiti sur le mur : écume pathétique laissée par la marée humaine. Ce réveil dans un dépotoir célèbre notre cinquième mois de voyage. Nous déguerpissons. Le sentier est bordé de pierres blanches, sûrement un symbole de pureté ! La limite du crottoir. À Chandawari, nous trouvons des Cocas dans une échoppe. Un adolescent nous accueille :

— Vous êtes journalistes ? Vous arrivez juste trop tard, on vient de brûler les trente-cinq saddhus qui avaient été engloutis dans la coulée de boue ! Le pèlerinage de cette année a été terrible : trois bombes, deux fusillades, vingt mille soldats mobilisés. Il y a eu une épidémie de typhus et de choléra. Au total, plus de huit cents morts. La rivière s'est transformée en vaste latrine, mais les fidèles continuaient à boire l'eau prétendument sacrée. Des fous !

— Non ! Nous arrivons de Leh, à pied.

— *Mektoub !* Si vous êtes là c'est qu'Allah l'a voulu, mais ne descendez pas à Pahalgam, il y a un poste de deux cent cinquante *Border Forces*, et un autre de la *J&K police*. Ils vont vous arrêter et vous interroger. J'en sais quelque chose, mon frère s'est fait torturer !

Après un bon dalbhat, le premier depuis Simikot au Népal, nous descendons une vallée plantée de pins majestueux. À leurs pieds, de magnifiques chalets de bois exhibent leurs frises ouvragées, des balcons de bois tourné et des corniches festonnées. Dans les villages que nous traversons, les gens s'attroupent à notre passage, les enfants nous suivent dans des guirlandes de *Salam Aleykoum*, des hommes nous apportent des pommes, tous veulent nous inviter à boire le thé ! Et nous qui voulions être discrets ! Les voilà donc, ces affreux terroristes que l'on nous vend ?

Avant Pahalgam, nous bifurquons par un raccourci que des gamins nous indiquent dans la vallée d'Aru. Nous marchons longtemps sur un sombre sentier à travers une épaisse forêt pleine de senteurs. Depuis le lac Rara, l'air n'a pas été aussi doux et mielleux. Un tapis de fleurs des sous-bois embaume notre crépuscule de sensations moelleuses. La nuit est tombée quand nous gagnons la route d'Aru à Pahalgam. Quand viennent des voitures, nous nous cachons dans les fourrés. Pas la peine de chercher des ennuis. Dans la nuit d'encre, des ombres nous frôlent, des questions se posent, mais restent suspendues, nous avons disparu. Aru n'arrive pas. Normal ! Nous devrions pourtant en voir les lumières ! De vastes chalets ressemblant à des complexes hôteliers surgissent de la nuit. Nous rentrons dans Aru sans nous en rendre compte L'électricité est coupée par les Indiens, un couvre-feu sévit dans le village. Nous entendons une patrouille venir, nous nous escamotons précipitamment dans un jardin. La patrouille passe. Une voix derrière nous retentit dans l'ombre :

— Ne vous inquiétez pas, ils ne reviendront pas, ils vont à Pahalgam. Entrez !

Ali Mohammed nous accueille chez lui. Nous laissons nos chaussures dehors. Les murs sont vert canard, le plafond rouge orangé, la cuisine séparée de nous par un magnifique passe-plats sculpté. Un énorme plat de riz et des verres de lait chaud s'y encadrent aussitôt. Ils nous attendaient ? Tout va trop vite. Il y a à peine deux minutes, nous cherchions le maudit village. Qui a écrit le script ? Son fils Altaf arrive sur ces entrefaites, et tombe en arrêt, estomaqué :

— C'est un miracle ! Je n'en crois pas mes yeux ! C'est le plus beau jour de ma vie !

C'est trop. C'est trop. N'en jetez plus !

— Des touristes ! Comment avez-vous fait pour passer les barrages des *Border Forces* ? Vous ne savez pas qu'Aru est strictement interdit aux étrangers ? Depuis l'enlèvement en juillet 1995 des six trekkeurs occidentaux par le prétendu groupuscule Al-Faran, personne n'a pu venir jusqu'ici. Vous êtes les premiers en deux ans ! Vous risquez six mois de prison, vous êtes journalistes ?

— Non. Juste des trekkeurs. On avait envie de se faire enlever !

— Dans ce cas-là, adressez-vous aux Indiens, tout le monde sait que ce sont eux qui ont fait le coup ! Personne ne connaît Al-Faran au Cachemire, même les séparatistes les plus extrémistes qui se sont proposés pour être médiateurs ! La prétendue revendication est classée secret défense ! Les guides des trekkeurs n'étaient pas de la vallée ! Ils ont fait ça pour discréditer les indépendantistes aux yeux du monde et justifier l'occupation totale du Cachemire ! Ils savaient que les indépendantistes misaient tout sur le tourisme ! Des Cachemiris n'auraient pas tué la poule aux œufs d'or ! Où voulez-vous aller ?

— À Srinagar !

— Par la route, vous êtes sûrs de vous faire arrêter, vous devez prendre le maquis !

Altaf nous mène dans sa nouvelle maison, et nous offre sa chambre. De beaux tapis capitonnent les murs, la pièce n'est qu'une grosse couette dodue dans laquelle nous sombrons vite dans le sommeil du juste. Sylvain, malade, a dû jeûner ce soir. Je lui glisse :

— On s'est jetés dans la gueule du loup : elle est bien confortable !

— Tant qu'on est pas à l'Aru !

Il a fallu que nous tombions, sans le savoir, sur *le* seul des villages du Cachemire à éviter. Comment va-t-on croire que nous ne le faisons pas exprès ? Qu'est-ce que cela cache ?

Un coq têtu nous ramène à Aru, Altaf à la réalité :

— Il faut partir ! Vite ! Les Indiens vont remonter de Pahalgam ! J'ai fait seller trois chevaux, je vous emmène dans la montagne !

L'aube nous surprend dans une forêt de pins Douglas monumentaux. Nous progressons en silence, dans l'air bleu du petit matin, à demi réveillés sur nos selles. Altaf ouvre la marche. Tout est feutré par un épais tapis d'épines. De loin en loin un sabot claque, un cheval bronche. Nous sinuons entre les branches, tout attentifs à la conduite de Mustang et Rajah. Nos muscles en boule, arrondis par cinq mois de marche, roulent sur les flancs chauds des bêtes en un délicieux massage. Mais, plus que le corps, c'est l'esprit qui se repose à cheval. La perspective cavalière est bien une élévation, un détachement. Ça grimpe dur, Rajah renâcle. Dans les passages pierreux, les sabots raclent, nous souffrons pour nos montures. Nous savons ce que c'est. Le plus déconcertant, c'est que nous accomplissons cette progression à cheval dans un cadre grandiose, au-dessus de profonds précipices, avec un total naturel. Sommes-nous prêts à tout ? Intérieurement je chante : *Gaily bedight a gallant knight, had journeyed long, singing a song, in search of Eldorado.* [1]

Altaf se retourne :

— Nous allons faire halte pour un thé dans un campement de gypsies.

Gypsies ? Dans une prairie, une famille de bohémiens nous accueille. Stupéfiant ! Les mêmes qu'en Transylvanie ! Le même fichu sur la tête, les mêmes bijoux, les mêmes rides, la même fausse dureté. Ils ne posent pas de questions. Nous serions tout verts avec trois yeux au milieu du front, ils n'en poseraient pas plus. Nous repartons par un long raidillon dans une vallée per-

---

1. *Pimpant et joyeux, un courtois chevalier avait cheminé longtemps, chantant une mélopée, dans la quête de l'Eldorado.* E. Poe..

chée, pour un retour dans les alpages. Après de longues heures de cuisson au soleil dans des ravines et des éboulis, quelques haltes à boire du lait de chèvre chez des bergers, nous gagnons au crépuscule un vaste cirque où les flaques des troupeaux rameutés par les chiens et les clameurs des hommes convergent vers les bergeries. La fin du jour siffle, la fin du jour bêle, et déjà l'écho cristallin renoue avec la nuit son dialogue d'étoiles.

Altaf nous introduit dans un gourbi troglodyte. Un ventre chaud dans la fraîcheur du soir. De gros madriers supportent les voûtes basses. Autour du foyer, nous nous asseyons sur des peaux de mouton. Notre hôte est drapé dans un large *peran*, long poncho de laine écrue, et porte une calotte blanche au bout d'un cou d'oiseau. Deux yeux d'un vert phosphorescent encadrent son nez d'aigle. Nul n'a encore échangé un mot. Il tend à Altaf le *houka*, narghilé à pipe rigide. Gargouillis. Altaf tète comme un veau, les yeux dans le vague. Un berger rentre et s'accroupit. Il n'a pas lâché son bâton, son tuteur, son cinquième membre. Il saisit le houka sans le regarder, se carre le tuyau dans la bouche, et lâche trois mots entre les succions. Une lampe tempête fait pétiller les pupilles. Nul ne s'étonne de notre présence, le temps des bergers n'est pas politique, il est bien au- dessus... biblique. D'un grand samovar d'argent, seigneur de ce logis de terre, de cuir et de laine, une femme aux pieds peints nous sert de lourds bols de thé rose épaissi de maïs concassé. Sylvain, que le pas chaloupé des chevaux n'a pas arrangé, jeûne encore. Comment fait-il pour vivre ? À notre grande stupéfaction, notre hôte tire de dessous son peran un brasero de terre coincé dans un panier de jonc. La femme le recharge en braises, il le reglisse entre ses jambes avec satisfaction. Altaf nous glisse :

— *It is a* kangri, *we call it « the winter wife !*[1] »

La femme nous apporte des perans et deux kangri, un délice des mille et une nuits !

Altaf engage la conversation. Le doigt levé il commente, la main ouverte il statue, de l'autre il se gratte le pied, puis se pointe du doigt, dénègue avec la paume, affirme avec le poing et, d'un revers de la main, balaie tout ce qu'il vient de dire. Gestuelle orale. Je sors un instant.

Sous la lune un vieil homme, pelotonné sous son peran, son long bâton pointant l'étoile du Berger, veille sur son rocher le

1. « C'est un *kangri*, nous l'appelons "la femme d'hiver" ! »

troupeau à ses pieds, comme le fait depuis le ciel Dieu sur les hommes endormis.

Tar Sar, Cachemire, lundi 15 septembre, 124ᵉ jour, kj : 48 ; kt : 3643 ; dj : 1 100 m ; dt : 104 772 m ; cols : 61

Nous marchons dans nos panaches de buée matinale vers le lac d'altitude de Tar Sar, quand un berger déboule en boitant, la jambe ensanglantée :

— *Balou ! Balou !* gesticule-t-il.

— Il s'est fait attaquer par un ours ! nous dit Altaf.

— Je sens qu'on va finir par s'en payer un ! me dit Sylvain.

Nous repartons. Au lac de Tar Sar, amande émeraude d'éthers concentrés, Altaf nous quitte, ému, et va retrouver ses chevaux.

— Après la crête, vous tomberez dans une vallée, vous la suivrez jusqu'au bout, elle vous conduira à Srinagar. Toutes les vallées mènent à Srinagar.

Ça paraît simple. Sylvain, torturé par ses tripes, s'attelle courageusement à la passe de 4 000 mètres. À partir de là, notre bout de carte indique que nous rentrons dans le « sanctuaire de vie sauvage » de Dachigam. Vaste programme ! Connaissant les Indiens nous sommes au moins sûrs de trouver, faute d'animaux sauvages, des buvettes de Coca et de belles pistes balisées. Nous redescendons le col vers un lac symétrique, le Mar Sar. Nous marchons très longtemps dans une vallée perchée hantée de larges vautours tournoyants, avant de pénétrer une forêt de bouleaux. Au détour d'un escarpement nous apercevons d'un coup toute la vallée en enfilade. Déserte. Sauvage. Pas âme qui vive. Surprenant. De plus en plus encaissée, elle s'étouffe au loin sous d'impressionnants versants de pins. Aussi loin que porte le regard, nous ne voyons pas la moindre piste.

Toute la journée, des sentes nous fourvoient au fond de combes encombrées d'arbres tombés, nous abandonnent au bord de falaises, nous éreintent dans d'interminables raidillons. Toujours personne ! Pas le moindre pâtre ! Dans les sombres forêts nous perdons tout recul et toute orientation. Une seule solution, descendre. Nous glissons sur les mousses, patinons sur les épines, nous rattrapons aux branches. En cent vingt jours de marche, nous n'avons jamais connu ça. D'incessantes combes transversales coupent les versants où nous avions fini par trouver des layons. Désescalade, escalade. Dans un torrent à sec, une vipère vient planter ses crochets dans le cuir de mes Nike, je pousse un cri primal, décharge d'adrénaline. Je l'ai vue *in extremis*, alors que j'avais le pied en l'air. C'est la deuxième vipère qui s'en prend à moi en quatre jours. C'est trop. Jamais deux sans trois ? Mordu ici, j'étais mal !

Des clairières fleuries clairsèment bientôt l'impénétrable forêt. Nous surprenons un groupe de langurs. Toujours personne. Srinagar est à vingt kilomètres à vol d'oiseau ! Nous descendons dans un empire végétal. Tout pousse, tout croît, tout s'enracine dans une étouffante diversité. L'air devient lourd, des flots d'essences nous tournent la tête. Les turgescences et les pubescences frémissent au soleil en de vibrants appels. Une chaleur humide rayonne des herbes, colle à la peau. Les plantes pullulent, engraissent et engrossent l'air, nous suffoquent. Depuis le Manaslu au Népal, nous n'avons jamais autant transpiré ! Les insectes vrombissent à nos oreilles, nous entendons en stéréo « Le Vol du bourdon » de Rimski-Korsakov. Violons volant *molto allegretto*, cascades de piano, *staccatos impetuosos* ! Un bousier pousse sa boulette de crotte, la tête en bas, avec ses pattes de derrière, comme tous les bousiers de la Terre. Comment le sait-il ? Qui est venu le lui dire dans cette vallée perdue ? Petit Sisyphe miniature poussant son labeur éternellement. Je me souviens d'un bousier d'Afrique qui n'agissait pas autrement ; lequel a-t-il rejoint l'autre en poussant son garde-manger derrière lui durant 10 000 kilomètres ? Tout compte fait, nous faisons moins bien que les bousiers ! Nous passons sous la barre des 2 000 mètres d'altitude : la première fois depuis Kathmandu… il y a quatre-vingts jours !

Nous trouvons un chemin et le déroulons dans d'épaisses charmilles, les tropiques et leurs flots de sucres sont restés au-dessus. Feuillages et ombrages nous déclinent toutes les nuances solaires oubliées, en peignant nos cheveux de vencoulis fongiques. D'où nous venons, le soleil n'est qu'implacable, ou n'est pas. Le chant des feuilles mortes éparpillées sous nos pas crépite sous la nef de notre « église verte ». Les dorures de l'angélus nous voient sinuer dans les pentes blondies de hautes herbes. Le vent du soir y dessine des vagues dont seules nos têtes surnagent. De puissantes odeurs musquées marquent de leur suint des territoires imaginaires : je songe à des renards, et à ces bouffées de mon enfance lors de marches scoutes en Corrèze. J'entends des bruits et des craquements en amont du chemin. Enfin un homme ! Je m'arrête. Il va pouvoir nous renseigner. Sylvain est loin derrière. Je scrute les herbes, appelle : sûrement quelque cueilleur ? Il me semble apercevoir un abricotier sauvage. « Ohé ? », « Hello ? »... Pas de réponse... Emporté par la pente et l'arrivée de Sylvain, je reprends ma foulée et mes pensées. Demander son chemin ! Absurde ! Autant demander la météo ! Qu'est-ce que cela change, il est là le chemin, il est là le temps ! J'entends un tumulte confus derrière moi, je me retourne, Sylvain vole à grandes enjambées ; Ben Johnson au cent mètres ; dopé à l'adrénaline ; exorbité, il me crie :

— Magne-toi, putain ! Y a un ours !

Feu ! Je décolle comme un dératé, je n'ai rien vu, Sylvain me dépasse comme une fusée dans la pente ; ne pas se retourner ; je me retourne ; l'ours déboule dans l'allée, OUUAAHH ! Ses bourrelets de fourrure tressautent sous son galop, sa tête ronde hoche, sa lourdeur syncopée s'accroche à mes trousses, et ses griffes... ses griffes... Aïe ! Aïe ! Aïe ! Un frisson me parcourt l'échine, tous mes poils se dressent, une indicible peur me fouette, je saute par-dessus les touffes, coupe les courbes du sentier, souffle comme une locomotive, surtout ne pas tomber ! La moindre chute, et c'est la fin ; je ne vois pas où se posent mes pieds ; la peur me porte, tout file autour de moi, défile longtemps, mon cœur cogne, un gong de secondes interminables... je le sens sur mes talons, je me retourne pour affronter la mort... Il n'est plus là ! Je n'ai pas rattrapé Sylvain. Quand je le retrouve, il m'attend avec un lourd gourdin :

— Tu l'as vu ? Tu l'as vu ?

— Tu m'étonnes !

Un ours à collier de l'Himalaya. Nous l'attendions inconsciemment. Nous l'avons. Lui ne nous a pas eus ! Nous sommes rincés, le sprint du 40e kilomètre a été fatal ! La nuit est tombée. Nous prenons le parti de continuer, armés de gourdins, marcheurs préhistoriques sur le qui-vive, étreints par la paranoïa du gibier. Deux heures plus tard, un haut grillage frangé de barbelés nous barre la route, sûrement l'entrée du parc ! Un soldat en armes veille. Étrange : il est de l'autre côté de la grille ! « Hello ? » Il tombe de sa chaise, saisit son arme et dans un bond s'éloigne des barreaux. La peur de sa vie ! Le faisceau de sa lampe nous déshabille. Il ouvre la grille en tremblant, et nous mène sous bonne garde dans une pièce fermée. Au passage, nous voyons un panneau : *Dachigam National Park, Entry Strictly Prohibited, Tresspasser will be prosecuted.* Nous comprenons : ce n'était pas l'entrée, mais la sortie du parc ! Merde ! Les ennuis commencent ! Un brahmane ventru et mou, le directeur du parc, vient nous trouver :

— *You have committed a severe injury to the indian law, we will examine tomorrow what punishment you deserve*[1] *!*

Et il ressort. La serrure se tourne. Dans la pièce d'à côté, nous entendons quelqu'un cogner au mur en gémissant. Dans quel traquenard sommes-nous tombés ? Boum ! Boum !... Boum-Boum-Boum ! Nous fouillons dans nos souvenirs de morse pour comprendre le message. En vain. Les plaintes sont déchirantes. Nous sommes terrorisés. Braconnier torturé ? Un garde passe devant notre fenêtre à barreaux. Nous l'interrogeons :

— C'est un ourson abandonné qu'on a trouvé cet après-midi. Si vous avez tué sa mère vous ferez six ans de prison.

Voilà qu'on nous prend pour des braconniers ! Notre ours était peut-être sa mère furieuse ? Nous ne fermons pas l'œil de la nuit, obsédés par les cris déchirants de l'ourson. Nous l'entendons tourner, griffer, cogner, gling !... passer à travers la vitre. Rattrapé, il est confiné dans une boîte de métal. Toute la nuit, le lugubre gong retentit comme un glas : ses coups de boutoir contre la tôle, contre la connerie humaine. Nous tentons d'intervenir :

— *Don't worry ! We know how to deal with wild animals*[2] *!*

À l'aube, le petit ourson est mort. Certains soirs de mélancolie, je l'entends encore qui cogne...

Interrogatoire. Preuves à l'appui, nous lui racontons tout. La grosse enflure n'en revient pas. Depuis 1915, le parc est fermé aux visiteurs (sauf le premier kilomètre qui peut se visiter après en avoir fait la demande expresse au ministère de l'Intérieur à Delhi !). Personne ne l'a jamais traversé de part en part. Seule une zoologue autrichienne y a fait des comptages d'animaux en 1994 : 350 ours, 80 léopards, 30 tigres, de très nombreux cervidés... Autant se jeter dans les arènes de Rome ! Pour nous dédouaner, nous lui donnons de nombreuses informations sur son parc dans lequel il ne s'est jamais aventuré. Cauteleux, com-

---

1. « Vous avez commis une sévère entorse à la loi, nous examinerons demain la punition que vous méritez ! »
2. « Ne vous inquiétez pas, nous savons nous y prendre avec les animaux sauvages ! »

passé, il conserve cependant le visage grave du censeur, du scribouillard scrupuleux devant régler notre cas *according to the law*. Il trébuche sur un os : devons-nous ou non payer le droit d'entrée ? Il conclut, soulagé :

— Votre carte ne mentionne pas « parc national », mais « sanctuaire », vous ne pouviez donc pas savoir, vous n'êtes donc pas responsables. Comme vous êtes étudiants, vous allez devoir payer 25 roupies chacun, mais comme vous n'avez pas d'argent, vous êtes contraints de payer 1 roupie chacun !

La scène est surréaliste, ce fumier est responsable de la mort d'un ourson, et il tète son houka en se prenant la tête pour 25 centimes...

À l'entrée du parc, un énorme panneau peint à l'indienne met en scène un Nehru solennel déclamant le bras tendu : « Malgré notre culture et notre civilisation, l'homme reste, et de nombreuses façons, plus sauvage et plus dangereux que les prétendus animaux sauvages... »

Dérision, dérisoire ! Nous marchons vers Srinagar. Nous sommes libres, écœurés.

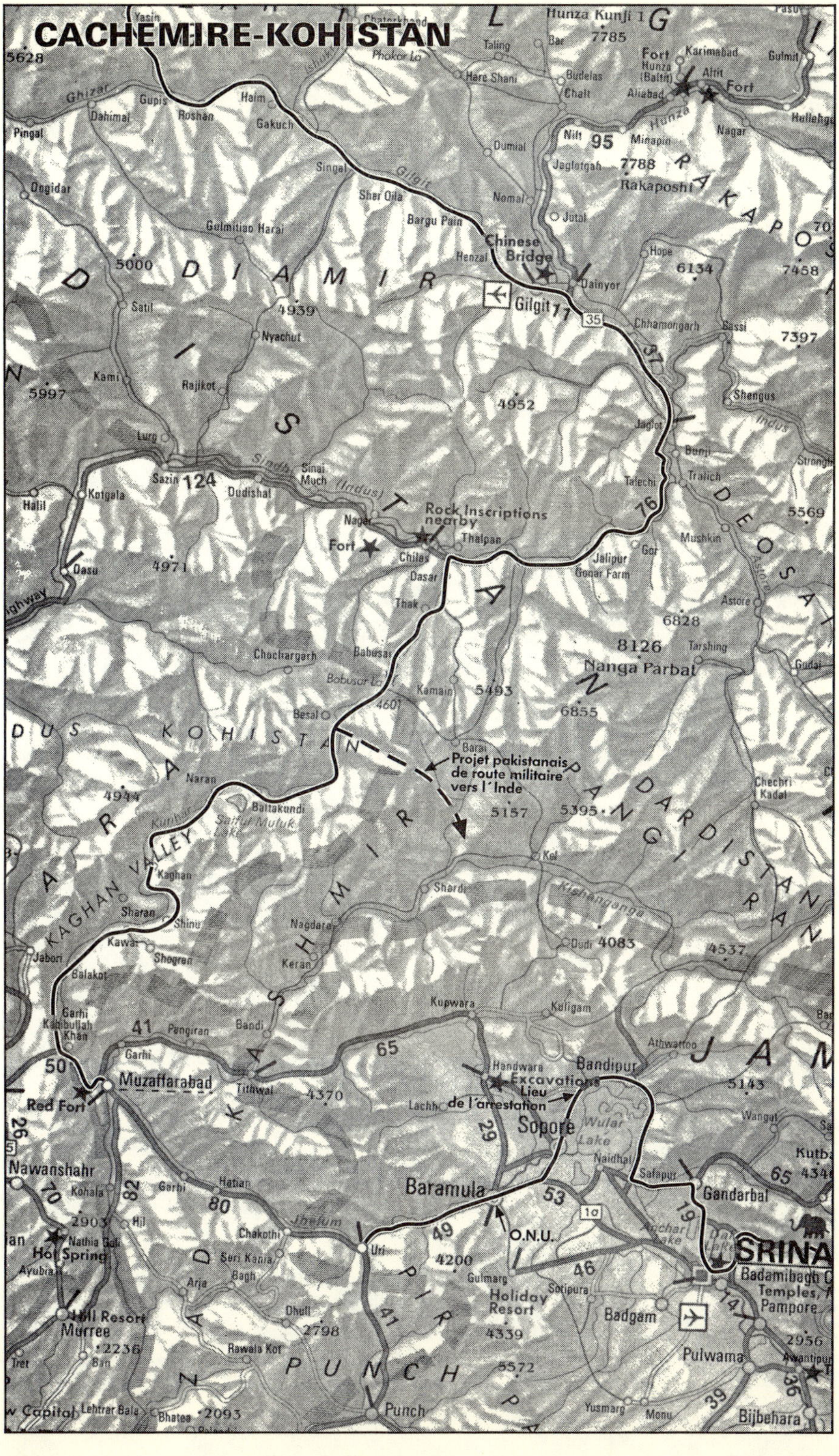
CACHEMIRE-KOHISTAN
Hunza Kunji
7785
Fort Hunza (Baltit)
Karimabad
Altit
Fort
Gulmit
Aliabad
Nagar
Minapin
Nilt
95
Jaglotgah
7788
Rakaposhi
RAKAPOSHI
Chalt
Budelas
Hare Shani
Taling
Phokor La
Yasin
Ghizar
Gupis
Dahimal
Pingal
Roshan
Haim
Gakuch
Dumial
Singal
Gilgit
Sher Qila
Nomal
Jutal
Bargu Pain
Henzal
Chinese Bridge
Dainyor
Gilgit
35
Hope
6134
7458
Chhamongarh
Bassi
7397
37
Shengus
Indus
Dogidar
Gulmitiao Harai
5000
DIAMIR
4939
Satil
Nyachut
Kami
5997
Rajikot
4952
Jaglot
Bunji
Tralich
Lurg
Sazin
124
Sindh
Sinai Much
(Indus)
Dudishal
Halil
Kotgala
Talechi
76
5569
DEOSAI
Rock Inscriptions nearby
Nagar
Fort
Chilas
Thalpan
Gor
Jalipur
Gonar Farm
Mushkin
Astore
Dasu
4971
Dasar
Thak
6828
8126
Nanga Parbat
Tarshing
Chochargarh
Babusar
Babusar La
4601
Kamain
5493
6855
Besal
INDUS KOHISTAN
Barai
Projet pakistanais de route militaire vers l'Inde
PANGI
DARDISTAN
Chechri Kadal
Naran
4944
Battakundi
Saiful Muluk Lake
Kunhar
5157
5395
Kel
KAGHAN VALLEY
Kaghan
Shardi
Kishanganga
Sharan
Shinu
Nagdara
Dudi
4083
4537
Kawai
Shogran
Jabori
Balakot
Keran
KASHMIR
Kupwara
Kuligam
Garhi Habibullah Khan
41
Pangiran
Bandi
Athwattoo
Garhi
65
Handwara
Bandipur
50
Muzaffarabad
Excavations
Lieu de l'arrestation
5143
Red Fort
Tithwal
4370
Lachh
Wangat
Sopore
Wular Lake
29
26
Naidhal
Kutba
Nawanshahr
Safapur
Gandarbal
65
70
Kohala
82
Garhi
Hatian
Baramula
53
19
2903
80
Chakothi
Jhelum
1a
Hil
Hot Spring
Nathia Gali
Ayubia
Uri
49
4200
O.N.U.
SRINA
Seri Kanra
Bagh
Arja
Gulmarg
Holiday Resort
Sotipura
46
Badamibagh
Temples
Pampore
Hill Resort
Murree
2236
Dhuli
2798
Badgam
2956
Tret
Rawala Kot
4339
Pulwama
Avantipur
PUNCH
5572
Lehtrar Bala
Bhatea
2093
Punch
Yusmarg
Monu
39
36
Bijbehara

10

CACHEMIRE-KOHISTAN : DE SRINAGAR À GILGIT

Sylvain

Il paraît que Srinagar ressemble à Venise. C'est une comparaison qu'emploient habituellement les guides, friands de ce genre de raccourcis géographiques et fracassants. C'est d'ailleurs ce qu'on dit de toute ville attachante, pour peu qu'elle soit à la fois une villégiature de princes et de riches commerçants, qu'on y sente peser l'histoire et la culture, qu'y flotte une atmosphère délétère, et qu'elle ait les pieds dans l'eau. Srinagar est donc connue comme la « Venise de l'Himalaya ». Ce qui tombe bien puisque, pour rester dans la veine des commentaires d'agence de voyages, le Cachemire est souvent reconnu comme la Suisse de l'Inde...

À mon avis, pourtant, la ressemblance entre la capitale du Cachemire et celle de la Vénétie s'arrête à une certaine odeur de poisson qui flotte parfois au-dessus des rues de l'une et l'autre, comme quand on passe, au marché, devant l'étal du pêcheur...

Venise est bâtie sur la mer, ancrée aux îlots qui la portent alors que Srinagar, elle, est construite au bord de l'eau, autour de quelques lacs.

Le cœur de la ville lui-même ressemble à toutes ces cités indiennes sur lesquelles les Anglais de la colonisation ont jeté leur dévolu et dont la marque principale du passage est qu'elles sont à présent indiquées sur les cartes comme des *climatic stations* ou des *tourists resorts*. Quelques quartiers comme le Bund subsistent du temps de la sujétion, offrant au regard d'élégantes bâtisses construites par les Britanniques au début du siècle, sévères et raides, répliques souvent caricaturales du modèle architectural anglais, avec cet air un peu artificiel qu'affichent les choses qu'on a voulu emporter avec soi en quittant son pays. Le naturel indien a conquis ces places au galop. La foule a pris ses quartiers dans la Srinagar britannique, dans les rues, sur les pelouses des parcs, devant les bâtiments administratifs et le long des promenades au bord des canaux.

Un nœud de ruelles sinueuses et de canaux abrite des maisons de bois, des échoppes, des marchés. C'est la vieille ville commerçante et médiévale. Elle jouxte et gagne même sur le lac Dal, le plus gros des deux lacs de Srinagar, sur lesquels continuent à vivre des milliers d'Indiens à bord des légendaires bateaux de bois allongés : les *dongaas* ou *house-boats*. Pour se figurer un dongaa, il faut imaginer un toit de pagode en bois posé sur une longue barge, flanquée elle-même d'une rangée de moucharabiehs ajourés, opposant à la lumière trop crue et à la chaleur étouffante la barrière de leurs fines dentelles de bois. Faute d'avoir été construits pour naviguer, les house-boats n'ont ni queue ni tête, encore moins de proue ni de poupe. Seulement, chaque bateau, amarré sur la rive, dispose d'un pont arrière, ouvert sur le lac, protégé par un auvent, cerné par une balustrade ouvragée, décoré de frises en bois sculpté. Ce ponton-véranda rejoint le lac qu'il surplombe d'un ou de deux mètres par un petit escalier charmant, dont la dernière marche effleure à peine la surface de l'eau, de peur de s'y mouiller... Il n'y a pas de meilleur endroit que ces châteaux arrière pour goûter la volupté des coussins en jouissant de l'air du soir. Chacun de ces house-boats propose au voyageur de passage de s'y installer pour un séjour luxueux et calme...

Nous rentrons à Srinagar par le nord, en longeant le jardin moghol de Shalimar. Le parc a beaucoup décliné depuis le temps où l'empereur arpentait les allées de chinars géants. On peut encore voir son pavillon d'été, construit au milieu du canal qui dévale le parc, de terrasse en terrasse, en une longue série de cascades. Mais les parterres de roses semblent un peu fanés et les bouquets de mitrailleuses lourdes ont remplacé les bosquets de jusquiame.

Srinagar en effet vit en état d'alerte. Les récents affrontements qui ont opposé les indépendantistes cachemiris aux forces régulières indiennes, conjugués à l'entretien par l'armée d'un climat de terreur pour légitimer sa présence, ont transformé Srinagar en ville de siège. On s'attend à découvrir une cité lacustre, cultivant le bien-être au fond de sa cuvette boisée et tout occupée à profiter de sa situation géographique qui en fait un havre de verdure et de soleil au milieu des Himalayas. On s'imagine que Srinagar est l'oasis au milieu des montagnes ! Le lieu béni, cerné de sommets, qui concentre toutes les clémences : hiver doux, sol fertile, précipitations modérées. On croit pousser la porte du paradis, on débarque en pleine opération militaire. Chaque hôtel de luxe, qui accueillait il y a peu les touristes venus goûter aux douceurs du Cachemire, est transformé en QG (qu'est-ce qui fait que l'armée choisit toujours les hôtels du plus haut standing pour installer ses quartiers d'état-major ?). Des canons de mortiers et de 12.7 sortent de chaque balcon. Le Hilton abrite un bataillon. Pas une rue qui ne soit occupée par un ou deux postes de tir, camouflés sous des filets. Et dans les avenues bordées de platanes, ce sont d'incessants aller et retour de véhicules blindés, de Jeep transportant des gradés, de camions remplis jusqu'à ras bord d'hommes de troupe. Tous les corps sont représentés (sauf la marine…). *Border security forces*, cavaliers, fantassins, troupes d'élite sikhs, parachutistes, policiers, MP, etc., se côtoient au bord du lac. Et comme dans toutes ces villes qui vivent dans la menace des guerres civiles, on assiste au spectacle surréel de la vie qui continue au milieu du déploiement de forces : les chalands flânent dans les marchés surveillés par des soldats casqués, les vaches zigzaguent entre les automitrailleuses, les cultivateurs se rendent en barque au marché flottant en veillant à ne pas revenir après le couvre-feu, pendant que quelques pauvres rabatteurs de touristes, privés de clients, tirent désespérément sur leur *houka* [1] avec des gestes de névrosés, pour oublier leur misère et les fastes de l'ancien temps.

Car les Occidentaux, depuis quelques années, ont déserté la ville. Les agences de voyages ont rayé — à tort — le Cachemire de leur catalogue. Au mieux, elles le déconseillent à leur clientèle ; au pire, elles en font un tableau à mi-chemin entre Beyrouth et Gaza. Moyennant quoi, déconsidéré par une réputation exécrable, le Cachemire se vide de ses touristes depuis 1988. L'enlèvement des quatre jeunes randonneurs européens en 1992 à Aru, le village où nous sommes passés il y a quelques jours, n'a rien arrangé à l'image de marque du pays mais a sans doute

1. Pipe à eau du Cachemire.

permis à l'armée indienne, au nom d'un devoir de sécurisation de la région, de renforcer la pression militaire. Voilà qui explique en partie pourquoi on a l'impression d'arriver dans une caserne plutôt que dans un port de plaisance quand on entre dans Srinagar.

Nous nous installons dans un house-boat, un peu à l'écart du centre ville, sur le lac de Nagin, au nord de Srinagar. Là, nous passerons quelques journées merveilleuses au rythme lent des clapotis du lac. Nous décidons de nous accorder presque une semaine de repos pour récupérer nos forces, usées par la double traversée du Zanskar et de l'Est-Cachemire. Nous avons emprunté, à peu de chose près, l'itinéraire qu'avait suivi Sven Hedin, l'explorateur suédois, pour rejoindre Srinagar, depuis Leh, à pied.

La semaine s'écoule entre nos chambres calmes, le petit salon baroque décoré selon une combinaison de kitsch anglais et musulman, le pont arrière du bateau où nous épuisons les livres de l'étonnante bibliothèque de bord qui recèle à la fois San Antonio et Bernanos, et enfin la salle à manger, ouverte sur le lac, et de laquelle on assiste au ballet des martins-pêcheurs pendant que fume sur la table le canard au citron ou la truite fraîche.

Pour nous donner faim, comme ces personnages d'Hemingway qui allaient boxer un peu le matin avant de boire leur vermouth sur le bord d'un lac italien, nous allons en pirogue jusqu'à une barge en ruine, ancrée au milieu du plan d'eau, qui n'aurait pas démérité sur le Mississippi au siècle dernier et qui porte pompeusement le titre de *swimming boat*. Là, Muhammad, patron d'une barque propulsée par un moteur de Chevrolet des années 1950, propose des parties de ski nautique. Nous sillonnons le lac, tiré par la barque hoquetante. Sur le toit du swimming-boat, inondé de soleil, la vue est splendide. Le lac Nagin apparaît dans toute sa largeur. D'immenses arbres, plantés sur les rives, déploient leurs frondaisons au-dessus des house-boats ancrés au bord. La bise du lac, parfois, agite les feuillages et anime la surface. D'un même mouvement de roulis, les bateaux se balancent alors très légèrement, pendant qu'à l'intérieur ce doux bercement invite à des siestes sans fin sous les lustres qui cliquettent.

À l'horizon, juste au-dessus de la haie d'arbres qui ceint le lac, surnagent les sommets et les crêtes de l'Himalaya qui semblent veiller sur la cuvette et rappeler sans cesse au voyageur que Srinagar n'est qu'un sursis passager, écrin fragile au milieu des rigueurs de l'hiver éternel.

«Le lac vit», nous explique Muhammad un jour que nous nous étonnons de la présence d'algues vertes à la surface. Elles ne sont que la couche supérieure d'une épaisse forêt d'algues, chevelues et douces au toucher, qui peuple le lac. Aucune racine ne les retenant au fond, elles flottent entre deux eaux, livrées à de lents mouvements de va-et-vient verticaux, attirées par la chaleur de la surface pendant la journée et trouvant refuge dans les profondeurs la nuit, comme mues par la respiration de quelque monstre de vase. Certains jours, des centaines de Cachemiris, à bord de leurs *shikaras*[1], partent à la pêche aux algues pour quelques roupies que le gouvernement leur paie. Les algues, extraites de l'eau à la gaffe, sont chargées sur les pirogues jusqu'à la limite de flottaison, puis elles sont débarquées sur la rive où on les charge dans des camions pour être brûlées à l'extérieur de la ville. Ce sont des milliers de tonnes qu'on détruit pendant ces grandes opérations de libération du lac mais, le lendemain de ces nettoyages, la forêt d'algues envahit à nouveau la surface, narguant la population, comme si rien ne s'était passé.

Le danger, quand on nage, est de s'empêtrer dans les algues et de perdre ses forces à vouloir se défaire du garrot qu'elles nouent autour du corps. Mais il suffit de héler un shikaras qui passe à proximité pour qu'il vienne vous tirer de la moindre difficulté. C'est en effet une des particularités des lacs de Srinagar que d'être parcourus par un trafic régulier d'embarcations silencieuses. Chacun se déplace en ramant. Des commerçants pagaient de bateau en bateau pour proposer les produits de leurs barques transformées en étal. Il y a la barque du fleuriste, la barque du pâtissier, la barque de l'épicier, celle du papetier, du bijoutier, du marchand des quatre-saisons ; chacun, évidemment, étant capable de vous trouver dans des délais raisonnables n'importe quel produit qui sort pourtant de ses spécialités officielles. Et puis il y a aussi les shikaras dévolus exclusivement au transport des passagers. Mieux vaut être amoureux pour goûter pleinement à la douceur des promenades sur le lac, à bord de ces longues barques dans lesquelles on suit le défilement des rives,

1. Ce sont des barques effilées, à fond plat, manœuvrées à la pagaie et qui servent aux déplacements et aux convoyages en tout genre sur les lacs de Srinagar.

allongé sur un lit de coussins, protégé du monde extérieur par quelques rideaux de tissu comme sur un palanquin flottant, pendant que le rameur, accroupi à l'arrière, imprime au shikaras des secousses à peine perceptibles et que l'étrave fend le tapis d'algues et les parterres de nénuphars dans un clapotis fluide.

C'est le soir que l'atmosphère des lacs est la plus douce. Quand le soleil commence à décliner, la clameur des *hazzans*[1] s'élève, droite et pure, comme un feu de cheminée dans l'air immobile, annonçant la grandeur de Dieu. Tout devient triste et beau. Les dizaines d'appels à la prière lancés du haut des minarets se confondent et leur bourdonnement glisse sur les eaux. Les lustres des house-boats s'allument. Une journée vient de s'écouler sur le lac Nagin...

Nous resterions des semaines, dans cette torpeur décadente, à regarder les milans noirs tournoyer paresseusement au-dessus des bras morts du lac si les kilomètres à venir ne nous appelaient comme un devoir à accomplir.

Telle une invitation à repartir, un cordonnier flottant nous rapporte en barque, un matin, les chaussures que nous lui avions confiées éventrées il y a quelques jours. Il les a remises à neuf. Les réparations effectuées depuis le Népal se superposent : il y a les pièces de cuir tibétaines, les coutures chinoises, les ligatures en fil de nylon, les patchs ladakhis et, à présent, les sutures cachemiris. Ce ne sont plus des chaussures, ce sont des cartes de géographie imprimées en palimpseste.

Notre prochain objectif, qui tourne très vite à l'obsession, est de gagner le Pakistan. La difficulté majeure et presque insoluble réside dans le passage de la ligne de cessez-le-feu instaurée par l'ONU en 1949 pour séparer le Pakistan de l'Inde à la suite de la première guerre entre les deux États en 1947. Depuis cette date, les deux pays, qui n'ont jamais reconnu cette frontière et revendiquent chacun avec plus ou moins d'appétit la part de Cachemire de l'autre en la proclamant sienne, se livrent une guérilla larvée à coups d'intimidations, de déploiement de forces, de manœuvres terroristes, de déstabilisation politique. Plus haut, vers le nord, dans les confins du Karakorum, se tient même, depuis des années, le plus haut champ de bataille du monde où Indiens et Pakistanais, à 5 000 mètres d'altitude, se disputent les

1. Nom donné aux muezzins, au Cachemire.

moraines du glacier du Siachen à coups d'obus. Ce conflit des neiges éternelles ressemble à un laboratoire de guerre permettant aux deux protagonistes de montrer leur détermination à ne pas lâcher prise et offrant là une vitrine où exposer leur force avec ostentation.

Srinagar, à vol d'oiseau, ne se trouve qu'à une cinquantaine de kilomètres de cette « ligne de contrôle » ainsi qu'on la désigne parfois. La région est en état d'alerte permanent et des légions de soldats indiens, déployés dans tout le Cachemire, en surveillent le moindre arpent. Il règne même un certain climat de paranoïa dans les états-majors indiens qui voient un indépendantiste cachemiri dans chaque paysan et une cache d'armes derrière la moindre meule de foin. Nous pensons toutefois pouvoir nous éloigner de Srinagar vers le nord comme de simples promeneurs, et nous éclipser au-dessus du lac Wular pour passer la ligne, en marchant la nuit, cachés dans les forêts.

Pendant les deux jours qu'il nous faut pour nous approcher de la frontière, nous traversons l'agréable région qui entoure la ville à une altitude comprise entre 1 500 et 2 000 mètres. Le terrain est relativement plat car nous n'avons pas encore quitté la cuvette. Nous évitons les routes, marchant à travers champs, sur la bande de terre qui ourle les canaux ou dans les bois de saules que l'automne pointant commence à jaunir.

C'est le temps des moissons. Les familles au complet, réunies dans les champs, fauchent les plants, lient les gerbes, glanent les épis oubliés. Les hommes nous accompagnent sur quelques centaines de mètres quand nous longeons leur parcelle et nous offrent une tasse de thé. Les filles, voilées dès le plus jeune âge, ricanent à notre passage et osent des œillades quand les hommes sont très loin. Il règne dans l'atmosphère un lourd parfum de chaume.

À chaque carrefour, nous sommes contrôlés. Ce sont la plupart du temps des soldats non cachemiris qui composent le gros des bataillons, selon ce bon principe des états-majors qu'il faut réduire au minimum les risques de fraternisation d'une troupe avec un ennemi qui lui ressemble trop. On peut imaginer en effet que des musulmans indiens refusent, en cas de conflit ouvert contre le Pakistan, de livrer l'assaut à d'autres musulmans et que, chez certains combattants, la subordination à la nation s'efface devant le sentiment d'une appartenance religieuse commune avec l'adversaire. C'est ainsi que les corps d'armée en place au Cachemire sont composées entre autres de Sikhs du Pendjab, d'hindouistes de l'Arunachal ou de l'Uttar Pradesh, de chrétiens de l'Andhra Pradesh ou du Tamil Nadou, de bouddhistes ladakhis ou de sections spéciales de Gurkhas népalais détachés au service de l'Inde…

C'est justement devant un originaire du Kerala, le major Bennoj, que nous sommes emmenés après nous être fait contrôler au détour d'un chemin de traverse, pour la dixième fois depuis que nous avons quitté Srinagar. Bien que nous ne soyons pas éloignés de plus de quarante kilomètres de la capitale du Cachemire, le major n'a pas vu de touristes européens depuis des années.

— Le Cachemire est maudit ! résume-t-il en nous servant du thé. Qui peut faire quelque chose pour cette région ? Les militants (indépendantistes) sont partout, soutenus par les Pakistanais et les Afghans ! La population nous est hostile et on la comprend : c'est l'armée qui entrave le tourisme…

Au moment où nous le quittons, le major nous glisse un paquet de bonbons d'un kilo et murmure :

— Distribuez-en aux enfants que vous rencontrerez pour qu'ils sachent qu'il existe un monde extérieur, car ils ne voient personne.

Nous reprenons la lente avancée à travers les champs moissonnés, suivis, dans notre sillage de bonbons, par des cohortes d'enfants paysans…

Il nous faut un jour et demi pour atteindre le lac Wular, immense pièce d'eau aux contours marécageux. Nous empruntons un chemin qui suit la rive en serpentant entre les marais et les forêts de roseaux, et gagnons le gros bourg de Bandipur, sur la rive nord du lac. Il y pèse un climat très tendu. Les rues sont désertes et les rideaux des échoppes baissés. Seul un café tenu par des musulmans fondamentalistes reste ouvert. Nous y apprenons que les habitants de la ville observent tous le deuil d'une famille massacrée la semaine dernière par deux tirs de mortier de l'armée indienne. Les autorités certifient qu'il s'agit d'une bavure, due à une erreur pendant une manœuvre d'instruction d'artillerie !

— La ville pleure en silence ses martyrs, nous dit un barbu attablé devant un thé au lait. En fait, continue-t-il, les services de renseignement avaient des soupçons sur ces gens et les accusaient de sympathie avec des militants indépendantistes. Ils ont décidé de les supprimer ! Il y a eu d'abord un obus qui a explosé dans un champ. La famille qui y travaillait s'est réfugiée dans sa maison. Quelques secondes après, un second tir l'a soufflée.

Plutôt précis pour une erreur ! Les journaux, pourtant, commentent abondamment l'affaire en accréditant presque tous la thèse de la faute de calcul pendant un exercice. Nous quittons la ville avant que l'artillerie indienne ne se remette à l'entraînement !

Nous comptons pour le moment longer encore un peu la rive du lac avant de bifurquer droit vers le nord à travers les montagnes, vers la ligne de contrôle que nous n'estimons plus qu'à une quarantaine de kilomètres à vol d'obus. C'est-à-dire à une nuit de marche. Sur la route, des colonnes de camions militaires nous dépassent, acheminant des troupes de soldats sikhs hilares, dont les turbans multicolores annulent l'effet de camouflage de leurs treillis de combat.

Mais la malchance nous rattrape. Nous sommes arrêtés pour un contrôle de plus, effectué par l'habituel soldat qui pose les sempiternelles questions sur notre provenance et notre destination. Alors que toutes les vérifications de passeport s'étaient bien passées jusqu'à présent, celle-ci semble tourner mal. Impossible d'identifier la cause des soucis du soldat qui déchiffre notre passeport, mais visiblement la situation ne lui convient pas. Il nous fait signe de le suivre. Nous marchons deux kilomètres sur la route, jusqu'à un camp militaire construit en plein champ, adossé aux collines où nous voulions disparaître. On nous conduit devant un jeune capitaine tout frais sorti d'une école d'officiers. Notre présence dans les parages du lac l'intrigue beaucoup. Nous lui expliquons notre parcours depuis Srinagar sur la carte indienne du Cachemire que nous avons achetée dans une librairie du centre ville. Cette carte est une pièce de musée. Y sont cristallisés, sur une feuille de papier d'un demi-mètre carré, tous les fantasmes géopolitiques de l'Inde. Le Survey of India (Institut de relevé géographique) qui l'a dessinée a englobé tout le Cachemire pakistanais dans l'État indien, sans même préciser qu'il s'agissait de territoires contestés. C'est-à-dire que, sur la carte, le tracé des frontières de l'Inde monte jusqu'au corridor du Wakhan en Afghanistan ! Les aspirations politiques sont évidemment plus faciles à exprimer sur une carte que sur le terrain. Nous faisons constater avec ironie au capitaine les appétits considérables du Survey of India.

— *Why not ?* répond-t-il, piqué, ces territoires nous appartiennent, le Cachemire est indien. Dans son intégralité.

Le lieutenant-colonel du cantonnement, devant qui nous sommes transférés, n'est pas d'avis de nous laisser repartir. On nous garde au camp, sans nous rendre les passeports. Deux lits sont mis à notre disposition dans une pièce ouverte... mais gardée par deux soldats gurkhas en faction avec qui nous retrouvons nos rudiments de népalais. Hélas, à peine venons-nous de nous endormir après avoir avalé une assiette de riz apportée par le capitaine, que nous sommes réveillés en fanfare.

— Dépêchez-vous de vous habiller ! On vous transfère.

Pas d'autre explication. Nous retrouvons dehors le lieutenant-colonel et le capitaine.

— Nous avons eu des ordres du colonel Tiger qui nous commande. On ne veut pas vous garder ici. Votre cas est du ressort de la police. On vous emmène au poste le plus proche, montez dans la Jeep !

Quatre soldats armés de 7,6 et protégés par des casques et des gilets pare-balles prennent place à côté de nous. Nous avons l'impression de partir pour le front ! Un camion militaire plein de Sikhs nous suit. Un radio, monté à côté du capitaine, ne cesse de cracher des codes dans son micro.

— Et nous y allons avec tout ce monde-là ? demandons-nous, intrigués par cette absurde mobilisation.

— La région est très dangereuse. Pleine de militants ! répond le capitaine qui a l'air de croire à son propre cinéma.

Nous roulons un kilomètre et rentrons dans un village. Arrêt des véhicules devant le poste de police. Pleins phares. Les Sikhs jaillissent du camion et se déploient aux alentours. Puis, le capitaine rentre dans le poste de police pour revenir deux minutes plus tard.

— Contrordre, on vous ramène ! dit-il, visiblement dépité, sans donner plus de détails.

La petite colonne s'ébranle de nouveau et, dans la quiétude de la nuit, nous nous interrogeons sur cette pathétique mascarade. On nous fait réintégrer notre pièce.

Dès l'aube, la journée suivante prend des allures d'absurde comédie. Il est question de nous présenter au colonel Tiger. Nous partons vers son QG dans le même équipage qu'hier, escortés par un camion entier. Il ne nous adresse même pas un regard, mais donne des ordres précis pour que nous soyons emmenés dans le village de Sopore, à 7 kilomètres du camp où nous avons passé la nuit et remis entre les mains de la Criminal Investigation Department, institut de renseignement dont nous avions déjà fait connaissance peu avant notre arrivée à Leh. L'interrogatoire, mené en des termes très courtois, ne donne strictement rien. Nous n'avons aucune infraction à nous reprocher et nous réussissons même à arracher aux officiers un laissez-passer précieux pour marcher jusqu'à Uri, petit village situé à 3 kilomètres de la ligne de cessez-le-feu. De là, il nous faudra rebrousser chemin. Plus question pour nous, devant la concentration militaire, d'essayer de passer clandestinement la ligne de contrôle au nord.

Quel intérêt à raconter la suite ? Les deux jours suivants se réduisent à une marche insipide vers Uri à travers un Cachemire de plus en plus quadrillé par les forces indiennes, au fur et à mesure que se rapproche la ligne de cessez-le-feu. En chemin, nous sommes hébergés, pour une nuit, dans le cantonnement de l'ONU du village de Baramula.

Les Nations unies mènent au Cachemire l'une de leurs deux plus vieilles missions d'observation (avec celle d'Israël). Ce programme de surveillance de la ligne de contrôle indo-pakistanaise, baptisé UNIMOG, est coordonné depuis Delhi et Islamabad, de part et d'autre de la frontière, par un général coréen. Des observateurs dispersés dans tout le Cachemire sont attachés à des bases à proximité de la ligne de cessez-le-feu, d'où ils sont censés rendre compte de la situation aux instances onusiennes d'Islamabad.

À Baramula, ils sont deux : un capitaine italien des chasseurs alpins et un lieutenant-colonel des gardes-côtes finlandais… égaré en Himalaya. Ils rongent leur frein sous leurs casques bleus et se rendent compte, depuis qu'on les a nommés ici, de l'impuissance absolue de l'organisation internationale, du gâchis et de l'imposture de ce prétendu programme d'observation.

— Observer ? Observer quoi ! explique le lieutenant-colonel P.R. Rendez-vous compte ! On se trouve à 50 kilomètres d'une ligne qu'on doit surveiller. Or, le gouvernement indien ne nous donne aucune liberté de mouvement. Nous n'avons pas l'autorisation de sortir ! Nous sommes confinés dans ces baraquements, condamnés à faire du jardinage, des revues de presse et des vacations radio pour dire que tout va bien pendant qu'on entend tirer les canons à 50 kilomètres !

Quelques jours après, d'ailleurs, la presse fait état d'un bombardement des positions pakistanaises par l'armée indienne. Ce serait au total 5 000 obus qui seraient tombés côté pakistanais, le long de la ligne de contrôle, à la latitude de Srinagar, dans la seule journée du 1er octobre et les observateurs internationaux l'apprendront, comme nous, dans les journaux... Les obus et la situation passent au-dessus de la tête du « Grand Machin » et les coups pleuvent depuis cinquante ans de part et d'autre de la ligne de cessez-le-feu qui n'en porte que le nom. La seule tâche intéressante à laquelle se livrent les deux officiers est la mise à jour quotidienne d'une superbe carte d'état-major américaine du Cachemire au 1/50 000. On y voit reportées les positions des différents corps d'armée impliqués sur le terrain. C'est ainsi qu'on apprend que pour maintenir la sécurité et mater une poignée de terroristes excités, deux divisions d'infanterie se déploient dans la seule région de Srinagar...

— En attendant Old Chaps, poursuit le capitaine italien, nous allons passer une bonne soirée !

Autour de bières et de whisky, jusqu'à des heures hindoues, chacun évoque le temps de sa vie européenne avant que l'expatriation pour les uns, le voyage pour les autres nous exilent au Cachemire.

— Ce qui me manque le plus, nous avoue le Finlandais avant de se coucher, c'est du hareng fumé — puis il ajoute, laconique : J'ai vraiment pas choisi mon endroit !

Nous nous retrouvons le lendemain matin dans cette situation absurde où les soldats de l'ONU, après d'amicaux adieux, nous font des recommandations de prudence avant que nous ne partions pour la ville d'Uri, à 3 kilomètres de la ligne de contrôle, où ils n'ont jamais pu aller.

Il règne sur la route une grande effervescence — militaire bien entendu. Les contrôles sont renforcés depuis que, l'avant-veille, le pont du village de Pattan, à 40 kilomètres de Srinagar, a été saboté à l'explosif. Les rumeurs courent les rues. On se demande qui, des différents partis indépendantistes ou propakistanais, a commis l'acte : Al Farhan ? le FLK ? l'Hizbul Mujahidin ? On soupçonne aussi, évidemment, les Afghans. Les Afghans ! Ils sont la terreur de l'armée indienne depuis qu'il a été établi que certains réseaux terroristes cachemiris étaient soutenus par Kaboul. D'autre part, la résistance moudjahidin contre les soviétiques jusqu'en 1988 a institué dans la région (et ailleurs) un véritable mythe du combattant afghan… qui obsède les forces de sécurité indienne jusqu'à la psychose. Ils sont partout ! assène la propagande officielle. C'est ainsi que, sur la route d'Uri, à deux reprises, les soldats qui nous contrôlent à des barrages mobiles sont persuadés d'avoir affaire à deux Afghans. Nos barbes claires, nos visages tannés, nos allures vagabondes et surtout le visa afghan qui trône sur nos passeports attirent toutes les suspicions. Il faut une immense énergie pour les faire renoncer à téléphoner à leurs supérieurs.

Nous sommes arrêtés et fouillés toutes les heures en moyenne. Si bien qu'à l'énième officier qui nous lance «*Passport, please !*», nous demandons s'il ne peut pas prévenir de notre arrivée, par radio, les prochains postes.

— Non, répond-il, et quand bien même annoncerais-je la venue de deux marcheurs, comment mes interlocuteurs pourront être sûrs que c'est bien vous ? Il faudra qu'ils vérifient sur vos papiers !

Imparable logique.

Le laissez-passer délivré par le CID la veille nous facilite cependant la tâche et raccourcit considérablement les formalités. Quelques kilomètres avant Uri, nous pressons le pas pour rattraper notre retard et arriver à l'étape avant 19 heures, car alors le couvre-feu tombe dans la région, interdisant tout mouvement. Toute la journée et jusque dans les dernières lueurs du crépuscule, nous apercevons des bases militaires et des batteries d'artillerie, disposées à quelques mètres de la route, canons pointés vers le Pakistan, prêtes à servir. « On ne peut nourrir de mauvaises pensées au-delà d'une certaine altitude », a écrit Mauriac. À 8 000 mètres peut-être…

Uri est un cul-de-sac lugubre. Une de ces destinations damnées, isolées au fond de régions lointaines et coincées, en l'occurrence contre une zone de no man's land en guerre. C'est sur les collines qu'on aperçoit derrière la ville à quelques kilomètres que passe la ligne de cessez-le-feu. Nous arrivons à Uri comme on atteint le bord d'un ponton. Nous n'irons pas plus loin et devrons souffrir la déconvenue d'avoir à interrompre pour la première fois notre marche à travers l'Himalaya. La zone tampon entre les deux États mesure une cinquantaine de kilomètres de large à cet endroit et correspond au petit massif montagneux du Poonch Notre objectif est simple : nous retrouver de l'autre côté de la ligne de contrôle, droit devant nous, dans les terres pakistanaises. Pour cela il nous faut opérer, en bus, un immense détour par le sud, descendre jusqu'au Pendjab pour atteindre un poste de frontière ouvert entre l'Inde et le Pakistan et remonter le long de la ligne de contrôle jusqu'à Muzzafarabad, une ville pakistanaise qui fait face à Uri, cinquante kilomètres plus à l'ouest…

Nous mettrons une semaine entière pour dessiner la boucle et gagner Muzzafarabad ! Nous devrons d'abord retourner à Srinagar, traverser le Jammu et le Pendjab sur des centaines de kilomètres de routes défoncées, dans des bus kamikazes pilotés par des Sikhs suicidaires. Puis nous essuierons un refus du commandement de l'ONU de nous faire traverser la ligne de démarcation dans un de leurs convois. À la frontière officielle, nous vivrons les plus grandes affres quand un agent de l'immigration indienne nous soupçonnera (à juste titre) d'avoir maquillé nos visas indiens pour en augmenter la validité. Il faudra ensuite jouer les chevaliers servants d'une attachante juive new-yorkaise de soixante-cinq ans, tenancière d'hôtel au Guatemala, trafiquante à ses heures perdues et empêchée de porter ses bagages, à cause des kilos de bijoux qu'elle transporte illégalement, cachés dans son giron gargantuesque. Convertis en gardes du corps de contrebandière, nous prendrons ensemble le train pour Islamabad où nous la quitterons dans de grandes effusions. Nous serons alors accueillis à « Versailles », la villa de quelques coopérants français qui nous réserveront un traitement inoubliable, le temps d'arracher à la toute nouvelle ambassade du Tadjikistan les visas n°s 002 et 003, de troquer nos chaussures défoncées contre celles du médecin de l'ambassade et de sa femme et de nous faire dire par les diplomates français que nous n'avons aucune chance de passer en fraude en Afghanistan Enfin, nous reprendrons un bus pour Muzzafarabad où nous arriverons au crépuscule, juste à temps pour contempler aux dernières lueurs la vallée qui mène à Uri, si proche… et méditer sur l'absurdité de cette semaine de folklore employée à enlever des centaines de kilomètres pour en franchir en fait une cinquantaine à vol d'oiseau…

Muzzafarabad est la capitale de la région pakistanaise de l'Azad Cachemire (Cachemire libre), délimitée au nord par le Nanga-Parbat, le plus occidental des quatorze sommets de 8 000 mètres. En remontant vers le nord depuis Muzzafarabad, nous comptons longer la vallée de Kaghan, à travers le massif du Kohistan, pour rejoindre, au-delà d'une passe à 4600 mètres, le Karakorum Higway, grande route stratégique qui relie le Pakistan à la Chine en passant par la ville de Gilgit, notre prochaine grosse étape. Habituellement, la théorie géographique fait du Nanga Parbat et plus précisément de Gilgit, située à l'endroit précis où l'Indus tourne vers le sud, la limite ouest de l'Himalaya. Notre marche pourrait donc s'achever dans quelques jours si nous limitions notre définition de l'Himalaya à ces bornes. Mais nous entendons bien poursuivre au-delà de Gilgit, considérant que les massifs du Karakorum, de l'Indu Kush et du Pamir peuvent être englobés dans une délimitation plus large.

Nous remontons pendant quatre jours les 200 kilomètres de la vallée de Kaghan sur une route goudronnée à raison de cinquante kilomètres par jour. L'extrême monotonie des lieux est relevée parfois par le passage coloré et bruyant de bergers qui descendent des hauteurs pour affronter l'hiver dans le fond des vallées. Nous en croisons souvent qui mènent leurs troupeaux sur la route, à grands coups de trique. Ils nous saluent d'un geste de la main pendant que les femmes, installées sur des chevaux cachemiris, rajustent pudiquement leurs voiles. Enfin, fermant la marche de ces caravanes d'exode, des poneys moins robustes transportent les enfants et tout le matériel, ustensiles et outils servant à recréer la vie dans les grandes prairies d'altitude.

Les chaussures presque neuves du docteur de l'ambassade nous torturent. Nous avançons, perclus de nouvelles douleurs. Les semelles et les tiges trop rigides ont modifié et raidi notre démarche. Il nous semble avoir changé nos légères chaussures de course que nous enfilions comme des charentaises contre des blocs de béton. Et, le matin, nous mettons un long moment à retrouver notre souplesse, arpentant la route avec l'allure rigide des pingouins sous le regard méfiant des Kohistanais qui voient d'un mauvais œil les contorsions boiteuses de deux Européens en short. Mais nous savons que l'hiver approche et que nous ne regretterons pas nos nouvelles chaussures dans les champs de neige à venir. Nous sommes déjà au mois d'octobre et prévoyons de n'arriver au Pamir, par des passes à 4800 mètres, qu'au mois de novembre...

Les journées passent, plates, mornes et fastidieuses, au long des flancs pentus de la vallée de Kaghan. Jusqu'à ce que nous en gagnions la tête Le soir du 7 octobre, nous ne sommes plus qu'à quelques heures de marche de la passe de Babusar que nous pensons atteindre le lendemain, certains d'arriver au Karakorum Highway le jour suivant. Nous avançons sur la piste de terre qui s'est substituée à l'asphalte depuis quelques kilomètres déjà. Un orage s'abat avec la violence d'un couperet. C'est déjà un vent d'hiver qui se lève, froid, sec et fuselé. D'ailleurs, les premières neiges commencent à saupoudrer les crêtes dès 4 000 mètres. La tourmente en forcissant nous aveugle. Incapables de distinguer quoi que ce soit à 300 mètres, nous ne remarquons pas la piste qui s'élève par paliers sur les versants noirâtres de la rive droite et continuons, engoncés dans nos capuches, à suivre le lit de la rivière. Seul un coup de tonnerre répercuté comme un roulement contre les parois nous extrait de notre torpeur alors qu'un hélicoptère surgit brusquement dans une ouverture des nuages et, rasant la rivière, disparaît derrière une arête. Ce n'est qu'au bout de deux heures de marche que nous nous rendons compte de notre erreur de direction, quand nous débouchons sur un énorme chantier flanqué d'un campement militaire. L'hélicoptère trône sur un H d'atterrissage, entouré de soldats. On nous conduit au chef du camp, le charmant colonel C., qui nous offre une tasse de thé sous la tente amirale. Il explique dans un anglais parfait être arrivé en hélico pour surveiller l'avancement des travaux de la nouvelle route militaire, construite pour permettre aux blindés pakistanais de rejoindre la frontière indienne en quelques heures. Belles parties d'artillerie en perspective. Le colonel résume les plans de l'état-major :

— *As soon as this road is finished, we rush to fuck those Indians bastards*[1] *!*

Nous le laissons à ses ardeurs. Un ouvrier nous accompagne et nous ramène sur nos pas pour nous indiquer le moyen de retrouver la route de Babusar. Finalement, notre erreur ne nous coûte que quelques kilomètres en plus de progression malcommode sur les galets de la rive d'un torrent glacé.

Nous gagnons Bésal à la tombée du jour. Bésal est un lieu-dit composé de cinq cabanes de bergers en pierre et sans toit disposées en vrac au fond d'une vallée. La soirée consiste à jeter son matelas mousse sur la terre humide, à étendre son duvet, à s'y engouffrer et à attendre le sommeil en grignotant des bis-

1. « Dès que la route sera finie, nous fonçons déquiller ces bâtards d'Indiens. »

cuits après s'être enroulé dans sa couverture de survie. Par la minuscule ouverture du sac de couchage, j'aperçois un coin de ciel, clouté d'étoiles obscures. Parfois un satellite vogue entre les constellations, régulier et rapide. Je pense aux membres de la mission MIR, flottant dans le grand désert sidéral, qui font le tour de la Terre en quatre-vingt-dix minutes, le temps qu'il nous faut pour abattre péniblement sept ou huit kilomètres... Une étoile filante s'allume et s'éteint presque simultanément. Un vœu : celui d'avoir des ailes.

La promesse des aubes de bivouac, c'est la chaleur et la lumière du soleil, qui se répandent doucement dans la montagne. Mais, ce matin, nous nous réveillons au fond d'un vallon profond et il faut attendre longtemps que la température monte jusqu'à nous rendre l'usage des mains. C'est une vraie matinée d'hiver que nous vivons aujourd'hui : la route est gelée, les hameaux de bergers que nous croisons sont désertés, le givre recouvre les roches et les poutres d'un pont qu'il faut passer en équilibre, les cimes, enfin, étincellent sous la neige. La piste, parcourant d'abord des défilés rocheux puis de larges pierriers, pénètre dans une ancienne auge glaciaire, une vallée des temps anciens, bordée de crêtes émoussées, évasée par les milliers d'hi vers passés.

Nous grimpons vite jusqu'à la passe de Babusar à 4 600 mètres d'altitude. C'est notre soixante-cinquième col depuis le Bhoutan. L'horizon tout entier est frangé par les chaînes du Diamir, de l'Indu Kush et, plus loin, du Pamir. Devant nos yeux, à des dizaines de kilomètres, s'étend dans l'atmosphère cristalline d'altitude le programme de nos jours prochains.

Nous dégringolons de l'autre côté de la passe, à travers les pentes caillouteuses puis les prairies sauvages. Nous savons que le Karakorum Highway est à 40 kilomètres, au bout de la descente. Vers 3 800 mètres, la piste débouche sur des versants hérissés de souches de sapins coupés à hauteur d'homme. Jusqu'au plus profond que puisse porter le regard, la vallée n'est qu'un champ de désolation. Dans le village de Babusar, un groupe d'hommes occupés à scier un sapin (à 1,20 mètre du sol par commodité) fournissent l'explication à ce massacre. C'est grâce à l'industrie du bois que fleurit la vallée considérée autrefois, d'après les guides de voyage, comme « une superbe région de forêts puissantes », et qui ne produira plus quand tous les arbres seront coupés que des glissements de terrain.

Tout le monde nous avait mis en garde à Srinagar, à Amritsar et à Islamabad :

— Vous trouverez au Kohistan des gens assez peu accueillants, volontiers agressifs et parfois violents.

Comme il est de règle après l'évocation de tableaux si noirs, nous ne rencontrons pas une seule marque d'animosité, à part bien entendu à l'encontre des cèdres. Ce que nous ressentons, en revanche, c'est la prégnance d'un islam sunnite très sévère Chez les gens qui nous accueillent, nous continuons de temps en temps à nous faire passer pour des musulmans de Bosnie, pour nous ouvrir des portes ou pour ne pas les gêner. Alors que certains ne sont jamais allés à Gilgit, tous ont entendu parler de Sarajevo et de la lutte des frères musulmans en Europe.

Nous atteignons le Karakorum Highway dans la fournaise de l'après-midi. En suivant les sinueux méandres de l'Indus il va nous mener en trois jours jusqu'à Gilgit, le long de rives désolées, ce genre d'endroit où l'été et l'hiver ne surviennent que dans leurs manifestations les plus rigoureuses et les plus violentes. Emprunter le Karakorum Highway en camion ou en bus est déjà réputé une épreuve pénible. À pied, c'est éreintant. La route, construite entre 1966 et 1978, en plein conflit indo-pakistanais, par les Chinois et les Pakistanais du temps où ceux-ci entretenaient de très proches relations avec le gouvernement de Mao, permet de rallier Kashgar à Islamabad en traversant, comme son nom l'indique, le Karakorum. Le tracé, qui a coûté la vie à des bataillons d'ouvriers sacrifiés à l'avancée du chantier, présente, au sud du village de Jaglot, l'intérêt majeur de laisser apercevoir la face nord du Nanga Parbat, le neuvième plus haut sommet du monde. À l'image de la route qui passe à ses pieds, le Nanga Parbat a demandé aux hommes un lourd tribut et continue à faire payer son ascension de quelques vies humaines. C'est ainsi que beaucoup, qui prennent peut-être un peu trop les champs de neige pour des champs de bataille, l'appellent encore la montagne tueuse. C'est l'Allemand Bühl qui le premier, en 1953, foula la cime de la déesse Féri ainsi que continuent à l'appeler les Cachemiris dont la conversion à l'islam n'a pas emporté toutes les vieilles croyances. Son exploit fit couler beaucoup d'encre, en particulier celle de l'Italien Moraini dans *Karakorum* : « Une cime aussi cruelle qui avait exigé tant de morts ne pouvait céder que devant les splendeurs d'une folie. »

Nous laissons derrière nous les hautes conquêtes et continuons à pas de fourmi, rampant comme des insectes au pied des vigies de 8000 mètres, à dérouler notre fil ténu à travers la chaîne des plus grands monts et des plus vastes vaux.

Et puis, selon cette règle que tout finit par arriver et qu'on a un jour dans le dos les horizons d'hier, nous atteignons Gilgit. Nous y reposerons nos jarrets coupés pendant deux jours. La ville poussiéreuse se tient à quelques kilomètres de l'Indus, à 1 700 mètres d'altitude, bizarre creuset de cliques diverses : trekkeurs européens, alpinistes en partance ou survivants, bergers du Diamir, tailleurs cachemiris, trafiquants pachtouns, contrebandiers afghans, commerçants du Hunza, négociants chinois, touristes japonais un peu perdus. Nous cédons à notre curiosité de connaître une guest-house pakistanaise et trouvons refuge dans un de ces ghettos fleuris et murés où se concentre toute une petite foule occidentale qui vient se remettre, le soir, à l'ombre des rosiers, de ses incursions dans la turbulence sale du tiers monde. Nous y rencontrons d'étonnants voyageurs : il y a beaucoup de batteurs de sentiers qui viennent chercher différentes drogues plus ou moins douces sur leur lieu de production par souci du contexte et par impératif économique ; il y a des jeunes filles anglaises, celles dont Michaux disait qu'elles sentent le caoutchouc parce qu'elles se rangent soigneusement tous les soirs dans leurs étuis, il y a des anthropologues italiennes occupées à étudier certains traits de comportement chez des populations qui ne soupçonnent même pas les présenter ; il y a quelques âmes esseulées venues vivre des aventures en Orient et qui, après un séjour au Pakistan, parlent de partir pour Bangkok. Tous les matins, les habitués de l'auberge viennent nous aider à finir les cinquante toasts que nous commandons pour nous rattraper de tous ceux qui nous ont manqué. Nous rencontrons ainsi Bene et Christian, deux Allemands qui ont passé avec peine le col de Babusar à vélo quelques jours avant nous et dont nous avons vu les traces s'égarer dans la mauvaise direction… Nous faisons connaissance avec Rémy, le vieux globe-trotter suisse, qui vit pour voyager et qui a presque épuisé toutes les destinations de la Terre. Il garde intacte et neuve sa curiosité, continue à s'émerveiller à chaque aurore, mais avoue de sa voix triste et chantante comme une clarine :

— Voilà trente-six ans que je voyage, eh bien, croyez-le ou non, il ne m'est jamais rien arrivé !

Et puis, nous croisons Jean-Christophe Rappo qui revient

d'une cavalcade de cinq mois à travers l'Asie centrale sur des chevaux ouzbeks qu'il délaissait parfois pour survoler les grandes steppes en parapente. Sa route a croisé celle d'une section de soldats russes ; bilan : un cheval mort sous le feu des kalachnikovs. Les Russes, alertés par sa voile rose et sans doute plus habitués à voir les ciels ouzbeks peuplés d'éléphants, le suivaient à la trace depuis plusieurs jours. Il nous livre toutes les subtilités et les méthodes de travail des forces frontalières russes que nous ne manquerons d'ailleurs pas de rencontrer au Tadjikistan.

Nous assistons l'après-midi du dimanche au traditionnel match de polo sur les hauteurs de la ville. Sous un double arc-en-ciel qui couronne le terrain sableux, les hommes et leurs montures s'affrontent puissamment dans la lumière d'orage, poursuivant au galop la balle inaccessible et cinglant l'air lumineux du moulinet des cannes. Vitesse, vent, violence. Gilgit n'est pas Bagatelle. On joue virilement au Pakistan. C'est le polo à la hussarde.

Le dernier soir, un concert est improvisé sous les frondaisons automnales du patio de la guesthouse avec quelques musiciens traditionnels pakistanais, en tournée à Gilgit et qui logent ici. Nous jouons ensemble jusqu'à minuit. Les Pakistanais se mettent aux percussions, un Suédois à la guitare, quelques jeunes filles anglaises forment un chœur tragique, nous accompagnons à la flûte. Les antiques airs soufis se mêlent aux ballades d'Europe et constituent notre dernier souvenir de Gilgit.

Nous reprenons la marche, le lendemain 14 octobre 1997, équipés de gants, de bonnets, de couvertures et de *sarwals* en laine, taillés sur mesure pour affronter les grands froids. Nous avons aussi trouvé une carte du corridor du Wakhan, cette mince vallée afghane qui sépare le Pakistan du Tadjikistan, que nous comptons descendre pour gagner le Pamir. Il s'agit à présent de gagner de vitesse l'hiver et les militaires pakistanais. Il s'agit de traverser l'Indu Kush, le Wakhan et le Pamir en clandestins et sans nourriture. Il s'agit de rentrer

NORDPAKISTAN-WAKHAN AFGHAN
Aličur
Alicur
Sasykkul
5419
Rubot
JUŽNO-ALIČURSKIJ MTS.
Kojtezek Pass
4272
Kyzyldangi
5704
Hargus
Hargus Pass
4200 m
Pamir
Zorkol Lake
Pik Karla Marksa
6723
Trajet aller-retour après l'arrestation
Pont
Vrang
Ljangar
Qal'eh-ye Panjeh
Ab Gach
Khandud
6940
VAKHAN MOUNTAINS
6281
6331
5850
TADZH
AFGHA
Baroghil
Wakhan
Sarhadd
Langar
Buzzai Gu
AFGHANISTAN
PAKISTAN
Anosha La
Lasht
Shost
Barowghil La
3777
Baroghil La
Morich
6872
5992
Gazin
Darkot La
Darkot Pass N°2
4700 m
6244
Darkot
Miragram
Yarkhun
Thui La
Chilinji
Bualtar
Brep
Barkulti (Mir Wali)
6320
5532
6520
Asgurthan
Yasin
Sandhi
Ishkuman
Bad Swat
Buhrt
GHIZAR
Munjawar
Ghizar
Handrap
Teru
5628
Chhashi
Chatorkhand
6325
Toltar
Hunza
Ghizar
Gupis
Dahimal
Pingal
Roshan
Haim
Phakor La
Taling
Bar
Gakuch
Hare Shani
Budalas
Chalt
5942
Dogidar
Singal
Dumial
Nilt
95
Gilgit
Sher Qila
Jaglotgah
Gulmitiao Harai
5000
Bargu Pain
Nomal
Satil
Jutal
Henzal
Chinese Bridge
4939
Nyachut
Gabrial
5997
Kami
Gilgit
Dainyor
35
Rajikot
Kandia
Lurg
4952
Halil
Kotgala
Sazin
124
Sindhu
Sinai Much
(Indus)
Dudishal
Jaglot
Dasu
497
Nagar
Rock Inscriptions nearby
Fort
Talechi
Karakoram Highway
Thelpan
Chilas
76
Palas
76
Indus
Dasar
Thak
Jalipur
Gonar Farm
Gor
Chuchargarh
Babusar
INDUS
Babusar La
6828

11

NORD-PAKISTAN-WAKHAN AFGHAN

Alexandre

— Quelle vallée habites-tu ?

Une adorable escorte de fillettes sur le chemin de l'école nous fait renouer avec la poésie du monde, avec l'essentiel. Nous leur parlons de la mer, des marées, de la lune et de ses croissants... En reposant sa question, l'ingénue me plonge dans *Le Petit Prince*, au moment de sa rencontre avec l'aviateur : « Alors toi aussi tu viens du ciel ? De quelle planète es-tu ? » J'hésite. On ne répond jamais correctement aux enfants :

— Quelle vallée habites-tu ?

Un petit nez mutin sous des yeux ronds, elle se figure que les montagnes recouvrent la terre entière ; elle n'a jamais vu l'horizon.

— Oh ! une très vieille vallée très loin d'ici ! Là où le soleil se couche dans la mer, au bout du monde. Et d'un coup la vallée s'arrête, on ne peut pas aller plus loin !

— Et comment est-elle, ta vallée ?

— Comme ici, il y a des jardins à cultiver, les peupliers sont dorés à l'automne, les fillettes vont à l'école leur cartable sur le dos, la neige tombe sur les montagnes, et les chèvres donnent de délicieux fromages...

J'étais sûr que j'allais dire une bêtise ! Les milliers de chèvres que nous dépassons depuis cinq mois ne donnent pas un cabecou, un crottin et autres merveilles...

Nous venons d'abattre trois journées d'ennui en remontant depuis Gilgit, le fond de la vallée de Ghizar, l'itinéraire d'accès à la vallée de Chitral. Des Jeepss hirsutes de têtes et des bus bariolés « s'en-fout-la-mort » nous ont empanachés de poussière, assourdis et empoisonnés d'absurdie. Trois jours de marche vide contre 7 francs de bus ! Nous nous accrochons désespérément au fil d'Ariane que nous déroulons derrière nous : ne pas rompre le fil, ne pas rompre l'espace, ne pas rompre le temps ! Pour nous, il n'y a de sens qu'en avant !

En avant, le défi est de taille : passer dans l'envers du décor, quitter la zone autorisée par un col vertigineux, traverser clandestinement la vallée interdite du Nord-Chitral, frontalière avec l'Afghanistan, où militaires et barons de la drogue se mènent une guerre sans merci, trouver la mythique passe d'Alexandre et de Marco Polo, la passe de Baroghil, pénétrer le corridor de Wakhan, seule voie d'accès aux plateaux d'Asie centrale mais malheureusement aux mains des tribus incontrôlées de l'Afghanistan en guerre, traverser la rivière Pamir, et tenter de rentrer au Tadjikistan à peine remis d'une violente guerre civile. En remontant le cours de la Ghizar, plus bleue que le ciel, je n'ai pas cessé de fredonner, avec Mitchum et Monroe, l'air de *La Rivière sans retour* : *No return... no return...*

Notre seule distraction a été de nous émerveiller de l'incroyable travail accompli par la fondation de l'Aga Khân, chef spirituel des ismaéliens. Pas un hameau qui n'ait sa *diamond jubilee school* mixte, son dispensaire, ses projets agricoles, d'irrigation, d'élevage, sa génératrice hydroélectrique, sa coopérative artisanale, ses pépinières. Le saint homme, vénéré comme un dieu vivant, a tout compris : il plante des arbres et de l'intelligence. Les mosquées ont disparu avec leurs haut-parleurs : le *hazan* n'est plus là pour rappeler que Dieu est grand, et les hommes petits...

Ici, chaque maison est une mosquée, car il n'y a pas d'imams chez les ismaéliens, il n'y en a qu'un, l'Hazirimam, Karim Aga Khân, quarante-neuvième du nom depuis Ali, gendre et cousin du Prophète, qu'ils reconnaissent comme le successeur légitime de Mahomet avec tous les chiites (tenants de la famille), au contraire des sunnites (tenants de la tradition). Nous en avons fait la cuisante découverte quand, après avoir récité les prières musulmanes pour réjouir un de nos hôtes, nous avons été mis gentiment à la porte : nous avions récité la prière sunnite, en omettant la phrase : *Amir al-Mou'minine Ali Allah*, qui désigne Ali comme « Commandeur des croyants » et distingue les ismaéliens. On ne se le refit pas dire deux fois !

Au-dessus de chaque village, s'étalent en lettres gigantesques constituées de pierres blanches sur des éboulis noirs les inscriptions : *Welcome to our beloved Hazirimam*, pour accueillir l'Aga Khân lors de ses passages dans la vallée. En faveur de la diffusion de l'anglais, de l'éducation des femmes, des soins gratuits pour tous, et de la modernisation de l'islam, l'Aga Khân a construit une des rares passerelles solides entre l'Orient et l'Occident. Mais mieux encore : son peuple unanime l'aime et le suit ! Toute la vallée de Ghizar en bénit les œuvres.

Nous la quittons, et remontons vers le nord un gigantesque cul-de-sac : la vallée de Yasin. George Hayward, célèbre explorateur de la très respectable Royal Society of Geography, y mena en 1870, pour la Couronne britannique, une mission secrète pour tenter de rallier les vallées perdues du nord de l'Indu Kush et trouver les sources mystérieuses de l'Oxus. Ce fut un épisode décisif du *Great Game*, la lutte de pouvoir entre l'Empire britannique et l'Empire russe pour le contrôle de l'Asie centrale, qui s'acheva, Hayward tué, à l'avantage de Moscou.

Nous marchons vers Yasin avec un pincement au cœur : il s'y trouve un poste militaire. Qu'un misérable et insignifiant policier nous arrête, et nous sommes dans quatre jours à Paris. Terriblement brutal ! Ce serait nous avorter du Wakhan et du Tadjikistan, nous spolier la valeur ajoutée de notre Transhimalayenne : la traversée des chaînes du Karakorum, de l'Indu Kush, des Badakhshan et du Pamir. Ce n'est certes plus l'Himalaya depuis la boucle de l'Indus à Gilgit, mais c'est peut-être pour exorciser notre mois d'errance à en trouver la porte. Rien ne vaut de pouvoir chasser ses démons. La marche est une mise en questions. Chaque pas est un argument, le suivant un contre-argument, le rebond est réflexion, la progression, motivation. Ainsi, en une maïeutique de l'esprit et du corps, les kilomètres accouchent d'idées, de réconforts ou d'angoisses, d'hypothèses et de plans nouveaux tendus vers un unique but : la conclusion et la fin de notre chemin. S'il n'est pas bon de marcher à l'orgueil, nous avons une motivation plus noble : la sensation étrange de n'être pas encore allés au bout des montagnes, au bout de nous-mêmes, de n'avoir pas encore trouvé la sérénité du devoir accompli. C'est ça ! Notre démarche n'est pas encore accomplie.

Au déjeuner à Yasin, alors que Sylvain déclenche des tornades de rires en croquant prestement les pommes avec lesquelles il jongle afin de ne finir qu'avec des trognons, une rafale de vent arrache le toit de tôle ondulée. Dans la seconde, une poutre s'abat entre nos deux têtes en frôlant nos visages. Pfiu ! Un signe ? L'ennui, avec les signes, c'est qu'il faut beaucoup de sagesse pour les interpréter. Que nous n'avons pas. Épargnés une fois encore, nous y voyons un encouragement.

Au policier qui vient nous interroger, nous répondons que nous voulons seulement nous rendre à Darkot, au bout de la vallée, sur les lieux où George Hayward s'est fait fusiller par un Mir ombrageux, et rentrer à Yasin dans la même foulée. Il nous juge du regard, il nous jauge ; une fois de plus, la légèreté de notre équipement nous sauve, il nous donne deux jours.

Quitte ou double ! Le compte à rebours est commencé. Nous avons deux jours pour trouver la sortie de la vallée. Cela s'annonce mal. Partout au loin, les parois exhibent leurs faces effrayantes. Des glaciers s'y accrochent en équilibre au-dessus du vide. Il en tombe de partout, le cul-de-sac est plein de glaces et de moraines, de démesure. Nous continuons. Deux hommes viennent à nous. Le plus petit nous adresse dans le plus pur anglais d'Ox-bridge :

— *You are tourists, I presume !*

— Enchanté, Stanley ! Moi, c'est Jonathan Pierrevivante !

Karim est le professeur d'anglais de Darkot. Il renonce à son déplacement pour Gilgit afin de nous accueillir chez lui. Nous le mettons au parfum de nos projets. En chemin, il nous montre du doigt la barrière naturelle qe Hayward se préparait à franchir, avant d'être abattu, pour gagner la passe d'Alexandre : une langue bleue, perchée entre deux sommets au-dessus d'une falaise ployant sous la masse. Jamais passe ne nous a paru aussi effrayante ! L'inflexion du glacier entre ses mâchoires de pierre nous sourit sinistrement. Nos yeux aguerris errent parmi les décombres en quête d'un passage, en vain ! Comment Hayward a-t-il pu croire qu'il passerait par là ? Darkot est un formidable amphithéâtre de titans, un cirque fermé. L'échancrure la plus basse, la Darkot Pass, est à 4 700 mètres, 2 000 mètres plus haut. Le village a été emporté il y a quelques années par une gigantesque coulée morainique que l'on voit s'épancher de la droite en un long pédiment.

Après nous avoir logés dans une jolie maisonnette, Karim notre ange s'envole dans la nuit en quête d'un guide pour demain. Il revient en compagnie d'un sombre individu, voulant nous extorquer 3 000 roupies pour huit jours de marche jusqu'au Wakhan, alors que nous en prévoyons deux. Un fou ! L'histoire semble se répéter, il nous rappelle étrangement le vieux guide de Namche. Nous l'envoyons promener. Par hasard, Karim a entendu qu'un dignitaire afghan du village d'à côté s'apprêtait à rentrer au pays. Nous remettons cette piste à demain.

Toute la matinée, en attendant des nouvelles de l'Afghan, nous apprenons à Karim des jeux de balle. Il nous a révélé être en train de monter une troupe scoute à Darkot, et cherche des idées d'animation. Nous lui sortons tout notre répertoire, de la balle au prisonnier à l'épervier en passant par les joutes de foulards. Il jubile, fait venir toute sa troupe, et nous jouons longtemps, en nous époumonant, à toucher du doigt la joie du partage. Il manque à notre marche une dose de partage. Chef routier qui me lis, pars à Darkot avec tes scouts, Karim et une fantastique aventure humaine t'attendent ! Enfin, tout cela n'arrange pas nos affaires, l'Afghan n'arrive pas. Nous décidons d'aller au-devant de lui.

En chemin, ce n'est pas un, mais trois Afghans que nous rencontrons, le vénérable Abdul Karim, son petit frère Mortazan, et un ami, Ratmazoy. Les deux derniers veulent rentrer au pays. Ils en cherchent un quatrième muni d'un yack et d'une cargaison. Tout cela devient un peu compliqué à notre goût. Sceptiques, nous partons sur le chemin de la passe en quête du quatrième vers un alpage dominant le cirque : Gakuchi. Au pied de la montée, les deux frères se séparent, étreints par une violente émotion. C'est le signe que nous attendions ! Ils ne le feraient pas s'ils comptaient se revoir demain. Malheureusement, à Gakuchi, nous ne trouvons pas le fameux yackier, personne ne l'a vu ! Tout notre plan s'écroule, la passe est effrayante. Effondrés, nous nous apprêtons à rebrousser chemin quand un berger nous apprend qu'il est parti hier. C'est donc qu'il a existé ! Nous reprenons espoir, le cherchons dans tous les abris de pierre, et le trouvons finalement. Une chute de neige providentielle au col l'a contraint à faire demi-tour : il a besoin de nous devant son yack pour sonder les crevasses du glacier. Il rentre chez lui, dans le corridor du Wakhan ; à un jour près nous le manquions. Nous serons les derniers de la saison à emprunter la passe. Veillée de chants, veillée d'armes, demain la Darkot Pass ou Paris.

Gakuchi, pied de la Darkot Pass (4 700 mètres), lundi 20 octobre, 159ᵉ jour; kj : 40; kt : 4 431; dj : 1 800 m; dt : 116 667 m; cols : 65

1 heure du matin : départ. Notre nuit sur un tapis de crottes de bique, baignée dans l'aigre-doux remugle de rumen de la bergerie, a été courte. La lune pleins phares éclaire la voie. Il gèle sous le ciel pur. Adieux touchants avec Karim : « Qu'Allah vous ait en Sa sainte garde ! » Dieu l'entende ! Arbab et son yack en tête, suivi de Mortadelle et Ratatouille (plus simple que Mortazan et Ratmazoy) ; nous fermons la marche. Les lacets attaquent dur, nous sommes couverts de toutes nos couches, mais, pour la première fois depuis le Bouthan, une bête porte nos sacs. Amputés de la prothèse qui nous collait au dos comme un baquet de formule 5 000, nous sommes déséquilibrés, les jambes folles. Je me concentre pour doser l'effort ! Car il sera long, nous le savons. Dans les grands froids, c'est d'autant plus important que la transpiration peut être fatale. Nous commençons la valse des pelures, strip-tease aux étoiles, dos fumant, tête froide. Le rythme du yack nous épuise... beaucoup trop lent ! Nous trépignons. L'élévation est cependant fulgurante ; le cirque montagneux, bleuté par la lumière sélène, nous saisit de grandeur et de sérénité. Le silence est spacial, le vide, une mer de tranquillité.

Au bout de cinq heures d'ascension, l'aube nous trouve au pied du dôme glaciaire de la passe. Arbab me demande d'ouvrir la marche avec un bâton. Il nous rend nos sacs pour alléger son yack. Une couche de trente centimètres de poudreuse recouvre des vaguelettes de glace. À l'aveugle, le pied trébuche, le bâton sonde et prend chaque sculpture pour la lèvre d'une crevasse. Stressant ! Tous les sens en éveil, je progresse en zigzag, la colonne suit. Arbab me prend pour un yack, hurle à gorge déployée pour me commander les virages... Meuh ! Nous découvrons un personnage totalement truculent. Il parle à son yack, l'engueule, trébuche, s'affale dans la poudreuse, rigole, et repart en chantant. Mortadelle et Ratatouille, eux, n'en mènent pas large. Ils ont recouvert leurs tennis de sacs plastique et appréhendent la longueur du glacier. Ils savent que, si nous sommes retardés, ils risquent de perdre leurs pieds. Le yack enfonce jusqu'au torse, heureusement pour lui la trace est faite, ses flancs soufflent comme une forge. Arbab le laisse récupérer tous les cent mètres.

L'apogée du dôme nous révèle, plane entre les montagnes, une vaste étendue de neige mollement vallonnée, en quête hésitante de déclivité pour s'épancher. Des coulées glaciaires et leurs séracs concentriques se forment tous azimuts au gré des inflexions du relief. Au loin, de l'autre côté, on devine leur basculement sur l'autre versant à la faveur de trois échancrures. Nous nous dirigeons vers la plus petite, celle du milieu, mais en restant bien sur la gauche du glacier. La neige est profonde jusqu'à mi-cuisse. Le moment est décisif, il faut passer coûte que coûte. Mon bâton enfonce tant que j'imagine des crevasses sous chacun de mes pas. En principe, sur le plat, il y en a moins, et souvent suturées. Mais ici, les principes !...

Nous quittons bientôt la vue sur la vallée de Darkot, pour nous retrouver dans le « grand blanc ». Des bouffées de brumes d'altitude caressent la neige dans leur voyage vers l'Afghanistan. Je sors vite la boussole, fait une visée vers l'échancrure, et continue mon sillon dans la purée, les yeux rivés sur la petite aiguille. Je me retourne souvent pour voir les spectres noirs des suiveurs flotter comme des corbeaux dans le ciel blanc. Sylvain et moi marchons, recouverts de nos couvertures de laine comme les moujiks de Stalingrad. L'envie de dormir ! S'alanguir au creux des lèvres pures d'une crevasse pour un baiser létal. Je me suis refroidi en attendant les autres, et enrage intérieurement de n'avoir pas su ralentir à temps.

Au passage du piton, la glace se rebique et mon bâton découvre nos premiers ponts de neige. Je les abats à grands coups d'épée, comme un preux chevalier sur le dos d'un dragon. Les lèvres bleues des crevasses se multiplient, et nous voilà entourés de bouches béantes. Le yack panique, ne veut plus avancer. Sylvain se démène comme un diable pour lui ouvrir les crevasses devant les yeux afin qu'il les voie mieux, mais rien n'y fait : une vraie mule ! Arbab lui confie la longe et passe derrière la bête avec un argument de poids : son bâton, avec lequel il commence à fourrager dans ses parties intimes... Furieuse, la demoiselle saute trois crevasses d'un coup en entraînant mon camarade. Je le vois courir vers moi devant la bête, si courir dans cinquante centimètres de poudreuse est possible, et disparaître d'un coup, englouti par une lèvre blanche. Le yack stoppe net, mon sang se glace, je me précipite et découvre Sylvain enfoncé jusqu'aux oreilles, un bras étendu sur la neige, l'autre agrippé à la longe : Dieu soit loué ! Le pont de neige n'a pas cédé. D'un calme olympien, il me glisse :

— J'ai les pieds dans le vide, je crois que je vais avoir du mal à pousser !

Le yack, dans un réflexe salutaire, s'arc-boute en arrière. Ses narines élastiques se rallongent dangereusement, la bête meugle d'effroi. Statu quo. Que la muqueuse lâche et Sylvain est avalé par le gouffre. Je lance mon chèche à Arbab qui s'allonge à côté du yack. Je m'essaye à un timide :

— Ça te fait quoi d'être pendu à son nez ?

— Me fais pas rire ! J'ai de la neige qui me rentre dans le slip !

Une main au chèche, l'autre à la longe, il est bientôt tracté hors de la méchante étreinte. Costaudes, les narines de yack ! L'épisode, fulgurant, m'a vidé de toute énergie. Au contraire, je vois Sylvain tracer la voie bille en tête en quête d'autres sinistres crevasses. Il est déchaîné, la poudreuse vole, les ponts de neige s'effondrent, il enjambe les crevasses comme des caniveaux... Arbab est mort de rire, Mortadelle et Ratatouille, livides. Notre mode de communication est des plus rudimentaires. Nous ne savons dire que deux mots en afghan : *vrout* (frère) et *doust* (ami). Chacune de nos injonctions est ponctuée par un « Arbab Doust » ou un « Sylva Vrout ». Nous sommes bientôt tirés d'affaire et en profitons, le cul dans la neige, pour marquer une pause. Pique-nique surréaliste au milieu de nulle part : un déjeuner sur neige !

Si la montée était brutale, la descente est interminable : dix kilomètres d'un glacier en pente douce sur lequel aucun pas n'est jamais le même. L'un enfonce, l'autre, le suivant, se tord à gauche ou glisse en arrière. De l'ivresse nous avons la démarche et la fatigue quand nous nous écroulons au soleil, après onze heures d'efforts ininterrompus, au bas de la moraine frontale. Mortadelle est rectifié : le mal des montagnes. Ratatouille n'est pas fringant. Arbab, increvable, prépare le thé. Sylvain, les doigts de pied en éventail, me confie :

— Avec ça, le flic de Darkot n'est pas près de nous rattraper !

— Ouais ! Il faut juste éviter la base militaire de Baroghil, côté pakistanais.

Devant nous, plein nord, la ronde vallée s'épanouit au pied

d'une chaîne régulière : la frontière afghane. Pendant trois heures, nous descendons vers le lit de la Yarkhun, sinuant dans un glacis de galets. Nous venons de franchir l'arête de l'extrémité occidentale du Karakorum, et notre regard, porté vers l'est, distingue au loin les sommets mythiques des vallées du Hunza. Nous sommes en zone interdite, le soleil décline et dore les herbes chétives de cette vallée d'altitude, nous marchons heureux, le pas léger ; à l'ouest, pas de base militaire, rien de nouveau : la plénitude. Les six gués crépusculaires qui suivent nous broient les tibias comme des pièges à loup ! On pouvait s'y attendre ! Je fige littéralement ! Mes muscles empoisonnés par les efforts du jour ne supportent pas le choc, je finis en boitant et en grimaçant jusqu'à Lech Kergaz. Radieuse grimace. Ce matin est bien loin : dans une autre vie !

Nos hôtes du soir sont des Kalachs, païens refoulés par l'islam au siècle dernier dans ces montagnes reculées, et dont la légende dit qu'ils seraient issus des reliquats des armées d'Alexandre, lassés de guerroyer en Asie centrale. Arbab les connaît bien, et nous rassure sur leur compte. Nous nous endormons en grignotant des noix et du *chapik*, énième avatar du chapati.

Lech Kergaz, vallée interdite de la Yarkhun, mardi 21 octobre, 160e jour, kj : 23 ; kt : 4454 ; dj : 400 m ; dt : 117067 m ; cols : 66

Mortadelle et Ratatouille restent en rade, crevés. Nous repartons avec un dénommé Katchbik et Matnazar, le frère d'Arbab, et un yack de plus. Ils l'attendaient depuis cinq jours. Je suis tiraillé par un affreux pressentiment mais le mets sur le compte du pincement au cœur qui survient invariablement avant chaque passage de frontière clandestin. Dans une combe vers la Baroghil Pass, un homme vient à nous, un bébé dans les bras :

— Je suis officier de frontière : montrez-moi vos autorisations spéciales.

Il n'est pas armé. Mais protégé par son bébé. Pas moyen de l'assommer !

Je souris en faisant des gouzis-gouzis au poupon, tandis que Sylvain lui tend notre botte secrète : une lettre en pharsi de Daoud Mir, ambassadeur de l'ancien régime d'Afghanistan en exil à Paris, et neveu du commandant Massoud. Nous avions prévu le coup avant de partir, sans oser croire que nous parviendrions jusqu'ici. Il la lit scrupuleusement.

— Cela ne m'avance pas beaucoup, vous n'avez pas le droit d'être là !

Nous plaidons l'ignorance et faisons diversion en lui montrant tous nos visas et en lui disant que nous ne voulons qu'une chose : quitter le pays. Sa mission étant d'interdire l'immigration, et non l'émigration, il est désarçonné. Il réplique :

— Je ne peux pas vous laisser sortir, car le Wakhan est sans issue, et que vous n'aurez plus le droit de rentrer au Pakistan.

Nous lui montrons triomphalement nos visas tadjiks, notre ticket de sortie ! À bout d'arguments, il s'en lave les mains. Nous repartons, l'ego calmé par ce rappel à l'ordre — plus que partout ailleurs, rien n'est encore gagné —, en suivant nos yacks dans un faciès de roches moutonnées, abrasées au début du quaternaire par des glaciers inouïs. Les herbes blondes enchantent notre foulée d'un froufrou soyeux. Nous montons en diagonale vers le talon d'Achille de l'Indu Kush, la seule faille dans le mur qui sépare le sous-continent indien de l'Asie centrale : une inflexion dans la chaîne, un défaut géologique. De petits lacs perchés filtrent leurs eaux sombres dans des vallonnements désordonnés aux abords du col. De quel côté s'écoulent-ils ? La ligne de partage des eaux approche ! Ici, elles partent sûrement dans la vallée de Chitral puis dans les eaux tumultueuses de l'Indus jusqu'aux plaines du Pendjab et du Sind avant de finir dans les eaux de l'océan Indien ! Dix mètres plus loin, la gravité les entraîne vers le nord, l'Oxus, le Panj et l'Amou Daria où elles vont calmer leur course folle dans le sépulcre de sable de la mer d'Aral. Le col tranche !

Il nous surprend au débouché d'une petite croupe, Arbab et Matnazar se tombent dans les bras ; au loin apparaît la vallée transversale du Wakhan, leur vallée. Nous y sommes ! L'armée d'Alexandre a nécessairement foulé ce seuil, le cri de joie de Marco Polo a sûrement ricoché sur ces dalles, le nôtre y vibre encore. En toute modestie Pour la première fois, pour la dernière fois, un col ne nous est pas anonyme, un col nous parle d'histoire et de fracas des armes, de buccins et de conquêtes Elles sont loin, nos petites vallées enclavées du Népal ! Ici se sont entrechoqués des empires millénaires, ont trébuché des dynasties, ont communiqué les civilisations. Moteur ! Je me passe un péplum digne de la traversée des Alpes par les éléphants d'Hannibal ! Liesse !

Les deux yacks le sentent, qui dévalent les pierriers dans un nuage de poussière où disparaissent Arbab et Katchbik lancés à leur poursuite. Nous les retrouvons à quatre pattes dans un alpage en contrebas, à récolter entre les brins d'herbe le thé s'étant écoulé d'un sac percé par un coup de corne. Sylvain filme la scène, et inspire à Arbab, à court d'insultes à l'encontre de son bovin, un anthologique :

— Con de yack !

La sonorité semble lui plaire car il la module longtemps sur tous les tons pour notre plus grande joie !

Après avoir passé quelques ruines de redoutes séculaires, nous traversons à dos de yack la rivière Wakhan, et gagnons de bonne heure un hameau regroupé au pied d'un cône de déjection : Baroghil Afghani. Arbab nous ouvre sa maison, nous lui devons l'incroyable équipée des deux derniers jours, une véritable amitié sans parole s'est nouée entre nous…

Le chef et imam du village ne nous voit pas venir d'un très bon œil. La lettre de Daoud Mir le calme. Elle stipule que tout Afghan doit nous porter secours et assistance. La vallée est totalement fidèle au commandant Massoud, les Talibans n'ont aucune emprise sur ce finistère, cet aberrant pédoncule géopolitique tracé afin que les Empires britannique et russe ne soient pas en contact. Pour le gagner définitivement à notre cause, nous appelons *Ayat Al Kursi* à la rescousse. Cela marche ! Il nous entraîne alors chez lui : l'école coranique.

Dans un coin sombre, un jeune garçon assis en tailleur, les yeux rivés au sol, récite le Coran devant un parterre d'autres bambins. Il le récite par cœur. Et cela dure, et il n'en finit pas, reprend à peine son souffle en marmonnant sous les yeux admiratifs de ses camarades toutes les sourates du livre. Certains récits d'aventuriers du XIXe siècle parlent de ces enfants prodiges de l'islam pouvant réciter en quatre heures l'intégralité du Coran, sans qu'on y accorde beaucoup de crédit. C'est pourtant vrai ! Nous en avons un sous les yeux. Propre et sain, blond comme les blés, les yeux vert-jaune en amande, il irradie la pièce de sa présence, comme marqué par une mystérieuse prédestination.

Il vient nous voir le soir dans notre réduit, alors que nous écrivons. Sylvain me glisse :

— On va essayer d'employer ses neurones à meilleur usage !

Il prend sa flûte et se met en tête de lui apprendre *Au clair de la lune*. En dix minutes, le petit génie maîtrise la complainte, accompagné par la deuxième voix de mon camarade, tandis que j'entonne les paroles. Par la lucarne, nous voyons l'astre se lever et semer ses fagots de rayons bleus sur le Wakhan endormi. Le petit Pierrot sait même charmer la lune ..

Baroghil Afghani, corridor du Wakhan, mercredi 22 octobre, 161e jour, kj : 39; kt : 4 473; dj : 320 m; dt : 117 387 m; cols : 66

La vallée nous est ouverte. L'imam, sortant d'un moulin, couvert des pieds à la tête de farine, vient nous saluer par une virile accolade. Ses claques soulèvent un nuage blanc qui déclenche une quinte d'éternuements collectifs, amplifiée par les pleurs de rire. Vrout ! Vrout ! Doust ! Doust ! Nous quittons nos amis de la planète Wakhan.

Notre premier Wakhi est… un chameau ! Un énorme chameau à fourrure, le chameau des Ouïgours et du désert de Gobi, le chameau des caravanes de la route de la soie. Nous sommes bien dans la mythique Bactriane hellénistique, aux confins de la Sérinde, où bouddhisme, islam et christianisme, Grecs et Mongols, Perses et Chinois ont façonné des légendes dorées. Des vols de pigeons font crépiter leurs ailes au-dessus des champs fraîchement retournés avant l'hiver. Cela rassure, les pigeons !

Non loin de là, deux moudjahidin viennent à nous, kalachnikov en tête. Ils veulent fouiller nos sacs. Prudemment, Sylvain leur tend notre viatique : ils en tombent à genoux et nous baisent les mains ! Ils se sont tous battus aux côtés du commandant Massoud contre les Soviétiques, et lui vouent une absolue vénération. Ils insistent pour nous escorter jusqu'au prochain village, Ptur. Le chef nous y reçoit pour du chapik. Nous découvrons que le mot désigne à la fois la farine, le pain et l'action : synthèse conceptuelle autour d'un plat unique et d'un unique plat, le « manger » !

Le « manger », c'est une pâte de farine sans levain, mal moulue, mal cuite, parfaitement indigeste. Nous n'avons pas le souvenir d'avoir avalé quelque chose d'aussi mauvais. Pas le choix ! Il n'y a que ça ! Sylvain mime le chameau de tout à l'heure en blatérant puissamment, ils se roulent par terre, bon public ! *Chtur* ! Voilà comment cela se dit en wakhi ! Nous avons tardé à comprendre car ils crachent tous par terre en prononçant le mot. La Terre entière crache ! Les mollards coulent à flots, la salive a-t-elle si mauvais goût ?

Bismillah nous guide ensuite jusqu'aux vestiges d'une base d'hélicoptères russe. Une carcasse disloquée saigne sa rouille dans le pierrier. « *Chouraoui poule ! Chouraoui poule !* » Qu'est-ce qu'il a ? Il s'est fait chourrer ses poules par les popovs ? Non ! cela veut dire : pont russe, il y en a quatre à venir. Une piste à chars se dessine clairement dans les éboulis convergeant dans la vallée. Nous l'empruntons comme une voie royale et retrouvons notre rythme de marche tibétain. Plein ouest, nous sommes aspirés par le vent de la fin. Dans trois jours, nous passerons notre dernière frontière !

La majestueuse vallée en U est rectiligne et plate, à perte de vue. D'impressionnants cônes de déjection, véritables montagnes décomposées, se renvoient d'une rive à l'autre le cours de la rivière Wakhan qui sinue entre leurs pieds. Tout s'écroule lentement autour de nous. Ces montagnes que nous croyions figées vivent, ou plutôt n'en finissent pas de mourir : l'Himalaya n'est qu'un tas de sable dégoulinant. C'est fou ce que les éboulis ressemblent à des sabliers ! Il y a le réservoir supérieur, le fin goulet contrôlant l'écoulement, et le cône en dessous : terrestre horloge dont les secondes durent des siècles. La fin des temps viendra quand tout le sable aura coulé et aplani les montagnes. La fin du nôtre approche, au bout de la vallée.

Je marche, rien ne se passe, rien de nouveau, les pierres proches défilent, les autres s'en moquent. Quelques chameaux, taillés pour la marche au long cours, traînent au loin leurs bosses entre les bosses... sans destination. Je ne suis plus qu'un pied ambulant, mes mains ont été totalement détrônées par ces jumeaux qui ne savent rien faire d'autre que se dépasser dans une incessante querelle de pouvoir. À l'arrivée, il faudra bien que je pense à sauter à pieds joints, pour que ni le droit ni le gauche ne s'arroge le dernier pas. Mais y aura-t-il un dernier pas ?

Un fil de fer ondule à hauteur d'homme, entre des branches fourchues coincées dans les moraines : un « fil qui chante » filant vers l'ouest pour annoncer une impossible invasion. De qui ? Pour qui ? Pourquoi ? Désert des Tartares. Main courante et ligne de vie, ce fil nous indique la sortie et nous chante, dans le silence du désert, des airs de retrouvailles.

Dans un hameau niché au creux d'un repli, un maigre homme laboure un maigre lopin avec sa maigre vache. Il se démène dans le vent du soir, il retourne sa terre avant que le linceul de neige ne la condamne pour six mois. Cet homme tire sa vie de ce jardin de limon. Il n'a rien d'autre ! Que sa vache meure, il meurt ! Survie totale. Il va passer six mois, terré dans la noirceur glaciale de son gourbi, condamné à l'attente immobile... épreuve inimaginable ! Il nous accueille dans sa généreuse misère. Une roue de char trône dans la pièce. De nombreuses photos montrent les tristes mines de prisonniers blonds comme les steppes de Sibérie. Il n'a pas de thé, il nous fait une amère décoction d'aubépine : du jus de poil à gratter !

Nous repartons à l'aube, le soleil dans le dos, derrière d'interminables ombres. Elles s'étirent devant nous, secouées de spasmes convulsifs : elles n'aiment pas se faire piétiner. Elles nous tiennent compagnie, nos ombres ! En les saluant, on se salue au passage. Tout le jour, pourtant, nous les écrasons, nous les rattrapons ; épuisées, elles disparaissent au zénith sous nos semelles, mais s'en échappent l'après-midi dans notre dos pour se venger le soir en s'accrochant comme des traînes noires aux rochers d'ennuis semés dans l'oubli derrière nous...

Car le plat, c'est le vide ! Sisyphe sans la pente serait un rigolo. Pousser son rocher sur du plat n'a rien de mythique ! Montre-moi ton rocher, et montre-moi ta pente, et je te dirai qui tu es...

Tout le jour, je m'extrais de cette vallée, je la déréalise, m'enfuis dans de stériles ailleurs, des paradis mentaux, des paradis artificiels. Cette marche-là n'est pas bonne, c'est une marche narcotique, une marche égotique, une prison de chimères et de rêves. Et je revois le tableau noir de mon enfance, couvert d'*x* et d'*y*, d'inconnues et de courbes tendant vers l'infini, et cette propension que j'avais de les fixer de façon hypnotique, ou de regarder le professeur droit dans les yeux, en rêvant de montagne ou de mer, de vallées perdues tendant elles aussi vers l'infini. La marche est un exercice qui sied parfaitement aux cancres dont les yeux se baignent dans la mer de la tranquillité... sur la lune !

Les mathématiques que j'aime sont pleines de poésie, les chiffres y parlent des grandeurs, des échelles, de l'infiniment grand, de l'infiniment petit, des mystères de la matière, du temps qui passe. Souvent, au fil des pas, je calcule et accable mon camarade de piètres allégories :

— Devine quand aurait dû partir une limace du Bhoutan pour couvrir nos 5 000 kilomètres ? À raison d'une petite dizaine de mètres par jour, elle aurait dû partir au siècle de Périclès !

— Je l'ai toujours dit, on est des limaces de premier choix !

— En tout, on aura grimpé 121 000 mètres de montée pure, cela fait 67 222 fois notre taille ! Soit 400 fois la tour Eiffel ! Pour bien te figurer ce que ça représente, tu prends quatre mètres de couturier bout à bout et, dans chaque centimètre, tu insères une tour Eiffel : tu vois ainsi d'un coup d'œil tout ce qu'on a grimpé… pour se retrouver à la même altitude qu'au départ ! Et 67 222 fois la taille d'une fourmi, cela correspond justement à celle de la tour Eiffel ! Imagine deux fourmis de 5 millimètres l'escaladant de bas en haut ! C'est nous !

Pourquoi faut-il que je nous compare sans cesse à des insectes ? Et que je veuille les faire grimper à l'assaut de la dame de fer ? J'en parlerai à un psy au retour !

Le soleil dans la gueule, poursuivis par le mur noir d'un orage crépusculaire engouffré à nos trousses dans la vallée, nous arrivons à… Où ça ?… À Ouzad. Une pie noire sur une pie-noire nous y accueille, cela fait cinq pis, ou 5 π, attends voir… ça fait 3,14 × 5 = 15,7.

Un gamin nous sert du thé, mes yeux se perdent au fond du verre et en ramènent une vision stupéfiante, deviens-je fou ? DURALEX ! Dur ! Alex ! Le jeûne te fait perdre la tête ! Je retourne au fond du verre et y trouve l'inscription *made in France* ! Jamais un moche verre de cantine ne m'a fait tant plaisir. C'est sans doute ça la folie…

Fatalement, il n'y a que du chapik. Nous chantons tard notre famine avec des enfants désœuvrés. Faible partage, furtif passage, qu'apportons-nous ? Que cherchons-nous ? Le bonheur n'est pas une quête, une course d'horizons, un voyage. Les Américains l'ont inscrit dans leur Constitution comme un imprescriptible droit, mais parlent de *pursuit of happiness* comme s'il s'agissait d'un rare gibier, d'un dollar à cornes. Non ! Le bonheur est en nous, c'est un regard ressourcé sur les choses simples. Si les voyages ont un but, c'est de redécouvrir cette clef de la sédentarité, cette capacité d'exciter sa « glande à bonheur » : l'enthousiasme.

Demain, à nous la liberté !

Ouzad, corridor du Wakhan, vendredi 24 octobre, 163e jour, kj : 20 ; kt : 4554 ; dt : 118087 m

Le pic Karl-Marx comble ce matin le fond de la vallée. Un comble ! Drôle de liberté. Il domine de sa barbe blanche la frontière sud du Tadjikistan. Nous marchons rive droite. Il paraît qu'un *chouraoui poule*, en amont sur la rivière Pamir, permet de passer sur la rive tadjike. En face, de l'autre côté d'une immense plaine de graviers piquetée de plumetis où la Pamir hésite encore à épouser la Wakhan, de nombreuses habitations s'alignent sous des peupliers dorés et des feuillages rouges. La fin de l'automne. Nous arrivons au cap, quittons l'une pour remonter l'autre. À midi, nous trouvons le pont.

Il est démonté. Seules quatre traverses métalliques encombrées de barbelés s'encadrent sur l'autre rive de deux bunkers dominés par un mirador. Les soldats ne nous ont pas encore vus. Nous appelons, ils se jettent à couvert, complètement flippés ! Cela s'annonce mal ! Quelques canons pointent, nous levons les bras, au bout desquels sont tendus nos passeports. Nous crions :

— *Tourist ! Nieto problem ! Viza Tadjik Karachoï ! Passaport !*

Fin de non-recevoir. Les flots rageurs de la rivière ont emporté nos cris. Du mirador, un soldat nous fait signe d'enlever nos sacs. Exécution. Surtout, ne pas faire un geste de travers ! Nous nous engageons en équilibre au-dessus du vide, à petits pas, les bras en l'air. Mon passeport volette comme un papillon. Funambule de l'absurde ! À mi-parcours, un sous-off arrivé précipitamment nous crie :

— *CTON !* (Stop !)

Je répète notre litanie. Il fait de grands gestes pour nous ordonner de faire demi-tour. C'est pas gagné ! L'attente commence. Ça nous apprendra à vouloir passer les frontières légalement ! Au soleil, les heures s'écoulent, rien ne se passe. Nous hurlons de temps à autre :

— *Offitzir ? Offitzir ?*

Ils nous rassurent de la paume de la main : Attendez ! Bon ! Nous prenons notre mal en patience. Tout l'après-midi, nous les apprivoisons petit à petit, la confiance s'installe, et nous pouvons approcher suffisamment pour tendre au-dessus du vide notre passeport à un soldat alourdi par un long manteau de feutre kaki clair et sa mitraillette en bandoulière. Sylvain lâche :

— On fait un combat de coqs ?

— Déconne pas, c'est plutôt le tir aux pigeons et le casse-pipe qui nous guettent !

Le front bas, le poil raide sur de petits yeux clairs, le sous-off a le profil type du kolkhozien élevé au bortsch ! Il nous rend nos passeports. Nous ne passerons pas pour autant :

— *Telefon plachoï, rabote niet !* (Le téléphone ne marche pas.)

Je le désigne du doigt :

— *Pichkom ! Pichkom !* (Marche !)

Il se marre, mais nous fait signe de retourner. La nuit tombe, glaciale, il nous encourage :

— *Patom ! Patom !* (Demain !)

Nous allons nous réfugier dans une casemate en ruine côté afghan. Des impacts de balle criblent les embrasures de fenêtres. Brrr ! Nous n'avons rien avalé de la journée. Sylvain regarde son thermomètre :

— Ça va peler cette nuit, il fait 0 °C !

Demain, ça passe ou ça casse !

Réveil glacial. Tout est couvert de givre. Emmitouflés dans nos sarouals et *kambels*, les couvertures de laine, nous nous avançons vers le pont. Avec nos barbes, nous n'avons pas le look très parisien ! Nous ne reconnaissons pas nos soldats d'hier, ils ont dû être relevés ! Ce n'est pas grave, la consigne a dû passer ! Le planton qui nous fait face, aussi gelé que nous, nous fait signe de reculer. Poussés par la faim et la nécessité d'aller aux nouvelles, nous nous engageons sur les poutrelles verglacées. Trop affairés à ne pas glisser, nous n'entendons pas le factionnaire vociférer. Je relève la tête à mi-pont, et vois la mort en face : de fureur, le soldat déplie d'un coup sec la crosse de son AK47, l'empoigne et lâche au-dessus de nos têtes une courte rafale. J'en tombe à cheval sur ma poutrelle, Sylvain se rattrape de justesse à la lisse du pont. Nous refluons précipitamment. À son visage, à son cri emporté par la rivière Pamir, nous comprenons qu'il n'y aura pas d'autre sommation.

Tout est dit, nous ne passerons pas par ce pont, nous ne passerons pas légalement, nous passerons bien quelque part, ce n'est pas grave, car j'aime la marche, rien n'arrête la marche.

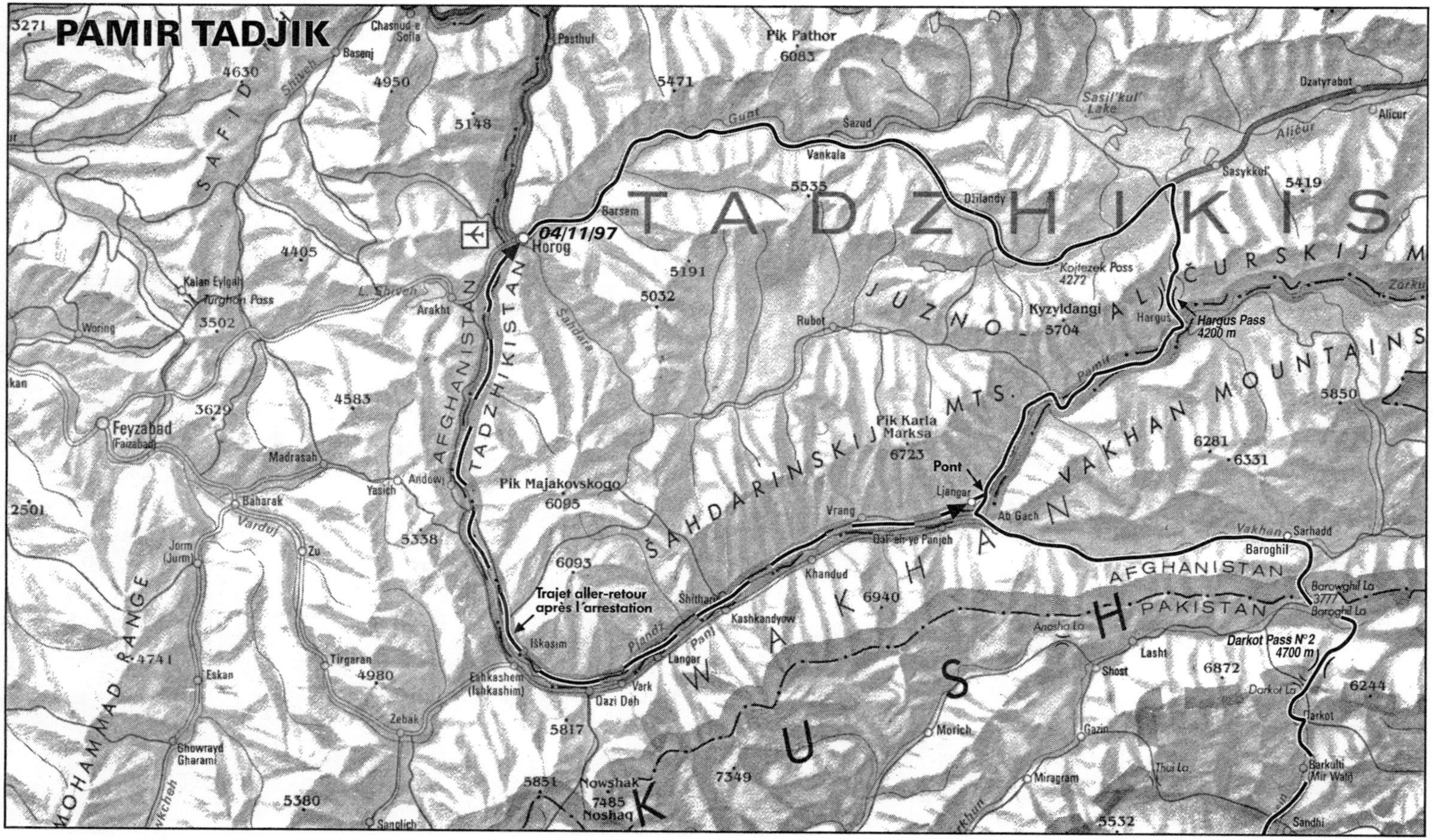
PAMIR TADJIK
04/11/97
Horog
Trajet aller-retour
après l'arrestation
Pont
Hargus Pass
4200 m
Darkot Pass N°2
4700 m
TADZHIKISTAN
AFGHANISTAN
PAKISTAN
HINDU KUSH
VAKHAN MOUNTAINS
ŠAHDARINSKIJ MTS.
JUZNO-ALIČURSKIJ
SAFID
MOHAMMAD RANGE
Pik Pathor
6083
Pik Majakovskogo
6095
Pik Karla
Marksa
6723
Kyzyldangi
5704
Kojtezek Pass
4272
Nowshak
7485
Noshaq
Feyzabad
(Faizabad)
Eshkashem
(Ishkashim)
Iškasim
Ljangar
Ab Gach
Vrang
Langar
Vark
Barsem
Vankala
Džilandy
Sasykkul'
Dzatyrabot
Alicur
Rubot
Šazud
Sasil'kul' Lake
Barowghil La
Baroghil
Sarhadd
Darkot
Barkulti
(Mir Wali)

12

PAMIR TADJIK : DE LINGAR À PARIS

Sylvain

Nous quittons le pont la mort dans l'âme. Tous les espoirs et les fantasmes que nous avions mis en ce pont (chacun a les rêves qu'il peut) jeté entre l'Afghanistan et le Tadjikistan, dont l'imam de Darkot nous avait révélé l'existence, et que nous avions érigé en pensée comme le symbole de la fin de notre marche, tombent à l'eau. Nous rebroussons chemin, mal en point. Affaiblis de n'avoir rien mangé depuis avant-hier soir et énervés par les absurdes vingt-quatre heures que nous venons de vivre

Le soleil d'hiver, qui donne au Wakhan cette singulière lumière claire et métallique, caresse les versants. Sur l'autre rive, à deux kilomètres, s'étagent les hameaux tadjiks, petits groupes de maisons blanches aux toits pentus cachés en partie par les haies de saules et les bouleaux bien droits.

La cime du pic Karl-Marx a disparu derrière les crêtes enneigées qui dominent la vallée. Derrière, plus loin vers le nord, se dressent le pic Maïakovski, le pic Komunism, le pic Révolution et la chaîne de l'Académie des sciences, baptisés ainsi par des pics de la pensée — un peu moins élevés peut-être.

Nous n'avons plus qu'une seule chose à faire : retourner sur nos pas et, une fois hors de vue et hors de portée de tir des soldats du pont, essayer de traverser la rivière pour nous remettre entre les mains des gardes-frontière. Malgré ce que nous affirmait le consul du Tadjikistan à Islamabad, plein de suffisance outrée et piqué au vif que nous osions le penser, nous savons que les frontières sont gardées par des Russes, comme toutes les marches de l'ancien empire soviétique, de l'Arménie au Kirghizistan. Comme nous détenons un visa en règle et que nous savons la région très militarisée, nous ne voulons en aucun cas tenter de traverser le Pamir clandestinement. Nous allons donc, les pieds dans l'eau glaciale, nous jeter sciemment dans la gueule du Russe.

Nous redescendons plusieurs kilomètres de la rivière Pamir, et, juste avant la confluence avec la rivière Wakhan, à l'endroit où s'ouvre le fond de la vallée permettant au cours d'eau de se diviser en plusieurs chenaux, nous traversons, d'île en île, bien protégés du regard par les forêts de saules nains de bouleaux et d'arbustes à baies. Parfois, les bras du cours d'eau, en débordant, ont laissé des marécages que colonisent des épineux. Alors que nous avons franchi le dernier gué, et que déjà nous exultons d'être entrés au Tadjikistan, nous nous heurtons à une levée de terre. Digue pour protéger des crues ou barrage antichars ? Une piste parcourt la crête de la butte. Nous la sautons d'un bond par crainte des mines, franchissons un fossé artificiel et gagnons les bâtisses du village de Ljangar dispersées dans la forêt.

Le premier Tadjik que nous rencontrons est un colosse en train de ramasser du bois à l'orée de la ripisylve. Il nous conduit à sa maison emplie d'enfants car trois ou quatre générations et autant de fratries vivent sous le même toit. Comme dans le Wakhan, où l'on trouve quelques villages peuplés de Tadjiks, nos hôtes ont les traits fins : femmes au teint clair et au nez effilé, enfants aux cheveux parfois blonds et aux pommettes hautes. La frontière, tracée par les Anglais pour limiter l'expansion russe, sépare en fait le même peuple et divise les ismaéliens pamiris.

Pour la première fois depuis le Nord-Pakistan c'est un vrai repas qui se prépare sur le fourneau des femmes. Nous engloutissons fébrilement les purées de légumes, les soupes au beurre, aux carottes et à l'huile qu'on nous apporte. Dans la maison, il flotte comme un parfum d'empire soviétique. Il y a des signes qui ne trompent pas. Au milieu du dépouillement, surgit un objet incongru, anachronique, témoin déplacé de quelque plan quinquennal : c'est un poste de radio grand comme une commode ou un four électrique de la taille d'une chaudière, estampillé OKT ou CCCP et couvert d'inscriptions en cyrillique. L'allure vestimentaire des hommes s'est modifiée d'une rive à l'autre. Vêtus de blouses bleues en grosse toile de jute, ils ressemblent à des moujiks. Ils sont malgré eux des *Homo sovieticus*. En traversant la rivière Pamir, nous avons changé de monde…

Les frères Bezek nous confirment que la frontière est gardée par les Russes. Nous les prions de nous emmener voir un gradé.

— *Da! Da!* Major! Commandant major Dimitri! nous explique l'aîné des Bezek.

Soit pour le major commandant Dimitri. Nous emboîtons le pas aux Bezek, traversons la forêt, gagnons une piste en terre qui débouche sur une route goudronnée et parvenons à l'entrée du camp militaire de Ljangar, devant un grand portail frappé de l'aigle à deux têtes sous laquelle sont peintes ces lettres : *RBF* : *Russian Borders Forces.*

Nous frappons à grands coups contre la tôle. Un judas s'ouvre où s'encadre la tête inattendue d'un gros Russe rose, blond et joufflu Il nous aperçoit, sursaute, tend le cou, éberlué, et, n'en croyant pas ses yeux qu'il écarquille, se passe la main sur le front en poussant un soupir accablé qui en dit long sur l'effet que provoque en lui notre présence et sur les complications qui se préparent Visiblement, les Russes ne sont pas habitués aux visites. Le portail s'ouvre. Le type nous tend la main que nous lui serrons. Il secoue la tête et nous dévisage de la tête aux pieds en balbutiant des questions qui s'arrêtent à ses lèvres. Puis il hurle un ordre. Un soldat tadjik surgit d'une guérite et nous surveille pendant que le Russe court chercher un supérieur, en se retournant pour vérifier que nous ne sommes pas un mirage.

Il revient quelques instants plus tard, suivi d'un petit officier au regard perçant.

— *Hello! I am major Dimitri! What are you doing here?*

Bonne question. Nous lui expliquons en anglais et en deux mots 4500 kilomètres de Transhimalayenne en nous attardant un peu sur les 200 derniers. Puis nous exhibons avec une fierté non dissimulée nos visas tadjiks, obtenus à Islamabad après des supplications forcenées au consul. Les choses évidemment ne sont pas simples.

— Bien. Attendez ici. Je vais voir ce qu'on fait de vous.

Ce qu'on va faire de nous va durer trois jours et commence par notre transfert vers le QG des troupes russes frontalières dans le camp d'Iskasim à 100 kilomètres à l'ouest, sur les rives de la rivière Pamir (devenue Panszj après qu'elle a reçu la Wakhan; leur ensemble constitue l'Amou Daria). La Jeep militaire qui nous y amène, sous l'autorité du major Dimitri, fonce à tombeau ouvert sur la route frontalière, musique à fond dans l'autoradio. Les vitres vibrent sous les hurlements de rockers russes des années quatre-vingt-dix, tout étonnés de pouvoir gueuler sans qu'on les déporte. Sur la rive gauche, l'Afghanistan défile, à une vitesse écœurante et inhumaine à laquelle nous ne sommes plus habitués. Étonnant contraste entre les deux côtés du fleuve. Rive gauche : le néolithique ; rive droite : l'ancienne province d'un empire qui envoie des fusées dans l'espace...

Iskasim. Il fait nuit. Doucement la Jeep rentre dans le camp. Le faisceau des phares balaie les têtes serviles de soldats tadjiks qui servent, résignés, sous les ordres des gradés russes, venus du nord pour commander. On nous conduit au mess des officiers où capitaines, lieutenants, commandants de Novosibirsk, de Volgograd ou d'Irkoutsk sont paraît-il occupés à fêter l'anniversaire de l'un des leurs. Nous entendons de loin les clameurs de la fête et y retrouvons une familière atmosphère d'Europe, une ambiance cousine, similaire des réjouissances de chez nous. Comme si les flonflons et les rires qui filtrent par les fenêtres capitonnées ressemblaient à ceux que l'on entend en France. On ouvre la porte : des militaires totalement saouls, imbibés à en mourir et tétant sans relâche le goulot de leur bouteille, nous confirment que nous voilà bien revenus à la civilisation ! Le major Dimitri nous sert un verre et dit :

— À votre santé ! Profitez-en. Demain, nous nous pencherons sur votre cas et commencerons les formalités et les procédures pour régler votre situation.

Les Russes accueillent chaleureusement les deux vagabonds puants (nous nous en apercevons à présent) qui font intrusion au milieu de leur bombance. Leurs bras généreux, leurs âmes entières et belles s'offusquent de ce qu'un verre soit vide Nous nous souvenons de la première gorgée de vodka, de la deuxième, de la troisième un peu, et puis c'est un voile de plus en plus trouble qui s'abat sur la tablée. Des tranches de lard, du saucisson et des chapons, toutes sortes de plats paysans accompagnent les rasades inévitables. On fait les présentations. Il y a de gauche à droite, émergeant au-dessus de l'amoncellement des mets et des bouteilles, les têtes de Valéry, de Sergeï, de Vassili, de Dimitri notre major, d'un autre Dimitri, arménien celui-là, d'Andreï, de Sacha...

La conversation s'anime. Nous apprenons qu'il y a vingt mille soldats russes disposés au long des frontières du pays. Le Tadjikistan s'est réveillé dans la guerre civile au lendemain de la chute du communisme. Un nouveau gouvernement composé en majorité de néocommunistes a été institué, sous l'égide de Moscou, après plusieurs années de violences internes. Mais le pouvoir central ne domine pas entièrement les aspirations d'indépendance régionale. Ce phénomène est propre à beaucoup d'anciennes républiques où quelques folkloriques factions de fumeurs d'herbes et de consommateurs de versets coraniques revendiquent à coups de pétoire des indépendances improbables (Adjars, Ossètes, Caucasiens de tout poil). Ainsi des rebelles pamiris clament-ils à grands cris et à coups de mortier la souveraineté du Gorno Badarchan, la vaste région aride et caillouteuse qui contient tout entier le Pamir tadjik. Les Russes jugulent les ardeurs autonomistes, veillent à la sécurité de l'État, contrôlent le déplacement des personnes et surveillent à la frontière le trafic d'armes et de drogues. En fait, ils le régentent allègrement, gérant toutes les marchandises inavouables qui transitent dans ces déserts d'altitude avec des troupeaux de chameaux sauvages pour seuls témoins de méfaits. Les milliers de recrues russes employées à garder les marges de feu l'URSS, arc-boutés au Moyen-Orient, constituent ainsi la base arrière des massoudiens anti-Talibans qui reçoivent des armes russes contre drogue et diamants. Les kalachnikovs, passés par-dessus l'Amou Daria, serviront à combattre les Talibans de Kaboul, eux-mêmes armés par les Américains. Mais il ne faut pas réduire le rôle des Russes à cette activité de maquignons interlopes manipulant les échanges véreux dans la région, ils sont aussi, et le proclament volontiers, un rempart contre d'éventuelles poussées islamiques fondamentalistes du Sud, qui enflammeraient l'Asie centrale comme une traînée de poudre. C'est cette situation que nous essayons de comprendre et de deviner à travers l'épais brouillard de nos cerveaux alcoolisés.

Les choses deviennent moins sérieuses au fur et à mesure que la nuit tombe dans nos esprits. Les officiers chantent des chansons russes, donc tristes. Alexandre provoque au bras de fer le major arménien, et gagne. On porte un dernier toast avant le suivant. On s'embrasse beaucoup. On nous installe dans une pièce à la vitre grillagée et je me souviens d'avoir aperçu, avant de fermer définitivement l'œil, un soldat en arme montant la garde devant notre porte ouverte.

La journée suivante est consacrée à « démêler notre cas », selon les propres mots du major. Elle commence beaucoup trop tôt pour un lendemain d'anniversaire russe. À 6 heures du matin, on m'installe devant une table avec pour ordre d'écrire une « confession » destinée à l'état-major et expliquant en détail notre arrivée au Tadjikistan, et les raisons et les motivations de notre intrusion illégale dans le pays. Alexandre, qui cuve encore les toasts d'hier, n'est pas en état de se plier à des formalités administratives et ronfle au bas du lit de fer d'où il est tombé. Je résume consciencieusement la Transhimalayenne en cinq feuillets d'une écriture serrée et signe ma déposition. Il faut ensuite remplir quelques pages de formulaires et répondre aux questions du major Dimitri qui ne se départ pas de cet air étrangement vague et très russe dont on ne sait s'il exprime la tristesse, la pitié ou l'inquiétude.

Les jeunes lieutenants s'occupent de nous comme des frères. On nous sert des « frichtis » de lard et de pommes de terre, l'un d'eux prépare du thé continuellement. Nous tenons de longues conversations en russe avec un vocabulaire restreint à une dizaine de mots, comprenant : *catastrôf*, *déficit*, *cataclysm*, *apôcalypse*, *prôblem*, *fôrce-majôr* et constituant un lexique de la calamité nécessaire et suffisant pour se livrer à des considérations sur la Russie...

Un capitaine à la tête plate, originaire de Novgorod, nous convie vers midi à constituer un *prôtocole*, c'est-à-dire un recensement de nos affaires. Il s'agit donc de fouiller nos sacs. Mais pas à l'indienne en tripotant çà et là, au hasard, quelques objets. À la soviétique. C'est-à-dire en examinant soigneusement chaque élément du sac (une aiguille, une allumette constituent un élément), en les mesurant précisément, et en reportant leurs caractéristiques (nature, fonction), leurs mensurations et leur description sur un registre de consignation de trois mille cinq cents pages. Il faudra environ deux heures et demie pour venir à bout de chaque sac ! Les allumettes sont comptées dans leur boîte. Carte bleue, photos, cartes de visite, stylo, brosse à dents sont mesurés en trois dimensions avec des règles de précision. Les flûtes posent un problème : faut-il compter comme un ou deux trous la double ouverture du do et du ré dièse ! Les morceaux de *krût*, ce fromage séché afghan que nous avons gardé, rendent perplexes les officiers : dans quelle case les ranger ! Le capitaine trouve la solution et annonce, radieux :

— Souvenir !

Le fil à coudre en nylon est dévidé et mesuré : 12 mètres. Une Hollandaise m'a donné son adresse à Gilgit sur un morceau de cahier : la voilà référencée dans le rapport après que la longueur et la largeur du bout de papier ont été indiquées. Les sacs de couchage contiennent un écueil de taille : la couleur. Nous voilà à nous pencher pendant dix minutes pour déterminer la teinte un peu bâtarde de la toile. Est-elle bleu-vert ou vert-de-gris ou vert d'eau ? Le capitaine tranche. Elle sera bleue. C'est ubuesque !

L'officier interrompt soudain son travail et, levant les yeux d'un air désolé, murmure :

— *Formalism ! Formalism !*

Puis il montre le dossier du doigt et s'exclame « Kafka ! » avant de pointer son cœur en s'écriant « Tourgueniev ! ».

Nous ne sommes jamais laissés seuls. On nous escorte même quand nous allons nous laver les mains. Vers 3 heures de l'après-midi, alors que nous buvons le quatorzième thé de la journée et que le samovar bout dans un coin, on nous emmène rencontrer le commandant du camp : le lieutenant colonel Victor Arkady F. qui a été pendant trois ans chef de la sécurité à l'ambassade de Russie à Paris. Nous trinquons comme il se doit. À l'image de beaucoup de Russes, Victor est nostalgique de l'époque soviétique, de l'URSS industrielle et conquérante, de l'électricité, du chauffage, des transports gratuits, des vacances en Crimée, du chant des lendemains. Ce sont d'étonnantes larmes, celles des chats domestiques qui, remis à la nature, pleurent leurs paniers. Mais que me vaut une soi-disant liberté dans le chaos, soupire Victor...

Victor m'offre un couteau kirghiz en signe d'adieu et déclare que, pour l'administration militaire, notre cas est réglé et que nous allons être remis dans les mains des autorités tadjiks. Il faut juste remplir un dernier formulaire avant de partir. C'est une déclaration sur l'honneur que les officiers russes ne nous ont ni molestés ni maltraités ni dépouillés. Pour un peu, je serais même prêt à indiquer qu'ils nous ont fait du bien et que je les embrasse, mais le major assure que c'est inutile.

Deux officiers nous transfèrent, en Jeep, au QG du KGB tadjik, dans le centre du village d'Iskasim, à quelques kilomètres du camp. Le chef local est un petit Tadjik chafouin, en imperméable noir, qu'on verrait volontiers aiguiller les trains vers le grand Est par une nuit d'hiver. Il nous interroge longuement, prend des notes, puis nous installe dans une pièce nue. Nous dormons sur deux lits en fer avant d'être convoyés, le lendemain à l'aube, sous escorte jusqu'à la ville de Horog, à 100 kilomètres d'Iskasim, sur la frontière afghane. Horog est la capitale du Gorno Badarchan, l'endroit même où nous voulions terminer notre Transhimalayenne !

Horog n'a de capitale que le nom. C'est une triste concentration de ce qui se fait de plus laid en architecture concrète et bétonnée. Il faut imaginer une banlieue soviétique branlante, en faillite et en voie d'écroulement. Seules quelques statues de Lénine tiennent debout. À Horog, ce ne sont pas les têtes mais les immeubles qui tombent… La ville n'a même pas le privilège du site. Elle repose, écrasée entre les flancs caillouteux d'une vallée étroite dans laquelle les avions de l'Aeroflot ont encore plus de mal à virer que d'habitude.

La journée se déroule entre les différents services du KGB où nous sommes soumis à un inlassable interrogatoire. Puis, après un bref séjour dans les locaux de l'OVIR (bureau de l'immigration), notre présence au Tadjikistan est enfin entérinée par un gros tampon bleu. Notre entrée est régularisée, notre séjour autorisé, nous sommes libres. Une femme officier nous délivre même un permis de circuler à pied dans le Gorno Badarchan, car nous avons décidé de retourner dès demain à Ljangar, là où nous nous sommes fait arrêter, pour finir notre Transhimalayenne honorablement, c'est-à-dire à pied à travers le Pamir.

Nous demandons l'hospitalité chez les Médecins Sans Frontières français, installés dans l'ancienne maison du parti. Nous y sommes merveilleusement reçus par Laurence, Claire et Patrice qui sont en mission ici pour six mois. En rentrant dans leurs installations, nous pénétrons en paradis. Laurence nous fait visiter l'entrepôt. Nous défaillons. Rien ne pouvait nous réjouir plus que la vue de boîtes de conserve alignées, de pots de confiture et de bocaux de fruits stockés là pour les années à venir. La soirée qui suit n'aurait jamais dû avoir de fin. Avec les Russes nous avions fait déjà un grand pas gastronomique, passant du krût afghan au lard et à la vodka, et voilà qu'on nous propose, ce soir, des crêpes aux myrtilles et du cassoulet toulousain ! Les demoiselles sans frontières nous comblent. Nous n'aurions jamais imaginé un relais gourmand dans les Pamirs.

Nous sommes à ce point avides de conversation que nous les retenons jusqu'à 2 heures du matin. MSF devient SOS-amitié, elles nous répondent patiemment, maudissant peut-être ces deux vagabonds crasseux, affamés et de surcroît bavards !

Les malheurs du Tadjikistan (qui était une des plus pauvres

républiques de l'Union soviétique) ont continué à la chute du bloc communiste. La production s'effondre, l'économie vacille, les infrastructures périclitent avec le départ des Russes. La façon mélancolique dont les Tadjiks parlent du *soviet time* comme d'un âge d'or révolu est symptomatique. Ah ! du temps des soviets ! quand les centrales marchaient, quand j'avais chaud, quand ma Lada roulait…

Le tout nouvel État livré à lui-même s'empresse de plonger dans la guerre civile. Après le *soviet time* c'est le *tadjik time*, celui de la destruction et de la désorganisation. Celui où l'on vient à regretter l'URSS ! Le résultat de cette période fratricide est que 95 % des habitants du Pamir sont au chômage, que la production agricole est presque inexistante.

Le chômage est palpable dans ces régions. Rien n'est plus étonnant que de découvrir en arrivant dans les villes du Tadjikistan ces rangées de centaines d'hommes moustachus, debout ou assis sur les trottoirs, mains dans les poches depuis l'aube, discutant du temps qu'il fait, jusqu'au soir où ils retournent se coucher à pied, faute de soviets pour faire rouler les bus.

Les associations internationales européennes, américaines ou japonaises apportent les produits d'alimentation fondamentaux, soignent les populations, construisent, éduquent, entretiennent et forment les Tadjiks pour qu'ils reprennent en main leur pays et sortent de la léthargie passive où les ont plongés les soixante années d'assistanat soviétique.

Il existe chez les Tadjiks pamiris et les autres ismaéliens, pakistanais ou afghans, un fort particularisme identitaire. Certains prônent même l'établissement d'une nation ismaélienne qui transcenderait les frontières actuelles. Tous reconnaissent comme chef religieux (et même politique) le prince Karim Agha Khân qui vit en Suisse. On comprend mieux la vénération dont il fait l'objet quand on mesure l'aide que l'Agha Khân Foundation fournit en ces contrées : aide alimentaire, scolarisation des filles et des garçons, établissement de structures de santé, gros travaux d'équipement. Le prince est un père pour ses sujets.

Dans les familles tadjiks où nous serons reçus plus tard, sur la route, nous aurons une illustration criante de l'état de dépendance du pays : chaque soir, une femme nous préparera une soupe aux légumes donnée par le Japon, relevée d'huile offerte par la Communauté européenne dans lesquelles nous tremperons du pain de l'USA-Aid, pendant que les enfants, soignés par MSF et scolarisés par l'AKF, feront leurs devoirs à la lumière électrique gratuite, sur des cahiers de la Croix-Rouge...

Nous quittons MSF le lendemain en autobus pour revenir sur nos pas. Nous donnons rendez-vous à Laurence dans une petite semaine : le temps qu'il nous faut pour revenir à pied.

Iskasim, mardi 28 octobre...

— Encore vous ! Que faites-vous là ?

C'est ainsi que nous accueille le major Dimitri, resté au camp d'Iskasim, à qui nous nous présentons au saut du bus. Nous lui expliquons que lui et ses officiers nous ont enlevé le privilège de finir notre Transhimalayenne à pied et que nous voulons retourner à Ljangar, à l'endroit précis où nous sommes montés dans leurs Jeep, pour reprendre notre marche et rejoindre Horog, par une autre route, à travers le Pamir. Le major nous regarde d'un air suspicieux. Il n'a pas l'air de croire qu'après avoir été convoyés à bon port confortablement et gratuitement, nous voulions retourner au point de départ pour nous épuiser sur les plateaux du Pamir par des températures hivernales. Il n'est visiblement pas convaincu de nos motivations purement sportives...

— Vous n'allez pas repasser la frontière et retourner en Afghanistan, quand même !

— Major ! Bien sûr que non !

— Écoutez, je ne sais pas qui vous êtes ni ce que vous venez faire ici, je ne comprends plus rien.

— Major, nous sommes simplement un peu têtus.

— Je veux bien vous aider pour cette fois, mais ne revenez plus sur cette frontière !

Il est trop tard aujourd'hui pour nous ramener à Ljangar. Nous allons donc passer la nuit dans le camp militaire que nous connaissons déjà bien.

— Demain, je vous ferai amener en voiture. Après, je ne veux plus vous voir !

Le lieutenant-colonel Victor est tout aussi étonné que le major de nous revoir. Pour notre dernière soirée, il nous propose son activité préférée :

— *Banyas !*

Banyas signifie « bains » ou « thermes » en russe. Chaque

ville, chaque camp militaire, parfois chaque famille possède ses bains et ses thermes en Russie. Le banyas est au sauna ce que le Varègue est au Russe : un ancêtre un peu rustre. Là où les Européens qui pratiquent la version édulcorée du sauna se contentent du passage brutal de l'air brûlant et sec au bain d'eau fraîche, les Russes ajoutent des raffinements sauvages. Non contents de subir les chocs thermiques entre l'air et l'eau d'un bain, il arrive qu'ils ressentent le besoin de se rouler dans la neige en sortant des vapeurs à 100 °C. Il n'est pas rare non plus, au plus profond de l'hiver sibérien, de voir des Russes absolument nus casser la glace pour s'immerger dans l'eau à grand bruit, retrouvant à son contact de lointaines racines ursidées. Ils ont aussi l'habitude de se fouetter la peau avec des branches de bouleau, prétendant que ces flagellations, en ramenant à grandes brassées l'air chaud accumulé dans les couches supérieures de la pièce sur la peau dilatée, provoquent un afflux du sang dans les extrémités supérieures du derme, et conditionnent un état de bien-être immédiat, voire de pâmoison, la vodka aidant. C'est ainsi que, persuadés d'aller nous livrer à une séance de bains turcs délassants ou de hammam à vapeur, nous nous retrouvons hagards et aveuglés, allongés sur le dos dans une fournaise étouffante, fouettés au sang par Victor Arkady, le lieutenant-colonel qui s'active à la tâche, branches de bouleau en main, dans le plus simple appareil, ahanant sous l'effort à chaque coup de fagot, le visage congestionné de rester trop longtemps debout, la tête dans les couches torrides accumulées au plafond. Entre chaque séance, nous nous reposons dans une salle à manger décorée de fresques anciennes où, allongés à demi sur des mobiliers recouverts de tentures blanches, nous engloutissons des montagnes de saucisson et des litres de vodka. La scène est très romaine et fort décadente.

Une dysenterie contractée je ne sais où me foudroie hélas ce soir-là. Je reste longtemps, plié de douleur, dans les latrines surchauffées, installées derrière la chaudière, écoutant entre deux spasmes les clameurs de l'orgie, le claquement des fagots sur les dos zébrés et le râle des candidats à la flagellation, impatient de retourner me livrer dès le moindre répit aux plaisirs barbares des banyas russes.

Nous sortons de cette épreuve comme des hommes neufs. Avec l'impression d'être nés à nouveau. Emplis d'énergie et de force brute. Prêts à croquer les Pamirs d'une traite. On nous installe dans une vraie chambre cette fois, puisque nous ne sommes plus en état d'arrestation.

À l'aube, le major réquisitionne une voiture dans le village et fait chercher quarante litres d'essence, suffisamment pour un aller et retour jusqu'à Ljangar. Un jeune lieutenant armé, Vassili, fait office d'escorte officielle et prend place à côté du chauffeur. Adieu au major et au lieutenant-colonel Victor. Dans les accolades que nous leur rendons, il y a tout notre plaisir d'avoir rencontré sur notre route des cousins d'esprit et de cœur et d'avoir senti qu'existait réellement cette âme russe qu'on évoque tout le temps à tort et à travers. En une heure, nous sommes à Ljangar. Quatre jours après exactement, nous retrouvons le pont maudit où nous avions été refoulés. Il est 10 heures du matin. Nous regardons une dernière fois la vallée du Wakhan, cette sorte de vallée extraterrestre à la lumière si claire, loin du temps, loin du monde, loin de nos âges. Un pas, un autre, encore un coup de tête vers l'Indu Kush. Nous reprenons la marche. Pour la dernière longueur.

Nous replongeons dans le défilement du monde à cinq à l'heure. Nous retrouvons ce plaisir de la lenteur, cette mystérieuse intégration en soi de tout l'environnement. Comme si on sentait et maîtrisait et apprivoisait le milieu au seul motif qu'on le parcourait à sa vitesse naturelle. Nous reprenons ce rythme où l'esprit divague lentement ou bien se concentre longuement, accordé au martèlement des pas comme une respiration. Nous commençons à entrevoir les vertus de la marche. On n'a jamais vu de moine au volant d'une voiture de course.

Les Russes nous ont emmenés à Horog par la route du sud, en longeant l'Amou Daria, le long de la frontière afghane. Nous décidons d'emprunter l'autre route et de rejoindre Horog par le nord, à travers le plateau désertique du Pamir, coupé de quelques hautes passes.

Le principal ennemi de ces quelques journées de marche sera le froid. Le Pamir est extrêmement sec, protégé des éventuelles influences humides du sud par les barrières de l'Indu Kush et du Karakorum. Les températures n'en sont que plus rigoureuses. À 4 000 mètres, les températures montent rarement au-dessus de 0 degré et descendent à moins 20 la nuit. J'aime le climat de métal de ces journées, les lumières d'hiver figées et pures, l'air coupant qui oblige à se replier sur soi puisqu'il fait trop froid dehors. J'aime ces aubes de glace où l'on a l'impression que le soleil se lève au nord.

Nous réussirons à trouver un gîte tous les soirs dans les hameaux tadjiks, dans des cabanes isolées ou dans les camps militaires russes, sauf une fois où il faudra bivouaquer dehors, roulés dans nos couvertures en laine, nos duvets, et nos feuilles de survie en aluminium. Il ne s'agira pas de dormir cette nuit-là, mais seulement d'attendre l'aurore, torturés par le froid, en s'empêchant de regarder sa montre.

Les immenses espaces aplanis, fatigués par l'érosion, se succèdent au fil des jours, couronnés parfois par une ligne de crête enneigée. Au-dessus de 3 800 mètres, il n'y a plus un brin de végétation. Même plus une herbe pour adoucir la vision de ces déserts de rocaille. Nous lisons beaucoup pour occuper ces journées de progression vers des horizons vides. Nos bienfaiteurs de MSF nous ont prêté des livres. Nous nous entraînons à les lire en marchant. Seul Jean-Paul Sartre pouvait lire et regarder la route en même temps. Pour nous, il faut un peu de pratique pour tenir le cap en lisant, sans dévier vers le fossé. Par chance, les routes qui traversent le Pamir sont assez rectilignes. Nous dévorons tour à tour *Le Loup des mers* de Jack London pour nous rappeler que l'océan existe quelque part et *La Double Inconstance* de Marivaux qui dénote un peu dans les brutes rigueurs du Pamir.

Nous serons accueillis un soir dans le camp militaire russe de Hargus où nous arrivons en pleine nuit vers 11 heures du soir après une longue étape de 53 kilomètres. Le passage par Hargus nous oblige à opérer un court crochet vers l'est. Aussi marchons-nous un peu décontenancés par les nouvelles constellations que nous découvrons et que nous ne connaissons pas, car habituellement ces étoiles d'orient restent dans notre dos.

Nous sommes au bord de l'inanition en approchant de Hargus, obsédés par l'idée d'atteindre les lumières du camp que nous voyons au loin, attirés comme des insectes par leurs pâles reflets, épuisés moralement par cette illusion de la marche de nuit qui fait reculer les lueurs vers lesquelles on avance. Nous ne voyons même pas, dans notre fatigue, le poste de garde au bord du fossé et manquons de cogner contre la barrière qui coupe la piste.

— *Stôp ! Stôp !*

Nous entendons dans le noir des chargeurs qui claquent. Une

demi-seconde après, trois Tadjiks en uniforme pointent leurs kalachnikovs sur nous et nous braquent une lampe sur le visage.

— *Tourist! Tourist! Pichkom*, expliquons-nous.

Nous sortons les passeports. Désormais, à chaque barrage de contrôle, nous avancerons en tendant à bout de bras un autocollant figurant un fusil barré d'une croix, sous-entendant : « Ne tirez pas, nous sommes des touristes », ce que nos allures n'indiquent pas au premier abord. L'un des gardes nous emmène devant l'officier qui commande le camp. Nous passerons une nuit délicieuse dans ce camp du bout du monde, à 4 000 mètres d'altitude, chauffés par des chaudières grosses comme des piles de réacteur nucléaire.

Nous passons le col de Hargus, juste au-dessus du camp, à 4 250 mètres, vers midi, un jour de grand froid. L'air est si léger que la vue porte à des centaines de kilomètres. Encore un peu et nous pourrions presque voir les steppes d'Asie centrale naître au pied des montagnes, loin vers le nord... La passe n'en est pas vraiment une : comme tous les reliefs du Pamir, elle est plutôt une croupe de terrain, une sorte de dôme levé comme une ondulation moutonneuse. De l'autre côté du col, nous avalons notre maigre ration composée d'une saucisse par jour et d'une barre de chocolat américain, fabriqué sous licence ukrainienne et que nous avons acheté à Horog. C'est trop peu pour 50 kilomètres quotidiens. Un hélicoptère militaire russe nous survole. Il se dirige vers le camp de Hargus qu'il atteindra dans 5 minutes. Nous avons mis 5 heures pour en venir. Je me figure cet hélico, transposé onze ans en arrière au temps de l'invasion soviétique. 1986, tournant de la guerre d'Afghanistan : les Américains livrent à la résistance afghane des missiles sol-air. Dans le décor qui nous entoure, il n'est pas dur d'imaginer un moudjahid, sec comme une branche d'arbre, caché derrière un repli, viser le rotor d'un œil incisif et tirer un Stinger. Mais nous sommes le 31 octobre 1997, l'hélicoptère disparaît derrière la crête et le silence retombe.

Nous tentons d'étancher notre soif à un ruisseau qui dégèle timidement. Hélas, l'eau est saumâtre. Le cours d'eau se jette sans doute dans un de ces lacs morts et salés qui parsèment le plateau pamiri. Un peu plus loin, nous rejoignons la M41, la grand-route goudronnée qui traverse tout le Pamir et relie Horog à Osch en Kirghizie. Nous pensions à cette route comme à un rêve inaccessible. Il est comme cela des points de la carte qui fascinent et obsèdent, où l'on brûle d'arriver, et qui servent ainsi d'aiguillon. La M41 est en goudron et en descente jusqu'à Horog. Ce qui signifie que nous n'avons plus qu'à marcher trois jours pour arriver à la fin de notre traversée de l'Himalaya. C'est donc avec émotion que nous posons le pied sur le macadam. Et puis, la solitude aidant, qui donne une impression d'intimité, nous nous roulons par terre en poussant des cris de victoire et, extasiés par la volupté et la douceur du goudron propre et lisse quoique soviétique, nous l'embrassons sans retenue. Nous pensons qu'il n'y a plus à présent qu'à fermer les yeux et à aligner quelques milliers de foulées faciles jusqu'à Horog.

C'est une bien grave erreur de croire que les choses sont finies sous prétexte que l'on s'approche du but et que l'on sent les prémices de l'arrivée. La marche à pied demande un effort jusqu'à l'ultime pas. Nous avançons avec peine sur cette immense bande de goudron, tendue comme un fil ombilical entre quelques hameaux habités, distants de cinquante ou de cent kilomètres les uns des autres. Nous sommes parfois si faibles de ne presque rien avaler que nous nous allongeons par terre, au milieu de la route où personne ne passe, pour tenter de récupérer quelque énergie dans de courtes siestes. Heureusement, le jour où nous devons franchir le col de Koytezec, à 4 250 mètres, connu pour les vents glacials qui décapitent même les cairns de pierre, nous sommes ravitaillés constamment par les gens que nous rencontrons au bord de la route. Ce sont d'abord des soldats arrêtés à côté de leur camion qui nous invitent à partager leurs petite collation, c'est-à-dire d'énormes tranches de lard qu'on coupe sur le pare-chocs, arrosées de vodka à boire dans des chopes en étain. Les trois soldats russes et les deux chauffeurs musulmans, respectivement kirghiz et ouzbek, débouchent la deuxième bouteille, fermée par un opercule d'aluminium pour qu'on ne puisse pas la refermer au cas où l'on ignorerait qu'il faut la finir une fois ouverte. Nous vidons tous les sept la bouteille en moins de cinq minutes en portant des toasts. À notre surprise de les voir boire et manger du cochon, les deux musulmans nous répondent par un geste évocateur sur le respect qu'ils portent aux règles d'Allah et se resservent une rasade pour illustrer leur théorie du libéralisme religieux. Ils remontent dans leur camion. Nous les regardons reprendre la route en nous disant qu'il y a peut-être une chance pour que nous arrivions avant eux.

Quelques kilomètres plus loin, c'est un autre camion à l'arrêt que nous rejoignons. Conduit cette fois par une lieutenant de l'armée, accompagnée de deux femmes en civil. Notre arrivée fait sensation. Avant même que nous ayons pu expliquer que nous venons de boire, une bouteille de vodka est ouverte. Nous la vidons à cinq. Les femmes rient de toutes leurs dents en or. L'une d'elles, apprenant que je fais de la géographie, déclare qu'elle est géologue et, ravie de la coïncidence, ressert une tournée, nous fourgue dans les poches des morceaux de pain et son adresse et me colle un énorme baiser (par esprit de corps sans doute) en répétant avec émotion : « Collègue, collègue ! »…

Nous les quittons saouls pour de bon et entreprenons la montée de 300 mètres vers la passe. Nous sommes si rompus à marcher depuis ces six mois où nous ne cessons d'abattre les kilomètres jour après jour que nous arrivons à la passe dans des temps honorables, mais complètement gris. Là-haut, le froid intense nous dégrise un peu. L'impression est étonnante, de fournir des efforts la tête dans un nuage. Autour de moi, les sommets de neige vacillent un peu et je ne profite sans doute pas aussi bien que si j'étais sobre de la vue sur le Kyzyldangi, un pic de 5 700 mètres d'altitude, posé incongrument sur l'étendue du plateau comme s'il avait été oublié.

L'hospitalité tadjik est légendaire et si fortement ancrée dans les mœurs qu'il suffit de rentrer dans une maison pour que, sans poser une question, on vous fasse signe de vous asseoir d'un geste de la main comme s'il y avait un devoir ou un honneur à accueillir l'étranger. Sur la grand-route nous sommes hébergés quatre nuits de suite, d'abord dans des maisons de la voirie, à 4 000 mètres d'altitude, puis, plus bas, dans des villages agrestes qui ne produisent plus rien. Les maisons de la voirie se résument la plupart du temps à de simples cabanes, jetées sur le bord de la route et surchauffées par des poêles au charbon. Y vivent des familles de douze personnes entassées dans vingt mètres carrées. Nous dormons tous ensemble d'un mauvais sommeil, peuplé du renâclement des vieillards, des cauchemars des uns, des insomnies des autres… Mais, à l'aube, le sourire de la mère qui prépare le traditionnel thé salé et huileux en guise de petit déjeuner rachète ces déplorables nuits. Nous repartons, assommés de fatigue, pour une autre journée de cinquante kilomètres tous identiques les uns aux autres. Vers 3 500 mètres apparaissent à nouveau les villages et les premières traces de végétation. On nous hèle sur le pas des portes pour venir boire un thé. Combien de fois aura résonné cette proposition de siffler une tasse pendant cette traversée des Himalayas ? Du Bhoutan au Pamir, on boit du thé du matin au soir. Sitôt un moment de libre, on s'accroupit pour en faire chauffer. C'est le plus commun des passe-temps. Dans les maisons d'Europe, c'est le sinistre tic-tac de l'horloge qui rappelle lugubrement que le temps court et passe. Ici c'est le bruit des lèvres qui sirotent.

Les maisons du Gorno Badarchan sont toutes construites sur le même modèle architectural avec une grande pièce unique, composée de différentes estrades de bois qui s'imbriquent les unes dans les autres en niveaux différents. Un fourneau toujours flanqué d'une femme se tient au milieu de la pièce, servant à la fois de radiateur et de cuisinière. Le conduit s'échappe par un plafond symbolique constitué de quatre losanges emboîtés figurant les quatre éléments et supporté par cinq piliers qui représentent les cinq prophètes : Ali, Mohammed, Fatima (à l'endroit de la cuisine), Hussein et Hassan. Il y a toujours un portrait du vénéré imam Karim Aga Khân sous la porte d'entrée. Chez quelques Tadjiks, il y a la télé qu'on ne regarde pas mais qui reste allumée, restituant parfois péniblement entre deux pannes quelques programmes russes. C'est ainsi que nous voyons un jour un reportage de Cousteau. Le monde du silence en plein Pamir ! Cousteau enquête sur les essais nucléaires de Mururoa.

— *Radietzi ! Radietzi !* (Les radiations !) crie la vieille femme qui nous a accueillis en pointant l'écran du doigt.

Dans le coin de la grande pièce centrale deux jeunes débiles se vautrent dans les coussins. Beaucoup de Tadjiks soupçonnent les Russes d'avoir enfoui quelques déchets nucléaires dans les plateaux déserts et pratiques du Tadjikistan. Le spectre des fuites d'uranium hante l'esprit des habitants du Gorno Badarchan. On en entend murmurer tout bas au fil de certaines conversations, comme une prédiction de mauvais augure : « *Radietzi, radietzi !* »

À l'aube du dernier jour avant la fin, à 53 kilomètres de Horog, nous nous sentons comme des enfants le matin de Noël : excités d'impatience. La journée n'offre pourtant aucun autre intérêt que celui de voir décroître le kilométrage indiqué sur les poteaux de ciment plantés pendant le *soviet time*. Nous marchons toujours sur la grand-route, traversant des villages de plus en plus nombreux, plantés de peupliers jaunis. 10 kilomètres avant la ville, alors que nous marchons silencieusement, tout étonnés d'en finir ainsi, si posément, si calmement, un soldat en arme nous arrête d'un geste et demande nos passeports. Excédés par la persistance des sentinelles oisives et rongées d'ennui qui nous demandent nos papiers depuis le Bhoutan sans savoir les lire, nous refusons avec humeur et faisons signe que nous continuons. L'arme claque On nous embarque au poste. Nous perdons une heure. Les officiers vérifient notre situation auprès du KGB. On nous relâche deux heures avant la nuit. Juste le temps d'arriver à l'entrée de Horog avant le crépuscule.

Comme à l'entrée de toutes les villes soviétiques, une magnifique sculpture de béton pourri et de ferronnerie tordue par la trouille, intégrant harmonieusement ses vingt-cinq mètres de haut dans le paysage, proclame aux passants qu'ils entrent dans la ville, au cas où ils ne l'auraient pas remarqué. Des lettres de ciment démesurées indiquent le nom : HOPOG (Horog). Une statue en zinc de chèvre Marco Polo, espèce rare du Pamir, bombe le torse en guise de bienvenue. Nous poussons quelques hurlements de joie sous les regards médusés des passants. Mais nous sommes arrivés sans l'être tout à fait. Il reste six kilomètres avant le centre ville et la maison des Médecins Sans Frontières. Nous marchons dans la nuit, évitant les quelques Lada qui jouent la corrida dans les rues sombres.

Et puis, soudain, nous nous retrouvons devant la maison de l'ONG. C'est fini. Nous sommes le 4 novembre, il est 8 heures du soir. La Transhimalayenne s'achève là, sur le perron. Nous n'avons plus un seul kilomètre à parcourir. Nous restons un peu stupidement dans l'obscurité, bras ballants, n'osant sonner, n'osant imaginer que demain nous n'aurons plus qu'à rentrer à Paris. Nous nous embrassons. Avec un peu de retenue, cependant. Comme si nous ne réalisions pas très bien que le voyage s'arrêtait là, ou comme si nous ne voulions pas vraiment croire que six mois d'aventures nous avaient menés ici. Et nous avons une fois de plus la confirmation que les moments les plus attendus, ces lendemains prometteurs guettés avec une sorte de fièvre obsédante, ces échéances espérées, ces instants que l'impatience charge de symboles, surviennent d'un coup, comme par hasard, passant presque inaperçus.

Laurence, l'infirmière, travaille à sa table. Elle n'entend pas la sonnette. Nous entrons à pas de loup. Elle pousse un hurlement de terreur en nous apercevant, avant de nous reconnaître.

— Je commençais à m'inquiéter pour vous.

— Le froid nous a ralentis un peu.

— Vous avez fini, alors, si je comprends bien !

— Oui.

— On va fêter ça !

Elle décroche le téléphone :

— Allô, Georges ? Les marcheurs sans frontières sont revenus ! On arrive chez toi ! Prépare une bouteille !

Ainsi célébrons-nous notre arrivée chez Georges, un Suisse qui travaille au CICR, bon vivant et philosophe qui n'a d'autre idée en tête que d'en finir avec sa mission au Tadjikistan. Nous buvons du vin blanc à la santé de la Transhimalayenne sans parvenir encore à bien nous persuader que nous en avons terminé avec l'Himalaya.

Nous passerons quelques jours délicieux à Horog, attendant désespérément une accalmie du ciel, car les militaires russes, par amabilité, avec l'accord du général L., nous ont promis une place dans un avion militaire à destination de Duchambe, la capitale tadjik, d'où nous pourrons gagner Tachkent et de là sauter dans le premier avion pour Paris. Mais le mauvais temps persiste. Laurence nous propose un soir de monter dans une voiture du Croissant rouge qui va à Tachkent en deux jours en passant par la Kirghizie car la route de Duchambe est fermée aux ONG par ordre de l'ONU (qui de toute façon déclarerait volontiers tout le Tadjikistan impraticable) pour cause de guérilla sporadique.

À 5 heures du matin, le dimanche 9 novembre, nous attendons la Jeep devant la grille de MSF, à l'endroit même où, la veille, un homme a été abattu d'un coup de revolver pendant une bagarre d'ivrognes. À Horog, la vie continue...

Nous quittons Laurence et Patrice avec émotion. Le trajet durera deux jours, à travers le Pamir. Nous passerons les frontières sans contrôle grâce à l'appartenance du véhicule à l'institution du Croissant rouge, ce qui tombe bien puisque nous n'avons pas de visas kirghiz ni ouzbek.

Nous arrivons à Tachkent le 10 novembre au soir. Le colonel Cagnat, attaché militaire de l'ambassade de France, nous accueille. Nous gardons un souvenir passionné des explications qu'il nous livre sur l'Asie centrale et du récit de ses incursions au cœur de l'Ouzbékistan et du Kirghizistan. À l'écouter évoquer les étendues désertes, on croit entendre vibrer le cantique des steppes que portent les vents arides de Samarkand à Alma-Ata. Il y a dans ces contrées méconnues tant d'aventures possibles…

Notre journée du 11 novembre est presque tout occupée à obtenir un visa russe nécessaire au transit d'un aéroport à l'autre à Moscou. L'après-midi, le colonel conduit la cérémonie de l'armistice à l'ambassade de France. Nous sommes invités à la réception qui suit. Vêtus des habits que nous a prêtés le colonel, nous essayons de faire bonne figure et de ne pas trop laisser transparaître que nous venons de marcher six mois dans les Himalayas.

Nous nous présentons à l'aéroport à 10 heures du soir. Comme il eût été trop facile que tout se passât bien, les deux flics ouzbeks qui contrôlent les passeports à l'embarquement refusent de nous laisser passer au motif que nous n'avons pas de visas ouzbeks. Et pour cause ! Nous avons quitté le Tadjikistan avec un visa périmé et sommes rentrés en Ouzbékistan via le Kirghizistan sans nous plier à aucune formalité ! L'avion part dans vingt minutes. Après avoir vainement remué ciel et terre auprès des services de police intérieure de l'aéroport et initié un conflit mémorable entre plusieurs officiers qui débattent de notre cas, nous réveillons le représentant du consul et le supplions de régulariser notre situation, arguant que l'avion va partir sans nous et qu'il ne peut pas nous faire ça après ce que nous venons de vivre. Le consul, apitoyé et impatient de se recoucher, nous délivre gratuitement un visa… d'une heure. L'avion nous attend cinq minutes. Nous décollons.

Pendant les longues heures de vol, je récapitule les chiffres de la Transhimalayenne : 174 jours, 5 000 kilomètres à pied, 121 000 mètres de dénivelé positif, 70 passes, 69 gués et un trait déroulé continuellement du Bhoutan au Pamir, foulée après foulée, d'est en ouest.

L'avion amorce sa descente vers Paris. Il faudra un peu de temps pour que reviennent à la mémoire toutes les aventures vécues dans les hauteurs de l'Himalaya et tous les visages des montagnards rencontrés au fil des vallées et des cols. Il en faudra moins sans doute pour avoir envie de retourner là-bas revivre des journées de pèlerins d'altitude.

En attendant, je repense à ce mot de Lao-tseu : « Le vrai voyageur n'a pas de plan bien défini et, surtout, n'a pas de désir d'arriver ni de rentrer chez soi. » Le vieil Illiouchine de l'Aeroflot amorce sa finale. Je vois les arbres défiler sur le bord de la piste. Les trains d'atterrissage vont toucher le sol. Je ne suis pas totalement d'accord avec Lao-tseu…

REMERCIEMENTS

Parrainage :

La Maison de la Chine (place Saint-Sulpice, Paris VIe). Patagonia. Nature et découverte. Lestra Sports. Nike. Nikon France. JVC. Le Vieux Campeur. L'Institut géographique national. La Guilde du Raid. Nelles Verlag.

Soutien Parisien :

Patricia Tartour et Dominique Colliot. Daniel Vial. Nathalie Baudoin. François Lemarchand. Christian Strohl. Christian Strach. Jean-Claude Dubreuil. Francine Delrieu. Pierrette Lanoy. Bernard Bèze. Günther Nelles. Jean-Fabien de Selves. Pierre Barnérias. Mohammed Daoud Mir.

Merci à tous ceux rencontrés au long du parcours, et particulièrement à :

Servan Boutry. Hervé Charbonnel. Father Donald Hkawng. Father Peter Kareng Gam. Sein Win. Alexandra et Matthieu Sébastien. Claire Bonnat. M. et Mme Zipper de Fabiani. Mme Osaki. Nawang Zangmo. Basant. Father Lewin. Le colonel Chauhan. Father Peter. Sibi Gurung. Chulang Raï Saï. Passang Norbu Sherpa. M. Champon-Chirac. Népal Enfance et Lumière. Chantal et Tsering Sherpa. Didier Millet. Sibylle Wilson. Daula Ram. La famille Baillet. Jean-Luc Jaffré et Christelle Bondis, Thierry Penard et Ghislaine Bouchon. Saddhu Bikash Giri. Sonam Gyatso. Le colonel Rangmo Karbak. Sabine Godefroy et Daniel Gries. Dorje et Dawa de Vajra Voyages à Leh. Christelle et Alain Ossant. Bertrand Fourmanoir. Habib Reshi. Fayaz Ahmad. Altaf Hussein. Altaf Malik. Le capitaine Fabio A. Le lieutenant-colonel Pauli R. Claire et John Hoffman. Jérôme et Séverine Devoise. Pierre Chaume. Bernard de L'Estoile. Rémi Rouillon. Rémy Ackermann. Jean-Christophe Rappo. Karim Mourad de Darkot. Arbab de Baroghil. Le major Dimitri K. Le lieutenant-colonel Dimitri Kouricin G. Le lieutenant-colonel Victor Arcady F. Le lieutenant Sergeï S. Le général V. Les demoiselles sans frontières : Laurence Moalli. Dr. Claire N'Guyen. Patrice Serregnes. Georges et Colette. Le colonel René Cagnat.

Un remerciement spécial à M. Günter Nelles et à Nelles Verlag, qui ont réalisé les cartes précédant chaque chapitre. M. Günter Nelles est éditeur de cartes routières internationales et de guides de voyage, spécialiste des cartes topographiques sur l'Himalaya. La maison Nelles, fondée dans les années soixante-dix, a aujourd'hui plus de 200 références de cartes et de guides de voyages des principaux pays du monde.

Table

Table des cartes

La composition de cet ouvrage
*a été réalisée par l'***Imprimerie Bussière**
l'impression et le brochage ont été effectués
sur presse Cameron dans les ateliers
de **Bussière Camedan Imprimeries**
à Saint-Amand-Montrond (Cher)
pour le compte des éditions Robert Laffont
24, avenue Marceau, 75008 Paris
en janvier 2000

N° d'édition : 40659/11. N° d'impression : 000107/4.
Dépôt légal : mai 1998
Imprimé en France